DIRE LE LITTERAIRE
Points de vue théoriques

 *PHILOSOPHIE ET LANGAGE*

Jean Bessière

dire le littéraire
Points de vue théoriques

PIERRE MARDAGA, EDITEUR
LIEGE - BRUXELLES

© Pierre Mardaga, éditeur
Rue Saint-Vincent 12 - 4020 Liège
Galerie des Princes 2-4 - 1000 Bruxelles
D. 1990-0024-10

Littéraire, inexplicite et théories littéraires

Théories de la littérature : on jouera ici moins sur la notation et les enjeux d'une théorisation de la littérature ou sur un panorama des approches de la littérature que sur ce qui se dit de la littérature dès lors que l'on entend théorisation ou approche de la littérature. C'est sans doute d'abord une manière de rendre droit à l'objet de cette théorisation (ou de ces théorisations) et de ces approches. C'est encore une façon de marquer la communauté des discours de cette théorisation et de ces approches. Ils forment moins système, ils relèvent moins d'antécédents épistémologiques qu'ils ne partagent l'hypothèse d'un même objet et, en conséquence, d'un même littéral. Le littéral reste à lire dans les théories littéraires. Souligner cet *à lire* fait entendre qu'il est ultimement un inexplicite et qu'il reste cependant manifeste. Toute réflexion sur la littérature est une double mise à l'épreuve : celle de la force d'une parole inactuelle et celle de la force *problématique* de nos questions actuelles. Que ces questions soient, dès lors qu'il s'agit de théories littéraires, des questions *sur* le littéraire, des questions *au* littéraire, enseigne que l'objet approché, théorisé, peut certainement être tenu pour un tel objet d'étude, mais qu'il est aussi une sorte de révélateur d'événement — dessiner les leçons dominantes de la réflexion présente, en ce qu'elles sont intempestives au regard de l'objet, au regard du présent. C'est ultimemement dire deux événements, le littéraire, le discours sur le littéraire. Et les corréler dans le constat que la question — le littéraire — n'est plus sa propre réponse, et que la réponse au littéraire — ce qui se dit du littéraire — est finalement question ouverte, sans qu'aucun de ses présupposés qui la fonde ne lui soit ultimement loi. C'est défaire la théorie en ce qu'elle entend avoir précisément de théorique pour dessiner le rapport d'un événement à un événement. L'effort pour spécifier le littéraire n'est d'abord qu'effort pour marquer la distance du symbolique à l'imaginaire, de l'indice du discours commun à la ponctualité de l'écrit littéraire, du logos tyrannique à l'écriture, et, dès lors qu'il s'agit du lecteur, du fait à l'interprétation. Mais dans cette indication de la distance, il reste la notation du poids du langage, de celui de la règle de l'interprétation, de celui de l'*idolâtrie* portée à la littérature et de l'auto-idolâtrie, celle qui est finalement toujours supposée à l'écrivain. Constater le jeu de deux événements revient à faire de l'anachronisme de toute théorie et de tout objet de la théorie — la littérature est historique — la condition de l'examen de la théorie et à dire celle-ci question du temps et question dans le temps à cela qui fait toujours reste dans le temps. La théorie de la littérature ne doit pas être caractérisée comme l'effort contemporain pour justifier le littéraire, préserver la part d'humanités dans la culture contemporaine et définir l'accessibilité de l'objet littéraire, mais comme cela qui fait du présent — par présent, il faut comprendre l'histoire de ce présent et ses divers engagements épistémologiques, idéologiques — ce qui trouve sa légitimité dans l'inactualité de son objet, et qui ne cesse de définir cette inactualité comme le signe que le littéraire est du résiduel, irrécusable et propriété de toute question, et de se définir comme le mime d'un tel irrécusable.

Les théories contemporaines de la littérature ont ainsi une façon bien nette de marquer qu'elles sont radicales — négation du fait de l'œuvre dans les théories de l'interprétation, négation du fait de la singularité scripturaire dans les théories de l'écriture généralisée, négation des signes distinctifs du littéraire dans les théories des actes feints de langage —, et de se dire événement et, par là, mesures de l'événement qu'est le littéraire, et interrogations sur cet événement. Le jeu de négation commande de noter, dans ce qui serait à la fois une récusation de tout discours assertorique sur le littéraire et de toute reconnaissance du littéraire par l'abolition du fait littéraire, ainsi qu'il se conclut des théories de la prévalence de l'interprétation : le rapport de la théorie à son objet est ici un rapport de non-rapport, un rapport qui ne porte pas de décision sur le littéraire. Il ne s'impose pas de déduire que toute connaissance du littéraire est une connaissance *après coup*, une définition des règles de ce qui aura été fait. Il n'importe pas de reformuler la pertinence de la théorie littéraire dans la notation qu'elle serait rapport à une vérité qui n'est pas là. Car il convient d'éviter de confondre le constat que la théorie de la littérature est, face à son objet, sans fin avec la notation que la littérature n'aurait pas de fin. L'écrivain et le lecteur peuvent décider pour eux-mêmes des fins de la littérature — écrire et lire sont parties du fait littéraire. Parce qu'elle est intempestive, la littérature est sans fin, comme l'est la théorie qui entend traiter d'un tel objet. Il ne faut pas tant lire l'indécidabilité de l'art et de la littérature pour conclure à l'indécidabilité des théories — ou à leurs contradictions — que marquer l'usage qui est fait de la concordance de deux événements — le littéraire, sa théorie —, et comment les deux événements sont lus, dans les théories, comme des figures réciproques, et comment cette réciprocité est le moyen de dire le littéraire. L'intempestif est dit par la phénoménologie, le structuralisme, l'herméneutique, l'esthétique de la réception, la théorie de l'écriture, le dialogisme. Chacune de ces théories le figure. Il n'y a ici à noter ni un déplacement de la théorie par la théorie, ni un déplacement du littéraire au moyen de la théorie — autant de mouvements contre l'explicite et contre l'implicite[1]. Le littéraire est un *inexplicite*, compris au sens où R. Rorty a lu l'inconscient, défini par la psychanalyse, non pas comme le refoulé, mais comme l'inexplicite de toute culture — ce qui ne cesse de faire événement en elle sans qu'il puisse être ultimement caractérisé. Toute théorie présente alors une double conjecture — elle est démonstration méthodique de l'inexplicite et restauration de l'inexplicite suivant un jeu de figuration. Ce jeu est selon une modélisation rhétorique, une composition des figures et une discordance qui fixe à la fois l'inachèvement de la modélisation et la continuité du littéraire — ce qui fait toujours fond à cette composition et dont la distance est notée par le jeu même de cette composition. Soient la double pertinence du dialogisme de Bakhtine — la notation du rapport du même et de l'autre suppose leur terme tiers inexplicite parce qu'il n'est pas formulable en lui-même —, la pertinence de l'alliance de l'identification des codes et de la notation du neutre chez Barthes, la pertinence de l'indication de la rhétorique et de la lecture barrée, que sont les conclusions des déconstructionnistes, la pertinence de la notation de l'interaction de l'œuvre et du lecteur et du blanc de l'œuvre. Si tel critique estime que toute théorie de la littérature doit venir à une théorie de la fiction — c'est-à-dire à une théorie de l'imaginaire, c'est moins pour exiger une anthropologie littéraire que pour signaler un certain échec de la théorie : «on ne doit donc pas dévoiler seulement les résultats respectifs des concepts-clefs du discours, mais il faut également mettre au jour leur caractère réducteur pour signaler la présence de ce qui se soustrait au cadre de référence des concepts-clefs »[2]. Dire ainsi la limite de la théorie, ce n'est que revenir à l'inadéquation du concept à l'art. Noter cet échec par la référence à l'imaginaire, équivaut de fait, moins à suggérer que la théorie doit travailler sur sa propre limite, qu'à souligner le pouvoir du littéraire : susciter la reddition devant l'altérité et appeler l'attention. C'est dire l'intempestif sous le regard du lecteur. Ce regard, comme la théorie est un jeu sur la figure de l'intempestif, rassemble les signes, met à distance tout rassemblement, et marque ainsi les conditions de la signification. Soit à reconnaître, dans les limites des théories, ces conditions et dans le littéraire leur réalisation exemplaire.

La théorie trouve dans le littéraire sa propre figure. Les théories s'interprètent comme le substitut figuré de l'objet littéraire — il ne devient réponse qu'en étant reconstruit —, et cet objet comme ce qui ne cesse de supposer et de susciter l'inférence. Le traitement de l'intempestif est rhétorique. Il peut être ainsi marqué l'aporie des théories littéraires et du littéraire dès lors que l'intempestif est occasion de situer le littéraire relativement à la rationalité du discours. Il peut être noté le jeu de l'intempestif dans la théorie de l'écriture, dans celle du récit, et son corrélat, le jeu de l'inexplicite, dans la métaphore. Tenter d'identifier le littéraire se confond avec l'effort pour rendre compte de sa dualité : marquer la rhétoricité du texte et que cette rhétoricité donne à lire, hors de la rationalité critique comme hors d'une homologation des catégories esthétiques, les raisons du littéraire. Dire le littéraire aujourd'hui : dire qu'il échappe à toute ostentation — celle qui est suggérée lorsqu'on entend affranchir le littéraire du renvoi à une unité logico-analytique —, et qu'il se définit par ce que nous faisons, en écrivant, en lisant, du symbolisme du langage — ni ruiner, ni reconnaître des identités, mais les construire comme autant de différences, comme autant de circonstances. Si, dans le littéraire, il s'écrit et se lit des choses différentes, la question du littéraire est celle du champ commun de ces différences — lieu de ses propres singularités.

Il ne sera pas dit explicitement le mouvement de la théorie littéraire contemporaine — structuralisme, fonctionnalisme, problématique de l'interprétation, esthétique de la réception, ni les croisements de ces mouvements avec les déterminations philosophiques de la théorie littéraire — marxisme, existentialisme, phénoménologie — ou avec la psychanalyse[3]. Il y a, dans ces thèses et dans ces croisements, des différences de méthodes et d'approches du littéraire; il y a un enchaînement de question à réponse dans le passage du structuralisme au fonctionnalisme, puis du fonctionnalisme aux analyses de l'interprétation et à l'esthétique de la réception — le traitement immanent du texte conduit à la question du pourquoi du texte, et cette question même à celle de la validité de toute lecture et de tout examen du littéraire. La question de la validité est indissolublement question épistémologique et constat d'une pertinence, *de facto*, du littéraire : celui-ci est précisément ce qui appelle la question et l'examen de la validité de la question; il est bien de ce monde et pour ce monde, discours parmi les discours, pronom pour les discours et les choses de ce monde. Le pronominal fait entendre que le littéraire et toute écriture sont intermédiaires, objets d'un ailleurs — ainsi que le savait Henry James —, qui n'a de sens que par un ici, et dont il est impossible de décider s'ils ont pour alibi ces discours et ces choses du monde ou s'ils en sont les alibis. Les antécédents philosophiques des théories de la littérature sont autant de moyens, pour les théories, de déplacer cette notation de l'indécidable de l'alibi pour dire la plénitude de l'objet littéraire, objet parmi les objets du monde — phénoménologie —, forme achevée et en conséquence perceptible suivant les jeux de la gestalt, objet du sens et inévitablement objet de la continuité herméneutique. Dire ces trois qualifications de l'objet revient à dire son existence, la certitude de sa perception, l'inévitable de la transaction qui est faite de l'objet dans l'histoire. La linguistique et la théorie de l'information sont des déterminants essentiels des théories littéraires dans la mesure où elles permettent de formaliser l'objet ainsi existant, ainsi perceptible, et ainsi utilisé, à partir de son matériau et du schéma communicationnel. Toutes ces notations se donnent encore comme des solutions au problème que posent le littéraire et sa distance historique, au problème que posent le littéraire et son rapport au discours ordinaire et à toute réalité. Il y a toujours la disponibilité de la forme, des codes, de la question que fait la distance historique même. Littéraire et discours ordinaire et réalité sont composables par un jeu d'analogie — soit la thèse de Sartre : l'art comme analogon, soient toutes les variantes des thèses du reflet —; ils ne sont pas composables — mais la conclusion ultime est ici l'égalité de tous les discours dans leur artifice et dans leur fictif. Ces données théoriques et ces antécédents philosophiques portent l'indication d'une utopie du littéraire : cela qui serait pleinement soi-même et qui reviendrait à la vérité de la perception, du réel, de l'histoire et de la tradition. Les thèses de Iouri Lotman[4] sont ainsi à la fois celles du relativisme — la multitude des textes — et celle du dessin d'un cercle de toute culture qui présenterait, implicitement ou explicitement, son texte maître et qui ferait de l'occasion et de l'accident du littéraire ce qui se donne par rapport à ce texte maître — en une articulation lisible en termes systémiques ou en termes rhétoriques. Le déconstructionnisme récuse toute identification fonctionnelle du littéraire — celui-ci n'existe que comme représentation de lui-même et représentation construite par le lecteur —, mais retrouve l'utopie du littéraire : celui-ci est la mesure de tout discours et tout discours est une telle représentation de lui-même. L'utopie constante se lit doublement : comme celle d'un objet non situé et situé, c'est-à-dire toujours apte à l'inscription et toujours moyen de décrire toute inscription. Les théories de la littérature sont d'abord les théories des privilèges reconnus à la littérature. Et inévitablement les témoignages des inconséquences indissociables de tels privilèges.

Le paradoxe reste, dans ces conditions, que le littéraire fait modèle en lui-même et qu'il n'est approchable que par un modèle externe. Cela est vrai même du structuralisme : l'hypothèse immanentiste est une hypothèse sur la décidabilité de la délimitation du texte — ce qui revient à circonscrire l'objet —, mais aussi une hypothèse sur sa détermination qui ne peut être qu'hypothèse de l'extérieur — l'intervention critique assure la clôture du système considéré, et non pas seulement le constat de la forme qui reste inséparable d'un faire, analysable pour lui-même comme une action sensée et médiatrice. Telle caractérisation du littéraire suivant un «alternativity principle»[5], où il faut reconnaître la formulation usuelle de l'*écart* du littéraire, note que le littéraire serait le regard porté sur tout modèle discursif, cognitif, à l'intérieur de ce modèle, et donc le moyen de le rendre exemplairement visible. Du modèle qui est détermination théorique du littéraire au modèle que fait lire le littéraire, il y a l'hésitation même de la théorie : dire la littérarité — dire le système d'un objet tenu pour spécifique et spécifié par le geste de la séparation critique; retenir une spécificité fonctionnelle qui cependant n'exclut pas une autorité extrême du littéraire puisqu'il devient évaluation des ensembles sémiotico-discursifs, ainsi que le suggère M. Riffaterre dans *Sémiotique de la poésie*[6]. L'utopie de la théorie littéraire reste de donner le littéraire pour central et sa contradiction de caractériser cette centralité par une négation implicite de l'objet — le structuralisme est geste constructeur; l'«alternativity principle» suppose, de fait, un dessin systématique des discours, des ordres symboliques, qui fait du littéraire leur simple variante. Cette inconséquence des théories — le littéraire est objet majeur, le littéraire n'est que le point d'un système — a pour cause l'hypothèse implicite des théories : supposer, pour caractériser le littéraire, un degré zéro ou l'absence du littéraire. La constance de cette hypothèse explique que le littéraire puisse être dit, ainsi que le suggère Deleuze, un antilangage, un antidiscours — il est précisément l'autre de son degré zéro. Cette suggestion est la seule conclusion rigoureuse qu'appelle l'hypothèse d'un littéraire indissociable de la notation d'un degré zéro du littéraire. Car dire l'«alternativity principle» ou le système que forme l'objet littéraire en lui-même, a pour condition une seconde hypothèse, le plus souvent présupposée : noter que l'œuvre est modèle équivaut à définir le littéraire comme une interprétation des modèles disponibles, à le donner pour leur refiguration, et à désigner l'origine même de cette interprétation — l'écrivain. Spécifier le littéraire n'équivaut plus à marquer la littérarité, l'«alternativity principle», mais à marquer que l'interprétation qu'est le littéraire suppose la présentation de la *figure* de l'écrivain. Cette figure de l'écrivain est aussi un *soi figuré* — la figuration de l'identité constante de celui qui entreprend de mettre en œuvre l'interprétation linguistique du langage et qui se figure, par cette interprétation, tel ou tel. La théorie littéraire ne peut faire l'économie de l'énonciation et de la figure que lui donne la littérature, ainsi que le savaient Yeats, Pound, qui ont dit explicitement la *persona*. En d'autres termes, théoriser le littéraire, c'est alors théoriser une identité parlante (écrivante) qui se constitue de manière figurée — par le biais de l'interprétation linguistique des discours. Il peut être dit, de manière similaire, que le lecteur se constitue par l'interprétation de cette interprétation, de façon figurée. C'est indiquer la vanité de l'hypothèse, qui est le résultat du croisement de la phénoménologie et de la perspective systématique, de l'interaction de l'œuvre et du lecteur — qui fait d'un objet (passif) l'équivalent d'un agent.

Les équivoques des théories de la littérature ont une cause aisément définissable : elles entendent noter une différence du littéraire sans lui prêter une identité. Cela peut encore être dit de l'équivoque de la narratologie. Il convient de rappeler le paradoxe explicite des notations de Derrida : le littéraire est une différence sans identité, de marquer à propos de Barthes : tenir à la fois l'indication du littéraire et celle de son degré zéro — le degré zéro de l'écriture — revient à désigner le littéraire comme l'état même de la langue où il faut reconnaître l'utopie du discours adamique. Si je ne retiens que la seule différence, il s'impose de dire que le littéraire est une manière de lacune dans les discours ou, plus exactement — puisqu'il est bien discours —, qu'il expose la multiplicité des discours. Si je ne néglige pas l'identité, il faut dire que le littéraire est ce discours parasite des discours. Par cette différence sans identité, les théories prêtent un pouvoir extrême au littéraire — celui d'une sommation figurée : cela que fait entendre l'«alternativity principle», cela qu'affirme toute identification du littéraire par la fonction poétique. *Sommation* : l'ensemble du discursif est désigné ; *figurée* : le rapport du local au global exclut le passage du local au global qui serait la négation du local. Dire l'infini de l'écriture, c'est dire un constant état de sommation qui exclut les marques du local et du global et, en conséquence, toute figure du littéraire. Hors de la notation de cet infini, les théories littéraires font entendre deux choses : le littéraire s'occupe d'une totalité invérifiable — le langage ; il produit une structure seconde, distincte de la structure du langage, et qui est la figure de l'invérifiable. La figure n'est pas constante, par laquelle le littéraire est métamorphose ; l'objet de la figure est constant par lequel le littéraire est identité, c'est-à-dire identifiable par son geste même de figuration. Cela veut encore dire que, par ce geste, le littéraire ne cesse de se figurer. Dire l'infini de l'écriture récuse ces dernières notations pour indiquer le degré zéro de la sommation figurée : l'écriture n'est que somme et figure d'elle-même. Récuser ce degré zéro, et toute figuration, c'est donner le littéraire pour ce qui construit des nœuds de discours suivant le choix de l'écrivain (Deleuze).

La sommation figurée se comprend encore comme ce qui double le langage et ce qui est doublé par lui. La figure marque que le doublage est imparfait et que toute identification du littéraire par un modèle traduit, de fait, qu'il est en deçà de toute figuration achevée de ce qu'il interprète. Le littéraire est moins ce qui réfléchit par modèle et ce qui double le langage, que ce qui fait de son propre objet un objet de connaissance possible, c'est-à-dire une préfiguration — cet objet est tout objet de référence qu'entende se donner le littéraire. Connaissance possible : la pleine présentation est exclue, et il ne se conclut pas de ce défaut d'achèvement que l'objet soit nécessairement absent. Il faut ainsi récuser l'apparentement que note Fredric Jameson entre défaut d'une représentation achevée de l'Histoire et représentation de l'Histoire comme cause absente[7]. Une cause absente est une cause désignée comme absente, c'est-à-dire préfigurée comme telle, et qui engage la connaissance d'une telle absence. Le littéraire phénoménalise ses objets de diverses manières, mais de façon toujours incomplète — il faudrait redire la fonction poétique suivant cette logique. Il est par là exactement transitif. La transitivité et la relation d'objet sont ici spécifiques : elles ne se dissocient pas de l'initiative, de l'acte qu'est l'écriture, de l'impossibilité de séparer l'interprétatif qu'est le littéraire du fait qu'il se donne ou qui le constitue — le langage. Le littéraire détermine un état de son objet et un mouvement de cet objet à partir de la limite de l'acte qu'est l'écriture. Il ne cesse d'exposer cette limite — et l'inachèvement qu'elle induit. Il faut reconnaître qu'il n'accède à aucun littéral et que son acte entraîne qu'aucun objet qu'il se donne ne soit totalisable. Par quoi, il est rhétorique, et toujours reste au regard de sa détermination. Son sens a pour condition cette transitivité. Le rhétorique n'est pas la négation de la signification mais sa construction par une médiation qui sait sa limite. L'inconclusif du littéraire, qui se marque par la préfiguration, ne commande pas la notation de la fiction du littéraire et de tout ce qui se dit. Il n'appelle pas nécessairement le constat de l'indivision (Derrida : le refus de la loi des genres). Il caractérise la transitivité non pas comme cela qui impose le retour à l'objet ou suppose la conformation à un modèle, mais comme ce qui instruit ce *comme quoi il y a un modèle* (Michel Deguy). Dire le littéraire par le modèle revient à lire l'intransitivité là où il y a transitivité par *questionnement*. Les théories littéraires contemporaines préservent l'idée d'une autonomie esthétique qui ne s'identifie pas avec la seule notation d'un formalisme. L'autonomie se repense, dans les termes de Musil, comme synthèse d'un *nouveau contexte* : le geste rhétorique, geste de modélisation et geste de voisinage. La littérature est sans miroir. Il ne faut pas la prendre à la lettre. Ni confondre le contentieux qu'expose le rhétorique, dénoncer et annoncer l'objet que le littéraire se donne et qui est toujours ensemble dans lequel le littéraire se situe — le langage, les discours, les réalités —, avec un geste de déconstruction critique.

NOTES

[1] Voir un point de vue contraire à celui que nous exprimons : David CARROLL, «L'invasion française dans la critique américaine des lettres», *Critique*, avril 1988, n° 491, p. 273.
[2] Wolfgang ISER, «Les problèmes de la théorie contemporaine de la littérature : l'imaginaire et les concepts-clefs de l'époque», *Critique*, octobre 1981, n° 413, pp. 1091-1115.
[3] Pour un panorama de ces données, voir ISER, *article cité*.
[4] Iouri LOTMAN, *La Structure du texte artistique*, Paris, Gallimard, 1973.
[5] Voir R.A. DE BEAUGRANDE et W.V. DRESSLER, *Introduction to Text Linguistics*, London, New York, Longman, 1981.
[6] Michael RIFFATERRE, *Semiotics of poetry*, London, Bloomington, Indiana University Press, 1978.

Chapitre I
Apories des théories, aporie du littéraire

Les théories littéraires sont des manières de paradoxes. Cela commence par le statut de la poétique : elle vient toujours à son dehors épistémologique et à ses silences. Cela continue par ce qui se dit du littéraire, par ce qu'en impliquent les théories. L'identification de l'objet littéraire, l'examen formel qu'il suscite, l'effort pour marquer ses lois, continuités, discontinuités, constitutions et effacement dans l'histoire, ne se séparent pas de présupposés. La poétique ne cesse d'être un conflit, indissociable d'aucun enjeu théorique. Parce qu'elle traite de cela qui est fait de langage et qui perdure dans le temps, parce qu'elle retient à la fois la singularité de l'œuvre et les ressemblances des œuvres, parce qu'elle dispose qu'écrire ne se distingue pas d'un procès d'individuation et que lire est encore un tel procès qui met en cause le statut du *littéral* dans la reconnaissance de la lettre, elle ne peut se réduire au seul traitement formel des œuvres littéraires déjà hautement formalisées — poème à forme fixe, récit standard. Elle retrouve tout cela qui traite du discours et tout cela qui examine comment des mots peuvent être de l'histoire et de toute actualité. Loin qu'elle commande le partage épistémologique, en elle, se nouent les interrogations épistémologiques — pertinentes parce qu'elles contribuent à caractériser le double mouvement de toute œuvre : venir entièrement à elle-même; rester disponible et toujours reprenable, dans ce qui se dit et se lit. Ainsi préciser le littéraire par la *littérarité* engage deux thèses linguistiques opposées et deux façons contraires de considérer la qualité *non référentielle* de l'objet identifié à la littérarité. *Linguistique* : le littéraire correspond à une pratique linguistique spécifique, comme le marque la définition, que donne R. Jakobson, de la *fonction poétique*[1]; le poétique est immanent à la langue même, comme il se conclut des propositions de Jean-Claude Milner[2]. *Non référentiel* : puisque l'œuvre est sa propre référence, il peut être dit la disparition de toute propriété référentielle, et marqué que l'œuvre, ainsi ramenée à elle-même, se présente comme un objet linguistique qui prend place parmi les objets linguistiques et qui se trouve passible du même usage que ces objets — et, en conséquence, incluable dans un jeu référentiel[3]. La poétique revient aux antécédents linguistiques et à des questions qui les passent : qu'en est-il du réel dans les langues? En quoi le rhétorico-poétique permet-il de préciser cette question? Même dans sa version restreinte — dire les règles et régularités des œuvres —, la poétique n'échappe pas à l'implication épistémologique. Telle distinction de la narratologie — celle de *fable* et de *sujet*, encore formulée par la distinction d'*histoire* et de *récit*, aussi opératoire qu'elle paraisse et aussi fidèle à l'évidence de l'expérience de la lecture qu'elle se veuille, commande de considérer que l'*histoire* est jusqu'à un certain point reconstituable et le moyen de mesurer le pouvoir du récit. Il s'agit d'un exact parti-pris épistémologique. L'*avant* du récit, lisible dans le récit, permet de décrire celui-ci suivant ses jeux de distance, de temporalisation, de configuration de l'action. C'est supposer un pouvoir transférentiel du récit, celui-là dont débat la psychanalyse pour conclure parfois à la seule actualité du discours de l'analysé, et que l'historiographie écarte explicitement lorsqu'elle récuse toute perspective nomologique[4]. Il suffit encore de constater tout ce qu'engage la simple notation du *littéral* du littéraire. Le littéral est sans doute cela qu'ont dit toutes les philologies, et la citation première et ultime d'une objectivité du littéraire, par laquelle se justifient tous les retours au littéraire et tous les commentaires. Mais le *littéral* se rapporte encore à une façon de qualifier la lettre, de la reconnaître, et au résultat de l'acte de lecture qui abolit la distance de la lettre. Reconnaître la lettre, c'est enfin venir à ce qu'implique la lettre, à ce qu'elle suppose de règles et d'inférences codifiables pour qu'elle soit lue et saisissable dans son littéral[5]. Le littéraire peut supposer un objet immédiat — la littérature; la définition de cet objet inclut, au moins partiellement, celle du rapport de cet objet à la poétique.

I. THEORIES DU LITTERAIRE ET APORIE DU LITTERAIRE

Dire le littéraire, proposer une poétique : dire le discours commun, discriminer sans venir jusqu'à l'identité ineffaçable, désigner un objet spécifique sans le dissocier ultimement des autres objets linguistiques. Supposer un objet immédiat est aussi un exercice incertain. Par quelle loi peut-on postuler qu'il y a du littéraire? Le littéraire est du langage; cela impose de revenir aux lois du langage commun. Le littéraire est un arrangement sémantique; cela impose de revenir aux lois de la production et de la réception du sens. Le littéraire est le beau réalisé par le moyen linguistique; cela impose de revenir à une esthétique. Le choix de la poétique contemporaine est un choix intermédiaire : celui qui résulte de la postulation du littéraire et de sa lecture suivant ces lois diverses. Par là, la poétique fixe son paradoxe constitutif. Elle considère un objet qu'elle tient pour spécifique et qu'elle caractérise comme tel. Elle ne peut exclure cependant le report de cet objet sur un autre, ni éviter que le discours qu'elle offre soit référable à son dehors. Elle ne se confond ultimement avec aucun concept donné, alors qu'elle est cette recherche des concepts avec lesquels on pense la littérature, c'est-à-dire moins l'identité et la réalité de l'objet tenu pour littéraire, qu'un certain fonctionnement du discours et qu'une certaine pratique d'écrire et de lire. Ou encore : la poétique, dans la reprise des savoirs et des épistémologies, ne peut être que l'interrogation sur le littéraire, ce discours qui ne cesse de faire question, au regard des lois qui permettent de le postuler. C'est pourquoi il se marque que le discours littéraire est un discours masqué. Il jette un voile sur la problématique de son auteur, sur sa finalité — il ne faut pas tant conclure à l'intransitivité du littéraire qu'à un brouillage de la transitivité, et à la disposition d'une communication paradoxale, précisément voilée —, et sur le discours même — le *foregrounding*, l'accent mis sur le message pour son propre compte, est un soulignement formel mais aussi le moyen de faire passer le discours à une manière de bruissement[6]. Poétique et théorie du littéraire sont efforts pour dire l'évidence de ce discours qui ne cesse de disposer en lui-même des voiles, et de se situer par rapport à ces voiles, et pour rendre compte du voile. Puisque l'objet qu'elle se donne est ainsi paradoxal, la poétique vient à l'hypostase de telle donnée du savoir — ainsi de l'arbitraire du signe — ou à une manière de relativisme qui fait de son discours un discours sur sa propre vanité. De l'hypostase à la vanité, se lisent la certitude et l'inconsistance d'une définition différentielle du littéraire. La prévalence, dans les théories littéraires contemporaines, des notations de l'arbitraire du signe et de la structure, puis de la reprise, à Wittgenstein, de la notion de langage ordinaire, traduit ce mouvement d'indéfinition de la littérature[7].

La caractérisation différentielle du rhétorico-poétique (structure, fonction poétique, primauté du signifiant) vient à une équivoque. Dire le littéraire en termes de structure équivaut à marquer une complétude et une auto-suffisance. Celle-ci est encore interprétable en termes de *detached meaning*, — ce sens décontextualisé, saisissable et cependant inappropriable à cause de cette décontextualisation [8]. La démarche théorique est ici constante. La spécificité du littéraire ne peut être dite que par ce qui borde le littéraire, la langue, l'inconscient [9]. L'affirmation d'une auto-suffisance du littéraire ne se distingue pas de la reconnaissance d'une opacité du littéraire à lui-même — le discours littéraire manquerait de transparence. Marquer à la fois l'auto-suffisance et l'opacité, faire de l'opacité le moyen de s'assurer de l'auto-suffisance — est auto-suffisant cela qui ne se donne pas complètement à l'interprétation, et qui échappe à la règle de transitivité — revient à caractériser contradictoirement l'auto-suffisance, et à la définir par ce qui en marque l'incomplétude. L'auto-suffisance est ultimement dite par un point qui lui est exogène — le symbolique, chez Lacan —, ou par la désignation d'un point exogène évidé — l'archiécriture à laquelle se rapportent les écritures, l'extériorité des textes par laquelle est le texte singulier. C'est là retrouver la démarche qu'impliquent la notation de la fonction poétique — celle-ci ne se comprend que par l'extériorité du discours communicationnel — et celle de l'arbitraire du signe — il se définit par la seule hypothèse du système de la langue. Dire la spécificité du littéraire : marquer que le littéraire ne se donne pour tel et ne fait ensemble que par renvoi à un tiers. Très exemplairement, cette approche de la spécificité rhétorico-poétique retrouve *mutatis mutandis* les partages qu'impose la logique du langage — la réalisation du discours n'a de sens achevé et pertinent que par l'observation des règles logiques —, en ce qu'elle renvoie le discours littéraire, pour en justifier l'autonomie, à ce qui lui est extérieur. Le concept d'archiécriture exclut sans doute un point fixe exogène identifiable, mais en rapportant toute écriture à l'indifférenciation de l'archiécriture, il défait l'indication d'une spécificité du littéraire. Au plus loin de son report sur le langage ordinaire, le littéraire renvoie paradoxalement à un ensemble homogène, la langue, le symbolisme, l'écriture. Il désigne une légalité qui le passe. Il peut être identifié à des œuvres, à des pratiques discursives ; par ce dehors qui lui est donné, il ne peut être jamais dit une maîtrise du littéraire sur lui-même. L'indication du signifiant, lue comme la marque de l'auto-suffisance, traduit — tout autant — la perte continue du littéraire dans la multitude des signes linguistiques. La notion d'écriture, qui équivaut à marquer, par la soustraction de la relation transitive — suivant la vieille distinction de Barthes entre écrivain et écrivant — la butée du littéraire, fait encore comprendre : l'écriture vient au dehors de toutes les écritures — celles-là mêmes auxquelles on ne reconnaît pas exactement le caractère de littéraire —; elle perd tout trait discriminant et ne se définit plus que par sa propre itérabilité.

S'il n'y a plus de spécificité parce que toute approche de la spécificité suppose un point exogène où se défait l'identité du littéraire, l'assimilation du littéraire au langage ordinaire devient de plein droit, et l'écriture un de ces jeux de langage qui ne sont possibles que d'une formalisation locale — de ces jeux que sont les œuvres, on ne peut aller au dessin assuré des ensembles qu'ils constituent — et excluent tout passage à ce qui désignerait le dehors du langage ordinaire. Dire spécifiquement la littérature équivaut non pas à parler à propos d'un lieu sûr, mais à reconnaître, par un tel dire, celui qui parle à partir du lieu sûr du savoir — l'expert qui entreprend d'expliciter cette expérience au total commune par laquelle le trivial et l'homme ordinaire deviennent texte[10]. Il ne faut pas entendre que l'ordinaire et le trivial *se disent par le texte* — ce serait supposer une intention spécifique d'expression qui reconduirait aux paradoxes de la spécificité du littéraire —, mais qu'ils produisent des textes, circulation du langage ordinaire et de ce vraisemblable commun qu'il porte. Le littéraire se lit comme le retour de l'ordinaire dans l'ordinaire : il vient dans cela qui est sans issue, parce qu'il est son propre nœud de circonstances et de mots : il est l'historicité quotidienne. Le littéraire : une morphologie d'usage et les usages de cette morphologie, identifiables et classables comme tels hors de toute esquisse de ce qui serait une morphologie de la littérature. Dès lors que le voile que le discours pose sur lui-même est explicitement reconnu, le littéraire apparaît comme résiduel face à la notation d'une intention, d'une finalité, et de la forme qu'il se donne; il fait entendre, hors de tout écart définitionnel qui lui soit reconnu, que ce résiduel est aussi la caractéristique du discours commun — qui ne peut trouver l'explicite de l'intention, de la finalité, et l'adéquation de sa forme et de son information que dans l'idéal de la communication réussie, exactement normée, contrôlée, et signifiante suivant les obligations de la logique. Le questionnement que porte le littéraire est celui-là qui caractérise le discours commun. L'hypothèse d'une spécificité du littéraire est peut-être inutile; elle permet cependant de préciser l'opposition du rhétorique et du logique[11], et que le rhétorico-poétique devient un élément essentiel pour approcher le discours commun, marqué de ses ruptures logiques, de ses inachèvements, de ses questions implicites, de son historicité. La littérature est introuvable, sauf à la reconnaître comme cet ensemble d'énoncés où apparaît le plus nettement ce qu'est la démarche du discours commun. La caractérisation différentielle du littéraire exclut *a principio*, tout report sur le langage ordinaire. Mais elle implique par ce qu'elle dit du discours littéraire — précisément rapporté à une manière de déformation du discours réglé et accompli suivant la règle, et par l'idéal de cohérence sémantique et logique, auquel elle mesure le littéraire, que celui-ci est, en termes sémantiques et logiques, à l'image des défaillances de la parlerie quotidienne. La forme que prend le littéraire, peut s'interpréter comme la mise en forme de ces inconséquences du discours quotidien.

Inévitables présupposés théoriques de la poétique contemporaine et perte de la spécificité du littéraire dans l'approche de la littérature commandent de noter une conséquence et appellent une interprétation. Il ne peut y avoir une rationalité restreinte du littéraire : celle qui se lirait dans l'analyse formelle, puisque celle-ci ne rend pas compte du littéraire et porte un implicite épistémologique par lequel elle outrepasse l'interrogation restreinte du littéraire. L'effort pour définir la spécificité du littéraire ne se distingue pas du projet de caractériser une expression libre, c'est-à-dire affranchie des contraintes de l'idéologie et de la rationalité. Faire du signe une fin en soi (Jakobson), marquer le pouvoir de l'écriture dans ce qui serait son retrait face à toute disposition instrumentale et idéologique (Barthes), définir un texte-tissu qui serait sa propre continuité (Derrida), sont autant de façons de prêter un mouvement au littéraire, qui échappe au calcul transitif et qui fait du littéraire ce qui va contre la grande Raison. Cette démarche présente une équivoque : elle définit le geste d'écrire comme un geste quasi souverain puisqu'elle le donne pour apte à passer les limites du discours. Le littéraire est ici tenu pour critique par lui-même. Comme il l'est par son identification à une manière de fictif généralisé : la définition de la spécificité du littéraire par un report sur le langage fait du littéraire une manière de fiction congruente à la fiction de tous les discours et une sorte d'incommensurable, irréductible à tout discours qu'il suscite et à toute rationalisation, étranger même à tout jeu dialogue (Paul de Man). Il se conclut : le littéraire est l'altérité, ce pouvoir qui passe tout discours, et qui est exactement inapprochable, sauf à le considérer dans ce mouvement par lequel il se donne comme altérité. L'indication de l'altérité est encore constante dans la notation du dialogisme (Bakhtine). La spécificité du littéraire se confond avec la réalisation de l'interdiscursivité, lue comme l'accomplissement de ce que portent les discours : une manière de démocratie, celle de l'échange langagier, qui ne caractérise pas le littéraire comme une donnée erratique, mais comme cela qui compose les langages contre toute restriction, et dessine leur communauté contre tout partage idéologique. L'altérité se lit paradoxalement dans cette somme discursive que constitue le littéraire, et la propriété critique dans la mesure de tout discours à cette somme. L'effacement même du littéraire dans le langage ordinaire présente une propriété critique : si le littéraire est simplement ce que produisent le trivial et l'homme ordinaire, il est assuré qu'il va contre toute réduction interprétative — contre le savoir de la littérature — et contre toute rationalité instrumentale. Le discours du langage ordinaire ne fait pas ordre de manière spécifique et apparaît comme l'autre de tout discours de l'ordre et du savoir [12].

Cette reconnaissance de la spécificité du littéraire et de sa propriété critique a pour cause un double scepticisme à l'égard du langage. On ne dispose pas d'un langage fiable, témoin du monde — en disposerait-on que l'objet et, en conséquence, l'objectivité seraient toujours dicibles et, par là, récusable tout mensonge. On tente de se tenir à égale distance du langage identifié comme un phénomène social et du langage identifié comme une activité de la conscience : le littéraire est situé à la frontière du langage privé, auquel est prêtée une fonction d'expression, et du langage communautaire qui dicte ses règles. Telle identification du littéraire au langage ordinaire ne considère pas ce langage comme une détermination, mais comme une vaste disponibilité sémiotique qui exclut à la fois la reconnaissance de la communication réglée et le recours au langage de la subjectivité [13]. Le dialogisme de Bakhtine, particulièrement dans certains de ses aspects critiqués par Paul de Man [14], pourrait se lire comme une tentative pour allier le langage considéré comme phénomène social et le langage privé : l'adresse à l'autre est pénétration de l'horizon conceptuel de l'autre, dans le dessin de l'hétéroglossie.

Un tel scepticisme, mesure de la propriété critique de la littérature, pose le problème d'une définition de la rationalité du littéraire. En une *définition minimale* de la place du littéraire — celle du hors-la-loi de toute grande Raison et de tout Ordre, il identifie la pratique scripturaire et artistique à une manière de geste ponctuel, coup dans l'exercice réglé du langage — à la limite de l'aléatoire, précisément hors jeu, et, par là, proprement indéfinissable, si ce n'est par son actualité sans que la littérature puisse se distinguer du simple cri. Ecrire diffère en cela qu'il constate le *différend* [15] et en joue. Il ne dispose pas des moyens de transgresser les limites du discours : il n'est qu'un accident critique. Il y a encore la *définition oppositionnelle* : le littéraire dit l'autre des ordres et divisions de l'espace social, des rationalités qu'ils mettent en œuvre, et des ordres du discours, tels qu'ils réfractent et confirment ces divisions. Dans les thèses de Foucault, joue l'ambivalence d'un littéraire assimilé à un sans-raison et d'un pouvoir du littéraire qui relèverait d'une autre rationalité et d'un mouvement de constitution anarchiste du sujet. C'est suggérer qu'il y a toujours une manière de commencement absolu de l'écriture, qui s'autorise de l'autre. Le littéraire devient une constellation variable — celle d'expériences qui s'organisent contre ces ordres et divisions. Où il y a une exacte récusation du langage commun — reconnaissance de la détermination —, du langage privé — clôture narcissique de la subjectivité, et où se forme un espace propre qui n'est pas cependant localisable de manière constante. On redit, à travers la notation de l'oppositionnel, un minimal du littéraire, identifié à une sorte d'altération ou à une série d'altérations dans une formation historique. Ce minimal porte un paradoxe : il est marqué un champ du littéraire — donnée oppositionnelle — qui n'est qu'un effet des autres réseaux du discours. L'écriture devient une *croyance* — croire que l'écriture peut être communication, effective, communautaire, dans l'incertitude même de sa disposition[16].

Hors de ce *minimal* et de cet *oppositionnel*, une rationalité *critique* du littéraire se note par la seule récusation des rationalités instrumentale et pratique (morale), dans le retour à une raison de l'esthétique. Adorno marque l'équivoque de cette identification critique du littéraire[17]. Celui-ci peut refuser l'illusion de l'immédiat, — l'idée d'une plénitude et d'une concordance de l'écrit avec tout cela qu'il nomme —, et les utopies que cette illusion porte — abolition par le littéraire des médiations, identification du langage, dans le littéraire, à l'actualité de toute parole et de tout objet. Le littéraire, dans son exercice, est cependant la tentation constante de s'établir comme une manière de logos, de désigner l'ordre par lequel il se constitue, et qui contredit l'ordre de la rationalité pratique et de la rationalité instrumentale. Tout geste de déconstruction risque de se confondre avec un geste de restauration. Contre ce mouvement, le littéraire ne pourrait actualiser son propre statut que par un jeu de négation continuée. C'est retrouver, de fait, l'hypothèse de l'intransitivité et le report du littéraire sur un point exogène — cette raison négative qui ne cesse de le constituer et qui l'identifie à la série des œuvres considérées dans leur disparité. Ce point exogène peut encore être conçu, en une autre lecture des thèses de Foucault, comme une manière de hors-lieu du littéraire, cela qui transgresse l'ordre positif sans devenir lui-même positif, et qui définit l'expérience scripturaire, dans toutes ses dimensions, comme contre-pointée et sollicitée par un *autre*, placé hors des limites d'une formation historique[18]. Le littéraire participerait d'un indicible déterminé — ce point exogène évidé mais cependant identifiable par ce qu'on ne peut pas dire dans un ordre donné. Foucault a caractérisé, dès *Les Mots et les choses*, la littérature comme une manière d'*être sauvage*, celui qui ne cesse de se nourrir de l'autre. A ce point, le littéraire devient une sorte d'irréalisation. Il y a des œuvres, il y a de l'écrit; ils sont produits; ils sont lus; ils peuvent même manifester explicitement ce mouvement de déport et d'échappée à l'ordre — ainsi de la parataxe comme tel moyen d'un déport, défini par Adorno. L'identification du littéraire et du critique équivaut à une perte du littéraire dans la redondance de la fonction critique et dans l'inachèvement de l'entreprise d'écriture, et à un renversement du point de fuite que s'est donnée originairement la littérature de la modernité — les êtres et choses viennent à l'art où ils se consument. Il n'y a plus d'esthétique héroïque, il y a l'aliénation de l'écriture. Noter que l'écriture est critique, c'est faire entendre qu'il faut la lire avec gravité, — cette gravité qui est aussi celle du monde. Placer le littéraire hors de la normativité, l'identifier à la rupture entre culture et société, le définissent comme la donnée d'une «adversary culture», ainsi que le primat de l'intransitivité caractérise une manière d'antilangage [19]. La littéraire ne cesse de s'autoriser de lui-même et, par la reconnaissance qu'implique ce geste, de venir à son identité critique par la seule lecture. La vulgate de la fin de la littérature reste manière de qualifier, en termes de déclin et de négatif, un objet devenu aporétique parce qu'il n'est plus pensé, dans sa spécificité, que selon un ailleurs — celui par lequel le littéraire s'autorise [20].

La théorie critique dit un ultime paradoxe de cette identification du littéraire et du critique. Suivant une ambivalence constante, elle affirme le littéraire et suggère l'inévitable de son dépassement, en un mouvement que commandent l'équivoque du hors-jeu et la crainte que l'œuvre ne devienne une manière d'absolu. L'hypothèse d'une raison esthétique qui devrait faire droit à la spécificité du littéraire, ne lève pas cette ambiguïté : le littéraire n'est pas considéré comme cette pratique originale de communication à examiner en elle-même et selon la question qu'elle recueille, mais suivant un rapport entre le littéraire et la société, qui prête idéalement au littéraire une fonction de réconciliation. C'est entreprendre de lire le littéraire idéologiquement, ôter toute pertinence propre à l'acte qu'il constitue, et reconduire, sous le sceau de la raison esthétique, le partage entre littérature et communication achevée, libre, entre littérature et vie, entre littérature et accomplissement social. L'analyse de ce partage échoit à l'herméneute, à «l'expert de la vie quotidienne», ainsi que le marque Habermas [21]. Dans sa spécificité, le littéraire ne reste pensable que par son extériorité. Cette spécificité est, de fait, illusoire : citer «l'expert de la vie quotidienne» revient à défaire l'exercice du littéraire dans le jugement du langage spécialisé et à cependant considérer le littéraire comme une manière de signal autonome. Sans que soit noté qu'il convient alors de dire : le littéraire est dans l'ordinaire même — non pas son autre, non pas son ailleurs, mais cela qui recueille la question du quotidien : le quotidien fait question parce qu'il expose les limites du langage ordinaire et celles de l'idéologie qu'il porte.

De façon constante, le littéraire est identifié à une manière d'irréalisation : il y a certes des œuvres, mais le littéraire advient par ce qui n'est pas lui. La question du littéraire est ainsi formulée parce qu'elle présuppose d'autres questions : qu'en est-il d'un discours qui peut être spécifique sans porter les marques ultimes de sa spécificité ? Qu'en est-il de ce discours qui entend exposer une manière de justesse par lui-même et qui exclut que, par cette justesse, il dise les mots justes et, en conséquence, ultimes [22] ? Qu'en est-il de ce même discours qui sait sa propre élaboration, sa propre construction, et, en conséquence, sa propre convention, et qui ne peut reconnaître la leçon achevée d'aucune convention ? Qu'en est-il de ce discours qui se sait discours de tous puisqu'il est discours *détaché*, discours disponible, réitérable, et qui ne se reconnaît tel que par l'inévitable d'une recontextualisation ? Qu'en est-il de ce discours qui se différencie des discours quotidiens et qui vise explicitement la communauté sans partage ? Ces questions, antécédentes à la question de la spécificité du littéraire, ont elles-mêmes pour conditions plusieurs hypothèses. Il y a une situation privilégiée du poétique — par ce privilège, peut être généralisée la notion d'écriture, et le littéraire caractérisé comme contre-pointé par l'autre de toute formation historique. Le rhétorico-poétique constitue un tout et ne cesse de se confirmer lui-même. Il est tenu pour distinct du monde — même dans l'hypothèse d'une littérature référentielle. Il a partie liée avec l'absence. Il est, par ses œuvres, un objet local, différencié de toute globalité. Il est son propre espace. (Ces hypothèses rapportent le rhétorico-poétique à une désymbolisation.) Il est étranger à l'intelligibilité qu'assure l'usage de la contiguïté, et est donc intelligibilité en lui-même. Il suscite transaction, jeu, négociation avec lui, plus qu'il n'est aveu de transaction, jeu et négociation, parce qu'il est objet disponible. Il pose explicitement le problème du temps et de l'histoire parce qu'il est, en lui-même, une manière d'actualité.

Les théories viennent donc à l'aporie du littéraire par un jeu de réversion interne. Il ne peut être dit de fonction poétique — par quoi le littéraire s'identifie explicitement et se clôt — sans une ouverture à ce qui est le maître même du littéraire, le langage. Il ne peut être dit l'efficace du littéraire — le littéraire inscrit dans le langage ordinaire — que par le seul usage de ce langage, inidentifiable par des marques spécifiques, mais reconnaissable par des situations d'usage. Le littéraire est ici une stricte relativisation et une exacte circonstance historique, indissociable du statut culturel de l'écrire et du lire. Préserver la différence du littéraire par la notation de sa propriété critique, c'est sans doute passer le premier paradoxe d'une définition du poético-rhétorique par ses conditions linguistiques ; c'est encore trouver une manière de fin du littéraire dans l'autre de tout discours normé et dans l'hypothèse d'une raison esthétique. Cette réversion est la contrepartie du privilège reconnu au rhétorico-poétique. Elle marque la butée de ce qui entend dire le lieu du littéraire, à partir du constat que le littéraire est cela qui se dit à notre place, à la place de tous les autres discours que nous tenons. Les théories littéraires valent, en conséquence, d'abord par ce qu'elles signifient du fait qu'il se parle du littéraire — qu'il est un *lieu commun*, une communauté de lieu discursif. Par quoi, on touche à une manière d'imaginaire de la théorie : le littéraire peut être une sorte de résolution complète. C'est la signification des hypothèses qui commandent l'examen de la spécificité de l'objet littéraire. Cela se dit de diverses façons : ainsi des théories de l'expressivité littéraire qui marquent à la fois l'aptitude de l'écrit à revenir à lui-même et sa capacité, dans ce retour, à être représentatif — phonétique poétique [23]. Ainsi des notations de Jakobson, qui disent l'ambivalence du signifiant, l'ambiguïté du signifié, inscrivent toutes les catégories de la communication discursive dans le poétique, et le caractérisent par «une réévaluation totale du discours et de toutes ses composantes quelles qu'elles soient». Ainsi d'Umberto Eco qui, même dans l'hypothèse de l'œuvre ouverte, définit le littéraire à la fois par une autonomie et une manière d'irradiation du signifié qui fait totalité : « Il y a identification, dans le matériau, du signifiant et du signifié — le signe esthétique ne s'épuise pas dans le renvoi au denotatum, mais s'enrichit de la manière irremplaçable dont il fait corps avec le matériau qui lui donne sa structure...» [24], et qui constitue l'œuvre comme une sorte de stock de surinformation. *Lector in fabula* [25] transcrit cette résolution du littéraire et cette aptitude à porter, d'elle-même, les figures de la totalité, dans le vocabulaire de la logique modale — mondes possibles — et de la sémiotique —, pour dire ultimement le paradoxe que formulait *L'Œuvre ouverte* : le littéraire est à la fois une disponibilité, une prégnance, un ensemble. Ainsi de Julia Kristeva, qui à partir de l'*ambivalence* du signifié poétique marque l'autonomie du littéraire — l'équivalence de la chose à elle-même disparaît —, son espace où le «Non-Etre s'entrelace avec l'Etre» [26], et définit le jeu des tropes comme celui d'un espace de substitution, soit au total la notation d'une manière de complétude du littéraire. La réinterprétation du dialogisme bakhtinien dans les termes de l'intertextualité équivaut à une définition du littéraire suivant un jeu de liberté et de *somme* des discours internes au littéraire. Cet imaginaire de la résolution caractérise également les thèses de la création-réaction, indissociables de la définition de la lecture comme un jeu de dépendance et d'indépendance. Ainsi de Harold Bloom [27] : le littéraire n'est que ses antécédents littéraires qu'il reprend et qu'il défait selon une tropologie et de manière conflictuelle, en un geste d'affirmation de l'autonomie de l'œuvre — celle-ci reste cependant sans identité propre : elle est traversée de ses antécédents — et de sommation. Cette constante et cette dualité de la résolution du littéraire apparaissent exemplaires chez Northrop Frye : le littéraire se caractérise par l'orientation de l'œuvre vers ses propres signes, orientation interne; il marque ainsi «la perte de la valeur dénotative des symboles, (l')accentuation de leur importance en tant que structures de motifs reliés»[28]. C'est, de fait, dire que l'œuvre littéraire est somme de symboles, eux-mêmes lisibles suivant la somme qu'ils constituent de manière constante.

Cet imaginaire de la résolution fait entendre deux choses. Il y a toujours un autre dans le littéraire; le littéraire est une manière d'hétérogénéité, une présence complexe de l'activité discursive. L'hypothèse de la résolution préserve l'unité du littéraire. Celle-ci se dit de façons diverses. Par une typologie qui peut être explicitement formelle ou renvoyer à la codification des actes du langage. Par la notation de la généralité même du littéraire — archiécriture, dissémination des écritures, intertextualité. Par la continuité historique des genres hors d'une loi, fixe et lisible, de ces genres. Par les constantes et les variations du symbolique que porte le littéraire. Les évolutions et les antinomies de l'ethos critique, décelables dans la comparaison des approches de la généralité du littéraire, sont nettes du *New Criticism* à la Nouvelle Critique et à la Déconstruction. Reconnaissance formelle de l'objet littéraire; reconnaissance du primat du mot dans l'organisation de l'objet. Identification expresse des données symboliques, tenues pour formatrices de l'œuvre même; impossibilité de dire, dans l'hypothèse de l'interdiscursif, des contours symboliques fixés. Approches phénoménologiques de l'œuvre, qui la supposent perceptible de plusieurs points de vue et reportable sur les autres œuvres par cette multiplicité des points de vues; effacement de toute approche phénoménologique dans la notation de la surface de l'écriture[29]. Dans tous les cas, le littéraire est pensé suivant l'hétérogénéité de la visée qu'il suppose et des résultats qu'elle produit. Théories et critiques littéraires, de Lukàcs à Jameson, de Sartre à Foucault, de Walter Benjamin à G. Hartman, font toutes du littéraire une manière de lieu crucial. Il devient l'occasion d'un partage entre rationnel et non-rationnel, entre un fondamentalisme et un anti-fondamentalisme, entre deux façons de définir la propriété et la pertinence de la lettre — elle a ultimement une fonction conversationnelle, elle n'est jamais que la lettre de l'absence.

Il est symptomatique qu'en ces points, les théories littéraires reprennent, à leur manière, les acquis linguistiques disponibles ou qu'elles proposent, implicitement ou explicitement, une linguistique. Tenir pour l'incomplétude du langage (Derrida, De Man) — ce qui, en termes de linguistique, n'a pas de signification — revient à marquer sans doute l'inachevable de l'écriture, mais plus encore à lui reconnaître ce lieu où elle échappera au partage du langage commun et du langage privé, à celui du transitif et de l'intransitif, du sens et du non-sens, pour lui prêter une manière de raison de la déraison. Inversement, l'hypothèse du dialogisme (Bakhtine) est celle de la complémentarité des discours et, partant, de l'évidence conversationnelle du littéraire; elle n'exclut pas les marques idéologiques et définit la langue littéraire comme une langue syncrétique. Le code, qui peut donner matière à une définition restreinte et faire placer l'œuvre du côté du constructivisme, s'interprète comme une contrainte constante et comme un moyen de fixer le dicible et de commander le dire — aussi le code est-il récusé en même temps que reconnu là où il faudrait parler de structure —; il est également rapporté à la multiplicité des codes — on suggère l'inévitable pluralité du discours et de l'œuvre. Il n'y a, dans ces dessins, que deux lieux possibles du littéraire, celui de l'*ineffable*, celui du *dicible*. L'opposition de l'un et de l'autre se lit comme celle d'un hors-système et d'un système qui ferait place à un discours qui traite de ce dont il n'a pas charge de traiter. Dire que la littérature est l'intransitif, qu'elle se définit par la fonction poétique, fait entendre qu'elle commence au-delà de l'emploi élémentaire du système — culturel, linguistique, discursif, quel qu'il soit. Noter l'ineffable définit le littéraire comme ce qui s'entreprend à partir de ce qui est empêché de parler — il est la métaphore du mutisme. Noter le dicible invite à conclure qu'il n'y a pas, de fait, impossibilité de traduction, mais que cela entraîne qu'il n'y a jamais assez de savoir, de codes pour rendre compte des effets de cette possibilité même. Aussi l'indication de l'intransitif est-elle équivoque : l'imaginaire de la résolution dispose le littéraire à la fois comme un dehors et comme un lieu d'inclusion — il marque le dedans même du langage et de l'ensemble symbolique. Les apories des théories de la littérature s'interprètent nouvellement. Les réversions du discours littéraire et du discours ordinaire, le terme tiers qu'appelle toute définition univoque du littéraire — ce qui revient à dire que le littéraire est identifiable dans son dehors —, suggèrent une spécificité du littéraire : celui-ci désigne à la fois le dedans et le dehors des partages discursifs et symboliques; il est à l'intérieur dans la mesure même où il est censé être à l'extérieur — poéticité, antilangage, raison négative ou critique. Marquer la généralité de la littérature, ce n'est pas tant noter une écriture artistique qui va par elle-même, qu'indiquer : tout discours peut se percevoir comme un lieu à l'intérieur de la littérature. Identifier littéraire et propriété critique équivaut à souligner qu'on a perdu l'étrangeté même du littéraire, puisque avec lui vient se confondre tout cela que la société critique d'elle-même. Il ne devrait y avoir de théorie que de ce que peut être un discours sur la littérature, dans l'évidence que celle-ci n'est que lieu commun.

Il faut rappeler l'idéologie littéraire de la page blanche — cela qui est le commencement et le vide de l'écriture, mais aussi l'indice de la liberté et de la totalité du signifiant —, et l'interpréter exactement. La page blanche n'est que façon de dire le lieu de toute amorce d'écriture, — la case vide des systèmes discursifs, culturels. La case vide n'est pas le hors-système, le hors-code, mais le silence du système, du code, à ce point où ils n'ont pas d'objet d'utilisation. Le littéraire est altérité parce qu'il vient à cette case blanche ; il est relation à tout système discursif, code culturel, parce qu'il peut être de toute case vide. Il peut être système en lui-même, en ce sens qu'il est réponse codifiée à une situation qui échappe à tel système — ainsi de la tragédie qui systématise à travers l'exposé de l'impossibilité de l'action le blanc même d'un système de l'action. L'imaginaire de la résolution du littéraire ne doit faire lire le littéraire ni comme une manière d'antilangage ni comme ce qui ferait somme par son altérité. Il ne doit pas confondre le lieu de la case vide et celui de l'ineffable. Le littéraire n'est pas l'autre de la langue, des discours qui ont cours, mais leur silence même, ce point où ils cessent toute fonction pertinente et où ils font question parce que la bordure de tout système est le lieu où ce système fait fonctionnellement problème. Ce n'est pas là une définition spécifique du littéraire — il pourrait être dit des jeux la même chose. Mais il apparaît explicitement que les apories des théories du littéraire viennent à cela même qui est la condition du littéraire et qu'elles l'interprètent moins en termes de condition qu'en termes d'élaboration et d'effets du littéraire — autrement dit : elles font un choix sur l'usage même de cette condition. Le partage est ici net entre ce qui est la décision d'identifier l'exercice du littéraire à celui de l'occupation de la case vide — l'écriture dans sa rumination — et celle qui voit le littéraire comme un exercice de transcodage — la case vide, les cases vides, sont ces points à partir desquels peuvent être pratiquées des inférences entre divers codes. C'est la thèse de Lotman. Il faut ajouter que cet exercice de l'inférence peut être lui-même systématisé et codifié. Il porte alors sa propre case vide et, en conséquence, la possibilité d'un autre exercice de reconnaissance de la case vide et d'inférence. L'interdiscursivité de Bakhtine peut se lire selon le dialogisme ; elle montre également que cette rencontre du discours du sujet et du discours de l'autre implique un troisième terme — l'interdiscours[30]. Ce tiers dit explicitement l'exercice de l'inférence. Logique de l'inférence et identification du littéraire à l'occupation de la case vide et à un jeu de corrélation des codes offrent à Bakhtine les moyens de son analyse du romanesque. Acquis le partage entre le roman antique et le roman moderne, entre une représentation temporelle qui se défait dans la séquence d'espaces et la constitution d'un chronotope — établissement d'une systématique temporelle —, le roman reste défini, de façon constante, par son indétermination, par son aptitude à être le lieu de divers lieux et le temps de divers temps, non pas leur somme mais leur articulation, très exactement leur lieu d'inférence. Bakhtine dit très bien : tout roman est roman de l'actualité et roman du présent en tant que celui-ci est indétermination et, précisons-nous, case vide des divers ensembles spatiaux et temporels.

Les apories des théories de la littérature tiennent à une analyse biaisée de l'exercice de l'écriture. Dire que le poétique est une réévaluation du langage équivaut à dire : le poétique peut réformer tout le langage et les défauts du langage que suppose l'hypothèse de la révaluation ; il achève, il complète le langage. Cela peut devenir une manière de fiction qui fait de la lettre poétique le moyen de la maîtrise du langage. Dire que le texte, dans son exercice de l'intertextualité, est confrontation égale des idéologies, et constitution d'un tiers idéologique irréductible aux énoncés du texe, revient à faire du littéraire à la fois la somme et la correction de l'idéologique, à prêter au signe un pouvoir sur l'idéologique. Les théories du littéraire qui disent ultimement un impouvoir du poétique — Adorno, Foucault — marquent, à l'inverse, qu'il ne peut y avoir de correction du langage et du discours et que la pratique scripturaire n'est au fond que ce qui échappe à sa propre contextualisation et qui n'expose aucune auto-contextualisation — elle est exclusive de toute pratique de l'inférence : Foucault, le discours ne peut être que son propre événement, cela qui est sans relation, cela qui ne dit que la métaphore ultime de la case vide, la mort répétée — c'est-à-dire l'événement neutre et continu, donné exactement pour incomposable. Faire du lieu de l'amorce de l'écriture ce lieu, en lequel, à partir duquel peut être passé tout système ; faire de ce même lieu celui dans lequel il ne peut arriver, si l'on s'attache à dire les choses strictement, que les lettres de l'alphabet. Il convient ici d'interpréter qu'il n'arrive rien, si ce n'est ce mouvement indéfini de l'écriture, qui peut lui-même renvoyer au constat qu'il y a des choses et des événements, qui sont une chose ou l'autre, un événement ou l'autre. Il convient de reconnaître ce à quoi correspond l'affirmation d'un pouvoir correcteur que posséderait le poétique. Dire un pouvoir sur le langage, qui passe le geste de la *poiesis*, équivaut à traiter la matière linguistique comme un système fermé qui peut être modifié par un autre système — local —, celui qu'élabore le poème. Noter que le texte peut faire somme égale des idéologies dans sa propre unité, c'est le lire comme un système de systèmes. Ces démarches trahissent une tentation et supposent un constat : la tentation de nier le système sémiologique disponible, le constat qu'aucun système sémiologique ne porte la possibilité de sa propre négation. La suite va de soi : si le littéraire ne peut être réforme du système, il doit être ce qui travaille sur la limitation de ce système en incluant ce qu'exclut ce système. L'impouvoir du littéraire dit inversement que le système ne peut être passé, même localement. A ce point, contre les thèses du pouvoir et de l'impouvoir du littéraire, il peut être noté : le littéraire dans l'hypothèse de l'interdiscursivité et de l'intertextualité, dispose en lui-même le différend des idéologies; le littéraire, dans la supposition de son impouvoir, retient moins une manière d'écart qui serait producteur continu d'écriture qu'une relation de différenciation entre le discours mineur qu'il est supposé être et tout discours global.

Hors de ces corrections, les thèses du pouvoir et de l'impouvoir du littéraire mènent à une manière de *rhétorisation*. Celle-ci fait du poétique cela qui parle seulement de lui-même ou du langage, cela qui rapporte la pluralité des discours à des bivocalités internes croisées et qui traite de cette bivocalité; de l'entreprise scripturaire, cela qui va selon son propre simulacre — selon une rhétorisation par duplication. N'est pas ici en jeu une interrogation sur la définition et la reconnaissance marquées du littéraire — identification d'un «poetic language» ou dénonciation d'une «poetic fallacy» —, sur un critère formel et universel du poétique, mais l'approche même du geste d'écrire. Si le littéraire est inscription, dans le discours, de telles différences, il relève exactement de la *rhétoricité*. Il dit indissolublement la réversion mutuelle et constante du transitif et de l'intransitif, celle des discours dans l'intertextualité, celle des répétitions qui définissent l'antilangage de Deleuze ou de Foucault — indiquer le simulacre n'est au fond que jouer sur un mot pour priver la continuité du discours de toute fonction représentative. Le simulacre fait cependant image, et la répétition se lit comme les inversions mutuelles du discours et des images qu'elle produit.

Les thèses du pouvoir et de l'impouvoir du littéraire reviennent à caractériser la façon dont le littéraire place le discours — il le placerait, au moins partiellement, hors ordre. L'indication du hors-de-l'ordre apparaît illusoire ou utopique : la poéticité, définie par Jakobson, porte un ordre; l'interdiscursivité, parce qu'elle ne se distingue pas du dialogisme, suppose, dans son geste éversif, une communauté de communication et une communauté de discours; l'antilangage s'interprète moins comme l'instauration d'un nouveau langage que comme cela qui vise le discours de la totalisation sociale. Le littéraire est le traitement de ce partage qu'il établit en instaurant son propre lieu, ainsi que le fait tout discours, et, en conséquence, le traitement discursif, esthétique, idéologique de la question qu'il pose par cette instauration. Il ne doit pas se lire suivant une logique holiste : répondre au tout du langage, supposition indissociable de la poéticité et de l'évaluation du langage qu'elle entraîne ; répondre au tout de l'idéologique, hypothèse qui se déduit du pouvoir prêté à l'intertextualité ; répondre au discours social total, selon les thèmes de l'antidiscours, mais comme ce qui interroge en leur faiblesse discours, idéologie, discours social, en cela où ils cessent de fonctionner pleinement, là où le transitif devient équivoque, là où l'idéologique apparaît ouvert à sa propre altérité, là où le discours social fait de lui-même question. Il dit l'affaiblissement symbolique de son objet même, le discours, l'idéologique. Sa rhétoricité constitutive s'interprète doublement : dans cette reprise de l'opposition à la loi du discours, à l'idéologique, au discours social, et par le partage qu'il instaure, il désigne le champ commun qui est la condition de toute opposition ; il est traitement de l'affaiblissement symbolique de son objet — par la décontextualisation qui le caractérise, il redit cet affaiblissement hors du questionnement direct de cet affaiblissement. Soit, à titre d'illustration, le problème du littéral dans l'œuvre. Philologie et herméneutique considèrent le littéral à partir de la seule œuvre. Mais le littéral du littéraire redouble, pour en tirer un jeu d'auto-contextualisation, le problème du littéral dans le discours non littéraire — désambiguïsation, implicatures. Le littéraire se dit nouvellement : il cesse d'être marqué de l'ambivalence de son autonomie et de son report sur un point exogène ; par son autonomie, interprétée comme un fait de décontextualisation et d'auto-contextualisation des énoncés qui forment l'œuvre, il place les identités du discours, de l'idéologique, du discours social ; il marque leurs oppositions ; il fixe leurs conversions : il est constante *négociation* discursive et symbolique.

Les apories de la définition du lieu du littéraire permettent de préciser les paradoxes attachés à la définition de la spécificité du littéraire et de marquer que les théories littéraires contemporaines font de l'œuvre même une aporie. Dans l'affirmation d'une autonomie et dans la tentative de définir une spécificité du littéraire, deux intentions prévalent : d'une part, livrer la règle du littéraire, d'autre part, tirer de l'hypothèse ou de la réalité de cette règle une certitude du littéraire qui serait alors une manière d'activité constante, identifiable, identifiée. L'enjeu est ici à la fois esthétique et idéologique : établir un système des arts littéraires comme il a été établi des systèmes des beaux-arts ; fixer une rationalité littéraire, proposer une définition de la littérature qui ne se contente pas de constater les formes que prend la littérature dans le monde moderne, et, par là, établir ou revenir au droit du jugement esthétique. Le propos systématique relève explicitement de la poétique. Le propos définitionnel renvoie aux débats philosophiques contemporains sur la recherche d'une situation de parole idéale — dire la raison de la littérature, considérer la littérature au regard de la raison. Dans une perspective esthético-philosophique, le projet d'une définition spécifique du littéraire reste équivoque. Il se partage entre la tentation de la certitude d'une identité du littéraire — où il faut voir le bénéfice de ce qui dirait le droit du discours intransitif, de cela qui ruine l'échange pratique, et le danger de donner une règle du littéraire qui serait ultimement une règle asservissante et étrangère à l'innovation, à la spécificité et à la situation des pratiques littéraires. Dire une identité du littéraire revient, dans l'hypothèse positive, à lire la pratique scripturaire comme ce qui va selon sa propre loi marquée. Entreprendre de dire une identité du littéraire équivaut, dans l'hypothèse négative, à noter la concordance de deux pratiques inconséquentes, celle du discours de l'œuvre, celle de tout discours. Il convient de lire l'hypothèse positive et l'hypothèse négative en elles-mêmes, pour elles-mêmes. Dans les théories littéraires contemporaines, elles présentent une hypothèse initiale commune : le littéraire se communique (se produit, se lit) à une condition — le penser selon la modalité de l'intervention maîtrisante. L'hypothèse positive dit, à partir de là, la typologie des formes qui supposent cette intervention et qui en appellent la reconnaissance ; l'hypothèse négative dit l'échec de cette intervention, — tant en termes d'écriture qu'en termes de lecture. Il est des hypothèses mixtes, celles qui marquent le passage, dans la série des œuvres, de l'accomplissement de la maîtrise au défaut de maîtrise, en un glissement de l'analyse de la forme à celle du sens et de ses incomplétudes. L'hypothèse de l'intervention maîtrisante est elle-même indissociable de la notation de la possibilité de l'activité de l'écrivain — qui commande le constat du changement des formes ou de l'exercice des signifiés. La butée de la démarche est ici double : l'hypothèse d'une esthétique positive ne suffit pas à rendre compte de la diversité des formes que produit l'intervention des forces maîtrisantes ; la notation de la seule activité scripturaire et son corrélat — l'écrire assimilé à une manière d'impouvoir — ne permettent pas de définir la propriété du littéraire lorsque l'écrire n'avoue plus ni lieu ni moment spécifiques. La notation de l'activité et de l'intervention maîtrisante fait de l'œuvre une aporie au regard de toute typologie ; l'indication que l'activité de l'écriture est une avec toute activité linguistique, fait de l'œuvre une aporie au regard de toute notation d'une intervention maîtrisante.

II. TYPOLOGIES DU LITTERAIRE, HISTOIRE ET SINGULARITE

Par les typologies, les poétiques ont usuellement fourni des critères, qu'elles entendaient universels, de classement des objets littéraires. Ce faisant, elles supposaient une continuité et une transhistoricité du littéraire, la possibilité de marquer constamment le rapport de l'universel et du singulier, des principes constitutifs d'un genre et de l'exemple. La poétique donne, *de facto*, une théorie de la lisibilité du littéraire, et justifie la définition d'un répertoire des formes par le constat que l'œuvre, communication hors contexte et à sens unique, réclame des conventions explicites pour assurer cette communication — parce qu'elle se donne constamment à reconnaître, elle est donc toujours partiellement convenue. Les typologies diraient ainsi une intégrité du littéraire dans son exercice, dans sa lecture, et cette instruction, plus ou moins contraignante, d'écriture et de lecture, qu'il porterait. C'est ultimement supposer qu'il n'y a de sens identifiable que par la possibilité du partage de ce sens et, en conséquence, par la typologie de ce sens. L'hypothèse est recevable. Elle ne peut cependant contredire la remarque, également inévitable, que la typologie répond à l'évidence et à l'explicite de la lecture, et reformule la question de la situation du littéraire — cet objet qui est toujours à lire dans le temps — sous les aspects de l'universalité et de la continuité de la lecture. Les paradoxes de cette entreprise de rationalisation du littéraire sont manifestes : reconnaître un genre, dresser une typologie, c'est encore noter l'inaccomplissement de l'une et de l'autre, faire de l'histoire le lieu de la reconstitution de l'ahistorique, et du constat de l'individualité le moyen de fixer la généralité. Les présupposés de la forme et du sens sont inévitables, par lesquels on procède à une manière de réification de l'œuvre : on tient que la lecture immanente est adéquate à l'œuvre et que la série des lectures immanentes est approche du dessin du générique et de l'universel. Ces présupposés portent leur converse : la réalisation du littéraire va par agrégat et sa rationalisation n'est que le dessin du parcours possiblement systématique des individus. On sait qu'aucune typologie n'est exactement vérifiable. Elle importe moins par le classement qu'elle propose que par le discours qu'elle tient sur le littéraire : par le questionnement qu'elle porte, qu'elle thématise, et qu'elle fonde grâce à la réponse qu'elle lui donne.

Dire qu'il est paradoxalement possible de lire les genres, c'est dire deux choses à la fois. La littérature résout, dans son histoire et par elle-même, ses problèmes de construction — l'hypothèse d'un genre est l'hypothèse d'un modèle de réponse aux problèmes de création; le sens et la forme font, en même temps et toujours à quelque degré, loi, sans quoi il n'y aurait aucun moyen de prendre en charge le littéraire même, si ce n'est à le constater dans sa disparate. Et c'est encore avouer : la typologie n'est que l'expression qui se veut intemporelle du questionnement du littéraire et, partant, du constat de l'historicité du littéraire. Substituer à l'approche générique une approche discursive ou textuelle — discursive, cela permet de lire une continuité génétique, ainsi du rapport de la prière et de la poésie, de la confession et du roman picaresque; textuelle, cela permet d'identifier les œuvres non plus suivant la reconnaissance de la forme et du sens qui leur sont communs, mais selon un jeu d'appartenance textuelle qui substitue à cette première reconnaissance celle d'un réseau, note la parenté obligée des écritures et, contre les présupposés de la typologie — réification de l'œuvre, interprétation anthropologique indissociable de la reconnaissance du sens et du rapport établi entre sens et forme —, suppose que le littéraire est une réponse à la question de sa propre continuité, et sa possible reconnaissance constante dans l'histoire par les reports des écritures les unes sur les autres. Toute typologie est, de fait, une herméneutique, ainsi que le note Hans Robert Jauss[31], — une construction de l'organisation et du sens du littéraire, qui puissent répondre du constat qui est fait du littéraire. L'indication de G. Genette : toute typologie expose l'hétérogénéité du classement *modal* et du classement *générique*[32], revient à souligner que le littéraire est l'aveu de diverses manières de parler — situations d'énonciation — et de diverses thématisations de ces situations. L'hétérogénéité est ici celle du littéraire même qui se dit deux façons : par l'ambivalence de la typologie, par le constat du texte.

Importe moins ici l'échec à définir une légalité certaine du littéraire que la signification inévitablement hypothétique du discours critique et formalisateur. La critique et la théorie sont questions et synthèses par là-même. Il peut être déconstruit les typologies du littéraire, ainsi que le fait G. Genette dans *L'Introduction à l'architexte*, noté les équivoques de toute étude de genre qui ne se dise pas explicitement jeu d'interprétation. Dans tous les cas, subsiste le souvenir des typologies. Il n'est de pensée du littéraire que par le notation de la survivance des œuvres et, en conséquence, par l'examen de leur compatibilité. Typologie et systématique, par les réformes qu'elles appellent ou qu'elles ont suscitées, mettent à jour le jeu terminal des organisations des œuvres, des groupes d'œuvres; elles marquent qu'il faut libérer tout pouvoir du littéraire de l'évidence des faits littéraires. Qu'elles viennent souvent à une philosophie et à une anthropologie, plus ou moins explicites, enseigne que cette pensée du littéraire, même dans ses propos formalisants, procède sans autre nécessité que de marquer le lien entre l'objet littéraire et un savoir qui n'est pas nécessaire. Dans cette perspective, et quoi qu'on ait pu dire, substituer une perspective textuelle à une perspective générique n'est que la formalisation d'une même question — que dire de la parenté du littéraire avec lui-même dans le temps ? — qui suppose un *a priori* spécifique : le littéraire n'est que le constat et le dialogue du littéraire. Ce qui est alors reconnu n'est rien que l'aporie même du littéraire — libre de tout report sur des maximes idéologiques, telles qu'elles sont encore lisibles dans les hypothèses philosophiques, que révèlent les théories des genres de Schelling à l'esthétique de la réception. Le refus de ces maximes, comme leur acceptation, renvoie à un jeu d'inférence : l'objet littéraire singulier est toujours comparable à un autre objet ; l'hypothèse du comparable a pour condition l'inférence — il n'y a jamais de faits isolés. Le constat de la parenté des témoignages du littéraire est la conséquence de cette évidence et du questionnement qu'elle porte. Dire, dans ces conditions, une communauté des œuvres par une systématique des thèmes et des formes ou par une appartenance textuelle, interroge le littéraire comme tel, et fait de la réponse la reconnaissance de la question de l'identité du littéraire. Marquer l'absence ou la place du lyrique, dans la série des théories du littéraire, ainsi que l'a fait Gérard Genette, c'est moins, comme il est suggéré dans *L'Introduction à l'Architexte*, jouer d'une place ou d'une case vide dans une systématique première, que déplacer la perspective de l'inférence et, par là, le système de l'interrogation. De la même manière, la vanité d'une morphogénèse des genres littéraires et les incertitudes qui marquent la décision de dire une antériorité de l'épique ou du lyrique, traduisent moins les équivoques de tout dessin de l'origine que la variation de l'inférence et de la situation du questionnement du littéraire. Indiquer la seule appartenance textuelle revient à noter qu'il faut exclure ici tout mot ultime, puisque le questionnement du littéraire ne se distingue pas de l'interrogation sur son extension et, par là, de la notation de l'incertitude de la clôture et du système qui sont tenus pour les moyens pertinents de la description de son organisation thématique et formelle. Dire le littéraire s'entend comme une pratique d'inférence : jeux d'interrelation et exercice de filtrage des textes. Ce qui fait reste dans toute taxinomie n'est que l'indice de la certitude de la corrélation parmi les textes et la suggestion que le classement est toujours ultimement local. Ce que disent explicitement la théorie des polysystèmes et l'esthétique de la réception : l'œuvre est toujours conditionnée par son extériorité et par sa proximité — par cette ressemblance et cette différence avec les autres œuvres. Le questionnement du littéraire, aussi systématique qu'il soit, est celui de ces ressemblances et de ces différences, et le constat du résiduel que porte le dessin de toute relation. Il ne peut y avoir ainsi d'achèvement *formaliste* d'une systématique des genres — il serait identifiable à l'effacement du résiduel et à la négation de l'hétérogène du littéraire.

Il s'agit moins de dire une constante illégalité du littéraire, ainsi que le suggère Derrida, ou de constater que nous sommes incapables de classer les discours, ainsi que le note Foucault, que d'indiquer que l'aporie du littéraire se reformule dans les théories des genres et les systématiques du littéraire suivant un jeu constant du particulier et du général. Celui-ci correspond à la dualité du jeu de l'inférence et encore, comme l'a marqué Georges Lukàcs[33], au mouvement de toute loi esthétique : celle-ci, en se réalisant, se concrétise et s'élargit. Il n'y a dans la reconnaissance du littéraire que du particulier ; il faut précisément lire celui-ci comme le champ organisateur de l'art et comme le lieu du jeu dialectique de l'individuel et de l'universel — formulables, dans leur écart, par le constat du particulier. C'est, de fait, la seule façon de dire, en termes de rapports génériques et intergénériques, en termes d'appartenances textuelles, la stabilité de l'œuvre dans le temps et l'histoire de la différenciation du littéraire. Le paradoxe de l'aporétique : donner à percevoir la variété des réalisations du littéraire et marquer que la réalisation scripturaire fait entrer l'objet le plus individuel dans des corrélations. Tout constat d'un genre est l'identification de ce champ du particulier, c'est-à-dire de la double désignation de l'individuel et du général. C'est pourquoi le genre peut se caractériser en termes formels et thématiques, en termes de conventions de lecture — celles-ci ne sont que la concrétisation du mouvement du lire suivant le double pôle de l'individuel et du général —, et ne jamais exclure la recomposition, sous le signe de la continuité et de la discontinuité, suivant ces transferts constants, qu'appellent, dans l'histoire, le constat et l'annonce du particulier.

Cette notation du particulier n'exclut pas un questionnement plus proprement idéologique de la systématique des genres. Contre les lectures d'une indifférenciation du littéraire, telles qu'elles résultent de l'utilisation de l'analyse discursive, de certaines données sémiotiques, la théorie littéraire contemporaine joue du constat d'une norme antécédente du littéraire et du symbolique et d'un effacement progressif de cette norme. Ce constat d'une entropie et d'une désymbolisation du littéraire ne se distingue pas de l'hypothèse de la possibilité d'une lecture continue et constante des déterminations initiales du littéraire et du symbolique. Il en est ainsi des reprises de la théorie des formes simples, interprétées comme les moyens de reconnaître, dans le devenir des genres, les conditions optimales de communications, en un jeu, implicite ou explicite, de correction des schémas communicationnels[34], définis par le structuralisme et par la linguistique des actes du discours. L'usage, que fait Northrop Frye[35], des données mythiques, symboliques, le rapport qu'il établit entre celles-ci et la hiérarchie des genres et des personnages suivant le pouvoir d'agir, marquent un mouvement de désublimation dans l'évolution et la succession des genres littéraires, une entropie croissante du littéraire et supposent cependant la référence continue à une donnée mythique tenue pour identifiable suivant des termes constants, et, en conséquence, mesure des variations génériques. C'est dessiner ultimement une manière de désorganisation du littéraire, lisible par cela-même qu'il défait au cours de son histoire, et rapportée à une loi antécédente. La constante de la norme critique devient paradoxalement le moyen de désigner l'aporie. La théorie des modes de Scholes[36] est à la fois une théorie générique et une théorie historique — générique parce qu'elle définit les états et les formes de la fiction suivant l'évaluation du réel à laquelle la fiction procède, historique parce qu'elle donne à reconnaître une évaluation de plus en plus négative du réel, et, par un jeu de conséquences, la déformation des genres, indissociable de cette négativité croissante. La norme et le positif sont ici premiers et les interprétants de leur effacement. Les typologies, qui ont en commun le rappel d'une marque originaire du littéraire, préservent le rappel des critères explicitement universels du littéraire et de sa reconnaissance, en un geste critique qui est explicitement idéologique : il constate la disparité du littéraire sans en faire le moyen d'une analyse de la fonction du particulier, et sans identifier le jeu de communication qui peut être attaché à l'évidence croissante de cette disparité. Est refusée l'analyse de la réalisation du littéraire et des jeux d'inférences qu'elle commande par l'égalité des œuvres et des objets de référence qu'elle dessine.

Dire, ainsi que le fait Fredric Jameson[37], que le genre est une donnée contractuelle qui définit la situation d'expression et d'impression et qui disparaît dans les sociétés d'économie marchande, revient à noter un processus de décomposition sans prêter attention au mouvement de la réalisation du littéraire. Le littéraire, comme le prouvent les systématiques génériques, peut être identifié de façons diverses ; mais il présente la constante de cette identification qui va suivant le constat du *particulier*, indispensable pour que soient notées désublimation et désorganisation présentes. L'analyse idéologique des genres, telle que la pratique Jameson à propos de *Lord Jim* de Conrad, traduit sans doute l'effacement de certaines typologies, mais plus encore le pouvoir du particulier, faire lire, à partir de l'individu qu'est cette œuvre, le fond possible des généralités du littéraire, celles que livrent les constructions typologiques reçues. Par son aporie, le littéraire est un lieu dialectique ; chacun de ses objets est un artefact qui fournit l'occasion de la reconstruction du littéraire. Le rapport de l'universel au singulier est celui de cette construction-même, comme la construction de l'artefact est jeu sur l'universel et le singulier, hors de toute réduction de l'un et de l'autre. Lorsque Goethe distingue, en une infidélité à la poétique d'Aristote, le lyrique, le dramatique et l'épique, il définit le pouvoir de particulariser trois situations de parole. L'apprentissage des genres, par l'écrivain, par le lecteur — sans lesquels il n'y aurait aucune réflexion sur les systèmes littéraires —, est apprentissage de ce pouvoir et, par là, celui d'une manière de raison praticable : en l'absence de toute tradition assurée — ce à quoi conduit une identification initiale stable des genres littéraires —, il peut être un savoir de la manipulation des mots et de sa pertinence, hors de toute norme incontestable. Marquer ce pouvoir et l'inévitable de l'inférence n'exclut pas de disposer le littéraire dans un rapport à l'action symbolique, à l'organisation des actes du discours, aux jeux du langage, aux institutions littéraires et culturelles, à la communauté qui le produit et qui l'utilise, mais le présente simultanément comme hétérogène à toutes ces données, puisqu'il est dans le jeu de l'individuel, du général et du particulier, à la fois leur déterminé et leur interprétant.

Se tenir à l'aporie du littéraire et cependant le lire suivant telle systématique, telle poétique, tel hors-de-l'ordre, c'est au fond constater une inertie et cependant entreprendre de la qualifier et de lui prêter fonction. A partir de la notation de ses répétitions et de ses disjonctions, de sa permanence — autrement dit, de ses témoignages qui, par leur série, font histoire, il est encore possible de dire que le littéraire est constamment la contrepartie de lui-même : il n'est qu'en passant par ses objets, par la série qu'ils constituent. Le groupe *Change* a marqué ici une ambivalence essentielle du littéraire[38] : il est sa propre surface continue et il ne cesse de faire remonter ses objets à la surface. Façon de dire l'égalité, la parenté des disparités du littéraire, considérées en elles-mêmes, et leur autodétermination, moins dans le rappel de leur passé et dans le dessin de leur futur que dans l'apprentissage, qu'elles livrent, de la transformation constante et impossible du littéraire. Les deux termes de l'ambivalence vont par un troisième terme : le littéraire est toujours désorganisation de l'ordre social de la lecture, par quoi peut être repérée l'opération du changement de forme. Relativement aux autres objets littéraires, un objet littéraire n'est qu'un objet partiel, et il ne cesse de produire la représentation du littéraire. Cela se résume en un paradoxe : la série parle du commencement; l'écrit est cette graphie lisible pour annoncer la lecture d'un autre écrit, passé ou à venir. Dans l'aporie du littéraire, il y aurait toujours de l'histoire : l'opération du retournement serait toujours déjà faite, condition même de la poursuite du littéraire. Sa surprise et son incertitude ne sont plus à lire selon le hors-de-l'ordre, mais selon cette détermination propre. Elle-même lisible paradoxalement : elle a pour signe la transformation même du littéraire ; *celle-ci ne produit que de la différence parce qu'elle se trouve contrainte à la répétition.* Le propre du littéraire est de ne cesser de passer par lui-même, — par chacune de ses raisons, chacun de ses témoins, chaque étape de sa transformation. Il faut revenir à la notation de la décontextualisation et à celle de la case vide, et corriger ici l'indication d'une écriture événement et celle d'une écriture livrée à sa propre ressemblance — dans l'hypothèse de la systématique générique comme dans celle de la disparité ultime du littéraire. Il peut être dit une histoire spécifique du littéraire parce que celui-ci est l'avènement constant de son double — cela que lit la notation de la métaphore en marquant cependant l'inévitable écart qu'expose le redoublement —, et le traitement de cet écart — cela que fait lire la métonymie. Le littéraire peut être objet d'une interrogation propre et moyen du report de cette interrogation sur les ensembles symboliques et les pratiques discursives, parce qu'il est, en lui-même, la question qu'il devient dans le temps, repérable et interprétable selon ce redoublement et cette distance, derniers et continus témoins de toute naissance de l'écriture, et donc lectures mêmes de l'histoire. Décontextualisation, auto-contextualisation : il n'y a de clôture locale du sens — cela qui me permet d'identifier et de lire — qu'à la condition que le signe ne se ferme pas, et que le littéraire soit suivant répétition et disjonction, dans l'échange constant et exact de la métaphore et de la métonymie.

Le constat de l'aporie du littéraire est, au fond, le constat d'un *tout change*, et l'aporie l'occasion, dans les thèses de l'ordre du littéraire comme de son écart, de jouer sur la détermination ou sur l'indétermination, selon la double évidence du changement et du résiduel. Or penser l'aporie, c'est encore penser le changement de l'aporie, son altération. Il ne s'agit pas tant de marquer une caractérisation contradictoire du littéraire, ni de lire une cohérence constante de l'aporie — homologue de la continuité des témoins littéraires — que de noter la singularité des réalisations du littéraire et le champ qu'elles constituent hors de toute notation des macrostructures transhistoriques — ce serait reprendre, dans une théorie de la textualité, l'approche des systématiques génériques. L'aporie se lit alors comme la permanence de changements définis des objets littéraires : l'objet change «comme l'union d'une infinité de déterminations dont chacune est elle-même la propriété de changer un autre objet»[39]. Il se conclut : le témoin du littéraire ne peut être tenu pour un *individu typique* ; il contient en lui-même la formation d'un innombrable d'objets — il est explorable en lui-même et le moyen de l'exploration de domaines constitués par ces objets qui entretiennent des relations d'indéterminations et qui, cependant, sont exposables sous le double aspect de la répétition et de la disjonction. La décontextualisation et l'auto-contextualisation se définissent encore comme les indices de ce rapport de l'aporie à sa propre multiplicité et, en conséquence, à son histoire, puisque l'altération n'est que la constitution de la population littéraire dans le temps. Il y a là la correction de l'équivoque qui caractérise le constat de l'aporie du littéraire : dans l'hypothèse d'une écriture événement, le littéraire n'est jamais reformulable; dans celle d'une détermination du littéraire, par report sur point exogène, il est ultimement reformulation. Il fait, chaque fois, reste : ici, parce que la reformulation est exercice vain; là, parce que la reformulation est sans suite et sans conséquences, en elle-même. L'aporie peut être redite : cela qui est *autre*, parce qu'il y a l'exercice du reformulable et donc son histoire. L'aporie du littéraire, examinée sous le signe de la disjonction et de la répétition, de la disparité temporelle et historique et de l'identité des marquages formels, structurels, thématiques, sémantiques, permet de penser la continuité du littéraire, en lui-même et hors d'un report sur des figurations exogènes de l'histoire.

On vient ici à l'hypothèse qui conditionne toute historiographie littéraire et toute étude du lien du littéraire et de l'histoire : dans le dessin d'une détermination par l'histoire, dans celui de la chaîne des interprétations, identifiée à la variable de l'identification du littéraire, les objets considérés sont tenus pour constants et pour corrélés en eux-mêmes. C'est dire que l'œuvre — lorsqu'on considère qu'il est possible de la circonscrire — et le littéraire, alors confondu avec la quantité de ses objets, elle-même assimilée à une mémoire du littéraire et à des systèmes auto-multiplicatifs, sont les conditions de la lecture continue de l'histoire et les interprétants, à travers leur continuité, du devenir même. Sans ces hypothèses, c'est la possibilité de construire l'histoire à partir de la littérature qui disparaîtrait, ainsi que celle de tenir le littéraire pour la médiation des consciences réalisées et des consciences possibles, et de tous les témoins de l'histoire, qui ne parlent pas par eux-mêmes parce qu'ils ne présentent pas ces données exemplaires — répétition, disjonction. La butée de toute approche auto-référentielle du littéraire se trouve retournée : le littéraire est sans doute point de vue sur le littéraire, mais il est cet hétérogène qui ne cesse de promettre son propre changement et qui, en conséquence, commande d'exclure toute lecture par extériorité, mais qui n'efface pas le jeu de l'extériorité puisque le littéraire est, en lui-même, différence concrète, c'est-à-dire constante mesure de l'histoire.

Où il ne faut pas tant voir une manière de réification du littéraire que la seule conclusion qu'appellent les constats de la disparité, de la diversité et de la constance, et la seule réponse au paradoxe d'interprétation que portent les systématiques des genres. C'est noter enfin qu'il est vain de vouloir disposer d'un concept *fort* de la littérature, et qu'il suffit de se tenir à l'indication de l'aporie et de marquer que la série de l'aporie peut donner à lire, en elle-même, sa propre nécessité. Il ne s'agit plus de récuser ni de suggérer aucun privilège du littéraire, mais de souligner que l'objet qui fait reste est encore histoire lisible par ce reste. Par là, il est assuré que l'on se retrouve toujours dans ce que l'on fait du langage — hors de toute hypothèse d'une lecture certaine et d'une régression véridique à la détermination. C'est encore dire, en une autre façon, que le littéraire est la continuation *nécessaire* d'un processus de construction, toujours applicable à lui-même — cela qu'il faut d'abord considérer si le littéraire est défini comme une objectivation pour lui-même et comme un *changement* dans la culture même. Le changement se confond avec le déplacement des signes dans le champ de l'histoire. C'est cela l'altérité même du littéraire et son mouvement par le jeu de la textualité : les choses humaines déplacent quelque chose qui était là auparavant — ainsi du littéraire et de sa continuité qui a donc pour horizon l'histoire même. Ce qui veut encore dire : le savoir et la conscience du littéraire passent par la séparation de ses objets — par l'influence négative de la continuité. Formuler le littéraire, c'est toujours formuler plus qu'une hypothèse : son objet a toujours un caractère présent et rétroactif — disjonction et répétition sont toujours de perception actuelle; le présent ne cache pas le fondement du littéraire — où il faut reconnaître la réussite de la fonction émettrice du signe littéraire et son identité.

Cette identification de l'aporie du littéraire par le particulier et par le jeu du changement définit l'objet aporétique comme ce qui ne cesse d'être représenté dans l'autre objet aporétique et qui ne cesse de le déborder. Penser le littéraire, c'est penser ici comment le littéraire se représente hors de l'hypothèse de la typologie et hors du jeu de l'intervention maîtrisante. Il se représente doublement : toute œuvre est le signe d'une autre œuvre; et celle-ci est ce qui passe celle-là. On reformule le constat de la conjonction et de la disjonction, celui de l'individuel et du général, dans un vocabulaire peircéen pour marquer que postuler le littéraire, c'est sans doute se reporter à la loi qui permet une telle postulation, mais aussi présupposer une généralité du littéraire qui se comprend ainsi : il peut être dit des objets et des formes littéraires locales, parce qu'il a été décidé en ce moment et en ce lieu de les dire telles; dire de tels objets locaux n'exclut pas que d'autres objets soient dits littéraires — cette nomination implique des occasions signifiantes dans le futur. Toute identification du littéraire est donc une identification exactement temporelle, parce qu'elle suppose l'indépendance, au moins partielle, de l'objet, ainsi qualifié, par rapport à la qualification. Le littéraire est placé à l'écart des partages de la notation de la loi et du hors-la-loi. Son incommensurabilité est directement liée à la décision de le dire. Le dire, par cette incommensurabilité, est inévitablement le signalement de la spécificité et de la continuité du littéraire. Il convient de reprendre le texte de Derrida, *La Loi du genre*[40], et de le mener jusqu'à son implicite : entreprendre de caractériser le littéraire par quelque norme, ce n'est ni reconnaître ni nier ultimement une règle mais faire entrer le littéraire dans la sémiose de l'interprétation, et le caractériser comme son propre interprétant — ce qui ne veut pas dire comme sa propre réitération, mais comme ce jeu de désignation partielle de ses propres objets les uns pour les autres dans le temps. Il y a là également le moyen de relire les hypothèses négatives en matière d'identité ou d'identification du littéraire.

Dans l'hypothèse négative, marquer une identité du littéraire équivaut à noter un partage entre les formes littéraires qui font loi et celles qui échappent à toute loi. Cette opposition recoupe largement celle des discours et des anti-discours, du monologisme et du dialogisme, celle du poétique et du non-poétique. Elle replace les termes et antithèses par lesquels est approchée une identité du littéraire à l'intérieur même du littéraire. Par cette ambivalence, la littérature est reconnue, en un geste quasiment inutile puisqu'il revient à l'identifier au convenu, sans même qu'il soit noté que le texte puisse échapper au savoir qu'il suppose et qu'il suscite; ou la littérature est caractérisée par sa position asymétrique relativement à toute caractérisation linguistique et rationnelle du discours — elle ne relève ni de l'efficacité, ni de l'intelligibilité linguistique. La littérature diffère radicalement, en une manière de particularité, distincte de ce particulier qui est le champ commun de l'individuel et du général. Elle ne peut pas même être objet de discours explicatif, puisqu'elle n'indique pas le moyen de sa traduction dans l'altérité — celle des autres discours, celle des autres symboles. Le paradoxe est noué : la littérature est du langage, — il ne peut rien en être dit à partir des lois du langage. Par le langage, on constate et on «performe». La littérature est le langage qui n'est ni constatif ni performatif, même s'il recueille les traits du constatif et du performatif. C'est très exactement dire que la littérature est une *fiction* par rapport à tout discours.

III. APORIE, FICTION, QUESTIONNEMENT

Il ne suffit pas de marquer la syncope des choses qu'atteste toute expérience du langage, il faut encore noter la syncope du langage — dont rien ne m'assure qu'il puisse être constamment le même, ni qu'il soit constamment pertinent. Il ne suffit pas de dire les ambiguïtés du discours mais encore que le langage mime toute expérience de son dehors et, en conséquence, de son pouvoir constatif et assertorique. La fiction est obligée : cela seul qui peut se dire dans le constat de cette absence de savoir; elle n'est que fiction puisque, dans cette méconnaissance, il n'y a à désigner aucun autre du réel et du langage inconnaissables. La littérature toute entière se boucle à constituer la littérature, dans l'écart continu au réel et à toute pertinence du langage. La notion de fiction, particulièrement reprise par la critique déconstructionniste, s'entend, de fait, doublement : ce qui est l'écart de tout discours qui sait la radicale extériorité du Réel et la méconnaissance du langage — soit l'identification du rhétorique au fictif parce que ce rhétorique n'est que l'exercice et le savoir de l'inadéquation du langage; ce qui vient doubler tous les discours parce que le constat de la méconnaissance ne commande pas nécessairement que l'on se satisfasse du silence du langage ni que l'on exclue quelques conjectures, quelques fictions. Cette dualité se formule encore : la fiction est par l'inintelligibilité du langage; la fiction est jeu intelligible sur l'inintelligibilité. Il faut rappeler la thèse de la traduction identifiée au constat de toute *fiction* : si écrire est toujours à quelque degré nécessaire — reprendre et transcrire ce que l'on croit être un sens disponible —, il n'y a là qu'une nouvelle déconstruction du langage et qu'une nouvelle épreuve de son instabilité première. C'est suggérer un défaut initial de maîtrise et l'expansion conséquente et inévitable de la *fiction* : on ne peut prévoir le fonctionnement performatif des figures — rien n'est achevable dans le discours, par le discours. Mais, ici même, contre les thèses déconstructionnistes, c'est dire un pouvoir de la *fiction*. Celle-ci est sans doute méconnaissance, constat de ce défaut de maîtrise et, en conséquence, *exercice continu*; elle est encore construction et vision du monde, à partir de cette supposée méconnaissance, parce que rien ne peut exclure la langue même et ses aptitudes à marquer les différences. Que le langage soit sans identification ultime, qu'il soit contingence — les thèses déconstructionnistes mêmes — n'exclut pas qu'il soit son propre exercice de reproduction et représentation des discours les uns par rapport aux autres, et que le littéraire, dans ses fictions, soit ces représentations exemplairement, l'indication de leurs places réciproques et, donc, le dessin de leurs rapports avec l'irreprésentable. La fiction est dialogue de fictions — de cela qui se dit. A tirer les conséquences dernières de l'indication de l'aporie du littéraire, on dit que le littéraire est une manière de non-savoir qui récuse tout savoir de lui-même, mais aussi que la fiction est adéquate à toutes les fictions, leur lien même. C'est lire deux choses différentes que lire leur seule dérive tropologique et l'agrégat de fictions qu'elle porte : un impouvoir et un pouvoir, l'inefficace et l'efficace de la fiction, hors de toute question stricte des réalismes.

Cette double lecture de l'aporie du littéraire propose deux pragmatiques dans le constat premier de l'autarcie du littéraire. Parler, c'est ne pas savoir ce que l'on fait, et ne pas savoir ce que l'on ne sait pas. Exacte déraison qui récuse cette raison minimale qu'est la raison narrative — celle qui se dit dans toute entreprise de rapporter quelque chose, quelle que soit la forme de ce rapport, monologue, dialogue, récit[41]. Le discours est proprement imprévisible : sa rhétorique n'est pas action, mais ambivalence; son développement n'est pas argumentation, mais excès de ses éléments les uns par rapport aux autres. La paralogie est constante. Dans le discours et contre l'évidence de la chaîne communicationnelle, il n'y a ni chemin, ni code, ni récit produit. Tout se joue et tout va comme s'il devait y avoir un chemin, un code, un récit. L'arbitraire artistique et littéraire est exactement une défaite. Inversement — et telle est l'autre pragmatique —, retenir, ajouter les fictions, équivalent à signifier le chemin dans l'aporie. La fiction-discours, le discours-fiction sont un matériau. L'écriture cela qui entend pénétrer et lire cette inertie. Elle traite de l'impuissance même du langage, à un point où celle-ci marque les limites de l'usage des fictions et non là où jouent seulement les dérives tropologiques. Elle sait ici que le désir de maîtrise de la langue ne mène à rien, et que le littéraire est ce jeu de contraintes locales — celles qu'exposent les systématiques des genres —, où se notent à la fois la possibilité infinie de doubler la langue et la défaillance à satisfaire la maîtrise[42]. Nouvelle définition de l'aporie du littéraire. Celle-ci est une structure de conflits : celle de cet artefact qui ne peut aller ni contre la langue, ni contre le signe, pas plus qu'il ne peut venir à une possession du signe, autonome — celui-ci est toujours là dehors, et qui cependant suggère que tout pouvoir d'écrire s'accomplit dans le fictif — l'universalité de l'intermédiaire. Le choix du littéraire est exactement relatif à la recherche de la solution au problème que posent l'innombrable des signes et leur labyrinthe supposé.

La fiction se reformule : recouvrir le lieu de dispersion des signes et des discours et, s'inscrire là où il apparaît qu'aucune vérité de l'écriture ne se dit dans la réalisation des normes du littéraire; et encore : la fiction naît de la légitimité du jeu interrogatif alors que l'aporie du littéraire reste manifeste, et tire de ce jeu, hors de tout savoir et de critère de compétence lisible dans l'œuvre, un contrat temporaire. La fiction est une dans l'actualité : la *performance* de ce discours qui représente le discours auprès des autres discours, et l'indication que ce discours fait reste. La fiction des fictions est toujours somme locale. Et une manière d'équipotence du discours et de la fiction. L'aporie devient lieu commun — et cette fiction une manière de réel qui est l'égalité même des fictions. Car tout constat de l'inadéquation du discours et de la dérive tropologique ne dit rien qu'une manière de tautologie : il y a une multiplicité des discours qui sont noués et, en conséquence, parcours — sans quoi la notation de la dérive et du non-conclusif ne seraient pas possibles. Tout discours exploite ce qu'il y a derrière le discours — l'autre discours. La fiction est encore une telle exploitation, un raccordement provisoirement général qui sait que tout est déjà recensé, mais que le langage ne le dit que de façon désordonnée. L'aporie du littéraire atteste cet exercice de complétion constante — ainsi que le donnent à lire les systèmes des genres. L'équivoque tropologique, qui conclut à l'universel de la fiction, reste pertinente comme occasion de démonstration des inachèvements du discours. Elle commande une manière d'esthétique artiste dès lors qu'on entend établir que le littéraire s'éloigne de tout lieu commun — la réalité, le constat de la communauté des discours qui font sens par cette communauté. Elle suscite une manière d'utopie interprétative qui fait entendre que le littéraire ne regarde plus en rien le lecteur. Utopie même d'une raison qui entreprend de se donner pour ultime parce qu'elle montre que tout discours est sans objet. Fiction veut alors simplement dire cette privation d'objet, sans que soit marqué le lieu commun de la fiction. La déconstruction et la notation de la tropologie entendent que le littéraire est essentiellement soustrait au jeu d'autrui. Or l'actualisation des équivoques n'est possible que par un rapport à l'objectivité que suppose le sujet. Il doit être dit une autre paradigmatique de la fiction : l'incertitude même des discours et l'aporie du littéraire — il reste inassignable — sont les conditions pour qu'émerge l'objet illimité : la représentation des discours mêmes et du réel qui est inaccessible à ces discours.

L'aporie du littéraire ne se lit donc nécessairement ni selon l'anti-langage ni selon une manière d'irrationalité. Son constat, dans le contexte contemporain, ne se distingue pas d'une pratique du désinvestissement — tant de la part de l'écrivain que du lecteur. Il reste indissociable du refus de considérer le concept même d'œuvre. Le littéraire est identifié, suivant un jeu que permet la notion d'écriture, à une série, et à l'ambiguïté, caractérisée à partir de l'interprétation de la rhétorique et de la tropologie, d'un espace déconstruit et d'un espace ouvert — les figures sont à la fois traces de l'impouvoir du langage et champ libre, celui où ne cessent de se produire de nouvelles figures. La théorie reconnaît dans l'aporie du littéraire la renonciation à tout ce qui le justifierait — modèle, œuvre, image, travail de fabrication. Elle marque cependant que ce geste de désinvestissement préserve une dimension intentionnelle — celle du littéraire, alors même que le partage entre discours ordinaire et discours littéraire est supposé incertain. La série n'exclut pas, dans la succession des témoignages scripturaires, la reconstitution, en termes d'histoire et de réception, de la notion d'œuvre. De la même manière, le report de la notion de littérature sur la notion de discours correspond sans doute à celui du littéraire sur le point exogène de la langue ; il permet aussi de placer le littéraire dans des continuités qui désignent à la fois des genèses et des situations de communication. La notation du désinvestissement peut être retournée : l'aporie du littéraire reçoit pour figuration initiale et constante le vertige de la rhétorique et de la tropologie, et appelle l'indication de la série textuelle, elle reste cependant concevable et conçue comme un lieu contenu et comme un lieu qui contient. Lieu contenu : cela qui s'inscrit dans l'indication de l'appartenance textuelle ou dans les références aux systèmes des genres ; lieu qui contient : noter l'appartenance textuelle, le comparable de toute écriture équivaut à dire une sorte de contrainte propre du littéraire — celui-ci est toujours, en lui-même, processus lié et, en conséquence, liant.

L'aporie s'interprète exactement, dans un retour indirect sur le constat du particulier. Elle marque que le littéraire ne peut donner à reconnaître explicitement ni à décomposer ou construire, reconstruire manifestement son matériau — langage, discours —, ce dont il se saisit, sauf à les interpréter et, en conséquence, à les perdre. Cette butée de l'exercice du littéraire est ce par quoi il est inévitablement aporie, et cependant manière de donnée objective, cela qui est du lieu commun et de tous les discours. L'aporie fait lire : l'objet littéraire n'est que lui-même, individu ; il est la généralité même du discours ; il est l'articulation de l'individuel et du général. Soit à réinterpréter le négatif de l'aporie : le littéraire se préserve en excluant qu'il ait une dimension et un accomplissement intérieurs. C'est noter le refus du pouvoir et de l'autorité de la communication. Mais l'aporie est en elle-même communication : la communication est posée au sein de ce qui est communiqué — écrire et lire, exercices de lien, sont interruption du geste de la maîtrise comme de l'épreuve de l'impouvoir. Toutes les hypothèses relatives à la propriété communicationnelle du littéraire — inscription de la fonction communicationnelle des formes simples dans les genres complexes, rapport mutuel des diverses fonctions linguistiques et réciprocité de la fonction poétique et de la fonction narrative, règles et conventions des actes du discours — prêtent au littéraire l'aptitude à unir l'objectivité reçue du langage et la texture poétique. Le constat de l'aporie dit la contradiction entre cette objectivité et l'inaptitude de la texture poétique à l'assumer entièrement. Il traduit encore que cette contradiction est définition d'un champ de communication, ainsi que la fiction est dessin du pouvoir discursif des fictions dans la notation de l'inconséquence du langage. L'aporie désigne une ambivalence de la lecture du littéraire suivant les propriétés génériques initiales, suivant la linguistique, suivant la rhétorique : il est d'une part marqué l'indissociable du littéraire et d'une organisation communicationnelle; il est d'autre part noté l'extériorité, au moins partielle, du littéraire à cette organisation.

L'aporie fait encore réinterpréter *poéticité* et *tropologie*. Le littéraire est du langage : il *marque* l'inconséquence du langage. Ce qui se reformule : le littéraire entretient au langage un rapport aussi faux qu'essentiel : il mime les états du langage, il contrefait les discours alors qu'il représente ces discours les uns auprès des autres. Il faudrait dire le littéraire comme une manière d'anti-utopie — l'hypothèse du hors-de-l'ordre est vaine —, et le fictif comme le savoir du langage même et de ce qu'il dit. C'est au fond défaire l'intention idéologique de la notation de l'aporie. Cette intention invite à comprendre qu'il ne peut y avoir de mythologie collective du littéraire et que l'indication de la disparité du discours, dite par les termes de dissémination et de tropologie, d'anti-discours, se confond avec celle d'une mythologie close — inévitablement celle de l'individu qui lit, qui écrit. C'est également noter la vanité de sa converse — mythologie collective — et de l'idéal d'homogénéité du symbolique et de l'expression qu'elle porte. Le constat de l'aporie fixe deux nostalgies dans l'interprétation du littéraire : celle d'un ordre fictif du monde, qui serait comme vrai dans le temps de l'écriture et dans le temps de la lecture; celle du pouvoir séparateur de l'art et de l'écriture, reporté sur toute activité discursive. Le bon constat de l'aporie est ainsi la fin de toute nostalgie. Le littéraire est l'actualité et le double de tout discours, leur développement en un monde, et, en conséquence, leur questionnement sous le signe du particulier.

Cette notation du questionnement appelle un double constat : si le littéraire est ainsi retour sur tout discours et toute représentation, par quoi il dit qu'il appartient à une communauté d'expression et de lecture, tout discours et toute représentation peuvent être retour sur le littéraire. Ce retour-ci s'interprète lui-même doublement : il fait lire le moment de production de l'œuvre — à ce point, l'aporie apparaît chose d'autant plus libre qu'elle est plus déterminable; il fait lire le moment de l'interprétation de l'œuvre. Ou encore : l'aporie se définit comme ce qui écoute exemplairement et comme ce qui s'écoute également exemplairement. Ou en une formule unitaire : comme ce qui entend et fait entendre exemplairement. Il y a là une double interrogation : celle de la construction de l'objet aporétique, qui permet de revenir à une telle détermination et de venir à un tel se faire écouter; celle d'une telle écoute de l'objet, qui n'appelle pas initialement l'exclusion de tel ou tel type d'écoute. On sait les partages que la critique américaine contemporaine offre entre ce qui peut être appelé une approche phénoménologique de l'œuvre et les approches pragmatistes [43]. Dans la première hypothèse, l'œuvre se présente dans sa forme manifeste et commande, par ce manifeste, la lecture précise et exacte. Dans la seconde hypothèse, la lecture est le droit du lecteur, au motif ultime qu'il n'y a pas de distinction possible entre fait et interprétation. Ces hypothèses antithétiques et contradictoires disent, pour la première, une consistance formelle et signifiante de l'œuvre et la supposition obligée de l'adéquation de l'œuvre aux normes du discours et de la lecture publique — à la consistance de l'œuvre correspond la généralité de la lecture de l'œuvre —, et, pour la seconde, l'aporie ultime de l'œuvre — puisque celle-ci n'est pas citable en elle-même — et la pluralité et l'incommensurabilité mutuelle des discours qui peuvent être tenus sur l'œuvre — cela est, au fond, marquer l'aptitude de l'objet aporétique à susciter son recouvrement par n'importe quel discours, par tous les discours.

L'opposition des deux thèses vaut par ce qu'elle peut faire dire du littéraire. La notation du refus de distinguer entre fait et interprétation ne se confond pas, quelle que soit l'autorité prêtée aux interprétations, avec quelque négation de l'œuvre. Le texte est toujours constitué artificiellement et intentionnellement. Il faut donc le reconnaître, dans cette perspective pragmatiste, comme exactement aporétique, et dire le pouvoir de l'aporie : être la concordance même de divers discours — leur incommensurabilité n'exclut pas qu'ils aient pour occasion initiale et pour communauté finale ce donné que la théorie refuse d'identifier comme un fait. Ce refus doit s'interpréter exactement : il suppose la reconnaissance du donné; il exclut le discours commun sur le donné; il constate qu'il est impossible d'annuler l'indétermination entre production et reconnaissance — on ne dispose pas du moyen d'identifier ce qui dans la production commanderait la reconnaissance — et reporte la conventionnalité du sens que suppose la reconnaissance, sur l'acte qui contribue à donner sens à l'œuvre. Dès lors que le donné n'est pas un fait et que celui-ci relève entièrement de la construction de l'interprétation, il subsiste l'indication qu'on peut faire sens avec des mots, et que s'il y a règle conventionnelle, celle-ci assure le passage du projet d'interprétation à la réalisation de l'interprétation. C'est dire très exactement l'inverse des théories intentionnalistes, et faire de la distance entre production et reconnaissance le moyen de définir le texte, sans considérer la communauté des interprétations dont celui-ci appelle le constat. Marquer la concordance de l'œuvre aux normes du discours et de la lecture publics revient à noter que l'accomplissement des lectures suppose un lien entre production et reconnaissance, et suggère que l'œuvre est une et identifiable parce qu'elle est de la communauté même du discours. Cette thèse n'entraîne pas qu'il faille revenir à l'indication de l'intention de création et la reporter sur l'auteur. Un tel report équivaut essentiellement à faire de l'intention initiale le seul moyen de la reconnaissance et de l'œuvre le moment de la remontée à ce moyen, et à définir l'intention initiale comme le point de convergence des discours qui peuvent être tenus sur l'œuvre — celle-ci est, dans cette hypothèse, donnée quasi aporétique, puisque l'indication, la reconstitution de l'intention équivalent à fixer un ensemble d'instructions de référenciation qui déterminent l'annulation de la distinction entre production et reconnaissance. Ainsi faire du littéraire un résidu, c'est le supposer résidu itérable, dans le jeu du projet interprétatif comme dans celui de l'identification de l'intention productrice. Projet interprétatif et identification de l'intention productrice disent au fond qu'il n'y a pas de perception *pure* de l'objet littéraire. La thèse de la concordance de l'œuvre aux discours et normes publics est la notation *positive* de cette impureté. Impureté : soient deux qualifications de l'aporétique, précisées de façons contradictoires. Dans la perspective pragmatiste et dans la perspective intentionnaliste, le sujet s'adapte toujours à l'objet itérable, en ce qu'il en définit le sens. Dans la perspective de la concordance de l'œuvre aux discours et normes publics, l'objet itérable est toujours adapté, ajusté au sujet. Ou encore, en d'autres termes : dans les premières hypothèses, l'objet itérable est cela qui répond à la demande du sujet ; dans la seconde hypothèse, il est cela qui ne cesse d'être en intelligence avec les discours, par sa forme même — cela qui peut toujours être enregistré, cela qui a enregistré ; il est une sorte de transformateur qui suscite la conscience représentative ainsi qu'il est miroir complexe qui a filtré les discours par beaucoup de voies.

Dans ces partages de la notation pragmatiste, de la notation intentionnaliste, et de la notation de la concordance, se reformulent les indications de l'ordre et du hors-de-l'ordre, auxquels le littéraire est référé. Pragmatisme, intentionnalisme : l'ordre du discours se manifeste à partir de l'objet aporétique et itérable. Concordance de l'œuvre aux discours et aux normes publics : il n'y a plus de jeu d'un dedans et d'un dehors de l'ordre — l'objet itérable est une manière de perpétuation parce qu'il est stock d'informations et parce qu'il traite ses propres règles comme des informations qui appellent leur propre traitement et qui induisent d'autres manières de traiter l'information.

Intentionalisme et pragmatisme tentent, en théorie littéraire, de récuser ce constat et de tirer de l'évidence de l'aporétique un programme — celui de la convergence des interprétations, celui de l'incommensurable des interprétations, c'est-à-dire de marquer des communautés, ici par les conventions des interprétations, là par la certitude de l'intention de l'œuvre. L'aporétique, dans la notation de la concordance de l'œuvre et des discours publics, indique qu'il y a communauté manifeste parce qu'il y a à témoigner de cela qui ne cesse d'arriver, l'aporétique. Il est par les discours, et il est cependant un moyen spécifique au sein de ces discours. Il ne se conclut pas à quelque autorité de l'œuvre. Le littéraire se caractérise comme une topologie du contact — jeu de renvoi en lui-même par sa structure réflexe, jeu de renvoi à l'égard de tous les discours par glissements métonymiques — et se définit, en conséquence, comme la seule possibilité d'activation ou de réactivation d'un parcours langagier. Tout passage de l'œuvre à l'autre de l'œuvre, par ce glissement, est frappé d'indétermination — ce que soulignent, chacun à sa manière, pragmatisme et intentionalisme-réalisme —; mais il suppose le sujet signifiant, point de passage nécessaire, relais dans la circulation du sens, qui ne peut donc être ramenée ni au pouvoir de l'intention, ni à l'incommensurable des interprétations, puisqu'elle reste entièrement relative à l'objet aporétique, aux renvois qu'il rend possibles et au sujet. C'est encore que marquer que l'aporétique se soustrait à la pensée, qu'il est le non-vouloir de la pensée, manière d'objet minimal face à la convention de l'intention comme face à celle de l'interprétation, et qui ne peut pas être objectivé. On a dit qu'il y avait une manière de perdre le littéraire en le disposant comme la converse de l'ordre des discours. Il y a une manière de le retrouver en soulignant que le discours, qui entend être discours spécifique du littéraire — discours du pragmatisme, discours de l'intentionalisme —, établit cet objet comme écart à toute pensée, et cependant comme certitude, puisque cette pensée a cet objet pour occasion. C'est indiquer à nouveau que, dans leurs équivoques et les contradictions qu'elles dessinent par leurs échanges, les théories littéraires contemporaines disposent qu'il n'y a pas de pouvoir séparateur de l'art et de l'écriture, ni aucun ordre auquel ferait remonter l'écriture.

Il se conclut que l'objet littéraire se définit comme aporétique parce qu'il est résistance aux synthèses. Il pourrait se répéter ici la notation du hors-de-l'ordre, et être marqué que le littéraire «(abandonne) les synthèses déjà établies, de quelque niveau qu'elles soient, logiques, rhétoriques, et même linguistiques et (qu'il laisse) travailler de façon librement flottante ce qui passe, c'est-à-dire du signifiant, aussi insensé paraisse-t-il»[45]. C'est, de fait, caractériser l'aporétique par la continuité d'un indéchiffrable, et placer la réalisation linguistique qu'est le littéraire, dans une opposition au pouvoir de synthèse du langage, et donner l'écriture comme le contraire du mouvement de complexification qui caractérise l'usage du langage. On suppose ici un tout et un rien de l'interprétation, un tout et un rien de l'exercice linguistique, qui renvoient à ce qui est implicitement défini comme une norme — la complétude dans l'exercice de l'interprétation comme dans celui de la langue. C'est suggérer ultimement d'identifier le littéraire à un effet aconceptuel et affectif, ou le rapporter à nouveau aux problèmes de l'interprétation et de l'intention, ou le caractériser encore comme ce qui contre-pointe des formations discursives. Or noter la résistance à la synthèse fait encore entendre que l'aporétique ne va pas sans un champ d'effets de sens possibles — hors duquel le littéraire ne serait identifiable que comme une manière de mutisme face au pouvoir des discours. Caractériser le littéraire par l'aporétique équivaut à le placer entre ses conditions discursives de production, qu'il effectue, et ses conditions discursives de reconnaissance, qu'il ouvre, et qui dépendent de ce qui sera plus tard. Il est à la fois l'interprétant de ses conditions de production et l'objet de la reconnaissance. Toute définition du littéraire par le hors-de-l'ordre note le pouvoir de résistance du littéraire, en un jeu idéologique — opposer frontalement le littéraire à son environnement discursif —, et appelle une reconnaissance qui contredise cet environnement. C'est là faire l'hypothèse implicite qu'il n'y a que deux identifications possibles du littéraire : celle qui apparenterait environnement discursif et reconnaissance, celle qui les donnerait pour antithétiques. Hors de cette alternative, l'aporétique peut être dit un événement dans la mesure où il appelle indissolublement, dans son constat, la notation de ce mouvement de rétroaction et de ce mouvement de projection, et, par là, celle de son irréductible à ses conditions de production et à sa reconnaissance. Indication du hors-de-l'ordre, théories littéraires à perspective pragmatiste, théories littéraires d'inspiration intentionaliste, tiennent ultimement qu'il y a une communicabilité du littéraire, dont il ne peut être rendu compte en termes d'activité communicationnelle parce que ceux-ci supposeraient une lisibilité, directe, constante, de l'œuvre. Il faut dire la communicabilité par l'aporétique.

NOTES

[1] Roman JAKOBSON, *Essais de linguistique générale*, t. I : *Les Fondations du langage*, Paris, Editions de Minuit, 1963.
[2] Jean-Claude MILNER, *L'Amour de la langue*, Paris, Editions du Seuil, 1978.
[3] Anna WHITESIDE et Michael ISSACHAROFF, *On Referring in literature*, Bloomington, Indiana U.P., 1987.
Voir Linda HUTCHEON, «Metafictional implications for novelistic reference».
[4] Sur le problème des rapports récit, sciences nomologiques et histoire, voir Paul VEYNE, *Comment on écrit l'histoire*, Paris, Editions du Seuil, 1971.
Sur la question du récit et du transférentiel, voir Peter BROOKS, *Reading for the Plot : Design and Intention in Narrative*, New York, Alfred A. Knopf, 1984.
[5] Sur le *littéral* et les questions impliquées d'un point de vue rhétorique et logique, voir Michel MEYER, *De la problématologie, philosophie, science et langage*, Bruxelles, Pierre Mardaga, 1986, chapitre VI.
[6] Roland BARTHES, *Le Bruissement de la langue*, Paris, Editions du Seuil, 1984.
[7] Voir Michel DE CERTEAU, *L'Invention du quotidien*, I : *Arts de faire*, Paris, U.G.E., 10-18, 1980.
[8] Voir Benoît DE CORNULIER, *Meaning Detachment*, Amsterdam, John Benjamins, 1980.
[9] Voir Jean-Pierre DUPUY, «Cybernétique et sciences de l'homme», *Le Débat*, n° 49, mars-avril 1988, pp. 164-184.
[10] J. HABERMAS, «La Modernité : un projet inachevé», *Critique*, n° 413, octobre 1981, p. 964.
[11] Voir Françoise GADET, Michel PÊCHEUX, *La Langue introuvable*, Paris, François Maspero, 1981.
[12] Michel DE CERTEAU, *op. cit.*, chapitre 1, «Un lieu commun : le langage ordinaire».
[13] Jacques DERRIDA, «Qual Quelle», *Marges de la philosophie*, Paris, Editions de Minuit, 1972.
[14] Paul DE MAN, *Blindness and Insight*, 1971, London, Methuen, 1983, chapitre X, «Rhetoric of Temporality».
[15] Jean-François LYOTARD, *Le Différend*, Paris, Editions de Minuit, 1984.
[16] Voir Michel DE CERTEAU, *op. cit.*, pp. 299 et *sq.*
[17] T.W. ADORNO, *Notes sur la littérature*, Paris, Flammarion, 1984.
[18] Voir, à propos de Foucault, Reiner SCHÜRMANN, «Se constituer soi-même comme sujet anarchique», *Les Etudes Philosophiques*, octobre-décembre 1986, pp. 451-471.
[19] Gilles DELEUZE, *Logique du sens*, Paris, Editions de Minuit, 1969.
[20] Pour un traitement des paradoxes attachés à ce point de vue, Clément ROSSET, *Le Philosophe et les sortilèges*, Paris, Editions de Minuit, 1985.
[21] J. HABERMAS, voir article cité.
[22] Pour de telles remarques, voir A. DE LATTRE, *La Bêtise d'Emma Bovary*, Paris, José Corti, 1980.
[23] I. FONAGY, *La Vive-voix*, Paris, Payot, 1983.
[24] Umberto ECO, *L'Œuvre ouverte*, Paris, Editions du Seuil, 1965.
[25] Umberto ECO, *Lector in Fabula*, Paris, Grasset, 1985.
[26] Julia KRISTEVA, *Sémiotiké, Recherches pour une sémanalyse*, Paris, Editions du Seuil, 1969.
[27] Harold BLOOM, *The Anxiety of Influence : A Theory of Poetry*, London, New York, Oxford University Press, 1973.
[28] Northrop FRYE, *L'Anatomie de la critique*, Paris, Gallimard, 1968.
[29] Gilles DELEUZE et Félix GUATTARI, *Mille plateaux*, Paris, Editions de Minuit, 1980.

[30] Voir Michel VAN SCHENDEL, «L'idéologème est un quasi-argument», *Texte*, 5/6, 1986/1987, pp. 20-132.
[31] Hans Robert JAUSS, «Littérature médiévale et théorie des genres», dans *Théorie des genres*, Paris, Editions du Seuil, 1986, pp. 37-76.
[32] Gérard GENETTE, *Introduction à l'architexte*, Paris, Editions du Seuil, 1979.
[33] Georges LUKÀCS, «Le particulier comme catégorie centrale de l'esthétique», *Les Lettres nouvelles*, septembre-octobre 1964, pp. 76-99.
[34] Zoltan KANYO, «Narrative and communication, *Neohelicon*, XIII, 2, 1986, pp. 107 et *sq*.
[35] Northrop FRYE, *op. cit.*
[36] Robert SCHOLES, «Les modes de la fiction», dans *Théorie des genres, op. cit.*, pp. 77-88.
[37] Fredric JAMESON, *The Political unconscious : Narrative as a Socially Symbolic Act*, London, Methuen, 1981.
[38] *Change de forme*, T. 1, *Biologies et prosodies*, T. 2, *Folie, histoire, récit*, Paris, U.G.E., 10-18, 1975.
[39] Pierre ROUBAUD, *ibid.*, T. 1, p. 43.
[40] Jacques DERRIDA, «La loi du genre», *Parages*, Paris, Galilée, 1986.
[41] Pour la notion de *raison narrative*, voir Jean-Pierre FAYE, *Théorie du Récit, Langages totalitaires*, Paris, Hermann, 1972.
[42] Pour une voie qui contredit le déconstructionnisme et qui note le défaut de maîtrise, Guy LARDREAU, *Fictions philosophiques et Science-Fiction*, Arles, Actes Sud, 1988. Voir aussi notre article, «Constriccion, paralogia y Ficcion, Queneau, Perec, Calvino», *Sobre Literatura potencial*, Universidad del Pais Vasco, 1987.
[43] Pour ces débats, E.D. HIRSCH, *Validity in Interpretation*, New Haven, London, Yale University Press, 1967; Monroe BEARDSLEY, *The Possibility of Criticism*, Wayne State University Press, 1970; Stanley FISH, *Is There a Text in this Class?*, Cambridge, Harvard University Press, 1980; Steven KNAPP et Walter Benn MICHAELS, «Against theory», *Critical Inquiry*, vol. 8:4, pp. 723-742.
[44] Voir Jean-François LYOTARD, *L'Inhumain, Causeries sur le temps*, Paris, Galilée, 1988.
[45] *Ibid.*, p. 64.

Chapitre II
Résiduel, autonomie et spécificité du littéraire

Des théories contemporaines du littéraire, de ce qu'elles disent et contredisent, de leurs dialogues et de leurs oppositions, il pourrait se construire une manière de rhétorique, à la façon dont Paulhan a noté dans, *Les Fleurs de Tarbes*, les inconséquences et, par là, l'unité rhétorique de la critique littéraire. Il pourrait être encore souligné une manière de raison cynique de la théorie — marquer le littéraire revient à indiquer sa ruse, lisible doublement : il ruse contre l'ordre, et il sait la ruse de l'ordre, et à qualifier ce qui caractérise le littéraire : cela ne se distingue pas d'une dynamique d'affirmation du littéraire, elle-même indissociable du savoir que toute théorie de la littérature a de sa raison et de son irrationalité. Dire le formalisme, l'herméneutique, la pragmatique littéraires, c'est entreprendre de marquer en quoi le littéraire peut être ultimement inconditionnel, exemplairement le lieu de la réalisation discursive et de la régulation communicationnelle, et inévitablement constater que cette inconditionnalité reste inséparable, dans sa notation, du constat que le littéraire échappe à tout jugement d'identification et qu'il peut encore, par là, se définir comme un inconditionnel commun — par quoi s'expliquent l'apparentement du littéraire et du désir et l'éventuelle dénégation de tout effort critique pour *objectiver* le littéraire. On souligne ainsi que les théories littéraires contemporaines sont toujours à quelque degré syncrétiques, et que leur référence au modèle communicationnel identifie écriture et lecture à une épreuve de communication — caractérisable comme un jeu double et partagé d'auto-objectivation, de la part du destinateur et du destinataire, ou comme ce qui ne se définit que par le constat et la contrainte de l'objectivité d'une réalisation linguistique. Mais toutes ces théories portent un précis jeu rhétorique : elles ne cessent de passer du peu au trop — du témoin de l'écriture à la généralité de l'écriture, du hors-ordre au dessin de l'ordre de tout ordre, de la réalisation concrète de l'œuvre aux structures génériques... Il faut voir là un trait de la théorie et un caractère spécifique de l'objet littéraire : il est à la fois un peu et un trop, ce qui se réduit à un espace scripturaire limité, ce qui, par un effet du sémantisme de l'œuvre, outrepasse ces limites. Les théories qui viennent à l'aporie du littéraire ne peuvent occulter que celui-ci ne cesse d'articuler sa propre construction, fût-elle lisible comme une déconstruction, à ce moment où il renonce, éventuellement, à toute domination, celle des ordres, celle de l'œuvre-même. L'hypothèse qu'une réalisation littéraire n'est ni l'absolu, ni l'ultime, va avec une évidence : l'écrit constitue une transaction toujours actualisable. Dire cette transaction n'équivaut pas à noter une synthèse propre au langage, ni un ordre du logos, mais à souligner que l'indication d'un point exogène — raison négative, autre qui contrepointe toute création littéraire — ne rend pas compte du caractère manifeste et constant de cette transaction. L'œuvre ne vient pas inévitablement à une opacité de soi à soi parce qu'elle refuse d'instituer son propre logos et parce qu'elle s'ouvre à ce qui la borde — la raison négative, l'autre. Elle donne sa propre construction moins comme le témoignage d'un ordre que comme la reprise, en elle-même, de la question de la communication et de ses impasses. Elle dispose la question du contre-ordre en elle-même; elle la rhétoricise et lui prête ainsi réponse. Non pas de quelque façon idéologique, non pas selon la désignation explicite de quelque autre, mais par ce seul fait : une œuvre est élaborée, un objet de communication est constitué à partir de la question de la communication et des limites que celle-ci porte. Hors de ce constat, la confusion du littéraire et du critique équivaut à une perte du littéraire, faute que soit reconnu que le littéraire est réitération de la question critique dans le domaine du communicable. L'œuvre est cela qui émerge, *de facto*, de la notation de l'impossibilité qu'elle formule. Placer le littéraire hors de la normativité, l'identifier à la rupture entre culture et société, le définissent comme la donnée d'une «adversary culture», ainsi que le primat de l'intransitivité caractérise une manière d'*antilangage*. Mais cela ne peut exclure de considérer le littéraire comme une situation de communication en lui-même et dans l'actualité culturelle. La vulgate de la fin du littéraire n'est que manière d'ignorer cette situation, et de qualifier, en termes de déclin et de négatif, un objet devenu aporétique parce qu'il n'est plus pensé, sans spécificité, que dans un *ailleurs*.

I. LITTERAIRE, AUTONOMIE, MINORITE

Contre ces thèses mêmes, contre les thèses marxistes qui placent l'objet littéraire dans un cycle création-réception, défini sur le modèle de la production et de la consommation, contre les thèses qui identifient le littéraire à un accomplissement exemplaire du langage, il faut marquer que le littéraire ne se perd ni dans un excentrement, ni dans cette *nature* de la production-consommation, ni dans le langage. Il ne faut pas reconnaître ici une reformulation de la thèse de l'intransitivité de l'écrit esthétique, mais la notation que l'objet littéraire, par la décontextualisation et par le *detached meaning*, devient un réel parmi les réels, et qu'il ne s'inscrit jamais dans un contexte fort. Le littéraire est donc cette autonomie du discours qui résulte de la décontextualisation, et qui est toujours relative à ce dont elle se sépare (dans le processus de création, par l'existence même de l'œuvre) et à ce dont elle suscite, dans le temps, la proximité (comme le montrent la lecture et l'interprétation). «L'autonomie de la littérature est relative. Le concept d'autonomie est en lui-même un concept dynamique. Une chose n'est autonome que par rapport à quelque chose d'autre»[1]. Le phénomène de la symbolisation n'est rien que ce jeu de distance et de déplacement, qui engage le rapport de l'autonomie à la minorité de l'écriture — dire que l'écriture s'autonomise, c'est dire qu'elle devient moindre que tout discours afin qu'elle puisse être relative à tout discours —, le rapport de l'autonomie au temps — ce qui se formule encore rapport de l'autonomie et de l'historicité, et de l'autonomie à l'appropriation de l'œuvre. Si on marque une autonomie stricte, il faut noter que l'appropriation se justifie par l'œuvre qui la suscite, sans considérer une autre nécessité que celle d'exposer ce lien — l'autonomie est toujours relative à...

Si l'écriture est certaine et reprise d'elle-même, le geste de l'écriture se donne par une *maximalisation* du local — à partir des signes scripturaires — et pour une répétition qui pourrait s'apparenter à celle que pratique l'art conceptuel. Ecrire apparaît comme un *exercice limité*. L'indication d'un ordre du littéraire — celui que manifeste l'œuvre achevée —, celle d'une pratique de l'écriture — cela qui produit et qui situe l'œuvre achevée, selon la notation de la critique génétique —, ne disent pas tant la règle du littéraire et l'infini de l'écriture qu'un jeu autour de *petites variations*, qui sont la recherche d'un certain équilibre, d'un ajustement constant du *peu* et du *trop*[2]. Le rapport de l'écriture, considérée dans sa réalisation singulière, telle œuvre, tel fragment d'écriture, à ce dont elle relève — l'ordre du littéraire, la généralité de l'écriture —, s'inverse : l'ordre et la généralité ne se lisent pas comme la condition de l'écriture — condition positive ou négative — mais comme l'effet de cet exercice d'écrire qui, dans son moment, ne se donne ni pour omnipotent ni pour la récusation de l'omnipotence. L'écriture comme itération — et comme reprise de tout écrit qui ne se définit pas explicitement comme littéraire — impose de considérer le témoin scripturaire comme isolable, répétable — l'écriture est cette décision d'isolation. C'est là encore une maximalisation du local par le jeu de *détachement*, et par la réduction du geste d'écrire à ce détachement. Indissociable de l'exercice d'affaiblissement symbolique, qui est la condition du littéraire, cette maximalisation ne se distingue pas d'une décontextualisation, du passage d'un contexte fort — l'ordre du littéraire, la généralité des écritures — à un contexte faible — les limites du lieu par lequel se constitue l'écriture[3]. Ce passage est la condition de la créativité. Il réduit, diminue l'envergure symbolique de son occasion, et fait de l'œuvre une réponse mineure à tout ensemble symbolique, que celui-ci se donne sous le signe de l'ordre du littéraire ou sous celui de la disparité des témoins. La réalisation scripturaire, toujours locale, est un peu au regard de la littérature et de l'écriture ; elle est un trop au regard de l'exercice limité qui la produit, puisqu'elle est la maximalisation de ses propres éléments et leur autocontextualisation.

Cette équivoque de l'œuvre, cette dualité du grand et du petit paysage suscite deux réponses qui sont affirmation d'une maîtrise critique. *Mesurabilité de l'œuvre* : l'œuvre est un tout fonctionnel, en termes de formes, en termes de sens — elle porterait ainsi une manière de cercle herméneutique et réglerait sa propre surdétermination sémiotique. *Commensurabilité de l'œuvre* : la mesurabilité de l'œuvre suppose un lecteur compétent, apte à déterminer la forme et la structure du texte, à les identifier comme des éléments du discours littéraire, à caractériser l'ontologie de l'œuvre[4]. Suppositions qui font entendre que l'œuvre est commensurable aux autres œuvres et au discours. C'est là beaucoup prêter en matière de théorie. Car il faut encore décider — cette décision est indissociable de la reconnaissance de l'œuvre comme ensemble formel et fonctionnel, de l'identification de la structure sémantique — si cet ensemble verbal peut être considéré comme un ensemble d'énoncés indépendant ou s'il doit être perçu en termes pragmatiques — le constat de l'œuvre ne se distingue pas de la lecture, dans l'œuvre, de ses conditions d'énonciation, ni de la question du littéral. La minorité de l'œuvre et la maximalisation de son local font qu'elle engage plus qu'elle-même et qu'elle permet divers engagements.

Mesurabilité et commensurabilité de l'œuvre, rapportées aux données de l'ensemble du fait littéraire — auteur, œuvre, lecteur; texte-contexte; texte-éléments linguistiques, rhétoriques, sémiotiques —, viennent aux limites des domaines de référence retenus : le concept d'œuvre peut se défaire et dans le primat de la référence à l'auteur (primat de l'intention, Hirsch) et dans celui de la référence au lecteur (S. Fish), de la même manière que le primat de l'œuvre défait la référence au lecteur (*pathetic fallacy*)[5]; les notions de texte et de contexte sont codépendantes mais aussi déconstructrices l'une de l'autre; la focalisation sur le texte ouvre aux équivoques de la formalisation et de la rhétorisation de l'œuvre — le débat sur la métaphore est ici exemplaire : figure constitutive de la poéticité, ou donnée construite par le lecteur[6]. La sémiotique témoigne de la même hésitation sur la mesure du littéraire : l'œuvre relève de structures sémantiques profondes — à ce titre, elle ne distingue pas essentiellement de tout autre discours; elle est bien un objet en elle-même qui commande une analyse des structures de surface — elle est une donnée phénoménologique. C'est retrouver les paradoxes de la notion de littérarité et ceux de la réversion de l'écriture et du langage ordinaire. Il se conclut à une incommensurabilité du donné littéraire : tout discours sur le littéraire n'est jamais que le constat de cette incommensurabilité, et double approche du littéraire par cette incommensurabilité. Il n'y a pas d'identité du littéraire parce que l'œuvre n'est jamais qu'un objet médiat, pris dans la médiatisation du discours, du symbolique, ou dans celle d'un anti-discours; il y a une identité de l'œuvre parce que l'artifice de son élaboration fait d'elle, ultimement, un objet immédiat. Ces thèses ont un présupposé commun : identifier l'écriture à ce qui prétend se produire soi-même et produire sa propre situation. C'est sans doute une conclusion que suscite le constat de la phénoménologie de l'œuvre. Mais l'œuvre, par ce constat qu'elle suscite, dissimule son propre exercice de maximalisation du local — cette condition qu'elle se donne. Dire l'œuvre close ou l'œuvre ouverte (ou la seule étendue de l'écriture) équivalent à une même illusion : celle de croire qu'écrire épuise la tâche d'écrire. Cette illusion n'est possible que parce que l'écrire va sur ce fond d'ordre du littéraire ou de discours illimité, et qu'il est un exercice de minorité. Le moment de l'œuvre est discontinuité dans la continuité des discours, de l'ordre du littéraire, des écritures. Expliquer cette discontinuité, alors qu'écrire est en lui-même un écart minimal, fait reconnaître à l'écriture une intériorité infinie ou une extériorité infinie. Ce sont un même mouvement. Derrida l'illustre dans ses commentaires d'Artaud et de Blanchot[7] — là, l'extériorité infinie, ici l'intériorité infinie; sous la fiction critique de l'insignifiant, il est, de fait, affirmé un transit absolu et, ultimement, une transitivité. C'est cela qu'illustre encore la phénoménologie de la lecture. Dire le blanc de l'œuvre marque cette infinité interne; dire le report de l'œuvre sur une systématique de l'imaginaire note l'infinité externe[8]. L'indéfinition du local, que l'œuvre se donne pour occasion, a pour cause cette qualité des énoncés que rappelait Valéry : les énoncés humains sont divisibles à l'infini. La théorie de la littérature tend à se confondre avec un énoncé de la lecture et, en conséquence, avec une théorie de la lecture — réponse constante à la minorité de l'écriture, et désignation de l'illimité de l'écriture, dans l'ignorance du jeu de la maximalisation du local.

La minorité et la maximalisation du local veulent dire que si l'œuvre est pleinement elle-même, elle n'est que relative à ce dans quoi elle inscrit sa minorité — il n'y a pas de monisme ni d'auto-confirmation de l'œuvre. Elles marquent encore que l'œuvre procède par détachement — ainsi dans une esthétique de la répétition, ainsi également dans une esthétique de l'ajustement : ce mouvement, qui fait que l'œuvre est *detached meaning* et qu'elle conduit aux incertitudes de sa saisie et de son interprétation, est moins moyen de noter l'absence de cela dont se détache l'œuvre que moyen de négocier cette distance de l'œuvre. L'œuvre conserve la distance et l'occupe. Elle est transaction avec cela dont elle fait son objet et transaction en elle-même : le partage de l'ordre métaphorique et de l'ordre métonymique dit sans doute la possibilité d'un ordre formel et d'une ambivalence sémantique; il marque plus essentiellement que l'œuvre assemble et prédique de manière incohative, qu'elle est constant échange avec les conditions qu'elle se reconnaît et en elle-même. L'illustrent les thèses dominantes sur les codes littéraires. Lotman indique qu'à l'intérieur du texte se forme des signifiés additionnels dus au rappel mutuel des segments textuels (qui deviennent des synonymes structuraux) et qu'il se produit un transcodage interne, propre des systèmes sémiotiques dans lesquels «le signifié se forme non pas au moyen du rapprochement de deux chaînes de structure mais de façon immanente à l'intérieur du système lui-même»[9]. Avec *S/Z*, Barthes a noté que, par la multiplicité des codes, les réglages de l'œuvre sont multiples, connectés dans ce qui ne peut désigner aucun sur-code, et indications constantes d'un déjà-dit, lu, vécu[10]. Si, comme l'indique Umberto Eco[11], tout déjà-dit agit, dans le texte, comme une règle possible, c'est à la fois souligner une détermination et l'innombrable des déterminations possibles. Il faut conclure : il n'y a de codes que minorisés, assemblés et ainsi soumis à une transaction constante. Les partages et les ambivalences des théories littéraires, marquées à l'occasion du rappel des données de l'ensemble du phénomène littéraire — auteur, œuvre, lecteur; texte-contexte; texte-éléments linguistiques, rhétoriques, sémiotiques —, font de toute approche de l'œuvre une approche en termes d'équivalence : en quoi l'œuvre peut-elle équivaloir à l'auteur, au contexte? A quoi peut équivaloir le sens qu'elle donne à lire? La lecture et l'interprétation sont-elles équivalentes à l'œuvre? La théorie et l'esthétique de l'antidiscours et de l'archiécriture supposent la récusation de la notion d'équivalence et excluent, en principe, l'élaboration d'un autre modèle d'approche du littéraire. L'œuvre, dans sa minorité et dans le jeu de maximalisation de ce qu'elle se donne pour matière et pour objet, est contextualisation par son exercice même d'auto-textualisation, exercice d'inférence par ses transactions internes et appel d'inférence par son détachement. Elle est question disponible par cet appel et réponse, par son auto-contextualisation, par la question de son lieu. L'identité du littéraire, c'est ce contexte faible qui répond à un contexte fort et qui, par cette faiblesse, suscite, dans l'interprétation, la reconstitution d'un contexte fort — reconstitution de la question à laquelle répond l'œuvre, et inséparable de la pratique de l'inférence, qui n'est jamais que la lecture de l'œuvre suivant l'encyclopédie hypothétique de l'œuvre, du lecteur, et selon la formation immanente du signifié. Le littéraire, c'est-à-dire le littéral mené à la logique de la question-réponse, alors que ce littéral se donne pour la lettre exacte.

Telles théories, relatives à l'interprétation critique, illustrent ces hésitations sur le statut de l'œuvre et sur l'hypothèse, constante mais parfois implicite, de la transaction. Dans la perspective d'un historicisme radical, est affirmée la possibilité de la reconstruction du sens du texte (prévalence du texte). Dans l'hypothèse d'une prévalence du sujet, elle-même indissociable de l'intersubjectivité attestée de l'exercice discursif, la lecture est lecture selon le sujet et l'intersubjectivité[12]. Dans l'hypothèse où la lecture littéraire est tenue pour lecture de plaisir, la reconnaissance du principe de plaisir est la condition de la constitution de l'objectivité de l'œuvre — le sens est donné au texte. On ne pose la question du réel — en un rappel ici des thèses de I.A. Richards[13] — que lorsque l'on ne sait pas faire le récit de ses propres émotions, les mettre en rapport. (Cela a pour conséquence, non formulée, de définir le discours critique, celui qui suppose toujours la réalité de l'œuvre, comme le discours qui entreprend institutionnellement de dire l'objet parce que fait défaut la verbalisation de la lecture, témoin de l'exercice du principe de plaisir.) Il peut être encore dit la part égale de l'œuvre et du lecteur, de l'objet et du sujet. La lecture est bien lecture de l'objet par l'expérience de la séparation du moi et de l'objet, mais en une définition de l'objet littéraire comme objet transactif — reprise de la notion d'objet transitionnel de Winnicott[14] —, qui permet l'échange du moi et de la réalité. Ces propositions, qui renvoient à divers champs épistémologiques (herméneutique, psychologie, psychanalyse), approchent, de fait, l'objet littéraire par une même hypothèse : cet objet est la possibilité d'un échange, reporté tantôt sur le sujet, tantôt sur l'objet, tantôt sur l'espace de l'échange ainsi constitué. Les théories littéraires témoignent constamment de ces trois directions, sauf à venir à une esthétique négative — Adorno, Derrida — qui reste cependant elle-même passible, pour l'essentiel, d'une interprétation de type transactionnel, et sauf à limiter tout exercice critique à une manière de description qui se tiendrait au seul littéral sans poser le problème du littéral — variante de la théorie littéraire qui, inspirée de Wittgenstein, conclut à la vanité de la critique et au seul examen de la terminologie théorique (John M. Ellis)[15].

Ces hésitations font lire l'ultime paradoxe de la minorité de l'œuvre et du littéraire. Par son jeu de maximalisation du local et de décontextualisation, par le *detached meaning*, l'œuvre appelle son constat et suscite le questionnement de celui qui constate. Les thèses sur l'autonomie du littéraire et sur le caractère transactif de l'objet scripturaire reviennent à supposer que l'œuvre peut être le destinataire d'une question qui porte sur sa capacité à être le destinateur d'une question. Bien sûr, l'œuvre ne peut pas répondre. Et la question reste l'affaire du lecteur. Mais c'est indiquer, par là même, que dire l'autonomie de l'œuvre, c'est dire deux choses : l'œuvre n'entend rien — et c'est cela l'aporétique, cet idiome étranger ; et il faut bien que cela ait un sens, que cela réponde, autrement dit que cela soit traduisible, que cela communique. Cela fait encore entendre : il y a l'œuvre — cet événement, et il y a un sens commun. Les théories contemporaines du littéraire supposent donc l'un et l'autre, simultanément. Et suivant deux perspectives. Si l'œuvre est cet événement — étranger — et si, par ailleurs, elle n'abolit pas le sens commun, il faut alors dissocier cet événement de ce qui le supporte, pour marquer que l'œuvre est dans le temps, et, en conséquence, toujours autonome et toujours dicible par là même. Si l'œuvre est cette dicibilité constante, et cet événement tout aussi constant, reconnaître en elle le sens commun ou l'inscrire dans le sens commun suppose que la communicabilité ne défasse pas l'événement. Dire le littéraire, c'est au fond dire ce qui, parce qu'il fait reste, est proprement historique et parfaitement lisible ; ce qui est toujours parfaitement reconnaissable et appropriable sans cesser d'être cet événement brut. L'autonomie du littéraire reste alors une hypothèse obligée : puisqu'il est dans le temps, il peut toujours être relatif à un autre temps; puisqu'il est dicible et partie du sens commun, il peut être toujours relatif à d'autres traductions. Cette notation de l'autonomie demeure ambivalente : elle fait définir le littéraire comme le communicable; elle exclut de l'identifier à une finalité communicationnelle. C'est retrouver l'équivoque du *detached meaning* et resituer le questionnement adressé au littéraire : questionner le littéraire, c'est moins le questionner à partir de ce dont il procède, de sa fin, ou de son sens, que questionner le questionneur, questionner celui qui suppose l'identité ou la spécificité du littéraire, et demander ce qu'on entend exactement lorsqu'on dit de l'écrit qu'il est constamment réversible dans le temps, et constamment réversible dans telle ou telle traduction.

II. LITTERATURE, AUTONOMIE, TEMPS, APPROPRIATION

Les théories rapportent l'autonomie du littéraire à l'impossibilité de définir l'œuvre comme un corrélat de l'ordre. Il y a donc les thèses de l'ordre du discours, et celles de l'impossibilité d'assigner en aucune manière l'objet littéraire : là, une image qui est combinaison exacte de formules, vectrice d'ordre, et qui fait revenir toute présentification du monde qu'elle porte à cet ordre; ici, une image qui se donne seulement pour une manifestation de liberté, un petit ensemble sans aucune ambition instauratrice, et transgression locale de l'inerte. Or il faut noter : l'objet aporétique produit son altérité par son être-passé; tout objet, produit de l'actualité, est, par la différence du présent, une telle aporie et une telle altérité. Cela implique qu'il ne doive pas être abordé sous le simple aspect de la répétition — celle d'un ordre ou celle d'une image libre et privée de toute aptitude à l'instauration. C'est lire deux fois l'objet aporétique comme une simple structure symptomatico-signifiante, et méconnaître le jeu de la linéarité et de la transversalité : il n'y a là ni construction strictement linéaire, ni stricte déconstruction manifeste ou cachée, mais invention et accroissement des moyens *positifs* de l'écriture et de l'imaginaire. Le problème ne consiste pas à penser l'objet aporétique dans sa spécificité d'objet passé — tout objet donné est objet passé —, mais à marquer que, dans le temps, la nature des signes s'affecte par leur exercice. L'écriture, aussi fixée qu'elle soit, change sa texture intime. Penser un ordre du littéraire dans le temps équivaut à lire le littéraire suivant la voie de la métempsychose. Penser l'objet aporétique comme une image privée de toute aptitude à l'instauration revient à reconnaître à cette image un pouvoir d'émergence — précisément réitérable [16]. Le littéraire, dans le temps, est à la fois cette structure et cette émergence — la seconde suppose la première —, et donc autonomie, ainsi que l'artefact de l'œuvre est autonomie, par le jeu de la linéarité et de la transversalité.

Lire l'aporie revient à lire cette dualité, hors de tout schématisme et hors de tout constat de l'instauration. Les historiens le disent : la généralisation de l'écrit est cette possibilité. Il reste remarquable qu'en termes d'histoire des idées, la thèse de l'arbitraire du signe soit dépendante d'une réflexion sur le temps. K. Pomian a indiqué, dans *L'Ordre du temps*[17], que la linguistique saussurienne — théorie de l'arbitraire du signe, structuralisme implicite — correspond à la négation à la fois du rapport phénomène/choses en soi et du rapport événement/support. Il se conclut : l'hypothèse de l'arbitraire du signe, qui fournit sa justification à la reconnaissance, dans l'œuvre, de la primauté de l'organisation spatiale, présente, de fait, une analyse implicite de la réalité temporelle et la désigne comme première. Tout traitement de l'espace littéraire, structure, écriture, imaginaire, est un traitement du temps et de cela qui fait reste dans le temps. On sait la fable du navire Argos, dite par Valery Larbaud, par Barthes[18], tel récit de la reconstruction d'un temple japonais que donne Italo Calvino[19] : ces notations portent, ainsi que le marque Barthes, la reconnaissance du pouvoir du signifiant — maintenir les apparences de l'objet hors de la présence *réelle* et originelle de l'objet —, et plus : le temps fait de l'objet un objet autre que l'objet premier — un objet aporétique, constant par le changement de la texture de ses signes. Il faut noter que la fable du navire Argos n'est pas adéquate à la notion du texte littéraire dont les signes sont, par définition, fixés. Cette fable dit cependant l'émergence de l'œuvre dans le temps, et la continuité de son autonomie. La négation du rapport phénomène/chose en soi et du rapport événement/support correspond ici à la notation de la distance extrême entre production et reconnaissance de l'œuvre. Convertie en termes proprement littéraires, la fable du navire Argos porte deux conclusions : la substitution constante et générale, dans le temps, des données du littéraire les unes par rapport aux autres — soit le dessin du littéraire comme un vaste jeu d'équivalences —; l'identification du littéraire par un phénomène constant de reconnaissance qui n'implique pas immédiatement la remontée aux conditions de production ou aux conditions définitionnelles du littéraire. Le littéraire s'instaure dans le temps comme son propre *analogon*; il est reconnu dans le temps comme l'*analogon* du sujet signifiant qui est aussi corps phénoménologique, mortel et percevant, — sujet et corps constants en termes génériques et provisoires en termes d'individus, qui ne cessent de dire la congruence des signes et de ce sujet et de ce corps par la reconnaissance. L'écriture dans le temps, même lorsqu'on la sait explicitement venue du passé, est par rapport à un *maintenant*, en un *maintenant*; par la notation de la substitution continue, elle ne se distingue pas d'un double excès, celui du disparaître, celui de l'advenir, celui du passé, celui du futur. Cette manière de théoriser le temps et l'autonomie de l'écriture porte une ultime ambivalence : toute écriture est ainsi réécriture, en une manière de rédemption et en une manière de processus de remémorisation, où il convient d'identifier la dualité de la reconnaissance — double geste vers l'avant et vers l'après — et sa fonction de liaison. L'affirmation de l'autonomie de l'écriture dans le temps est donc affaire de réceptivité — reconnaissance —, et d'identification d'une sorte de transcendance — dans ses substitutions, l'écriture ne cesse d'arriver et de faire de son présent ce qui passe son propre temps. Il y a là une chronologie spécifique de l'écriture qui ouvre à la question de la théorie de l'écriture — écriture et sécularisation —, à celle du contexte scripturaire et de sa donnation d'immédiat — métaphore —, à celle du récit, traité comme la mise en œuvre de la chronologie de l'écriture.

Il n'y a pas de question de l'autonomie de l'objet littéraire lorsque celui-ci s'inscrit ou est reçu dans le cadre d'une tradition. Il est universel sans que sa singularité doive être pensée selon une perspective historique ou selon la réalité de l'accomplissement formel. Il ne peut pas non plus être tenu pour un objet aporétique et autonome dans un ordre de la lecture et de l'historiographie, qui voit, dans l'œuvre singulière, un accès direct au passé. Le texte est un medium qui met à la disposition du lecteur une totalité. La littérature est connaissance historique. A quoi correspond l'historiographie des génies et des œuvres dites géniales, des œuvres et des écrivains totalisateurs (Lukàcs), d'une littérature qui est elle-même le développement de l'histoire (Bakhtine), d'un roman qui est l'histoire occidentale (Kundera). R. Kosselleck[20] a marqué l'importance de la constitution d'une telle histoire collective singulière, apte à saisir une pluralité de développements historiques rapportés à un même lieu. H.U. Gumbrecht[21] a noté que l'historiographie littéraire est l'illustration de cette démarche, qui suppose que soit établie une conscience spécifique de la littérature et de l'art. Par nombre de ses aspects, l'esthétique de la réception inverse ces propositions. L'hypothèse d'une continuité et d'une pluralité historiques lisibles dans les œuvres est caduque; la continuité ne peut être reconstruite que suivant une étude des *applications* — au sens herméneutique du mot — qui, pour être menée rigoureusement en matière de littérature, suppose d'une part un indice d'identification de l'œuvre d'art dans l'histoire — H.R. Jauss suggère de rester dans le domaine de l'esthétique kantienne[22] — et, d'autre part, pour que l'application soit probante, de disposer, à défaut de considérer un sens originairement assuré et disponible, d'une identification de la question que pose l'œuvre. En même temps qu'elle enregistre la disparition de toute donnée et de toute vision de l'Histoire comme cours objectif et continu, qui justifieraient la propriété cognitive exemplaire des œuvres, et qu'elle suppose, en conséquence, une autonomie de ces œuvres, l'esthétique de la réception préserve une leçon du sens. Cette leçon doit être constatée dans sa transformation et dans son rapport au sens que manifestent les œuvres actuelles. Il faut reconnaître là un problème que disent implicitement les histoires de la littérature et les histoires de groupes d'écrivains ou d'écrivains considérés singulièrement : de telles histoires traitent implicitement de la simultanéité du dissimultané dans l'Histoire. L'historiographie est exposé de l'aporétique dans son identification et sa présentification historiques. Elle ne présuppose pas un concept métahistorique et établi de littérature — ce que présupposent Lukàcs et Bakhtine —; mais elle a pour condition l'hypothèse qu'il y a aujourd'hui une proximité de tous les objets littéraires disponibles et qu'ils sont reconstituables historiquement et simultanément[23]. Dans la mesure où le dessin continu d'une application des œuvres réclame un concept d'œuvre constant, elle vient à l'hétérogénéité et à l'autonomie du littéraire dans l'actualisation même du littéraire. Cette hétérogénéité peut être pensée en elle-même — elle conduit à dessiner une dissimilarité constante du littéraire d'avec lui-même et à reformuler la question d'une histoire du littéraire à partir de sa contemporainéité paradoxale ; ou elle peut être placée sous le signe de *l'expérience esthétique* et du *consensus ouvert*, distinct du consensus rationnel : «En outre l'expérience esthétique considérée dans sa fonction communicative, note H.R. Jauss, se distingue aussi du discours régi par la logique en ce qu'elle présuppose uniquement que soit tenu compte de la communication universelle, et non pas que soit déjà reconnu le caractère raisonnable de la raison»[24]. La littérature, dans l'Histoire, devient une nouvelle expérience des Lumières — une nouvelle *Aufklarung*, dont l'instrument est l'expérience esthétique. L'objet littéraire, aporétique, autonome, *detached meaning*, beau, appelle ainsi à la fois une écologie — de sa production, de sa réception —, une histoire qui est celle de cette écologie, et l'examen historique des fonctions pragmatiques et idéologiques qu'elle engage. S'il n'est d'histoire que du simultané du dissimultané, les objets aporétiques sont eux-mêmes une telle simultanéité du dissimultané. Il faudrait également identifier l'écrivain comme la figure de ce paradoxe temporel. Ainsi que Sartre l'a marqué dans *L'Idiot de la famille*, l'histoire de la littérature devient l'histoire de la fiction qu'est le littéraire[25]. Paul Veyne l'a dit à propos des mythes grecs[26] : l'histoire de ce qui perdure est histoire de fiction. Il ne faut pas entendre ici histoire du fictif et de l'imaginaire, mais histoire de cela qu'enseigne l'objet aporétique et autonome — expérience de la décontextualisation —, de la question que porte le fait que l'œuvre perdure, et de la fonction idéologique et esthétique de la constance d'une telle question. Soit à savoir ce que fait historiquement une culture de cela qui est un réel qui ne peut être assimilé à la réalité et qui, par son déplacement temporel, est un jeu rhétorique.

H.G. Gumbrecht [27] a ainsi suggéré une historiographie pragmatique du littéraire. Les textes littéraires seraient l'objectivation de types spécifiques d'actes de communication ou, plus précisément, de situations de communications spécifiques, qui ont pour condition le constat de la *différence* de la littérature et son identification à l'expression de besoins collectifs préconscients. Il peut être dit une autre pragmatique : celle qui sans revenir à la supposition d'un sens immanent et occulte du littéraire, considère le *foregrounding* et le voile du littéraire, la question qu'il pose en tant qu'objet résiduel, pour montrer ce que fait une culture de ses propres discours déplacés qui, irréférables actuellement, sont parfaitement aptes à saisir le mouvement de déréalisation du discours social. Soit l'histoire de Flaubert, dite par Sartre : la littérature faite et la littérature qui se fait sont ce jeu de communication par substitution auquel procèdent le discours social et l'écrivain — désigner le réel en l'excluant au moyen de la reprise et de la continuation de l'explicite des discours disponibles, dont les discours de l'œuvre littéraire, par leur *detached meaning*, sont les plus exemplaires. C'est, par là, définir le pouvoir du littéraire : être de n'importe quel objet et de quiconque, parce que, dans son explicite, il n'est de rien, ni de personne — ce qu'illustrent le réalisme et l'impersonnalité de l'œuvre de Flaubert, qui sont bien des fictions, et, par là, des questions du réel. Dans le temps et par le temps, il peut être disposé une autonomie du littéraire; par cette autonomie même, une constance et une continuité du littéraire sont pensables qui n'appellent ni un usage ni une interprétation paléo-causalistes, mais un usage et une interprétation suivant des pertinences — suivant la logique des questions dans lesquelles sont engagés les objets aporétiques. C'est pourquoi, l'objet littéraire peut faire sens dans l'Histoire et ne cesser de manifester une autonomie relative au réel. Toute pratique littéraire — création, lecture — est réponse à ce constat de l'autonomie et, en conséquence, identification de ce qui fait question par cette autonomie. Suggérer, comme le fait Fredric Jameson dans *The Political Unconscious, Narrative as a Socially Symbolic Act* [28], que l'Histoire s'inscrit dans le récit comme cause absente, revient à marquer ce jeu de l'autonomie relative.

Le constat de l'autonomie et de l'irréductibilité de l'objet littéraire dans le temps est la première justification d'une identification du littéraire à une objectivation pour lui-même, ainsi distinct du discours «normal» qui est une objectivation en lui-même, mais non pas pour lui-même. Cette objectivation commande une analyse différentielle et continue de la littérature dans l'Histoire. Un certain nombre de thèses interprètent l'autonomie du littéraire comme un mode d'instauration et d'institution de la conscience pratique, qui n'est pas distingué du pouvoir de constitution du monde des rapports vivants et vécus. La littérature présente ainsi une propriété historique — par la littérature, l'humanité met en valeur la conscience qu'elle a d'elle-même et sa mémoire pour elles-mêmes (Lukàcs); la littérature est ce qui contredit à la fois les discours et les réalités du quotidien et de l'évasion (Marcuse); la littérature est, par son objet, une forme achevée, qui a une fonction de représentation et de résolution des tensions (Wimsatt)[29]. Les théories, plus contemporaines, restent caractérisées par une alliance du modèle productiviste (Marx) et structural en un premier temps; puis, à partir du négativisme, retenu des thèses de Marx, de la critique de la rationalité instrumentale, de la critique du pouvoir, elles ont mis l'accent sur le non-maîtrisé, le non-intentionné du discours, et excluent toute possibilité de dire une autonomie relative[30]. Cela recoupe les oppositions entre société et individu, déterminé et indéterminé, forme et contenu, langue et réalité, moyen et fin, rationalité formelle et rationalité objective, et conduit à un anti-subjectivisme ambivalent — il traduit à la fois la venue de l'indéterminé à la détermination et l'effacement de ce qui peut relever d'une détermination —, et à un irreprésentable de la littérature — tous les textes seraient imprésentables et, en conséquence, faut-il dire, identiques dans ce défaut relatif d'autonomie.

Dans tous les cas, le littéraire est bien vu comme une objectivation à travers un jeu linguistique, symbolique (l'œuvre même) et institutionnel. L'hypothèse d'une dualité ou d'une tension entre le dit et le non-dit, présente là comme dans toute parole ou dans tout discours, fait du littéraire simultanément un exercice d'implication — le discours porte ses propres inférences — et de déconstruction implicite de ses propres conditions — la parole, qui est dans un ordre, ne fait pas retour sur cet ordre. L'utilisation du paradigme structuralo-linguistique est ambivalente puisqu'elle fonde à la fois la certitude de la contrainte et la possibilité de la parole. Cette hypothèse du non-dit, qui relève à la fois de cela qui n'a pas à être dit parce qu'il est imposé et de cela qui n'est pas dit parce que pragmatiquement tout n'a pas besoin d'être dit, engage toutes les théories du caché — psychanalyse, herméneutique — et du dévoilement — phénoménologique — et de cela — l'écriture — qui joue d'un aller et retour entre ces deux pôles. La théorie est ici dans une manière de paradoxe :

elle décentre le littéraire, comme le faisait déjà à sa manière le *New Criticism* américain, et elle le définit, *ipso facto*, comme quelque chose de central qui ne cesse d'interroger, dans toute actualisation et, en conséquence, dans le temps, le discursif, le symbolique, et leurs partages constitutifs. C'est pourquoi, sans même qu'une esthétique explicite soit élaborée — ce serait rétablir une ontologie de l'œuvre d'art qui n'impliquerait pas nécessairement de revenir aux conditions sémiotico-discursives de l'objet —, les théories préservent l'hypothèses d'un plaisir esthétique — dit parfois plaisir du texte — ou de la notation du beau : c'est assurer une identité constante de l'objet littéraire et rendre compte de l'autonomie, mais aussi faire de cette beauté ou de ce plaisir un problème herméneutique (Gadamer, Jauss)[31] ou proprement idéologique. Ces thèses portent un autre paradoxe : le non-dit et le caché sont ceux qui qualifient un objet qui, par l'hypothèse de la beauté ou du plaisir, relève du consensus. Les théories de la littérature sont, de fait, marquées de kantisme, jusque dans l'assertion de l'autonomie radicale du littéraire — traitement du sublime[32]. Dans cette dernière hypothèse, le littéraire est exactement défini *sans destination*, affranchi de toute logique pragmatique, et hors de toute interrogation qui relève du concept, de l'esprit. Il échappe à tout questionnement, il s'identifie précisément aux mots, continus dans leur indénombrable même et antérieurs à toute entreprise de lecture sémio-linguistique. Soit, de fait, l'interprétation authentique de l'écriture et du consensus qu'elle appelle, antécédent à l'intellectualisation que suppose le jeu de la question et de la réponse, et ultime définition du littéraire comme la masse même des mots en ce qu'ils sont d'abord des données brutes. De fait, l'hypothèse d'un plaisir esthétique, qui exclut toute esthétique explicite, a pour présupposé, non dit, cette définition minimale de la littérature, qui n'appelle que la reconnaissance par l'affect. Cette hypothèse conduit à la notation du jeu de la question et de la réponse dans la seule mesure où il faut corréler historiquement les constats de ces événements minimaux — les témoins du littéraire — et rendre compte des discours qui les caractérisent, sans qu'il y ait des liens nécessaires entre ces discours et le littéraire. La référence kantienne, qu'il s'agisse d'esthétique de la réception ou de notation d'une littérature minimale, apparaît comme la condition d'une définition de la constance du littéraire, hors de toute conceptualisation de l'objet littéraire, ou d'une problématisation de cette hypothèse de la constance.

Ces théories reformulent, au total, le problème de l'autonomie du littéraire en termes de continuité et de discontinuité : continuité — le littéraire est par les déterminations, discursives, symboliques ; il est encore, relativement à ces déterminations, un objet partiel par l'implicite ou le non-dit ; continuité : il est la constance du beau ou du plaisir qu'il suscite ; discontinuité : cette constance est une question qui relève de l'application ou de l'atypie du discours littéraire. La structure interprétative des théories reste double : reflet — ce à quoi revient l'indication de la détermination —; polyvalence — ce à quoi revient l'indication de l'indétermination. Cette dualité correspond à la double notation de l'effet littéraire : l'œuvre est lisible et présente toujours, en conséquence, au moins *a minima*, un continuum du discours ordinaire, et donc un effet de réel ; l'œuvre est perçue comme un jeu d'indétermination et comme la rupture du cadre idéologique, du cadre discursif. C'est caractériser l'autonomie relative en termes éversifs. La notation d'une constante esthétique ou du plaisir et son corrélat — hypothèse du consensus — marquent la nécessité de penser la dualité dans un contexte unifié, qui n'est pas élaborable à partir de la seule fonction poétique, ni à partir de la notion d'antilangage, ni à partir des variantes formalistes — en particulier, celles du *New Criticism* qui rapporte l'assertion d'une ontologie de l'œuvre à un jeu spécifique de l'imagination que susciterait cette œuvre et qui correspondrait à une réorganisation des antinomies de l'expérience. Tout renvoie à l'hypothèse d'une herméneutique pleine du littéraire — et nous disons ici à la fois cela qui plaide pour la possibilité de la restauration d'un sens, cela qui plaide pour la seule chaîne des réceptions, cela qui plaide pour l'insignifiant généralisé —, formulation d'une manière de sens indéterminé et universel puisqu'alors toute œuvre fait écriture et fait lecture. L'herméneutique pleine est directement liée à la possibilité de la richesse des associations sémantiques de l'homme moderne — à un jeu culturel de contexte fort et de contexte faible, qui explique la perception de continuités, de proximités et leurs recompositions.

La dualité de l'objet littéraire est encore lisible suivant celle du *detached meaning* et du paradoxe temporel de l'objet aporétique. Il faut convertir le jeu de la détermination et de l'indétermination, du dit et du non-dit, en celui du déplacement de l'objet aporétique et du déplacement que celui-ci figure. L'écriture donne son objet dans le temps comme un objet qui n'est ni de synthèse, ni de disjonction, qui présente toujours une *désappropriation fonctionnelle*[33] — celle-ci est le fait du déplacement temporel, et elle est peut-être la seule définition de la fonction poétique. L'objet aporétique est aussi objet de concaténation — comme il l'est, dans sa structure, par l'indissociable de la linéarité et de la transversalité. C'est dire l'aspect structural de tout jeu de la question et de la réponse. Si questionner est établir un rapport de quelque chose avec quelque chose, et puisque l'objet aporétique est, par définition, hors site, c'est-à-dire hors questionnement et hors réponse réglés, il ne peut résulter de questionnement que de cela qui échappe à toute destinée et à toute téléologie — des équivalences que portent les lettres. Cela entraîne de ne plus marquer la seule application herméneutique, la seule chaîne du signifiant, la seule différence, mais la propriété d'anticipation que figure l'œuvre par sa structure : l'œuvre passe la capacité signifiante de chaque élément considéré en lui-même — ce qui veut dire qu'elle est, en chacun de ses points, l'anticipation de sa suite —; dans son déplacement temporel, elle est relativement aux discours auxquels elle se trouve liée dans la même situation — elle dit de quoi ils sont l'autre : de cela qui est inactuel dans le présent. Proust a admirablement identifié ce jeu de déplacement dans la figure de la fresque égyptienne : «Plus tard j'ai compris que l'étrangeté saisissante, la beauté spéciale de ces fresques tenait à la grande place que le symbole y occupait, et que le fait qu'il fût représenté non comme un symbole, mais comme réel, comme effectivement subi ou matériellement manié, donnait à la signification de l'œuvre quelque chose de plus littéral et de plus précis»[34]. Le littéral, ici distinct du sens, est du temps même, et c'est cela la beauté. Ecrire : donner ces mots qui disent avant et après la pensée. Le littéral : cela qui dément qu'il y ait signification conservée, signification à récupérer; cet événement de la lettre parce que la lettre inscrite se conserve dans le temps. La signification : cet événement même, le témoignage constant que la lettre est faite, suppose un faire. C'est marquer ultimement que la signification a, dans le temps, quelque chose de matériel, et que la continuité de la lecture n'est pas continuité suivant un sens initial et sa transformation, mais selon le pouvoir du résiduel — faire de la lettre, à l'occasion du jeu de désymbolisation qu'impose le temps, une actualité constante. Et, par là, dissocier l'écriture qui a toujours lieu et qui est donc toujours communicable, de la question de la sécularisation du sens. Le littéral : le passé (en son témoin) qui ne cesse pas d'être l'agent du présent, sans qu'il vienne au tableau du sens, qui supposerait, dans la distance de la production à la reconnaissance, que le passé soit réécrit, autrement dit, qu'il lui soit refusé d'être un agent du présent.

Au moyen des fresques égyptiennes, Proust note l'ultime ambivalence de l'objet aporétique et l'effet de ce littéral, manifeste et qui ne peut se confondre avec aucune autre lettre. L'objet aporétique vient habiter mon espace comme je vais habiter son espace; il commande un jeu spécifique d'appropriation. Il ne faut confondre celui-ci ni avec un geste de possession, ni avec un geste de dépossession. La désappropriation fonctionnelle, qui caractérise le littéraire dans le temps et, en conséquence, l'œuvre même créée dans ce présent, appelle l'examen des réifications de l'aporétique, qui sont un trait constant des théories littéraires. Avec

L'Image dans le tapis, James a donné la fable narrative de cette double occupation. Il n'est pas indifférent que la théorie littéraire — Macherey[35], Chambers[36], Iser[37] — ait lu, dans cette nouvelle, un cas, et, partant, le moyen d'une identification du littéraire — en termes de production (Macherey), de réification (Chambers), de transaction lectorale (Iser). Ces interprétations supposent le constat de l'aporétique doublement thématisé dans *L'Image dans le tapis* : hors de l'écrivain, il reste l'œuvre; l'œuvre porte question parce qu'elle fait reste. Son secret n'est que l'évidence de ce reste qu'elle inscrit dans sa propre fiction sous la forme d'une réponse certaine — non pas donnée mais à lire, c'est-à-dire retournée en une question, où il faut voir la fatalité de l'œuvre et de la lecture. Dans cet aller et retour et dans cette duplication et cette substitution des questions par les réponses et inversement, se dessine une double intrusion, celle du lecteur dans l'œuvre, celle de l'œuvre dans le lecteur. Seule une interprétation est certaine : une œuvre a été écrite dont l'écrivain a dit qu'elle fait sens. Une telle notation serait un truisme — l'écrit fait sens —, si elle ne marquait que la reconnaissance du sens ne peut rien sur la lettre du sens. Le littéral et le sens d'un objet aporétique sont obligées indications du reste, ou en d'autres termes, du *detached meaning*, de la décontextualisation. La reconnaissance globale du sens apparaît inévitablement relative à ce constat et à l'inquiétante étrangeté qu'il porte : l'évidence du résiduel est aussi l'évidence de la perte d'un dire. Celle-ci constitue le littéral qui ne peut faire retour à aucune parole vive ni être passible d'un rétablissement de la signification par une procédure de substitution. L'objet aporétique est, en lui-même, la négation de sa propre copie. Il est vain de marquer, comme le fait Iser, que l'œuvre porte des blancs, tout à la fois moyens de la manipulation de l'œuvre par le lecteur et moyens de la manipulation du lecteur par l'œuvre : est seulement en cause la distance de l'œuvre dans le présent. Celle-ci est et l'hétérogène et le muet. Sa disponibilité et, en conséquence, sa lisibilité identifient la présence du perçu — l'œuvre même — comme un réel indemne. L'isolement est la mesure de l'autonomie. Le constat du résiduel de l'œuvre équivaut, pour le lecteur, à l'épreuve d'une manière de blessure narcissique. Il suscite une double tentation : entrer dans la nécropole de l'œuvre — ce qui n'est jamais que perpétuer la perte du dire (et ce à quoi revient l'entêtement philologique dans son effort de restauration du sens propre); conclure à l'irreprésentabilité du sens, qui appelle une simulation très forte de cette irreprésentabilité — ce à quoi revient le constat indéfini du signifiant. Or, l'aporétique n'appelle que le désinvestissement, la notation qu'il est en lui-même une manière de zone intervallaire où sont maintenues en phase les discontinuités du temps, du sens. Ainsi que le navire Argos et le temple de Kyoto sont de tels objets intervallaires. Lire en ces termes la situation de l'aporétique reformule l'autonomie et l'auto-situation du texte. La nouvelle de James expose un jeu d'auto-situation — que la critique s'attache à décrire en termes de structure profonde, en termes d'une réification du texte, qui traduit sa supériorité sur l'auteur et sur le lecteur, en termes d'égalité de jeu entre les partenaires — œuvre, lecteur. Toutes indications qui reviennent à définir, à partir du texte, en tant qu'il manifeste son auto-situation, une stratégie d'appropriation. L'aporétique est, de fait, considéré comme la symbolisation de certains types d'acte communicationnel.

La question reste de savoir si un objet passif peut relever d'un tel acte. Apporter une réponse positive revient à confondre la propriété de l'aporétique — décontextualisation, mise en phase des discontinuités du sens et du temps — avec l'établissement ou le rétablissement d'une manière de dialogisme. Noter la structure profonde du texte, dire la supériorité de ce texte sur l'auteur et sur le lecteur, marquer l'égalité de l'œuvre et du lecteur, supposent que le texte formalise et réifie une situation de communication — par ailleurs définie de manière générale et typologique. Les limites de toute approche du littéraire selon un système communicationnel résident dans la nécessité de concevoir les figures abstraites des pôles de la communication suivant un mouvement inévitable de régression et finalement de les démultiplier. Ainsi de l'auteur, du narrateur, explicite, implicite; ainsi du narrataire, du lecteur représenté, du lecteur implicite. Cette démultiplication est une faiblesse théorique. Elle montre encore qu'il n'y a aucun moyen qui fasse que l'œuvre retourne au réel, fût-ce explicitement à titre de fiction — il faut reconnaître l'œuvre comme une question qui explique cette constante échappée. Constater l'œuvre et son pouvoir de faire objet suppose le constat de l'objet aporétique. La distance de l'aporétique et le déplacement qu'il implique — il faut dire que toute œuvre du présent est, dès lors qu'elle est création achevée, un objet aporétique — sont, sans doute, comme le dit l'herméneutique, comme le dit l'esthétique de la réception, l'occasion de changements d'interprétation, mais plus encore, par leur jeu même, la constitution d'une question, toujours relative à, toujours suscitée par cela qui est de l'actualité et qui, parce qu'il ne répond à aucune question manifeste de l'actualité, est une question en lui-même. La question ainsi soulevée est spécifique, puisqu'elle est la question qui résulte de cela qui est à la fois du moment et d'un autre moment. Une typologie des jeux question-réponse, telle qu'elle est évoquée par H.R. Jauss, équivaut à une reconstitution d'un système communicationnel à partir des exigences d'interprétation qu'il porte. Elle ne vient pas jusqu'au constat de l'aporétique. Il n'y a d'approche possible de l'aporétique que par la reconnaissance de son déplacement — cette reconnaissance est double jeu d'espace, ainsi qu'on le sait par le navire Argos et par le temple de Kyoto, et le geste d'appropriation retour à la question de l'œuvre puisqu'il ne fait que restaurer cela qui est déplacé. Il en résulte que les lectures ne sont qu'une succession de systèmes instantanés, dont les cohérences, les apparentements supposent la réalisation d'un discours de la lecture, et relèvent de la systématique de ce discours et de l'ordre des symbolisations qu'il porte. Tout ce qui entreprend de dire la détermination de l'œuvre en elle-même ou de l'inscrire dans un jeu de variables — le contexte de sa création, le contexte à venir —, définit l'autonomie relative de cette œuvre et lisible dans son rapport aux dessins de cette détermination, de ces contextes. Il n'est qu'un usage de l'objet aporétique : faire avec lui, provisoirement, vision du monde suivant des jeux de communication, et faire valoir, auprès des constructions de toute lecture, l'insistance du Réel qui les défait, l'œuvre-même. L'objet aporétique ne cesse de représenter le Réel auprès des autres discours. C'est cela son autonomie.

Il pourrait être remarqué : dire que l'objet littéraire est une aporie reste une notation sans conséquence et sans validité dans une société de l'écrit. L'écrit fait là autorité, parce qu'il peut se lire constamment ; il pose moins la question de sa lisibilité qu'il n'instaure la lisibilité de toute chose et de tout territoire. Parce qu'il retient tous les discours d'experts — dont ceux de l'écrivain —, il apparaît comme le modèle mythique de la rationalité occidentale. L'écriture est une pratique et un champ instaurateurs. La théorie littéraire l'exprime à sa manière. Northrop Frye distingue historiquement l'écriture hiéroglyphique, l'écriture hiératique, et l'écriture démotique — c'est-à-dire, successivement, sacrée, théologique, scientifique/descriptive[38]. Dans sa continuité, l'écriture, sans doute désymbolisée, désublimée, est présentée comme riche d'une généalogie qui la fait remonter à la parole instauratrice du sacré, et ne cesse d'instaurer. Cette idéologie de la littérature légitime sans doute une critique et une théorie qui dessinent la littérature comme un ensemble — des ensembles — à partir de ses données internes, mais elle est d'abord l'idéologie de l'autorité du littéraire. L'analyse dit encore cette loi de l'instauration par l'étude des *topoï* (Ernst Curtius), par celle du schématisme spatial de l'œuvre littéraire (Alexander Gelley)[39]. Ce pouvoir d'instauration est au cœur de la définition de la *littérarité*. Lorsque Jakobson indique le report de l'axe métaphorique sur l'axe paradigmatique, il marque un affaiblissement de la spatialisation du discours, et l'identifie à une certaine indétermination sémantique — où peut se lire une réduction du pouvoir instaurateur de l'écrit. Tels débats sur la priorité de l'espace sur la temporalité dans la littérature moderne — à partir du descriptif[40] — traduisent une prévalence de la structure, définie comme matrice de sens et comme commande d'interprétation. Roman et récit permettent de marquer exemplairement cette juridiction de l'espace — le roman est littéralement un déploiement des lieux —, et, par là, représentent le sujet essentiellement dans le jeu de distance avec l'objet, suivant la cartographie d'un territoire. Il faut reconnaître que l'écriture a prétention à articuler toutes les pratiques symboliques et à symboliser toutes les pratiques humaines. Cependant, dans le constat que fait Northorp Frye du démotique, dans l'équivoque que porte la reconnaissance de la primauté de la structure spatiale du texte, — cette primauté exclut de penser pour lui-même le processus de la lecture, sauf à le caractériser comme un ajout mécanique à la production du sens du texte —, dans l'équivoque de la spatialisation romanesque — les lieux relèvent sans doute d'une cartographie, mais ils sont multiples et impliquent le trajet —, se lit la converse de cette identification de l'écriture à l'instauration : dans le terme de démotique, il y a la notion de foule ; dans la dissymétrie du texte et de la lecture, il y a le moment de la liberté de la lecture ; dans la multiplicité des espaces, il y a leurs frontières et leurs *no man's lands*.

Par l'accroissement de la quantité d'écrits qui marque un égal accroissement de la lecture, de plus en plus disséminée, privée, et un passage de la lecture à l'écriture — qui peut encore être exercice privé (correspondance, journal), par la reconnaissance du *detached meaning*, la question de l'écrit littéraire devient celle de son autorité et de son défaut d'autorité. Dans une perspective historique, parce qu'il perdure dans le temps, parce qu'il est inscription de la distance, l'écrit devient sa propre somme, et cela qui désigne l'altérité de l'univers, cela qui fait modèle. Par sa décontextualisation, il s'interprète comme un jeu pragmatique au sein des activités discursives et de la littérature réalisée. Le texte est sans doute une manière de loi en lui-même, mais la lecture ne peut venir complètement à cette loi. L'écrit littéraire retrouve, dans son mouvement d'instauration, l'ambivalence de l'aporétique. Il peut y avoir une certitude de la lettre ; il ne peut y avoir d'obéissance assurée à la lettre ; dans sa distance temporelle, elle n'est qu'elle-même. La littérature crée son propre ordre du discours et fixe un ordre des référents — elle territorialise[41] —; mais, parce qu'elle appartient doublement au temps, par sa séquence linéaire, par son inactualité, elle ne peut se donner une autorité ultime que par une manière de spatio-temporalisation — dire un espace qui serait de tous les temps.

La théorie littéraire vient à ces dualités. Il faut d'abord dire l'équivoque de la primauté reconnue à l'espace dans l'analyse littéraire contemporaine. C'est constater le privilège accordé à la structure. Et plus curieusement noter que le concept d'écriture, indissociable de la référence à un jeu de dispersion, et, en conséquence, de déconstruction de l'espace, ne se sépare pas de l'indication d'une instauration de l'espace : «Aujourd'hui la littérature — la pensée — ne se dit qu'en termes de distance, d'horizon, d'univers, de paysage, de lieu, de sites, de chemin, de demeure : figures naïves, mais caractéristiques, figures par excellence, où le langage s'espace afin que l'espace, en lui, devenu langage, se parle et s'écrive»[42]. Cette expression — un langage qui s'espace —, aussi fausse et aussi littéraire qu'elle soit, renvoie à la question essentielle du rapport entre structure grammaticale, système de tropes et organisation métaphorique et métonymique de l'œuvre. Ce rapport est discutable en lui-même — validité et non-validité d'une homologie des trois niveaux d'organisation du discours; il désigne enfin un problème — l'hypothèse de l'homologie donne force de règle à la grammaire et fait prévaloir la référence spatiale. C'est la démarche de A.J. Greimas dont le système actantiel est, en son fond, un système grammatical, qui identifie le récit à un jeu spatial. Font également question ici les présupposés et les conséquences de la définition de la fonction poétique. La distinction entre ordre paradigmatique et ordre syntagmatique correspond à un partage entre formel (syntagme) et description phénoménologique et motivationnelle (paradigme). Dire la primauté de l'ordre syntagmatique revient à spatialiser, ordonner, ce qui relève d'une approche transversale. C'est encore marquer que l'alliance des deux axes suppose en fait la constitution d'une tropologie — ce que ne permettent pas les indications de Jakobson, mais qui est indiqué par Kenneth Burke[43]. Est aussi en cause le statut temporel de la symbolisation, mise en œuvre dans le texte. Si elle est réductible à une organisation spatiale, elle peut être donnée pour fixée par le discours — ce qui va de soi —, mais également comme relevant d'une stabilité ontologique. A l'inverse, si elle ne peut être explicitement fixée, elle livre, de fait, une sorte d'image-temps[44]. Cela traduit que, dans l'hypothèse d'une lecture non référentialiste des œuvres, est en jeu la description de l'univers constitué et que celle-ci peut être, par le seul renvoi au statut du scripturaire, lue comme instauratrice ou comme incohative. C'est plus généralement interroger l'aptitude du littéraire à une territorialisation symbolique et à une représentation de la maîtrise du temps, et dire la limite de son pouvoir d'instauration. A ce constat, il y a deux réponses : accorder la prévalence au structurel équivaut à dessiner l'ensemble de l'œuvre comme une manière d'allégorie — tout ce qui relève de la transversalité dit et illustre cet ordre structurel; reporter la dualité de l'œuvre — linéarité et transversalité — sur un point qu'elle désigne — signification fixe, sujet. Cet allégorique, dans la mesure où il est toujours, dans la lecture, de l'ordre de la reconstruction, geste de reprise de la transversalité dans la linéarité et contextualisation du transversal, — Paul de Man dit que toute lecture est allégorique[45] —, reste hypothétique et leçon de temps. Nous qualifierons doublement cette allégorie : essai de reconnaissance d'un espace de l'œuvre, et retour obligé, dans son mouvement et dans son résultat, à la dualité du linéaire et du transversal, soit l'obligé de l'aporétique dans le temps et le défaut d'instauration.

L'autonomie du littéraire se lit donc, dans les théories, au point de réversion et d'échange d'une perspective quasi idéaliste et d'une perspective qui note la détermination du littéraire et son pouvoir de détermination. Que cette question de l'autonomie soit reformulée par l'examen de la réification de l'œuvre, de son appropriation et par les conséquences critiques de cet examen — problème du communicationnel, rapport de l'écriture et de la lecture, de l'objet aporétique et de l'histoire littéraire, atteste que la théorie vient au plus proche de l'identification ou de la supposition d'une nature du littéraire, et qu'elle doit sans cesse les défaire. Les marxismes contemporains illustrent particulièrement cette résistance de la littérature à toute pensée qui entend être une pensée du réel ou une pensée de l'idéal du littéraire. L'étrangeté et, en conséquence, l'aporie que constitue tout objet esthétique reçu du passé, ont été marquées par Marx à propos de l'art grec : pourquoi cet art de l'antiquité est-il encore une source de plaisir? Cette interrogation, décisive dans le contexte marxien, l'est encore dans le contexte marxiste. Elle a partie liée au problème de la rémanence historique et à celui du rapport entre infrastructure et superstructure. La réponse de Marx à cette question est réponse selon la mémoire, selon la continuité de l'Histoire, perçue comme jeu de rétrospection : l'art grec n'est que le rappel de l'enfance de la civilisation. Inversement, et toujours dans une perspective historique, le néo-marxisme lit dans l'art et dans la littérature l'utopie du temps et du futur. Que l'objet artistique et littéraire perdure dit simplement et essentiellement sa valeur émancipatrice et révolutionnaire. Les débats issus de ces deux types de position portent sur l'historicité, la relative autonomie de la littérature, la définition d'un besoin esthético-littéraire en termes de création et en termes de réception, la réalité et les implications de l'appropriation. Ils suscitent deux questions essentielles : est-ce que l'esthétique littéraire marxiste peut se passer d'une référence idéaliste? Est-ce que l'objet littéraire est ultimement identifiable aux gestes de création et de réception, *assimilés* à des gestes de production et de consommation? Cette assimilation suffit à justifier la continuité de la création littéraire : la consommation est un facteur de production; la réception de la littérature induit sa création. Elle laisse cependant entière la question de la nature de l'appropriation dans une société supposée asservie — où l'appropriation n'est qu'exercice de possession et de maîtrise, ainsi qu'elle interdit de considérer la question de la création : qu'en est-il d'une création esthétique — le beau est hors de toute règle sociale puisque l'objet esthétique perdure — dans une société où le travail est aliéné ? *Stricto sensu*, il peut être noté que, dans de telles sociétés, l'art et la littérature n'ont aucune fonction propre, ils ne sont que de l'idéologie — et l'intérêt pour l'art grec n'est qu'une forme d'intérêt pour l'antique, de passéisme[46]. Marx a cependant précisé que l'homme construit suivant les lois de la beauté et que l'esthétique a une fonction de solidarisation. Les lois de la beauté viennent de la nature. Il se conclut : l'esthétique a, par ses lois mêmes, une fonction intersubjective. L'aporie noue un paradoxe : il peut être dit que le littéraire, dans sa création et dans sa réception, est une sorte d'action sociale, qu'il est un effet ou un reflet de l'action ; on ne peut échapper à la notation que l'objet transcende les conditions de sa production et de sa reproduction. Rendre compte de cette transcendance hors de ou contre l'idéalisme engage deux types de réflexion. Une première réflexion souligne — et c'est là une thèse décelable chez Marx et acceptée par le marxisme — que le littéraire, comme tout art et tout travail, objective les facultés de l'homme et modifie la nature de l'homme en ce qu'il produit la richesse de la sensibilité du sujet humain. Le littéraire est création qui est auto-création de l'homme, suivant la nature de l'homme. L'aporie se défait dans le report de son objet sur le sujet et sur la nature, et sur la société, puisque, ultimement, production et réception relèvent du cycle production-consommation et de leurs conditions[47]. Une seconde réflexion retient d'abord le constat de la distance, indissociable de celui de l'aporie ; elle marque que le discours littéraire est un acte temporellement et interlocutoirement double — de son actualité et de toute actualité —, qu'il est inévitablement texte — texte veut dire que l'objet littéraire est à la fois événement de discours et ensemble en lui-même, c'est-à-dire discours suivant le présent réel ou imaginé d'une chaîne de communication et également ce qui réfère, *ipso facto*, puisque l'objet littéraire est cela qui perdure dans l'autre temps et qui appelle toujours un jeu de reconnaissance.

Il faut alors considérer la généralité de la notion de texte. C'est défaire le report sur le sujet, la nature, la société, en un premier temps. C'est encore marquer que l'actualité de l'objet littéraire, à ce moment où ces conditions de production et de réception sont lisibles, ne se comprend que par l'exercice du *detached meaning*[48]. Le geste de décontextualisation engage précisément la focalisation sur le discours, et ouvre aux interrogations sur la logique et les limites de l'appropriation, l'artifice et l'arbitraire de ce qui ne peut revenir à l'extériorité de ses propres conditions, et à l'examen de cela qui relève, par le langage, de la nature de l'homme, mais qui exclut tout naturalisme dès qu'il est explicitement un objet détaché dans le temps. Dire le littéraire, c'est sans doute dire une certaine historicité du littéraire, mais moins pour poser des questions aux manières d'être du littéraire et pour finalement interroger sa nature même, que pour explorer les manières d'être du littéraire et leurs implications — questionner les questions dont il procède. Cela veut dire sans doute ses conditions objectives, mais surtout la façon dont il réfléchit sa décontextualisation et dont il qualifie ce *detached meaning*. Marquer l'objet littéraire comme un objet aporétique fait entendre que tout se joue sur la façon dont cette aporie est constituée au moment de la création — par quelle clef?

III. DISCOURS ORDINAIRE ET SPECIFICITE DU LITTERAIRE

Il peut être redit, ici, à propos des théories de la littérature, la fable du *Banquet* de Platon. Définir l'amour s'entend de deux façons : dire ce qu'est l'amour ou simplement dire qu'il est la plus belle des choses. Dire qu'il est la plus belle des choses est justifiable puisqu'il suffit de se déplacer en deçà ou au-delà de l'objet. Préciser ce qu'est l'amour suppose de questionner l'objet, de le séparer pour voir ce qu'il dit de lui-même. Cette démarche est à l'initiative du questionneur; elle peut être elle-même interrogée. En termes de littérature, c'est donc noter que l'indication esthétique est négligée et qu'elle n'imposerait pas un traitement de l'objet même. C'est encore souligner que toute proposition qui se veut objective n'est pas indissociable de son propre *muthos*. Les propositions relatives à l'identité du littéraire développent, au fond, les fictions possibles du littéraire. Elles viennent toujours à un débat sur le spécifique, sur le rapport entre extrinsèque et intrinsèque; elles ne cessent de déplacer ce rapport : celui-ci n'est pas effaçable, mais il est soumis à un jeu variable de localisation. L'hypothèse d'une spécificité du littéraire reste obligée — sans laquelle il n'y aurait pas d'approche du littéraire ni de débats sur son identité et ses limites. Il faut cependant rappeler que la notation d'une spécificité n'est fonctionnelle qu'à l'intérieur d'un territoire donné et qu'elle suppose la définition d'un propre qui est lui-même donnée aporétique et, en conséquence, redevable d'un nouveau questionnement. Le constat de la dualité est inévitable, ainsi qu'Aristote le remarquait du spectacle théâtral. L'*opsis* rend la tragédie possible comme représentation, mais il relève de la tâche de l'accessoiriste et non de celle de l'auteur. L'auteur doit considérer qu'être donnée à voir est un trait de la tragédie qui, cependant, lui échappe. Voir du théâtre, c'est donc voir un objet mixte — ce qui renvoie à l'auteur, ce qui renvoie à l'accessoiriste. La seule spécificité de la tragédie est dans cette dualité. En un mouvement inverse, l'hypothèse d'un spécifique qui revient à une identité reconnaissable fait des objets considérés sous cette identité le règne du semblable — et de la reproduction. A partir de ces constats, il peut être suggéré une entreprise de déspécification — dans le cas du littéraire, transferts d'objets donnés pour littéraires dans du discours tenu pour non littéraire, et inversement. L'intérêt de la démarche, outre qu'elle correspond à des pratiques créatrices effectives et à des usages de détournement du littéraire, est de souligner que si le spécifique se perd ainsi, reste la question de la singularité de ce qui se dit littéraire. Comme l'a fortement noté Walter Benjamin, l'approche de la singularité, qui appelle l'analyse de l'interpénétration des phénomènes hétérogènes, a, elle-même, pour condition que soit formée une hypothèse sur le littéraire[49]. C'est venir à une nouvelle aporie. Il faut conclure : il n'y a de spécificité que relative à son autre ; l'approche de la singularité est approche entièrement relationnelle, et sa réalisation défaite du spécifique — on en a une illustration avec le paradoxe du genre puisque l'accomplissement de l'œuvre dans sa singularité est une contestation du genre. Toute approche du singulier le définit comme monde puisqu'il n'est définissable que par ses relations.

C'est pourquoi, l'approche du littéraire en termes de singularité et de spécificité ne cesse de dire le dépassement des marques du littéraire. Ainsi de l'interrogation sur l'unicité et l'originalité de la réalisation scripturaire. L'uniticité, sauf à la caractériser de manière restreinte — l'œuvre est unique par un certain rassemblement de propriétés — ou à la rapporter au pouvoir de l'*idiotes*, le plus souvent indissociable d'une théorie du génie qui fait de l'unicité la voix de l'universalité, revient à identifier l'œuvre à une manière de nom propre — on ne peut rien faire d'un nom propre sauf à considérer qu'il est le nom d'un individu qui est une personne. L'originalité, considérée de manière stricte, obligerait à caractériser l'œuvre comme ce qui doit être expérimenté selon ses propres termes seulement, et commanderait de commencer par la notation d'un quasi-illisible. Ces constats font leçon. La singularité et le nouveau ne sont que par leur dehors. La spécificité du littéraire a été usuellement dite à partir du triple constat de la représentation, du figural, et du *surimposed ordering*.

Le littéraire est représentation et, en conséquence, fictionnel. C'est, en des reprises diverses, la théorie de l'imitation, qu'il convient d'interpréter exactement. Elle est en elle-même un principe de différence : l'imitation est affirmée pour précisément exclure la confusion du discours littéraire et du discours ordinaire; elle réclame la conscience des conventions de l'imitation. Cela explique sa puissance et son économie et l'a faite prévaloir dans les théories esthétiques[50]. Les hypothèses des réalismes, tirées de l'indication de la fiction et de l'imitation, sont elles-mêmes explicitement conventionnelles — ainsi de la loi des trois unités du classicisme — et, dans le cas où elles ne disent pas explicitement cette convention, elles présupposent un pouvoir cognitif du littéraire qui renvoie chez le sujet à une connaissance intuitive des objets individuels. La seule thèse opposable, *stricto sensu*, est celle, ainsi que l'a bien vu Derrida, du *performatif*[51] : dire la différence de l'écrit par sa seule actualité et sa seule récitation ou représentation. L'*imagisme* présente le cas intéressant d'une poésie qui entend donner à voir sans passer par l'imitation — il relève, de fait, du performatif et permet d'en préciser le dispositif rhétorique[52] : le littéraire est une assertion des émotions (on sait qu'il ne peut être une assertion des faits) qui résulte de l'évitement de toute entreprise de persuasion et du constat qu'il est le dire d'images émotives au même titre qu'il y a des correspondances émotives dans le réel — celles qu'on ne cherche pas; il devient ainsi une manière de donnée perceptuelle, où il faut voir la synonymie de l'image et de notre désir. Le performatif, spectacle ou actualité de l'écriture donnée à la lecture, n'est rien qu'une antirhétorique et un anti-conventionnalisme. Il dit explicitement que le littéraire est un réel[53] — le partage entre fiction et réalité est aboli sans qu'il y ait à décider du maintien de l'une ou de l'autre. Mais il pose des problèmes de pragmatique littéraire — voisins de ce que posent l'identification du littéraire à un illocutoire feint, et des problèmes spécifiques d'identification[54].

Dans le domaine artistique et littéraire, cette pragmatique ne peut exclure l'indication de conventions, sauf à ce que le littéraire soit identifié à la réitération, finalement aléatoire, de produits langagiers. Relativement à la notation de l'imitation, il vaut mieux dire qu'elle permet de caractériser l'objet littéraire comme ce qui donne à *reconnaître* alors même qu'il dispose explicitement la distance de tout objet source et de sa production. Ce qui fait entendre : l'imitation ne s'oppose pas tant à son contraire la non-imitation, comme la représentation s'opposerait à l'anti-représentation, qu'elle n'indique qu'elle n'est possible que par l'échec à fonder certainement sa reconnaissance. L'imitation ne revient pas essentiellement à la question de la traduction scripturaire de quelque objet, — ou à la négation de la possibilité de cette traduction —, mais à celle de la référenciation dès lors que la reconnaissance n'est plus gagée sur ce que l'écriture se donne pour origine. Ce qui se formule encore : l'imitation a pour paradoxe d'être reconnue hors contexte. Marquer le défaut d'origine de l'écriture pour dire l'inaptitude de l'écriture à représenter, c'est d'abord noter que l'écriture propose un discours de reconnaissance, radicalement décalé par rapport à ses conditions de production, et reporté à ce constat par l'hypothèse d'un télescopage de la production et de la reconnaissance — l'écriture est cela qui se produit et qui s'imite elle-même.

Le second point est celui du caractère figuré du discours littéraire. L'écart est ici manifeste dans la mesure où il porte sur la matière verbale — indissociable d'un geste d'ornementation. La différence se dit aussi sous la forme de l'anomalie. On sait la tradition historique de cette identification du littéraire et du poétique au rhétorique. Il est cependant remarquable qu'au Moyen Age disparaisse ainsi la différence entre domaine de la fiction et domaine de la réalité — *res fictae* et *res gestae* sont également des sujets poétiques, littéraires. Il est tout aussi remarquable que le Romantisme identifie rhétorique et poétique. Le dépassement du rhétorique par une symbolique — étudié par T. Todorov[55] — est particulièrement symptomatique, même s'il reste explicable en termes historiques et par référence à l'esthétique kantienne et à ses renouvellements post-kantiens (Schiller, Schelling). Dans ces glissements est en cause le sémantisme spécifique qu'engage la rhétorique — ainsi que l'attestent, dans la théorie littéraire contemporaine, le privilège accordé aux figures de sens sur les figures de construction. La question du figuré et de la rhétorique est celle du rapport entre système sémiotique, discours et signe — les tropes seraient un *montage* sémantique manifeste[56], qui fait particulièrement problème dans la métaphore. La prévalence des figures de sens, bien qu'elle maintienne les marques formelles du littéraire, ouvre directement à la question de la propriété sémantique de ces marques; elle rapporte, en conséquence, l'identification du littéraire au débat sur le partage du langage ordinaire et du langage poétique et sur leur possible inscription commune. C'est, de fait, poser la question du rapport entre paradigme et syntagme, entre linéarité (marquée) et transversalité, à travers la question de la rhétorisation — celle-ci serait ainsi plus qu'un simple marquage. La référence rhétorique reste décisive : celle-ci a commandé l'idée qu'il y avait une classe homogène d'objets littéraires et, par là, assuré une unification de l'expérience esthétique; elle permet aujourd'hui de faire exemplairement l'articulation entre la marque formelle, l'hypothèse de l'homogénéité des objets et des expériences littéraires, et ce qu'engagent sémantiquement et pragmatiquement ces expériences. Elle est ainsi l'indice que l'œuvre passe l'ordre du discours.

Toute la question reste ici de savoir si l'on a affaire à la constitution d'un sens — c'est la thèse de A.J. Greimas à propos de la ressemblance qui est proprement exercice de reconnaissance de la démesure des apparentements rhétoriques —, ou si le transposé ne dit que le langage toujours identique en soi et à soi, où il faudrait voir l'envers de toute transposition — l'indifférencié, le non-symbolisable. Ce partage est celui même de la conduite sémantique du langage ordinaire et de la *mythologie blanche*, qui ferait de la rhétorique ce qui désigne le fond de la langue (Derrida) et qui, en conséquence, effacerait la différence du littéraire, à partir de la notation des marques du littéraire. Sont en cause, en fait, deux choses : la définition de cette configuration que porterait le rhétorique; l'articulation de cette configuration à ce qui passerait l'ordre du discours. Dans une perspective strictement pragmatique, le figuré relève de la *persuasio* et traduit une régulation du discours; dans une perspective sémantique, qui n'exclut pas de considérer l'effet pragmatique, il fixe l'image de la réversibilité du sens, ainsi que le marque admirablement Jean Paulhan, et définit ainsi toute signification comme résiduelle et exactement insituable[57]. Le figuré invite à lire dans la spécificité du littéraire une dualité qui désigne, de fait, le multiple et l'hétérogénéité comme conditions de la littérature. Il en résulte des propositions contradictoires sur la place et la fonction de l'objet littéraire : par le figuré, il est soit exercice éversif, soit exercice de ruse — jeu avec l'ordre[58].

Ces deux propositions reviennent à l'antithèse d'une écriture événement hors de la contrainte du discours ou événement à partir de cette contrainte. Elles peuvent se formuler en une seule notation : comme le sens peut s'affranchir, la technique d'écriture (la rhétorique) peut le maîtriser. Et inversement. Ce qui se généralise au moyen de deux nouvelles propositions : le matériau linguistique est d'autant plus libre que plus déterminable; le matériau est d'autant plus déterminable que plus affranchi. Le figuré se lit comme ce qui correspond à un accroissement de la détermination et comme ce qui affranchit l'exercice du sens puisqu'il dispose arbitrairement et de manière isolée les conditions de constitution du sens. Par le figuré, le littéraire se définit à la fois par une contextualisation maximale — le jeu de la détermination — et par une libération nette. Celle-ci est, en termes pragmatiques, un soulignement de la destination de l'écriture — être donnée à la lecture même, caractérisée comme une obéissance à ce qui se donne dans cet affranchissement et dans la structuration que celui-ci permet. Celle-là traduit que l'affranchissement ne peut rien exclure de la complexité ni du réseau qui passe l'intelligibilité de l'organisation de la figure.

Cette ambivalence de la spécificité du littéraire — qui ne peut aller sans une manière de déspécification, par laquelle il apparaît comme toujours relatif à son autre, est nette dans l'usage qui est fait de la référence à l'épopée. Historiquement, seul ce genre présente formellement réunis les trois traits d'identification usuelle du littéraire — fiction, rhétorique, surdétermination de l'ordre verbal. Il est aussi celui qui prétend à la transitivité et à la transtemporalité les plus larges. Faire de l'épopée, ainsi que le fait Lukàcs dans *La Théorie du roman*[59], le genre narratif initial et le genre de la communauté entièrement présente à elle-même — de la communauté non problématique —, ou dire l'épopée, ainsi que l'a dit Auerbach dans *Mimesis*[60], suivant une égalité de ses composantes, particulièrement, de ses composantes descriptives, revient à marquer une complétude du littéraire et une complétude de l'exercice de transitivité qui inclut, par la fiction, l'intransitivité. Il est encore très remarquable que cet état du littéraire soit rapporté à une absence de questionnement de l'ordre culturel et social (Lukàcs) et à un défaut de perception de l'historicité et, en conséquence, de la dimension anagogique du temps (Auerbach). Il convient de lire dans ces hypothèses deux symptômes. Il n'y a de spécification achevée du littéraire que par une déspécification — la communauté égale, le défaut de perception historique et de sens anagogique du temps. Cette déspécification fait inversement lire le littéraire comme rigoureusement non problématique en lui-même et face à toute réalité. Ces thèses doivent être rapportées au constat, antécédent, de la problématisation du littéraire : celui-ci fait question en lui-même et est réponse à un questionnement — héros problématique de Lukàcs, constat de la différenciation et de l'entropie croissante des discours (Auerbach). Le littéraire, dans sa spécificité, est relatif à ses propres écarts et aux écarts du social et du discours social. Ces écarts se lisent par la question que pose le littéraire et par sa constitution. Le héros problématique de Lukàcs peut être considéré comme une manière de héros métamorphique — signification de la subjectivité qui passe le réel et qui, en conséquence, contextualise le réel — et comme une mesure de l'écart — écart de cette contextualisation au réel, qui est elle-même la mesure de l'écart et de l'intervalle des choses dans le réel. La conclusion de *Mimesis* d'Auerbach est la notation à la fois d'une disparité du littéraire — des objets littéraires —, de son sémantisme et d'une propriété syncrétique.

Dans les deux cas, le littéraire, hors de toute considération sémiotico-linguistique, est cette différence radicale, assimilable à la différenciation du réel et des discours, et quelque chose qui est plus que cette différence radicale : des énoncés qui sont globaux parce qu'ils procèdent de l'écart, parce qu'ils sont *intervallaires*. Bakhtine reformulera doublement ces constats : en termes génériques, en termes sémiotico-discursifs. Le roman est, dans son développement, notation des écarts — d'abord, suivant les données spatiales, puis suivant les données historico-temporelles — et dessin du parcours des écarts. C'est pourquoi toute création romanesque est rigoureusement actuelle et toujours réformable. Le concept d'interdiscours dit à la fois la pluralité des discours et l'inscription du littéraire dans leur écart. Ecrire, c'est noter et reconstruire l'écart dans le dessin de la continuité de l'œuvre et du dialogisme. Celui-ci est au fond une reprise et une solution du paradoxe de la transitivité et de l'intransitivité : si l'achèvement de la communication ne peut être pensée sans son inachèvement, si le projet de relation à l'autre dans la disparité des discours ne peut être que projet vide, l'œuvre doit porter en elle-même ce paradoxe, et constituer le terme tiers du paradoxe — celui qui mesure l'écart des deux termes constitutifs, et est en conséquence leur *lieu commun*. On reprend ainsi la question de la spécificité du littéraire — à partir des marques qui lui sont usuellement attribuées et qui sont, de fait, la lecture d'une déspécification du littéraire dans l'Histoire. Ainsi, doit venir, après les notations conclusives d'Auerbach, le rappel de la littérature pratiquée comme citation de tout discours et donc comme fin de la littérature. Mais la fin ne se dit que par le rapport à un commencement et donc par une norme qui fait lire la fin.

Il vaut mieux reconnaître là le rébus même du littéraire : de cela dont le rythme a été depuis longtemps troublé, parce qu'il est la mise en scène des intervalles dans l'ensemble des discours. Le paradoxe de l'intransitivité se reformule : elle caractérise ce qui, dans le discours, fait explicitement pont, mais moins en termes de relation qu'en termes de suggestion — passer hors de la limite de cela qui est toujours médiat, l'œuvre, et qui ne cesse d'être son propre dehors. Jeu même de la surdétermination de l'ordre et de la rhétorique; jeu de la fictionnalité : dire que le discours imite le discours, c'est exactement ne rien dire si on se tient au truisme que porte la notation; mais c'est aussi impliquer la question : où est le discours littéraire lors qu'il se compose, dans l'exercice de cette déspécification? De la même manière, tenir que la fiction est imitation ne doit pas se lire en termes de renvoi au réel, mais selon l'affirmation de l'imitation : cela qui est ressemblant, supplémentaire, et qui n'est encore rien, comme le suggère Aristote de l'*opsis* théâtral, qu'un objet médiat. Ces remarques doivent être rapportées à une évidence : le langage ordinaire est auto-référentiel — ses mots appartiennent à l'ensemble phrastique et disposent la distinction entre référence et référent. C'est souligner que dire la spécificité du littéraire équivaut à identifier cette propriété d'écartement et de coalescence — que suggèrent Lukàcs, Auerbach et Bakhtine. C'est venir au texte même, dont le concept se substitue à celui d'œuvre. On ne peut se tenir à une définition organique du littéraire, ainsi que l'a fait le *New Criticism*, en une reprise formalisante de l'esthétique romantique. La définition organique suppose l'identité du littéraire acquise et exclut le jeu sur la spécification et la déspécification.

La spécificité est toujours relative à un non-spécifique. Il faut entendre : toute approche de l'intrinsèque du littéraire va suivant un dédoublement. L'identification du littéraire par le retour sur le langage ne met pas un terme à ce mouvement. S'agissant de la spécificité du littéraire, il n'y a ni différences de questionnement ni de différences de statut dans les théories contemporaines. Les thèses, qui privilégient le signifiant, traitent de ce qui fait reste lorsqu'a été opéré le partage entre l'intrinsèque et l'extrinsèque et marqué usuellement que le discours littéraire a des caractères formels, qu'il est plus dense que le discours ordinaire, et que la fonction mimétique, qui peut être présente à des degrés variables, correspond à la nature sémantique même du langage et appelle, pour son achèvement, la médiation du lecteur. Ce reste peut se définir ainsi : cela qui communique puisqu'il y a lecture et qui cependant n'est pas soluble dans le discours. C'est souligner encore une manière de dédoublement, et un paradoxe : le littéraire est ce qui ne se défait pas dans la communication. Le littéraire redouble ce constat : il suppose une homogénéité du champ de communication, celui-là même qui est déterminé par l'œuvre; il porte l'hypothèse de la rupture de ce champ; par la dualité constitutive de l'œuvre, il adapte l'écriture à cette ambivalence. Les remarques d'Aristote sur l'*opsis* théâtral peuvent être ainsi redites : il n'y a ici de transitivité que par la délégation de l'auteur à l'accessoiriste et, en conséquence, dans ce geste, la certitude de l'intransitivité de l'écrit, de la part de l'auteur. Le littéraire est ce qui joue des écarts mêmes de la communication.

Faute que cela soit considéré, dire le littéraire n'est que dire l'autre du spécifique dans un moment où l'on entend suggérer une identité du littéraire. Noter, comme le fait Gérard Genette, que la littérature n'est que du *discours imité*, c'est formuler un truisme — à l'exception du discours rapporté, le discours ne peut jamais porter de relation analogique manifeste. Si l'on se tient au sens strict des mots, c'est indiquer que le discours littéraire est formellement un discours comme les autres, en particulier identique au discours de réalité, et donc faire, *ipso facto*, de toute œuvre une œuvre référentielle — ce que prétend précisément récuser la notation du discours imité. La seule réponse logique à cette impasse est celle que suggère Derrida : tout discours est effectivement du discours imité mais, en conséquence, inassignable. C'est établir à la fois la généralité de l'écriture et un solipsisme généralisé. Toutes les théories contemporaines du littéraire qui utilisent, de diverses façons et à divers degrés, le moyen linguistique pour venir à une spécification du littéraire, ne peuvent échapper au tourniquet du *langage poétique* et du *langage ordinaire*. Dans ce retour à l'autre du spécifique, on lit plus qu'un écart au langage ordinaire ou que son effacement : un mode d'écartement, de faire distance explicitement. Soit un exemple. Dans l'hypothèse d'un écart radical du discours littéraire au discours ordinaire, Paul de Man lit les correspondances de Baudelaire comme la preuve que le langage ne peut s'installer dans le symbolique et qu'il n'est ultimement que sa propre tautologie[61]. Deux choses sont ainsi marquées : la clôture du discours; son inaptitude à dessiner tout écartement figural. C'est un des paradoxes de la théorie rhétorique de de Man que d'exclure la figuration de la distance. Mais il peut encore être dit que la poétique des correspondances, hors de toute interprétation substantialiste de la symbolique, est ce qui donne l'ordre du discours comme un dispositif d'écarts, c'est-à-dire de traduction, de déspécification de l'usage du matériau discursif dans le discours même. Cela entraîne qu'il faille opposer à la notation du langage ordinaire et de son contraire et à celle de la rhétorique, la notation de la rhétoricité.

Ainsi les propositions relatives à la fictionnalité, au caractère figural de la surdétermination de l'ordre de composition de l'œuvre, sont toutes, à quelque degré, des notations de l'auto-référentiel. Mais cette spécification du littéraire reste interprétable, parce qu'elle désigne, de fait, un problème de langage, en termes de communication paradoxale. Elle concerne le geste créateur — destinateur —, l'œuvre même — message —, le rapport de l'œuvre au lecteur — destinataire. Elle traduit que l'écrivain met en évidence son œuvre — ce que supposent tous les jeux de dualité linguistique que portent la constitution de la fiction, l'exercice de la rhétorique, la surdétermination de l'ordre. Elle marque que l'œuvre est toujours dans un exercice de dédoublement et, en conséquence, autotélique — ainsi de la fiction, ainsi, bien évidemment, de toutes les marques formelles et de la rhétorique qui, considérée comme simple ornementation ou comme implication sémantique, est exercice de dualité. Dans ces conditions, le rapport au lecteur ne peut être que défini contradictoirement. Il y a relation de lecture, et au moment même de l'écriture, relation de lecture projetée, suivant l'indication de Sartre[62]. La relation projetée de lecture ne peut être que relation vide ou largement indéterminée. Il se conclut, dans la perspective d'une phénoménologie de l'œuvre et de sa réception, à un blanc constitutif de l'œuvre et à un équilibre de la manipulation entre œuvre et lecteur. Soient les thèses de W. Iser, dans son *Acte de lecture, Théorie de l'effet esthétique*. Mais il y a là, probablement, une contradiction dans cet usage de la référence phénoménologique. Celle-ci suppose que l'œuvre soit tenue pour ce qui fait forme et pour ce qui est donné comme tel. L'œuvre, ainsi caractérisée, ne peut relever, en elle-même, de l'ambivalence d'une détermination et d'une indétermination. Ce jeu des contraires peut être explicitement repris, s'il est respecté ce qu'engage la référence phénoménologique, pour seulement noter : l'œuvre, en tant qu'écriture et que forme, est plongée dans le champ des écritures et des formes, elle n'est qu'un élément de cette série et de ce champ; en tant qu'objet perçu (et lu), elle relève de synthèses jamais achevées. Relativement à l'écriture et à la lecture, l'œuvre, qui peut donc être exactement et complètement déterminée en elle-même — l'hypothèse du blanc n'est donc pas une hypothèse nécessaire —, apparaît comme une disjonction inclusive : elle est écriture et perception séparées mais qui savent qu'il y a toujours du reste à écrire et du reste à voir. Il vaut mieux dire que le littéraire, par ces dualités, par le vide de cette relation de lecture, est une dissonance, l'organisation du multiple par la mise en scène d'intervalles — ceux du fictif et du réel, du propre et du figuré, de l'ordre premier et de l'ordre second, de l'auteur et du lecteur. Toute équivoque d'une identification du littéraire a son origine dans l'hypothèse que quelque chose est représentable dans le littéraire : la lumière du réel ou celle du littéraire même. Que subsistent les questions : où est le réel? Où est le littéraire?, enseigne que c'est là la façon dont parle le littéraire. Il ne livre pas seulement des monades — les œuvres —, il fait interroger constamment sur son lieu : par quoi, il est toujours à reparler, autrement dit toujours à traduire, ainsi qu'il est lui-même traducteur dans l'intervalle des discours.

Il convient donc de jouer de l'inachèvement même des thèses relatives à l'identité du littéraire — particulièrement de celles qui empruntent à la linguistique. Les propositions de Jakobson et de Searle présentent l'intérêt de se rapporter à deux niveaux linguistiques distincts, le locutoire (Jakobson), l'illocutoire (Searle), d'être antinomiques, et de venir au même inconclusif. Ces thèses se résument ainsi. Jakobson : le discours utilisé poétiquement et, plus largement, de façon littéraire, se caractérise par la *fonction poétique* et consiste en une visée du message en tant que tel. «La fonction poétique n'est pas la seule fonction de l'art du langage, elle en est seulement la fonction dominante, déterminante, cependant que dans les autres activités verbales, elle ne joue qu'un rôle subsidiaire, accessoire. Cette fonction qui met en évidence le côté palpable des signes, approfondit par là même la dichotomie fondamentale des signes et des objets. Aussi traitant la fonction poétique, la linguistique ne peut se limiter au domaine de la poésie». Cette définition, remarquablement équilibrée, fait du littéraire un degré d'usage d'un certain trait du langage ordinaire. Elle identifie la fonction poétique à la projection du principe d'équivalence de «l'axe de la sélection sur l'axe de la combinaison» (ou encore axe paradigmatique et axe syntagmatique, ou encore ordre de la métaphore et ordre de la métonymie). Il en résulte une équivalence des séquences contiguës : les «moyens d'expression groupés (dans les plans linguistiques) ainsi que les relations mutuelles existant entre ceux-ci et tendant à devenir automatiques dans le langage de la communication, tendent au contraire dans le langage poétique à s'actualiser»[63]. On notera quatre points : message qui se vise lui-même ; report de l'axe de la sélection sur celui de la combinaison ; égalité des éléments continus ; actualisation des données relationnelles du discours.

Searle considère le littéraire à partir de la théorie des actes de langage. On sait que cette théorie relève dans le discours de deux systèmes de règles constitutives du discours : les règles grammaticales, les règles des actes de discours, qui renvoient au locuteur, à l'illocutoire, au perlocutoire. La littérature fait cas dans la mesure où elle n'est pas un performatif et où elle ne se confond, puisqu'il s'agit de discours déplacé, avec aucune attente immédiate liée à son discours — qu'il s'agisse de l'auteur ou du lecteur. C'est poser, à nouveaux frais, les problèmes de l'imitation et de la fiction[64] : Qu'en est-il d'un discours qui n'engage pas d'assertion et qui n'attend pas de résultat qui soit directement la conséquence de sa lettre, et qui cependant est à l'imitation du discours ? Question qui équivaut à une autre question : quel est cet acte de discours et en quoi peut-il se distinguer des autres actes ? Au regard des règles des actes illocutoires, l'écrivain — et particulièrement le romancier — n'a pas d'engagement à l'égard de ses propositions. Il pourrait être conclu : la littérature exclut l'exercice effectif de l'affirmation, mais elle se définit par l'acte illocutoire spécifique de raconter une histoire ou de composer tel texte. Searle répond : cela supposerait que les mots du littéraire — de la fiction — aient un autre sens, quand ils sont utilisés en fiction, que lorsqu'ils sont utilisés dans le discours illocutoire qui observe ses règles. La conclusion s'impose : il n'y a pas de marques distinctives du littéraire et de la fiction — sémantiques et syntaxiques : l'écrivain feint de faire une assertion sans qu'il entende décevoir ou tromper — différence d'avec le mensonge. Il s'agit d'un jeu parasite où les expressions sont réelles. Le littéraire se confond ici avec une définition de l'illusion et de l'imitation, par le biais de la théorie des actes du langage qui rend compte tant des œuvres écrites à la première personne, du théâtre que du roman. Dès lors que les traits, syntaxiques et sémantiques, sont continus avec le non-littéraire, la spécificité du littéraire est entièrement dans la feinte qui ne trompe pas ; elle est, en conséquence, également, dans l'usage de textes rapportés à la feinte et que le lecteur prive de force illocutoire.

Ces deux théories sont antinomiques par leurs résultats — reconnaissance de marques formelles, absence de marques formelles ; similaires par leur souci de dire le littéraire par rapport au langage ordinaire ; complémentaires en ce que l'une traite du locutoire et que l'autre traite du littéraire dans un cadre pragmatique, bien que la fonction poétique engage, ainsi que le marque implicitement Jakobson, une dimension pragmatique. Une nouvelle opposition est cependant ici discernable : Jakobson a pour hypothèse que le champ de la communication est homogène ; Searle tient qu'il y a discontinuité de ce champ, puisque la décision de la feinte appartient et à l'écrivain et au lecteur. Ces théories conduisent, pour la première, à une définition autarcique du littéraire, pour la seconde, à une dissolution de la notion de littérature. Elles induisent, l'une et l'autre, deux idéologies du poétique, qui ne se distinguent pas d'une déspécification du littéraire.

La définition autarcique du littéraire résulte de l'indication que le message se vise en lui-même. Celle-ci a pour conséquence la définition structuralo-sémantique de l'œuvre, et l'identification du littéraire à un langage autre qui joue constamment contre la langue. Jakobson, cependant, a marqué la nécessité de noter la motivation du littéraire — façon dont le texte justifie ses constructions poétiques, moyens par lesquels il donne l'impression de renvoyer à la réalité, ou par lesquels il présente en lui-même la réalité. La cohérence de l'œuvre — lisible dans ses agencements formels, sémantiques, thématiques — est soulignée : il faut reconnaître le principe de construction du texte poétique — report du paradigmatique sur le syntagmatique, qui induit à la fois un effet de brouillage ou d'équivoque du sémantisme et un effet de régularité, parallélismes formels, sémantiques, thématiques. L'inachèvement de cette théorie se lit doublement — dans les équivoques de la fonction poétique, dans la déspécification du littéraire. Les critiques de la fonction poétique se formulent ainsi : il n'y a pas nécessairement continuité du constat de lecture — parallélisme, ambiguïtés construites — à l'ordre de construction du texte — opéré selon le report du paradigmatique sur le syntagmatique ; les régularités, que livrent la lecture, ne peuvent pas, de nécessité, faire conclure aux règles internes de production. La notion de paradigme ne permet pas véritablement de relever les termes substituables — l'axe syntagmatique ne présente pas nécessairement les unités entre lesquelles s'opèrent des sélections. Ces deux arguments reviennent à dire que la lecture de l'équivalence sur l'axe syntagmatique est d'abord une lecture d'association, de termes qui communiquent dans un contexte donné. En conséquence, le rapport syntagmatique est premier et permet de déterminer le jeu de la sélection. C'est identifier le littéraire à une spatialisation restreinte du langage, et le ramener à un ordre rhétorique formel. Faire l'hypothèse que l'ordre de la sélection doit venir à un jeu de parallélismes qui permettront d'identifier le littéraire, équivaut à marquer que l'ordre des oppositions est constitué, et conduit à une définition métalinguistique du littéraire. Celui-ci expose les rapports dans la langue. Le *foregrounding* n'est pas seulement caractéristique du littéraire, mais aussi du langage ordinaire qui porte ses propres traces d'accentuation — l'accentuation est alors un message en elle-même —, ses propres parallélismes et surimpositions. L'hypothèse d'une langue autre que constituerait le littéraire devient incertaine — sauf à circonscrire les analyses de Jakobson au constat que la poésie et le littéraire sont des faits structurels du discours identifiables *a posteriori*. Le partage dans l'interprétation de la fonction poétique, définie par Jakobson, passe entre un primat de la structure et un primat du textuel — cela qui reconstruit des fonctions sémiotiques préexistantes —, entre une poétique de la langue et une poétique du discours, entre l'utopie d'un autre de la langue, et un usage de la langue qui repose sur la possibilité d'une reconstruction. La question du *foregrounding* se résout d'elle-même : il y a des œuvres qui présentent, comme les tableaux de peinture, leur propre cadre ; il reste cependant que ce cadre n'exclut pas la lecture dans le continuum du discours ordinaire. Le *foregrounding* ne porte donc pas sur la langue même, mais constitue une mise en situation du discours. La fonction poétique est interprétable en jeux d'équilibre — limitation de la dérive du signifiant, limitation de la dérive des signifiés, dans la double exclusion d'une intransitivité achevée, et d'une surinformation — mouvement vers la totalité du dictionnaire —, qui serait aussi, ultimement, une pratique de l'intransitivité. La littérarité serait moins, dans ces conditions, l'indication d'une autolangue qui aurait des antécédents romantiques — ainsi que l'ont suggéré G. Genette et T. Todorov — que le traitement de la *dualité* : le langage qui se prend pour objet, cela veut dire simplement une pratique qui se disjoint et s'oppose à d'autres pratiques.

Pour en marquer l'inachèvement, il convient de mener la thèse de Searle à ses conséquences dernières. Logiquement, elle oblige de conclure que la lecture ou la représentation sur scène forment des actes illocutoires feints spécifiques et distincts de celui que constitue le texte. M.L. Pratt[65], à partir de la continuité sémantique des textes littéraires et non-littéraires, du constat que le *foregrounding* existe dans le discours ordinaire et que les récits de la vie quotidienne sont structurellement proches de ceux de la littérature, définit le littéraire par son seul cadre socio-pragmatique, et l'identifie à la possibilité exacte d'une représentation qui suppose un principe de coopération, ainsi que Grice l'a marqué à propos de la conversation. Le littéral est matière à implications (*implicatures*), sans fin. La fiction dispose ainsi qu'on puisse entrer en elle et comment on peut disposer d'elle. Il se conclut encore[66] que toute littérature est de la fiction — roman, poésie, c'est-à-dire des imitations de conduites verbales, placées hors contexte — pour la prose, imitation d'inscription; pour la poésie, représentation d'un discours parlé. Il convient de distinguer la composition même de l'acte verbal et l'acte verbal représenté. Le seul moyen d'une reconnaissance formelle du littéraire est celui des conventions d'identification qu'il puisse présenter. Ces thèses sont totalement ambivalentes. L'indication du parasitage conduit à une régression infinie dans l'acte de duplication de l'œuvre : l'œuvre se dit par la seule série de ses récitations ou représentations; celles-ci, en toute rigueur, constituent des actes illocutoires feints indépendants qui n'appellent aucun retour explicite sur l'œuvre. L'interprétation, dans la mesure où elle suppose intellection et verbalisation silencieuse, peut être considérée comme un tel acte. Cela nous dit ultimement la seule réitération du symbolique. Ou que seule prévaut la loi du simulacre : celui-ci obéit à des conditions spécifiques de production et a un sens culturel et social défini.

Les conséquences de ces thèses pourraient se formuler : le littéraire n'est qu'une forme pure sans attributs propres; il est tautologiquement défini par le discours et se confondrait avec ces décrets qui diraient qu'à un moment il convient de lui donner tel aspect par telle imitation, et, à cet autre moment, tel aspect par telle autre imitation. A la fois livré à sa propre semblance et neutralisé par cette réduction à la semblance des discours, il perd paradoxalement sa force de masque qu'il devrait tirer de son statut de fictif. Il ne peut être que la simulation de la nudité du continuum des discours. On connaît la thèse de Stanley Fish[67] suivant laquelle cette définition du littéraire par la théorie des actes illocutoires dit l'heureux retour du littéraire dans le langage ordinaire et la fin des esthétiques et des poétiques de la séparation du littéraire et de la vie — le littéraire caractérisé comme écart, comme spécifique par son style. Cela a sans doute partie liée aux propositions de S. Fish sur la lecture et sur le texte comme simple outil orthopédique de la lecture : un texte est à tel point imitation feinte du discours quotidien qu'il se lit vers par vers ou ligne par ligne, comme s'entendrait une conversation phrase par phrase ou fragment de phrase par fragment de phrase, dès lors que quelque chose viendrait segmenter l'échange verbal. Cela se comprend : retour à la vie par la simulation générale de la vie, dans l'inaudible de cette simulation puisqu'elle se trouve morcelée par les identifications formelles qu'elle se donne. Au nom du principe de réalité, disparaît la fonction de l'organisation de l'œuvre, alors que l'affirmation de ce principe résulte d'une reconnaissance du jeu contraint qu'est la littérature — donner la semblance du discours, sans que ce geste porte, de lui-même, aucune innovation sémantique. Dire l'effacement de la force illocutionnaire dans le discours littéraire ce n'est donc dire, contre la fiction même, que la force du réel. C'est encore marquer que tout est support de fiction et fiction, dès lors que les règles de l'acte illocutoire ne sont pas expressément disponibles. Le seraient-elles, que cela ne vaudrait pas encore garantie, puisque ceux-là qui garantissent ces règles peuvent encore feindre et imiter, sans vouloir tromper.

En marquant, à partir de ce constat, qu'il est impossible de sortir de la feinte, Derrida retourne contre Searle sa théorie de la fiction : il n'y a aucune caution effective des actes et des conventions illocutoires[68]. Est ici, de fait, essentiellement en question la limite du contexte. Il ne faut pas interpréter celui-ci tant en termes de possibilité de greffe du texte — que l'écrit soit déplaçable est de sa nature — qu'en termes de difficultés à fixer le sémantisme du texte — indissociable de l'éventuel mécanisme référentiel, de son contenu propositionnel et de sa force illocutoire en situation interlocutive, c'est-à-dire en situation de lecture. C'est substituer à la question des conventions des actes de langage celle de leurs stratégies dérivationnelles, et marquer que le texte s'ouvre inévitablement à l'ensemble du lexique disponible à un moment donné, et qu'il se lit suivant des jeux d'inférence. C'est encore noter que, dans la communication littéraire, il y a certes l'auteur, le livre, le lecteur, mais que le livre, particulièrement dans le cas de la fiction, peut présenter des structures complexes d'emboîtement qui sont autant de jeux de distance et de délégation du nom de l'auteur, de façons de rendre incertaine toute restitution du contexte. On vient ainsi au paradoxe et à la limite des analyses de Riffaterre : celui-ci identifie l'intertextualité à la somme des possibles lexico-sémantiques antécédents au texte, sans que puisse être toujours distinguée la part d'intervention du lecteur actuel ni la structure précisément conventionnelle du texte. Dire ainsi la signification du discours littéraire revient à supposer qu'il recueille tout le sens du dicible à un moment. L'hypothèse même d'un texte qui a pour fond et pour tressage la totalité du dicible fait du texte, dans l'affirmation de la certitude de sa lettre, une quasi-illusion dont l'expression ultime est celle de son défaut d'objectivité — le texte n'est que reportable sur le contexte du lecteur (S. Fish).

De Jakobson à Austin et Searle, il se dit au fond deux choses : là, il peut y avoir une maîtrise du langage au niveau locutoire — on remarquera que le report de l'axe paradigmatique sur l'axe syntagmatique ambiguïse ce dernier, mais suppose une maîtrise sur le premier, c'est-à-dire sur le dictionnaire même de l'œuvre. Ici, il ne peut y avoir, dans l'expression achevée, de maîtrise de l'usage du langage puisque le dire dépend du contexte et que celui-ci n'est pas même transparent à un locuteur actuel. Les deux thèses viennent indirectement à une même conclusion : tout dit est excès par rapport à ce que l'on a voulu dire, soit par le jeu de l'ambiguïté qui résulte de la fonction poétique, soit par l'impossibilité de désambiguïser le dit. Elles supposent des interprétations contraires de la propriété communicationnelle de l'acte littéraire : là, une inscription dans le jeu de la communication assure la reconnaissance du *foregrounding*; ici, la même inscription dans le jeu de la communication défait toute discrimination et toute propriété du dit. Dans les deux cas, comme dans l'approche du littéraire par la fictionnalité, la figuralité, la surdétermination de l'ordre de l'œuvre, reste explicite ou implicite une approche *rhétorique* du littéraire. Fictionnalité renvoie à mimesis; figuralité à métaphore; surdétermination de l'ordre formel à la paronomase. La fonction poétique fait du texte un texte en lui-même métaphorique. L'identification du texte à un jeu citationnel le ramène à une manière de synecdoque. La première suppose une mise en situation des éléments du texte les uns par rapport aux autres et leur réversion les uns dans les autres. La seconde suppose un jeu de répétition. Le principe de divergence que porte le texte, dès lors qu'il est dit que la maîtrise conduit à l'ambiguïté et que le défaut de maîtrise fait de même, est ainsi partiellement corrigé. Dans cette correction, se disent encore deux conclusions opposées : l'hypothèse de la fonction poétique, par le jeu paradoxal de l'ambiguïté, identifie le système implicite ou explicite de comparaisons qui est construit, non pas à un modèle, mais à la recherche d'un modèle, à l'implication du modèle — cela qui est dit par référence au paradigme. L'hypothèse de la fiction généralisée fait du littéraire un mime du proche — c'est-à-dire du discours —, hors de toute comparaison et d'un sens à mimer. Dans les deux cas, la rhétorique engage le temps — par le report du paradigmatique sur le syntagmatique, par le jeu de la répétition. C'est ainsi ramener le littéraire à une tropologie généralisée, qui est, de fait, interrogation sur l'économie du littéraire. Dans la thèse de la poéticité, le littéraire ne va pas sans l'évidence intuitive d'un tout de la langue — cela que signifie ultimement la pratique de la réévaluation du discours —; dans la thèse de la fiction généralisée, il va avec le constat de l'absence de cette intuition, et se caractérise comme une manière d'infini diminutif — infini de la réitération même.

Allons jusqu'à l'économie du littéraire, que supposent ces thèses et leur rhétorique implicite. En termes d'acte de langage, Derrida veut nous faire entendre qu'il n'y a pas de distinction entre le sérieux et le non-sérieux. Searle veut nous convaincre que le sémantisme des actes de langage est constant, qu'ils soient sérieux ou feints. Dans les deux cas, est décrite une manière de risque d'hallucination par le langage, parce qu'on ne marque pas que l'imitation, la réitération feinte d'actes de langage, suppose elle-même une règle — celle du jeu — et une idéation — celle du jeu encore. Cela ne veut pas dire que, dans l'exercice du littéraire, il y a déplacement du cadre de codification et de décodification. Derrida le suggère en invoquant le théâtre. Mais il conclut à l'indiscernable de l'authentique et de l'inauthentique. Or, dans cet exercice du littéraire, est créé un espace transitionnel. Il peut être fortement structuré, ainsi que le note M.L. Pratt. Mais il reste en lui-même, qu'il soit espace de la lecture, de la représentation, ou de l'œuvre, un espace de séparation, de questionnement, de différence, à la fois espace de maîtrise et de défaut de maîtrise, de contextualisation et de décontextualisation. Dans un jeu proprement rhétorique, il donne à reconnaître ce qu'il n'est pas, — cela que désigne dans le langage la fonction poétique, cela que suggèrent le mime de la réitération et l'hypothèse du défaut de maîtrise du contexte. Le dire littéraire, en ses discours, se dit petit paysage sur grand paysage, se dit configuration. Jakobson : le petit paysage, c'est la clôture syntagmatique même, qui porte les indices du grand paysage — le dictionnaire implicite. Derrida : petit paysage, le graphe réitérable qui n'est que la moindre mesure de ses implications. Configuration : le dessin qui résulte de la comparaison du grand et du petit, dans la référence implicite au grand.

IV. APORIE ET REVERSIBILITE

L'ambiguïté et l'indécidable de la réitération veulent d'abord dire que si, dans le texte littéraire, s'exerce un sémantisme particulier, celui-ci ne désigne cependant aucun type de signification supérieure, mais fait jouer les pôles de la signification en un mouvement de contre-évaluation réciproque, qui rend le texte indépassable, bien que la lecture puisse porter un mouvement d'appropriation directement induit par l'ambiguïté. Il faut donc dire la précise *réversibilité* du texte littéraire — non qu'il se lise à rebours, mais parce qu'il joue de la conjonction et de la disjonction, de cela qu'indiquent les ambiguïtés qui naissent des parallélismes formels — il y a apparentement, mais celui-ci ouvre à l'incertitude de sa propre liaison. La tabulation, que constitue la construction du texte, s'organise en une chaîne cumulative d'opérations, mais elle n'indique pas en elle-même — qu'il s'agisse de poésie, de récit, de fiction, de théâtre —, une loi de ses étapes successives, au sens où, même si elle se réfère au temps, ce n'est pas à partir de la temporalité qu'elle se donne comme un ensemble fini, qui a commencé et qui doit nécessairement conduire à un état terminal. A l'opposé, hors du littéraire, tout énoncé est doublement terminal : au regard même de sa structure ; au regard de la suite des énoncés, inscriptions exactement temporelles parce qu'ils sont de l'interlocution et parce qu'ils sont de la continuité même du raisonnement. Il est impropre de parler d'écart de la langue par rapport à elle-même ; il peut être dit un mouvement praxique de la langue par inchoactivité — cela que marquent le jeu paradigmatique et le jeu syntagmatique : ce n'est que dire ce que fait le dire en son discours — et le discours ordinaire même qui ne dit pas ce qu'il dit en son discours parce qu'il est, au fond, dialectique, pris dans la chaîne de sa temporalité et de ses propres raisons. C'est pourquoi du littéraire au non-littéraire, la question du littéral se pose de façon à la fois identique et distincte : l'interrogation sur le littéral est toujours exercice de désambiguïsation, qui vient, dans le littéraire, à l'intensif — ce que compose le syntagme — et à l'extensif — ce que livre le paradigme, et dans le discours ordinaire, pour l'essentiel au jeu des raisons — aux fonctions de prédication —, au jeu de référence — au constatif, et à la relation interlocutive qui fait du langage une valeur référentielle parce que tous les communicants sont dans la même réalité. Cette opposition veut sans doute dire que le littéraire redit ce qui a déjà été dit, redécrit ce qui a déjà été décrit, mais sur le fond d'une configuration évasive, qui est le résultat de la réversibilité.

L'autonomie du littéraire se récuse ou s'interprète nouvellement : elle n'est que le logos qui s'augmente lui-même ; elle est par ce mouvement qui se définit, dans la science des systèmes complexes, *bootstrapping*[69]. Il n'y a plus de dehors, de point exogène désigné au littéraire — l'auto-langue entourée de la langue —, mais ce mouvement de repli, de réversibilité, qui est celui de l'individuation. Le discordant s'accorde avec lui-même, dans l'*invariance ordonnée*. «L'état poétique est un état intégral de réversibilité linguistique»[70]. Dire la spécificité du littéraire, ce n'est que dire en quoi le langage fait du spécifique, hors de la logique du discours dans le temps. La répétition peut être vue comme l'état le plus simple de la dualité et de la réversibilité : en tant qu'itération, elle exclut, sauf usage stratégique, la téléologie temporelle qui engage le même du langage dans la différence du présent — cela qui ne cesse de le comparer avec lui-même. Puisque, dans les termes de la théorie des actes de langage, il ne peut être dit l'univocité de la répétition — contre l'hypothèse de l'herméneutique —, il faut reconnaître que tout discours est dans un état d'excès par rapport à lui-même. Dans ses hypothèses incertaines sur le contexte et dans sa thèse du pouvoir fictionnel de la répétition, cette théorie dit, au fond, peu de choses : les signes répétés ne sont qu'une réserve de signes déjà là, qui interdit le retour même, sauf à venir à la stricte tautologie, et qui, en conséquence, produit des mondes incertains — précisément problématiques au sens où ils servent à poser question et, suivant une suggestion de la théorie des actes de langage, à poser les questions que ne posent pas les questions littérales, soient les seules réponses à ces questions inscrites dans le littéral. Derrida assimile de façon abusive — mais l'abus est la question même que porte le littéral dans son assertion — la réitération à la «possibilité structurelle d'être sevré du référent ou du signifié (ou de la communication et de son contexte)»[71]. C'est trop dire en même temps et le dire de façon contradictoire. La privation de référent n'est pas celle du signifié — le signifié est précisément ineffaçable, ce qui ne veut pas dire qu'il n'y ait pas à décider de son usage normatif ou de son usage suivant la réversibilité. Le contexte peut être perdu ou précisément impossible à délimiter, ce qui ne veut pas dire qu'il y ait privation de communication, — sans communication, la question du contexte ne se poserait pas, et il serait impossible de constater qu'il n'y a que «des contextes sans aucun centre d'ancrage absolu». Telle est la tache aveugle du raisonnement de Derrida, bien proche, par certains points, de la tache aveugle qu'il décèle dans le raisonnement d'Austin et dans le débat avec Searle, lorsqu'est refusé de considérer le langage à l'œuvre dans le déplacement du contexte et dans le défaut de force illocutoire, c'est-à-dire d'interlocution marquée.

Il faut donc souligner qu'il est nécessaire de supposer les conventions qui règlent les propriétés de l'espace du discours hors discours — parce que précisément l'autre, le destinataire est hors de cet espace. Comme l'est le lecteur de tout écrit et, particulièrement, de l'écrit déplacé. L'écrit déplacé, réitéré, est cet écrit qui redouble exemplairement la situation de discours, — le discours par son espace n'inclut pas l'autre de son discours, auquel il s'adresse. Si le littéraire est cela même qui, *detached meaning*, se trouve hors contexte, il n'est que la répétition dernière du discours, non pas au sens où il imite le discours, mais au sens où il mime le discours en mimant la limite de l'espace discursif. Il mime le discours de l'interlocution parce qu'il ne porte pas le contexte; ce faisant, il dit la propriété du manque de tout discours — ne pas être de l'espace discursif de l'autre discours et cependant impliquer cet espace. La question que pose le littéraire n'est que la question déplacée que pose le littéral du discours ordinaire : quelle est la règle du rapport à l'autre espace discursif ? Si l'itération est une manière de déboîtement, il faut l'entendre comme le redoublement qui produit le *même*, l'ipséité, du langage — et non l'idem —; le *même* est cela qui suppose l'autre sans l'inclure, suivant une ambivalence analogue à celle du jeu de l'appropriation et de la désappropriation. Contre une autre notation de Derrida, la loi des genres — le littéraire dans ses diverses identifications et règles — va contre le dessin de la division — ce à quoi revient l'hypothèse de la privation de communication —, dans la mesure où il marque que, par le mime qu'il pratique et par son déplacement, il est toujours discours de proximité. L'actualité de l'écrire, qui sait sa promesse de décontextualisation, n'est que la réponse en acte à cette question réactualisée : l'itération du signe est l'attente du contexte et la certitude de l'altérité.

Fonction poétique, théorie des actes de langage et feinte du littéraire, réitération derridéenne sont autant de définitions du littéraire par la réécriture, qui est réécriture d'un modèle. La projection de l'axe paradigmatique sur l'acte syntagmatique peut s'interpréter comme la réécriture temporelle — littéraire — des dictionnaires de la langue. La définition du littéraire comme acte de langage feint l'identifie à la réécriture de tout énoncé hors contexte et hors des conventions qui permettent d'expliquer le sens littéral même. La réitération, en tant que telle, caractérise ultimement le littéraire comme un jeu de reconnaissance et de reprise de ses propres signes, hors de toute indication d'un dispositif de production — hors de la notation de la distance de la reconnaissance à la production. Le littéraire est ici, toujours imitatif, d'une imitation qui fait de ce littéraire une exacte *réduction*, à savoir la réduction de l'imité à cela qui se caractérise par le fait d'être transcrit. La littérature comme enregistrement et aussi comme répétition de ce qu'elle réécrit. Cette constance de la notation de l'imitation s'explique par le fait que le littéraire est pensé par le seul rapport à l'homogénéité du champ de communication et à la détermination de cette homogénéité. Le littéraire est une différence linguistique dans la mesure où l'imitation à laquelle il procède suppose que les agents du champ de communication ne remplissent pas toutes les fonctions usuelles. On réécrit pour ne pas complètement communiquer. On réécrit pour ne pas exposer toutes les conventions du littéral. On réécrit pour ne pas manifester le sens que porterait le discours. Dans cette privation constante, on ne cesse cependant de répéter ce qui fait la communication, le caractère conventionnel de la signification linguistique. Fût-ce sous le sceau de l'ambiguïté, fût-ce sous celui de l'indécidable du littéraire — puisque celui-ci est feinte, il est proprement inassignable, fût-ce sous le signe de l'indétermination générale — la possibilité continue de la réitération n'est que celle du mime constant —, le littéraire a une fin explicite — il est imagination et, par là, précise prédiction de ce qu'il doit répéter —; il sait toujours la nature de son résultat : cela qui se mesure par l'imitation et par le constat que le communicable se caractérise ici par l'accomplissement partiel de la communication. Soutenir que le littéraire ne dit rien effectivement — conclusion des trois thèses concernées — reste une affirmation sans importance puisqu'elle n'est que la conséquence du constat de l'imitation.

Or, si le littéraire est réécriture, il ne l'est pas nécessairement suivant cette imitation et cette privation, mais selon une *déformation*. Il donne ainsi à méconnaître l'ordre paradigmatique dans l'ordre syntagmatique, la convention dans la feinte, le même — cela qui perdure — dans la répétition. Il faudrait inverser les propositions des thèses ici évoquées et dire le littéraire comme cela qui montre l'hypothèse de la communication, non pas niée, non pas amoindrie, mais hors de prise, de la même façon que le sens — *detached meaning* — est donné hors de prise. Il faut revenir à la fable de *L'Image dans le tapis*. L'œuvre s'identifie à la contradiction qu'elle permet en tant qu'objet perçu (lu, interprété) ; cette perception commande en retour la détermination de la construction, de cela que la perception fait supposer comme condition. Il y a bien ici du communicable, il y a bien communication — ils appellent même l'analyse de leur objet. Mais cet objet est à la fois un trop de marque et un trop peu de support ; il peut être décrit et il est l'indescriptible du communicable cependant certain. Il faut revenir à la notation de la réversibilité. Il y a donc imitation. Mais elle n'est que relativement à ce qui la rend possible — les allers et les retours dans le texte même, ces reprises et ces réversions constantes —, à ce qui fait lire la répétition, mais aussi à ce qui ne cesse de retourner la répétition. *L'Image dans le tapis* intrigue parce qu'elle se soustrait à toute intrigue : le communicable est d'abord ce qui ne peut être reportable sur une figure intelligible. La réversibilité fait de la répétition une répétition sans intrigue, de laquelle rien ne peut d'abord être démontré. Il peut venir, après ces constats, la notation que le littéraire ne remplit pas les conditions de la communication usuelle. Cela veut très simplement dire que le communicable ne se résout pas dans une idée de la communication.

Il faut interpréter ce défaut de résolution. Noter que le littéraire va par un inachèvement de la communication, ce n'est que le rapporter au méta-discours linguistique et à la définition que celui-ci donne du champ de communication, et mesurer le littéraire aux conditions et aux conventions de transmission du sens ainsi définies. Noter le défaut de résolution, c'est marquer que le littéraire — écrit — n'expose ni son dispositif de production, ni le sujet parlant : il est objet de reconnaissance; celle-ci suppose l'invariant universel, le sujet signifiant. Dire l'imitation, ce n'est que dire l'effet de la reconnaissance. Dire la reconnaissance même, c'est dire que le littéraire ne se perçoit pas comme s'il était donné dans une situation d'interlocution — c'est aux conditions de l'interlocution réussie que Jakobson, Austin, Searle, Derrida mesurent le déficit de la communication littéraire et l'inévitable de son geste d'imitation —, mais comme l'autre de discours, littéraires ou non littéraires, par rapport auxquels et sur le fond desquels il se lit. Marquer la réécriture, marquer moins l'imitation, la réitération, que ce que fait supposer la reconnaissance à propos de l'écriture : cette réécriture, dans la mesure où elle se sait écrit arrêté sur un infini de mots, d'écrits, se connaît champ de présentation absolument singulier, et est par là l'indication de la réserve des écritures. Le communicable, qui identifie le littéraire, c'est cela : la reconnaissance d'une écriture est le passé et l'avenir d'écriture qu'elle présuppose — c'est-à-dire sa place dans la réécriture. On revient à la notation du grand et du petit paysage et on suggère que, si l'écriture est dans la langue, cette localisation s'interprète seulement en termes de rhétorique. Soient fiction et figurabilité. Fiction : cela dont la reconnaissance ne peut pas être définitivement fondée. Figurabilité : jeu de l'accroissement de la détermination et de la liberté de l'écriture. L'écriture est comme la langue, mais elle ne peut faire reconnaître la totalité de la langue. Elle est indication de sens, mais de façon précisément intermédiaire : dans un jeu de distance entre l'identification du sens et ce qu'elle donne pour les conditions de production de ce sens. Le paradoxe du littéraire se formule à partir de cette reconnaissance qui ne peut être définitivement fondée, et de cet échange de la détermination et de l'affranchissement : le littéraire a des limites, mais ces limites sont hors d'atteinte. Il se conclut : s'il n'y a pas une identification certaine du littéraire, il y a cependant une situation du littéraire : écrire du milieu de ce monde d'inscriptions déjà faites suivant une relation spécifique à ces données — le jeu de maximalisation du local se comprend ultimement par la fiction et par la figurabilité. Ecrire est sans doute réécrire, mais n'est point imiter, ni réitérer : le dessin même de l'intervalle dans les écritures. Affirmer que l'œuvre littéraire est sans objectivité et que toute identification du littéraire appartient au lecteur — par qui le non-littéraire peut être dit explicitement littéraire — n'infirme pas ces notations. Le littéraire n'est que du langage : il n'est que ce geste de reconnaissance auquel nous procédons. Cette décision est, de fait, une décision de décontextualisation, de réversibilité et de répétition. Soit la même décision que celle de créer une œuvre, de produire du littéraire.

Caractériser l'objet littéraire comme un objet aporétique est sans doute noter son défaut au regard d'une pensée de l'identification comme d'une pensée de la négation de l'identification, et plus encore indiquer la réversion à laquelle il soumet son rapport au discours : il est donné par les discours comme il les rend donnables; il apparaît comme second au regard de toute considération de son matériau et cependant comme premier. La décontextualisation apparaît exactement ambivalence : geste de désencombrement, abandon de l'acquis, et manière d'état de souffrance dans l'innombrable des discours. L'aporétique se lit précisément : son objet est objet de synthèse et son champ de présentation est toujours absolument singulier — dualité de cela qui fait reste parce qu'il est à la fois son propre horizon et ce qui montre l'abandon de l'horizon même. L'esthétique de la réception joue sur cette ambivalence. Tout ce qui se dit du littéraire rapporté à une fin sans fin, à la constance de la différence, à l'indécidable, équivaut ultimement à la notation de l'équivoque de l'aporétique : se saisir lui-même, permettre qu'il soit saisi comme milieu — on sait que le littéraire peut devenir métalittéraire —, et simultanément maintenir sa relation au milieu dans lequel il se trouve. C'est nouvellement caractériser le report du littéraire sur son extérieur, et identifier le défaut de propre à un mouvement obligé : il n'y a de séparation possible de l'objet littéraire qu'à la condition de savoir qu'elle est par définition hors contrôle, — dans l'impossibilité d'unifier et de déterminer complètement l'objet qui sera à lire. Il faut redire la contradiction que portent les thèses de la fonction poétique, de la théorie des actes de langage appliquées à la littérature, de la pensée d'un littéraire hors de l'ordre : tout cela revient à jouer du constat d'une communication et d'une non-communication, qui conclut sur la certitude d'une communication hors norme. Ainsi utiliser la référence à la communication, ce n'est que penser le littéraire en termes d'information — l'information est de vie brève, et transmise et partagée, elle cesse d'être une information, elle devient une donnée de l'environnement [72] —, et encore souligner que le littéraire ne peut s'identifier à un tout est dit : il n'est ni une information qui est son propre achèvement, ni ce discours qui devient discours environnement; il est une manière d'acte daté parce qu'il échappe au jeu des séquences de l'information. L'aporétique est cet événement. Il faut rappeler un titre de Blanchot, *L'Entretien infini* — ce qui veut dire maintien du sens exposé à la question, preuve et moyen de cette maintenance. Il résulte une caractérisation temporelle de l'aporétique : ce qui permet de regarder en avant et en arrière — le contraire même du temps de l'information. La clef de l'aporie est rhétorique : le jeu de l'accroissement de la détermination et de la liberté de l'écriture, par lequel se définit la constitution du figuré. Kenneth Burke a marqué que l'autonomie et la détermination ne pouvaient être pensées, l'une par rapport à l'autre, que de façon rhétorique[73] : elles supposent leur propre contextualisation ou l'horizon commun relativement auquel elles s'articulent — cela qui suspend la possibilité de toute réduction à l'autonomie ou à la détermination. Le figuré dispose l'impossibilité que le langage se constitue en méta-langage et qu'il se résolve dans la nécessité sémantique et logique. Par quoi, l'aporétique contredit encore la référence communicationnelle. Il ne faut pas cependant conclure nécessairement à une transitivité minimale qui appellerait de noter une transcendance du signifié. Mais revenir à cela qu'implique le rhétorique : le découpage sémantique qu'appelle une stricte relation pragmatique et informationnelle, n'est pas ici achevé; cet inachèvement en suppose un second : le découpage intersubjectif explicite qui est une des conditions du lien informationnel n'est pas strictement établi. C'est encore marquer que l'aporétique et le rhétorique, bien que celui-ci implique le calcul, excluent des contrôles — ceux qui conduisent précisément à la résorption de la communication.

Il convient de mener à son terme la notation de l'accroissement de détermination et de liberté. Cela dit l'extrême de l'artifice, cela dit l'extrême de l'activité présente et individualisée de l'écriture. Cela dit encore que, dans la visée directe d'une expression affranchie, subsiste une charge cumulative, associative. Cela fait encore entendre que l'intention de futur que porte l'expression affranchie — l'affranchissement est la certitude de la poursuite et de l'avenir de l'expression — ne va pas sans la réorganisation et, en conséquence, sans le retour à la détermination, et que le rhétorique marque une dynamique du discours et son double mouvement vers l'avant et vers l'arrière. L'actualité de l'écrire est impérissable par là même, et ce qui fait reste dans le temps et dans cet environnement que constituent les témoignages de la résorption de la communication informative. Cela donne très simplement à entendre que l'hypothèse communicationnelle, celle des théories linguistiques et des théories littéraires qui en sont issues, peut se reformuler. «(La) fonction objective des phrases, remarque S.Y. Kuroda, est essentiellement indépendante de leur fonction communicative. (...) l'essence conceptuelle de la performance linguistique réside dans l'acte qui réalise du sens et dans son corrélat matériel, la fonction objective de la phrase. Le langage (pris comme performance linguistique) est conceptuellement indépendant de la fonction communicative. On ne peut même pas dire que le langage implique des actes mentaux si l'on veut dire par là qu'une phrase est l'esprit sinon le contenu d'un acte mental d'une conscience réelle ou imaginaire»[74]. En d'autres termes, le lecteur n'a pas à concevoir l'œuvre comme un message qui lui est personnellement adressé — ce que supposent la thèse de la fonction poétique et celle de l'acte de langage feint. Hors de la reconnaissance explicite de cette adresse, il reste manifeste que le littéraire s'identifie, dans son témoin scripturaire, à un «il y a», saisissable en ce qu'il diffère ainsi dans la ressemblance de sa lettre à la lettre de tout discours, qui ait supposé destinateur et adresse. Où il faut lire un retournement essentiel du rhétorique, usuellement lié à la *persuasio*, et le début de cette reconnaissance qui engage le constat de la distance et la possibilité du jeu de l'interprétant — qui est aussi jeu temporel. La clef de la production du *il y a* se dit accroissements simultanés de l'affranchissement et de la détermination de l'écriture.

Le fait de la décontextualisation peut être à nouveau commenté. Il est la perte de l'acquis — de cela qui placerait l'écrit dans les dispositions qu'il supposerait, qu'il aurait sélectionnées et par rapport auxquelles il se donnerait comme une combinaison de symboles. (Il y a là une manière de retrouver la production du littéraire qui établit, *de facto*, le système de l'adresse.) Il est le gain — et c'est retrouver le paradoxe de la minorité de l'écriture — d'une certitude : ce manque de l'acquis n'oblitère pas la possibilité que soient données, dans la distance que suppose la reconnaissance, les conditions de la décontextualisation, non sous la forme d'un retour de l'antécédent, mais sous celui de la détermination prise dans le jeu de l'affranchissement. C'est mener le littéraire et le rhétorique qui le conditionne au seuil des équivoques de la recontextualisation. Elles se formulent dans la théorie de l'écriture-réinscription sans origine ; elles se disent, à partir de la psychologie — dévoilement de l'inconscient ; elles s'expriment, en termes d'herméneutique, par la reconstruction du contexte historique. Il s'agit toujours d'indiquer l'antécédent qui n'est pas attestable en tant que tel. Cette indication est utile pour lire la spécificité du littéraire comme une reprise et un déplacement des ordres dont il peut être dit le contre-ordre.

La question subsiste cependant de décider si l'accroissement de la détermination et de l'affranchissement de l'écriture, qui définit le figuré, autorise une telle interprétation du mouvement d'action et de rétroaction que celui-ci porte. Cet accroissement caractérise l'œuvre par une auto-contextualisation, qui est elle-même la limite de toute recontextualisation, et un double dessin : celui d'une saturation de l'œuvre, en elle-même, par le mouvement que commande le figuré, celui d'une communauté suffisante de sens — il n'est de dépaysement même que dans le sens, ou ce dépaysement naît de l'exercice constant du figuré, ce paysage de sens. L'accroissement de la détermination et de l'affranchissement de l'écriture n'achève ultimement rien dans la forme de l'œuvre. La reconnaissance, qu'appelle l'œuvre, ne fait pas seulement du lecteur l'otage de l'œuvre, mais aussi un voyageur, ainsi que l'a été l'écrivain dans le processus de création. Cela fait explicitement entendre que la reconnaissance de l'œuvre n'est pas retour sur un paysage connaissable, mais constat de cela qui est sans réponse — ainsi qu'on dit que le littéraire est de l'imaginaire. Il ne se marque plus ici l'ordre ou le hors-de-l'ordre, l'achevé ou l'inachevé de la communication, le paradoxe du mouvement qui serait écart à l'ordre, mais l'écrit qui est sans prescription parce qu'il est sans réponse. L'impossible de la réponse qu'il devrait porter, est dans l'égalité et l'accroissement de la détermination et de l'affranchissement de l'écriture. L'aporétique invite à reconsidérer l'autonomie du littéraire : cet objet qui ne peut être dit indéterminé, mais qui, par l'usage qu'il fait de la détermination, advient sans localisation. La notation du simulacre, qui se conclut à la fois de l'identification de l'écriture à la réitération et de la théorie de l'acte de langage feint, tente de lire le défaut de localisation à partir de l'imitation, et sans considérer que le jeu sur le contexte, impliqué par la réitération et l'imitation, est déjà celui de l'accroissement de la détermination et de l'affranchissement. Il faut dire l'extrême de l'autonomie : l'œuvre, dans ce mouvement du figuré, ne doit rien à la place qu'elle peut prendre dans le réseau des positions intelligibles. C'est, de fait, définir ultimement le figuré : il reste sans résorption et sans réponse parce qu'il porte en lui-même, suivant le mouvement de toute rhétorique, la figure de la communauté idéologique — le chiasme de la détermination et de l'affranchissement, cela qui exclut la reconnaissance complète de l'un et de l'autre. Il convient de retourner la conclusion du déconstructionnisme. La contradiction rhétorique du littéraire n'entraîne pas tant un défaut d'assertion reportable sur le langage qu'elle ne marque la vanité de toute réponse à la proposition littéraire. Il convient de ne pas lire l'indétermination du texte comme un jeu sur la hiérarchie et l'inégalité des répertoires mis en œuvre, mais comme le résultat du croisement des répertoires et de leur traitement dans l'isolat de l'œuvre. Il convient de reformuler la finalité sans fin de l'écriture : dire que l'écriture ne cesse de poursuivre, ce n'est qu'identifier qu'elle n'a nul besoin de réponse et qu'elle ne fait jamais retour ni sur la reconnaissance qu'elle suscite, ni sur les déterminations. Le mouvement même du figuré, et celui du *change* de l'aporétique.

NOTES

[1] Michel MEYER, *Meaning and Reading*, Amsterdam, Philadelphia, John Benjamins Publishing Company, 1983, p. 119.

[2] Pour une application de ces notations à l'art conceptuel, voir Jon ELSTER, *Sour Grapes, Studies in the Subversion of Rationality*, Cambridge, Paris, Cambridge University Press, Editions de la Maison des Sciences de l'homme, 1985, pp. 77-85.

[3] Sur ces notions de contexte fort et de contexte faible, Edward T. HALL, *Au-delà de la culture*, Paris, Editions du Seuil, Points, 1987, chapitres VI, VII, VIII.

[4] Voir Joseph MARGOLIS, «The Ontological Peculiarity of Works of Art», *Art and Philosophy*, Atlantic Highlands, Humanities Press Inc., 1980, pp. 17-24.

[5] Pour une dénonciation de la *pathetic fallacy*, Monroe BEARDSLEY, *Aesthetics : Problems in the Philosophy of Criticism*, Indianapolis, Cambridge, Hackett Publishing Co, 1981.

[6] Voir Robert MARTIN, *Pour une logique du sens*, Paris, P.U.F., 1983, chapitre IV.

[7] Sur Artaud, Jacques DERRIDA, *L'Ecriture et la différence*, Paris, Editions du Seuil, 1967, chapitre VIII; sur Blanchot, «Pas», dans *Parages, op. cit.*

[8] Wolfgang ISER, *L'Acte de lecture. Théorie de l'effet esthétique*, Bruxelles, Pierre Mardaga, 1985. Edition originale 1976.

[9] Voir Umberto ECO, *Sémiotique et philosophie du langage*, Paris, P.U.F., 1988, p. 271.

[10] Roland BARTHES, *S/Z*, Paris, Editions du Seuil, 1970.

[11] Umberto ECO, *op. cit.*, pp. 269 et sq.

[12] Voir les débats entre Normand HOLLAND, *Poems in Persons : An introduction to the Psychoanalysis of literature*, New York, Norton, 1973, «The New Paradigm subjective or transactive», *New Literary History*, VII, 2, hiver 1976; et David BLEICH, *Subjective Criticism*, Baltimore, The John Hopkins University Press, 1978.

[13] Il faut citer ses livres : *Practical Criticism : A Study of Literary Judgement*, 1929, et *Principles of Literary Criticism*, 1924.

[14] Pour une illustration de cette reprise de Winnicott, Michel PICARD, *La Lecture comme jeu. Essais sur la littérature*, Paris, Editions de Minuit, 1986.

[15] John M. ELLIS, *The Theory of Literary Criticism : A Logical Analysis*, Berkeley, University of California Press, 1974.

[16] Sur la notion d'*émergence esthétique*, Arthur DANTO, «The Art World», *The Journal of Philosophy*, LXI, 1964, pp. 571-584.

[17] K. POMIAN, *L'Ordre du temps*, Paris, Gallimard, 1984.

[18] Roland BARTHES, *Roland Barthes*, Paris, Editions du Seuil, pp. 50-51.

[19] Italo CALVINO, *Collezione di Sabia*, Milano, Garzanti, 1984. Voir le chapitre sur le temple de bois.

[20] R. KOSELLECK et W.D. STEMPEL, éd., *Geschichte : Ereignis und Erzählung*, München, Fink.

[21] H.U. GUMBRECHT, «History of literature, fragment of a totality», *New Literary History*, XVI, 3, printemps 1985.

[22] Voir H.R. JAUSS, *Pour une esthétique de la réception*, Paris, Gallimard, 1978, et Claude PICHÉ, «Expérience esthétique et herméneutique philosophique», *Texte*, 1984, n° 3, pp. 179-191.

[23] H.R. JAUSS, «Esthétique de la réception et communication littéraire», *Critique*, octobre 1981, n° 413, p. 1129.

[24] H.R. JAUSS, *Pour une esthétique de la réception*, p. 156.

[25] Jean-Paul SARTRE, *L'Idiot de la famille*, Paris, Gallimard, 1971, 1972, T. 1-3.

[26] Paul VEYNE, *Les Grecs ont-ils cru à leurs propres mythes?*, Paris, Editions du Seuil, 1983.

[27] H.G. GUMBRECHT, article cité.
[28] Fredric JAMESON, op. cit., chapitre 1, «On Interpretation».
[29] W.K. WIMSATT, The Verbal Icon, Lexington, University of Kentucky Press, 1954.
[30] Sur les paradoxes auxquels conduisent ces thèses dans le domaine de la philosophie du discours, voir Jacques BOUVERESSE, Raison et cynisme, Paris, Editions de Minuit, 1984.
[31] Pour cette référence au plaisir du texte, H.R. JAUSS, Pour une esthétique de la réception, op. cit.;
pour une analyse du point de vue de Gadamer, Peter CRYLE, «Réflexions thématiques sur la théorie littéraire, Hans-George Gadamer ‹contre› Wolfgang Iser», Texte, 1984, n° 3, pp. 118-139.
[32] Voir Jean-François LYOTARD, L'Inhumain, op. cit., pp. 119 et sq.
[33] Voir Marie-Claire ROPARS-WUILLEUMIER, Le Texte divisé, Paris, P.U.F., 1981, pp. 57 et sq.
[34] M. PROUST, A la recherche du Temps Perdu, Paris, Gallimard, Bibliothèque de la Pléiade, 1954, T. III, p. 910.
[35] Pierre MACHEREY, Pour une théorie de la production littéraire, Paris, François Maspero, 1966, pp. 161 et sq.
[36] Ross CHAMBERS, Story and Situation : Narrative Seduction and the Power of Fiction, Minneapolis, University of Minneapolis Press, 1984.
[37] Wolfgang ISER, L'Acte de lecture, op. cit., pp. 21 et sq.
[38] Northrop FRYE, Le Grand code, La Bible et la littérature, Paris, Editions du Seuil, 1984.
[39] Alexander GELLEY, «The Represented world : Toward a Phenomenological Theory of Description in the Novel», Journal of Aesthetics and Art Criticism, 1979, volume 37, pp. 415-422.
[40] Ce problème est repris encore une fois sous l'aspect de la description. Alexander GELLEY, «Premises for a Theory of Description», dans Jean BESSIÈRE, éd., Fiction, Texte, Narratologie, Genre, Bern, Peter Lang, 1989.
[41] Soit la démonstration de Michel DE CERTEAU, op. cit., pp. 205 et sq.
[42] Gérard GENETTE, Figures, Paris, Editions du Seuil, 1966, p. 108.
[43] Kenneth BURKE, «Four Master Tropes», A Grammar of Motives, Berkeley, University of California Press, 1969, pp. 503-517.
[44] Reprise du titre de Gilles DELEUZE, L'Image-temps, Paris, Editions de Minuit, 1985.
[45] Paul DE MAN, Allegories of Reading : Figural Language in Rousseau, Nietzsche, Rilke and Proust, New Haven, Yale University Press, 1979.
[46] Voir sur ce point Fredric JAMESON, «From Criticism to History», New Literary History, XII, 2, hiver 1984.
[47] Manfred NAUMANN, éd., Gesellschaft, Literatur, Lesen. Literaturrezeption in theoritischer Sicht, Berlin, Aufbau, 1976.
[48] E.T. HALL, op. cit., indique nettement le rendement de signification que porte la décontextualisation.
[49] Voir Walter BENJAMIN, Sens Unique, Paris, Les Lettres Nouvelles, 1978.
[50] Voir Arthur DANTO, article cité.
[51] Jacques DERRIDA, L'Ecriture et la différence, op. cit., chapitre VII.
[52] John T. CAGE, «Paradoxes of Objectivity and Argument in Imagist Theory», Philosophy and Rhetoric, vol. 12, n° 3, été 1979.
[53] Sur cette notion de réel, Clément ROSSET, L'Objet singulier, Paris, Editions de Minuit, 1979.
[54] Sur ces problèmes, Voir Richard OHMANN, «Speech Acts and the Definition of Literature», Philosophy and Rhetoric, 4, 1971.
[55] Tzvetan TODOROV, Théories du Symbole, Paris, Editions du Seuil, 1977.
[56] Voir Christian METZ, Le Signifiant imaginaire, Paris, U.G.E., 10-18, 1977.

[57] Il faudrait lire une telle suggestion dans *Les Fleurs de Tarbes*.
[58] Pour cette ambivalence, voir Michel DE CERTEAU, *op. cit.*, pp. 149 et *sq.*
[59] Georges LUKÀCS, *La Théorie du Roman*, Paris, Denoël-Gonthier, 1963.
[60] Erich AUERBACH, *Mimesis, la représentation de la réalité dans la littérature occidentale*, Paris, Gallimard, 1969. Edition originale 1946.
[61] Paul DE MAN, *Blindness and Insight, op. cit.*, chapitres VIII et IX.
[62] Jean-Paul SARTRE, *Qu'est-ce que la littérature?*, Paris, Gallimard, 1947.
[63] Roman JAKOBSON, *Essais de linguistique générale*, Paris, Editions de Minuit, T. 1, 1963, p. 220.
[64] John R. SEARLE, «Le Statut logique du discours de la fiction», dans *Sens et expression, étude des théories des actes de langage*, Paris, Editions de Minuit, 1982.
[65] Mary Louise PRATT, *Toward a Speech Act Theory of Literary Discourse*, Bloomington, Indiana University Press, 1977.
[66] Barbara HERRSTEIN SMITH, «Poetry as fiction», *New Literary History*, II, 2, 1971.
[67] Stanley FISH, «How ordinary is ordinary language», *New Literary History*, IV, 1, automne 1972.
[68] Jacques DERRIDA, «Signature Evénement Contexte», *Marges de la philosophie, op. cit.*
[69] Pour cette notion, voir Jean-Pierre DUPUY, *article cité*.
[70] Michel MOREL, «De la dualité», *Autrement dire*, 2/1985, pp. 101-119.
[71] Jacques DERRIDA, *Marges, op. cit.*, p. 375.
[72] Voir Jean-François LYOTARD, *L'Inhumain, op. cit.*, p. 117.
[73] Kenneth BURKE, *A Rhetoric of Motives* (1950), Cleveland et New York, Meridian Books, 1962, pp. 328 et 394.
[74] S.Y. KURODA, *Aux quatre coins de la linguistique*, Paris, Editions du Seuil, 1979, p. 270.

Chapitre III
Chronologie, écriture muette
Ecriture, Récit, Métaphore

Noter le résiduel et le champ de l'aporétique : le littéraire est toujours une manière de chronologie ; il est d'une constante accessibilité. Il se constate dans le moment. Ce que l'on définit par la structure d'appel de l'œuvre est sans doute moins une structure identifiable que l'effet du constat de l'objet littéraire : dans ce moment, il *doit être* et il est *donné* à la lecture. Dire que le littéraire, comme l'art, est chronologique, revient à marquer que, par le résiduel, il ne cesse de s'accomplir sans s'achever — il y a en conséquence toujours du littéraire. Cela exclut que le schéma communicationnel — jeu du destinateur et du destinataire —, la règle d'intransitivité — renvoi à la fonction poétique —, la dépragmatisation — feinte d'acte de langage — prévalent dans la caractérisation du littéraire. La lecture est une actualité ainsi que l'écriture. L'évidence de la chronologie et de la disponibilité de l'écrit ont fait conclure que, dans le littéraire, ne sont à considérer ni la signification, ni la totalité — l'œuvre comme tout achevé, l'œuvre comme relevant d'un tout symbolique —, ni le récit. Il reste cependant que l'écrit, le narratif sont lus suivant le sens, l'antécédence supposée d'un racontable, et que le littéraire vient ainsi aux équivoques de sa lettre et à la question de la pertinence du littéral. Soit une dualité de l'écrit et du littéraire qui commande de décider si l'œuvre doit être placée sous la responsabilité de l'auteur, ou si le littéraire ne constitue pas une manière de milieu langagier en lui-même. La chronologie de l'écrit s'interprète doublement. Elle atteste que le langage ne peut pas s'originer et qu'il défait le temps ; aussi les témoins littéraires sont-ils à eux-mêmes leur propre chronologie. Elle traduit une transtemporalité du littéraire qui ouvre la question de la sécularisation de l'écriture. Le privilège accordé à l'artifice qu'est le littéraire correspond sans doute aux notations usuelles sur le faire que suppose l'œuvre, mais aussi à l'indication que l'écriture implique la négation de la phénoménalité, et à l'identification de la notation temporelle dans le littéraire à un jeu rhétorique et, en conséquence, contradictoire. L'extrême de ces thèses constitue un questionnement de la raison du narratif et particulièrement du rapport du *récit* et de l'*histoire*. Le paradoxe subsiste : il est toujours marqué une évidence du littéraire — ce que fait entendre la notion même d'écriture ; il est ultimement dit, à travers l'indication du figuré, sans doute l'illusion du sens, mais aussi la certitude du lisible.

La question du littéraire cesse d'être la question de sa spécificité pour devenir interrogation qui porte le constat de la réversibilité de la reconnaissance et de la méconnaissance de la signification, du récit et de l'histoire, du littéral et du figuré. Partages de la signification et du défaut de signification, du récit et de l'histoire, du littéral et du figuré ont aujourd'hui leurs fables critiques qui sont autant de débats sur ces partages. Il convient moins de jouer des antithèses convenues que de marquer : n'avoir aucune assurance ni à propos du littéraire ni à propos de ce qu'il donne à lire et à entendre, renvoie sans doute à un jeu de mouvement de récusation, celui du littéraire même, celui du réel ; de cette double récusation, il se conclut que la réalisation scripturaire n'est compromise par aucun objet réel — le monde au dehors et les témoins littéraires. En d'autres termes, elle peut être caractérisée suivant un double débordement, celui du littéraire, celui du réel. L'attention portée, dans les théories contemporaines, à l'acte d'écrire et à l'acte de lire dit certainement l'effort pour élaborer une pragmatique littéraire ; elle correspond plus essentiellement à la notation de ce double débordement qui fait de l'actualité du littéraire le présent même de ses actes constitutifs — écrire, lire. Il suffit cependant d'indiquer que le rapport réciproque de l'écrire et du lire est encore un rapport de débordement et qu'il commande, dans la critique, l'inévitable retour à la notation d'une objectivité de l'écrit et à l'examen des procédures d'objectivation que met en œuvre la lecture. La lecture peut être dite comme l'indice d'un manque à être de l'écrit ; la réitération de l'écrit par le lecteur comme l'indice d'un manque à être de la lecture. Indiquer la réitération et la continuité de l'écriture équivaut d'abord à en marquer la persistance matérielle — réalité qui témoigne paradoxalement du peu de réalité de l'écriture, et appelle la réitération de celle-ci. L'écriture et la lecture sont irréfutables parce qu'elles sont ce peu de réalité.

Il faut entendre : le littéraire se figure et figure sans jamais venir au dessin du double manifeste d'aucun objet ni de lui-même. Ce manque à doubler, où il faut reconnaître le critère d'identification de l'écriture, fait entendre : l'écriture est pleinement elle-même, mais précisément par cette dimension d'absence ou d'irréalité impliquée dans sa réalité même. Par quoi, elle peut être chronologie : elle-même hors de son moment d'origine, et égale récusation de la dénégation de la signification comme de l'identification assurée de la signification. Si dire l'écriture, c'est d'abord dire le mouvement de l'écriture à l'écriture, et dire la lecture d'abord dire le mouvement de la lecture à la lecture, le littéraire se caractérise par une précise dialectique : il ne cesse d'individualiser son mouvement, de reprendre ses antécédents et de faire retour sur eux. Soit l'énigme de l'inexplicite, distinct de l'explicite et de l'implicite, du sens manifeste et du sens restaurable, qui est celle du peu de réalité de l'écriture. Le littéraire trouve dans cette énigme le moyen de se donner pour présent. Notation extrême de l'inexplicite : le déconstructionnisme vient, contre l'indication d'un défaut de sens, à la notation d'une image à vide, équivalent plastique d'une écriture muette qui suppose l'écrire et appelle encore la lecture [1]. Le récit, la métaphore peuvent être dits de telles écritures muettes puisqu'ils ne livrent ni l'explicite de l'histoire ni celui du littéral et que l'inexplicite impose le constat du pouvoir du récit, de la métaphore. Le mutisme est encore une figuration du temps — le récit — et la composition de la signification — la métaphore. Ainsi que toute réalisation singulière de l'écriture est figure de l'appareil scripturaire même, cela qui façonne des images à vide.

I. ECRITURE

Dans les théories et les idéologies contemporaines du littéraire, le concept d'écriture entend traduire une objectivation du littéraire — la réalisation de l'écrit ne se comprend que par son acte, dit par le substantif, ainsi distingué de l'écrire, comme l'écrivain se distingue de l'écrivant — et une manière d'esthétisme : l'écriture ne va pas sans la conscience de son geste et de la distance qu'il porte. Dire un tel mouvement, le placer hors juridiction, exclure qu'il porte explicitement une juridiction du littéraire, identifient l'écriture à une sorte de synthèse — celle de sa propre réalisation, celle du figement auquel elle vient dans le livre. Toute assertion d'une dynamique du scripturaire fait lire la facticité de l'écriture et sa double hétérogénéité — à l'écrire, à elle-même dans le temps. Elle est d'abord donnée pour le jeu continu de ses propres dénégations. Dans sa facticité finale, elle fait reste et plus rien ne reste par là même : elle est, dans sa singularité, une manière de marquer un tout est dit. Elle apparaît ainsi comme riche d'une nécessité — celle de ce mouvement qui dénonce toute chose comme une apparence. La synthèse, donc synthèse vide, suppose une tropologie. Elle est façon de légaliser la disjonction en général — cela que nous avons lu sous le sceau de l'intervalle et de l'écartement; elle conduit aux équivoques du fictif.

Le concept d'écriture fait ici problème. L'hypothèse de la tropologie exclut que soit pensée la façon dont les mots puissent faire signe en eux-mêmes, ou faire signe de cela qu'ils désignent (ou de cela qui constitue leur référent), et que soit marqué le temps de l'écriture et de cela dont elle se saisit. L'hypothèse d'une autorité et d'un indécidable de l'écriture équivaut à noter qu'elle ne cesse de décider de l'indécidable. Sous la récusation de la violence et de l'ordre, est en question une écriture qui vient à ses propres identités ou à une sorte de mentalisme qui accomplit le pouvoir du langage — ainsi de l'interprétation de Sade par Barthes[2]. C'est souligner le paradoxe auquel conduit l'affirmation de l'intransitivité et de la réitération. L'une et l'autre lisent l'écriture comme une suite d'égalités, libre de tout jeu de réciprocité et de tout enchaînement par dédoublement. Ce n'est pas là identifier l'écriture à une manière d'aléa, mais la définir par un schème. Il se dit ainsi, dans la référence au simple jeu de l'assemblage des discours, la tentation indivisible du despotisme et de l'anarchie, et de l'universalisation des instances et des schèmes de l'écriture, identifiée à une manière de nature naturante, double de l'universel de la raison. On touche à une téléologie du mot, qui fait interpréter le syntaxique suivant cette téléologie. Par la singularité de ses propres éléments, l'écriture n'exclut pas le dessin de l'unité : elle est, dans la série de ses égalités, la somme continue de ses propres éléments. Il n'est jamais noté une écriture ponctuelle et provisoire mais toujours celle qui fait fond en elle-même, — ainsi que le symbolique fait fond dans la culture —, et qui est la mise en scène de ses pouvoirs. Tout ce qui dit un retrait de l'écriture — rupture de la représentation, des modèles discursifs, symboliques — note, de fait, une complétude. Dans le défaut de représentation, l'écriture est donnée pour complète, comme l'est le désir[3]. Les *notations artificialistes* des théories de l'écriture reviennent à des modèles de convention et de détermination par complétude — ainsi de la métonymie, traitée suivant l'équivoque de la consécution et de l'implication.

Dans cette hypothèse, la théorie, en disant le pouvoir que l'écriture a de voiler le langage, définit moins l'écriture qu'un imaginaire de l'écriture, qui engage toutes les équivoques de l'imaginaire — imaginaire constituant ou imaginaire défectif. Les deux sont indissociables : la définition de l'exercice de l'écriture suppose que la défection soit sans cesse compensée — sans quoi celle-ci deviendrait simple perte et fin de l'écriture. Dire l'antiréférentiel et l'antidiégétique, ce n'est que dire ce mouvement, et reporter l'écriture sur sa condition d'imaginaire. Ecriture signifie simplement : mise en jeu d'une certaine figuration du discours et report, sous le nom d'écriture, de cette figuration sur les pratiques discursives, et supposition d'une fiction.

L'auteur et le lecteur se laissent envahir par cela. Les débats sur la diégèse du récit (et les discussions sur le terme même) renvoient, de fait, à la question d'un imaginaire auquel introduirait l'écriture (comme l'image cinématographique introduit par sa visibilité à un imaginaire) et à celle d'un imaginaire de l'écriture qui deviendrait ainsi monde imaginaire par elle-même. La philosophie des mondes possibles a renouvelé cette question. Il ne faut pas cependant voir dans la théorie de l'écriture une incapacité à penser le sémiotique, mais le refus de considérer que l'imaginaire de l'écriture soit médiateur en lui-même. Ainsi la théorie ne dit pas ce qu'est *démontrer* dans l'écriture, dès lors que l'on sait que celle-ci ne montre rien. Elle ne dit pas ce qui s'écrit dans l'écriture qui ne s'écrit pas dans l'écrire. Elle ne dit pas le résidu même du jeu de désistement. Celui-ci n'est que par la chaîne et la temporalité de l'écriture et de la lecture. Cette chaîne n'exclut pas, dans le temps, la précipitation d'un processus scripturaire — auquel on s'attache à donner le nom de signifiant — et d'un processus imaginaire — rémanence du jeu de la lecture —, sans que soit défait le mouvement de la lecture et de l'écriture. Jouer à s'absenter est aussi jouer à subsister. Ce refus de considérer un imaginaire de l'écriture définit écrire et lire comme des mouvements-arrêts, incommensurables à la continuité et à la généralité de l'écriture. La théorie de l'écriture porte une implication : toute écriture singulière a pour fond, en un sens phénoménologique, l'écriture. C'est définir l'écriture comme présence, contre les présupposés mêmes que se donne la théorie : l'écriture ne fait aucun cadeau à l'œil — il suffit de rappeler un titre, *Blindness and Insight*[4], et la fable de l'œil, telle qu'elle a été lue chez Bataille[5].

Il est très remarquable que la désignation du pouvoir de l'écriture et de son imaginaire suppose l'herméneutique de l'individualité. Ainsi que le marque G. Hartman, s'il y a une autorité de l'écriture — autorité veut dire qu'elle l'emporte sur toute autorité qui lui serait opposable et qui la légitimerait —, cette autorité a pour condition l'alliance du discours et du sujet : l'autorité du discours peut seulement être testée par un «close reading and resides in language itself used and used again. Explanation gives way to explication and explication becomes a genre that maintains the art work itself, the peculiar authority of its diction, amid the figuration or the chaos of suppositions coming from the combined forestructure of language and the interpretive mind»[6]. C'est dire que menée à son terme, la théorie doit, dans la perspective de la création, définir, en termes de création, l'écriture comme un occasionalisme, ou qu'elle doit venir à un constructivisme qui implique le sujet. Ce constructivisme est indirectement suggéré par *Le Degré zéro de l'écriture*. Si l'écriture est cela où le signe ne fait pas signal, par opposition à toutes les écritures dépendantes, même celles qui se donnent pour explicitement esthétiques — Flaubert —, elle ne peut s'élaborer qu'à partir de cette indépendance négative, qui appelle le geste de construire et l'agent de la construction. A ce point, l'artificialisme de l'art ne peut pas être dépassé ni effacé : il repose sur la radicale séparation du signe littéraire. Mais il suppose tout autant l'inventeur et commande cette dualité qu'indique G. Hartman : le langage est pleinement langage, il appelle cependant la conscience de l'écrivain ou du lecteur.

Cette dualité explique que la théorie de l'écriture ne cesse d'hésiter entre sortir hypothétiquement du langage et évoluer à la limite du langage, ni tout à fait à l'intérieur, ni au-delà de la limite. Elle travaille sur le discours, mais théorise ce travail à partir de la notion de langage. Seul Foucault a, dans ce champ de la théorie de l'écriture, explicitement marqué l'importance du discours pour conclure à son ordre et à sa multiplicité, celle-même des ordres. Et partant dit l'écriture comme un contre-ordre, ce qui diffère des discours de l'ordre. C'est ouvrir à une autre équivoque. Si les ordres sont systématiques, un dehors de l'ordre reste inconcevable, sauf à passer d'un ordre à l'autre. On vient à une reformulation de l'occasionalisme. L'écriture ne peut être qu'événement, singulier et répétable, dont la figure parfaite est la mort. Elle est à la fois un événement et un pathos, ce qui apparaît et ce qui touche à l'affectif, parce que l'affectif dit les effets de l'ordre hors de l'ordre. Elle est à la fois une pathologie et une symptomatologie. Dans cet ensemble, la théorie de l'écriture porte quelques impensés. L'écriture est une tentative *linguistique* pour défaire l'interposition de la langue, pour établir un discours qui ne montre pas ses corrélats, pour se donner comme langage public, alors qu'elle récuse le langage public, pour exclure toute représentation du dicible — le dicible n'est que par l'ordre des discours —, pour faire du mouvement qui contredit le discours un mouvement qui contredit intimement le langage, et pour rapporter la notion de représentation à une correspondance univoque des ordres de discours — sans même considérer leurs régimes et leurs réglages. Cet écart que porte en elle-même la théorie de l'écriture s'interprète aisément. L'écriture est l'accomplissement du littéraire qui vient là à son propre métalangage — définition quasi hégélienne de ce que l'on donne pour la rationalité du littéraire. Celui-ci accomplit sa propre nature, par un jeu d'abstraction croissante. Cette dualité de validité — il est dit une raison du littéraire — et de pouvoir — de cette raison du littéraire, il peut être conclu à une mesure de tout le littéraire — n'est pas tant celle d'une rationalité que d'une rationalisation. Cette rationalisation n'est rien qu'une rationalisation parmi d'autres possibles. Elle pose le problème de la relativisation de la spécificité du littéraire, et du transitoire même de sa caractérisation. La rationalisation du littéraire dit au fond la critique idéologique du littéraire et la critique de toute idéologie, et en conséquence la critique des rationalisations du littéraire. L'écriture est ce qui reste du littéraire, une fois passées la critique de l'idéologie et la critique de la rationalisation du littéraire. Il pourrait être dit que l'écriture est un concept purement fictif, ainsi que le montrent les paradoxes de la notion de transitivité, et l'inconsistance qu'il y a à lire le littéraire suivant la référence scientifique du métalinguistique. Fiction qui vient explicitement à elle-même dans la tropologie. Ce faisant — et contre sa récusation de l'origine —, la théorie de l'écriture retourne à ce qui est la détermination originelle de tout discours — la langue, le sens, le temps. Elle entend être théorie critique de la langue, du sens, du discours dans le temps. Elle rencontre à la fois sa part ténébreuse, ainsi que le savait Foucault, et ses propres inconséquences — c'est-à-dire l'impensé d'un rapport de l'écriture et du discours, qui fait de la théorie de l'écriture une théorie des origines, une théorie du syncrétisme du sens et une théorie de la sécularisation continue du témoin scripturaire.

La critique de la langue est la critique d'une détermination — dont l'écriture serait distincte. Par langue, il faut entendre langue et discours puisque la systématique du discours social — Foucault — ou des connotations — Barthes — est aussi une détermination. Il importe moins ici de marquer un choix formaliste qui mènerait au dessin d'une prison linguistique, et ferait conclure à une idéologie structuraliste, idéologie de la machine, à un refus du geste structural, geste de pouvoir, que de noter ce qu'engagent le privilège de l'écriture et la critique qu'il induit. La critique de la langue est critique de la langue même et du discours sur la langue, du discours linguistique. En termes d'effet, les deux démarches sont quasi identiques. Elles soumettent la réflexion linguistique et le langage à une approche politique : elles identifient le langage au règne des fins — celles qui se lisent directement dans le discours social, celles qui sont inséparables de la reconnaissance du logos, qui ne peut être que reconnaissance de l'accomplissement de la raison. Il faut donc dire une abolition de la langue par l'écriture, et marquer que rien ne peut être donné du point de vue du contenu — celui-ci n'est que le partage du sens et son autorité —, ni du point de vue de la forme — le langage est cette forme qui persévère, manière de régulation conditionnante. La critique du langage ne se distingue pas d'une exigence de communauté dans l'histoire, à la fois exigence actuelle et exigence d'avenir. La variante critico-historique de la théorie de l'écriture rapporte ainsi la rationalisation de l'écriture et l'usage du signal à la mauvaise histoire; elle promet un discours hors signal, en un jeu d'ambiguïté : l'écriture serait lettre arbitraire, et le monde donné cependant dans une manière d'identification à la lettre. La variante critico-philosophique marque moins le rapport de l'écriture et de l'Histoire que celui de l'écriture et du temps[7]. La dénonciation du logocentrisme appelle une critique de la linéarité du langage. Cette critique ne peut être une critique du langage même : celui-ci peut être considéré dans une perspective historique ou dans une perspective synchronique, mais il s'agit toujours du langage considéré comme objet, qui en tant que tel n'appartient pas spécialement au temps. Cette critique correspond, de fait, à une interrogation sur la propriété du discours dans le temps, et à la question de la communauté dans le temps. Communauté par le langage qui fait somme dans le temps : le langage est alors le maître du temps et des hommes. Communauté paradoxale dans le temps, lisible dans l'écriture : ce discours constant qui va suivant la disparité temporelle. La thématique de la différence/différance, référable à une critique du signe, pose plus essentiellement la question de la sécularisation de l'écriture — cela qui reste et est, par conséquent, de tous les temps et communauté dans le temps.

La critique de la langue est, de fait, une critique circulaire, dans ses attendus comme dans ses effets. Dénonciation de la contrainte formelle de la langue, de l'ordre social du discours, elle définit inversement la langue comme le lieu même des paroles et de la communauté, et le discours comme celui de la singularité. Ces équivoques se mesurent, chez Barthes, à la variation de ses thèses sur la rhétorique, et de l'usage qu'il fait de la notion de *privation*, tantôt négative, tantôt positive[8]. Négative :

ainsi de la rhétorique publicitaire — ce qui est privé, manquant, c'est la dénotation de l'objet qui permettrait de dire le mensonge de la rhétorique. Positive : ainsi du pop art, où la répétition et l'imitation sont, de fait, une privation, une soustraction de l'objet. Redoublement malheureux, redoublement heureux. On revient aux équivoques de l'imitation du discours, parce qu'une théorie critique de l'écriture ne peut rien dire, de fait, du réglage de l'écriture : elle reste prise dans le simple jeu du renversement de la raison du langage, et, dans le dessin de la singularité des réalisations scripturaires, elle ne peut que venir au jeu des doubles — c'est-à-dire à la reconstitution de l'autorité ou à l'irréalisation du jeu de la privation. *Reconstitution de l'autorité* : si l'écriture n'est que l'écriture, qui commande la seule perception de la pratique scripturaire, il faudrait dire les *écritures*. Marquer l'écriture au *singulier* revient à un point de vue régulateur, et définit l'écriture comme un dédoublement de la langue et cela qui double tout discours. *Irréalisation du jeu de la privation* : le constat du pouvoir de la langue ne se sépare pas de la notation de la division du langage qui porte un champ de dispersion en lui-même. Cette notation ne fait qu'appeler le retour à cela qui est sans terme et où viennent le langage et l'écriture : la culture, et fait percevoir la multiplicité du langage qui fracture l'individu. Il n'est pas de réalisation de l'écriture par privation. Le redoublement heureux n'est qu'une façon de jouer du langage comme d'un métalangage.

Rhétorique de la privation et redoublement de l'identique substituent à la théorie de l'écriture une théorie du sens et une théorie esthétique. Danto l'a indiqué à propos de la peinture de Rauschenberg : tout jeu sur les identiques est un jeu de signification[9]. Par le redoublement — explicite ou implicite —, ce qui n'est pas représenté est le *sens* même : par lui seul, la perception — la lecture — est possible; il se réalise dans la perception. Barthes appelle ce sens *sens obtus*[10], le même que porte le redoublement dès lors que l'on voit dans les redoublements des individus. Il est symptomatique qu'une théorie critique de l'écriture vienne à une théorie de l'individu — cela qui exclut le nombre et l'unité — et qu'elle identifie l'illisible au signe qui revient à soi — ainsi que deux individus sont illisibles l'un par rapport à l'autre. Le glissement théorique n'efface pas complètement la terminologie linguistique — transfert, impropre, signe déplacé —, mais il marque la fin de la critique du langage. Celui-ci ne produit que des individus. Il faut penser l'écriture comme le jeu des identités dans le temps et dans l'espace. La critique s'achève en phénoménologie. De l'écriture qui entend être critique de la langue, il peut se dire qu'elle est une autre langue, mais lisible, ainsi que le note *Sade, Fourier, Loyola*, comme une irréalisation de sa propre création.

L'écriture n'est que de l'imaginaire. Il peut encore se dire qu'elle passe même l'autorité de la raison : elle est une manière d'enracinement, une manière de mouvement ergodique — bref, la figure heureuse de l'origine ; dédoubler langue et écriture, c'est venir à un fondamentalisme. L'écriture vise la communauté de la parole libre, et elle se donne dans une manière d'indéfinition : elle n'est que par la lecture qui constate l'inachevé, c'est-à-dire la singularité de tout témoignage d'écriture. La théorie de l'écriture, dans sa critique de la langue et du discours, est, de fait, une théorie du désenchantement — un rappel de l'antécédence du discours libre et de la possible nomination des individus.

Il ne sera pas redit les thèses de Derrida, mais noter que ces thèses, dans le dessin d'une échappée hors du pouvoir de la raison et hors de cette logique du désenchantement, et par l'identification de la théorie de l'écriture à une critique de la langue, rétablissent paradoxalement les droits du sens et de l'interprétation. La différence de l'écriture est d'abord donnée quasi inconcevable, écart au concept même. Elle n'est pas relevable d'une organisation, ni d'une continuité. Elle est la mesure de la langue qui devient une espèce de l'écriture. Cette proposition est littéralement sans signification : il faudrait dire que la langue doit être conçue comme est conçue l'écriture. C'est alors poser la question du discours. On confond langue et discours lorsqu'on tient pour la logique de la non-identité qui relève du seul discours ; on revient à la métaphysique lorsqu'on tient que la forme est la présence même, ou que, dans la structure, les termes opposés portent la marque l'un de l'autre, et lorsqu'on place l'archiécriture dans l'indicible. Définir l'écriture, c'est la situer hors du jeu de la rationalisation, hors du jeu de l'historicisme, et, cependant, dire implicitement sa stabilité par la notation du renvoi et de l'itération. De façon similaire, la *performance* est sans doute sa propre actualité ; elle est aussi une manière d'aller et retour constant entre son actualité et l'objet qu'elle se donne. Il n'y a pas de résolution possible de la performance dès lors que subsiste le témoignage de l'écrit. Parler de trace qui s'efface, c'est abuser, car c'est marquer encore plus nettement une inactualité toujours présente de l'objet de la performance. Aussi l'écriture devient-elle une manière d'interprétant peircéen. Dans sa composition comme dans la lecture. Chaque mouvement d'aller et retour que porte le texte en fait une synonymie et une homonymie d'un autre mouvement, ainsi que la lecture le fait. Dire *Signéponge*[11], c'est aller contre l'identification du nom propre à une dénomination, mais aussi lire le nom propre et l'œuvre suivant un tel jeu d'interprétant qui marque très simplement la répétition du sens dans le temps et la maîtrise de cette répétition. On retrouve ici la question de l'individu. Différencier l'écriture et en faire le moment de la différence revient à noter les ressemblances du scripturaire et à poser la question de leurs individualisations. A l'occasion, Derrida traite du même problème à propos de la peinture [12] : dire que ces chaussures peintes ne sont pas les chaussures de Van Gogh, c'est marquer la différence du semblable, et d'un semblable qui entre dans la logique de l'interprétant. C'est rencontrer la phénoménologie et la sémantique — sans exclure la notation d'une unicité paradoxale. Déguiser les noms propres en descriptions et les descriptions en noms propres identifie le jeu d'une double semblance qui n'abolit ni la description ni le nom propre, mais les désigne comme des inducteurs — comme cela qui relève de l'individualité et comme cela qui la qualifie. La répétition est ce troisième terme qui atteste le signe et, par là, l'objet. L'écriture est finalement identifiée à une genèse sémiotique continue dans le temps et cependant toujours recentrable puisqu'elle est une chaîne d'interprétants. C'est, par là, qu'elle peut procéder à la soustraction de son origine. Elle reste un mouvement d'objectivation — déjà indiqué dans la reformulation de la notion de différence structurale que propose Derrida : «Chaque élément se constitue à partir de la trace en lui des autres éléments de la chaîne ou du système» [13]. La critique de la langue et de la linguistique prête une substance aux unités de la langue. L'écriture est écriture de la langue. Derrida n'est pas sorti de la linguistique : celle-ci n'est toujours qu'une écriture de la langue.

Aussi l'ultime voie possible hors du conditionnement linguistique est-elle dans l'examen de l'échec du sens. Il faut prêter à Paul de Man une lucidité extrême : il sait que l'irréalisation et le redoublement font encore de l'écriture un mouvement de sens. La rhétorique de la figure — ainsi de la métaphore qui défait la contrainte de la métonymie — conduit à une rhétorique de la signification : il y a confusion de la *tenor* et du *vehicle* [14]. Tout jeu du négatif peut se confondre avec une reprise du sujet sous le sceau de l'impersonnalité. Le refus ou l'impossibilité de l'appropriation — cela qui est refus du sens et de l'individu assimilé à une identité — n'excluent pas de dire à la fois le sujet et l'objet. Le refus de la motivation de l'écriture est encore moyen de faire exemplairement sens. Il faut donc lire l'échec du sens dans l'inévitable du sens.

Il faut dire d'abord les inconséquences de la maîtrise — indissociables des inconséquences de la supposition d'un sens également partagé. Il ne suffit pas d'avouer le défaut de référent; il convient encore de souligner qu'il n'y a aucune individualisation possible du sens parce qu'il n'y a jamais aucune figure constituée de l'individu. L'écriture, hors de la raison, c'est l'écriture qui ne maîtrise ni l'ordre métaphorique, ni l'ordre métonymique, parce que l'ordre du discours ne peut l'emporter sur l'ordre de la langue. C'est encore l'écriture qui, se saisissant de l'individualité absente, vient au défaut de toute individualité. Ainsi de la fable de l'autobiographie. Celle-ci doit se caractériser comme une prosopopée, qui est à la fois défiguration de l'objet absent qu'elle désigne et littéralement défection du signe donné par l'écriture[15]. Il y a plus que le défaut de référent : l'inconsistance de ce que dit l'autobiographie — aucune figure ne fait figure. Le performatif même est illusoire : il marque la contradiction entre son mouvement et sa lettre. Le mouvement même et son actualité, qui sont porteurs du verbe, sauf à se nier explicitement, ne coïncident pas avec l'assertion qu'ils formulent. Le temps même du performatif établit ce défaut de coïncidence. L'écriture ne se constitue pas. C'est dessiner de façon extrême l'opposition entre le figement de la lettre, du graphisme, le figement de l'unité verbale, et le temps de l'énonciation, et relire l'écriture à partir d'un temps qui ne serait jamais durée et qui ferait de toute écriture une écriture schizophrène — vouée au défaut de fixation de sa signification. Rien de ce qu'elle retient ne pourrait être singularisé, sauf à se définir par ce jeu de désingularisation. Cette démonstration conserve son équivoque en ce qu'elle ne défait pas la référence à l'individu : elle indique la difficulté qu'il y a à individualiser l'individu, à pratiquer un exercice de nomination dans le temps.

Cette théorie de l'écriture reste cependant la théorie d'une maîtrise et du sens. Car ce que dit la fable de l'autobiographie-prosopopée s'interprète encore : le visage de l'absent n'est que le visage de l'absent, c'est-à-dire celui de la fiction écrite qui s'adjoint à celui de la fiction de l'absence. A souligner le défaut d'antécédent au discours et l'impossibilité d'élaborer un sens, on ne fait que marquer exemplairement qu'il y a fiction partagée : l'autobiographie est la rencontre de deux fictions[16]. L'écriture est décisionnelle — maîtrise et sens par cette rencontre. Elle est dessin d'un individu; elle n'est que par *le même*, dans l'effacement de toute considération de la communauté de discours puisque c'est cela qui est précisément interdit — l'accord sur les termes — par le constat de l'inévitable du temps. On est ici dans une phénoménologie des objets singuliers qui ne sont à eux-mêmes que leurs propres versions — écrire et lire sont le contraire de tout dialogisme. La théorie de l'écriture devient récusation de cette théorie de l'écriture qui suppose que le temps soit aussi temps de la communauté, en une conclusion inévitable dès qu'il s'agit de dire le seul pouvoir du signifiant. Elle propose une définition paradoxale de l'expérience temporelle : le temps produit le caduc et ne cesse de disposer des objets hétérogènes; il est, dans l'actualité, l'interférence de ces objets. Elle mesure l'artifice de l'écriture au temps, comme s'y mesure l'objet naturel. Elle suggère une égalité de l'objet naturel et de l'objet artificiel, et définit contradictoirement l'écriture : celle-ci est à la fois le caduc et le sensible, un résidu d'identité qui subsiste dans le temps et cela qui persiste par sa seule apparence. La théorie de l'écriture devient théorie de la façon dont les œuvres font sens dans le temps, — de la façon dont elles se mesurent au temps. Elle ne va pas jusqu'à la notation de l'objet aporétique, celui qui assure la réversion du sens dans le temps.

La lecture stricte de ces thèses fait entendre : l'écriture est lettre morte — doublement : elle n'est que par son défaut d'objet; elle n'est que par son inconsistance temporelle. Le mythe de l'écriture est celui de la fin de l'Histoire dans le temps et la démonstration de l'impropriété critique de l'écriture. Celle-ci ne peut être sécularisée : elle reste fiction. Barthes : l'Histoire est un jouet qui ne casse jamais — elle est sans ailleurs et sans termes oppositionnels; l'écriture de l'Histoire est écriture suivant les paramètres qu'elle impose au temps. Le temps casse et le signe n'est disponible que sous le sceau du *cela a été*[17], de l'historicité radicale, qui exclut toute reconstruction temporelle de l'Histoire, et fait du passé une présence immédiate — celle du signe même. L'écriture, lettre morte, oriente notre perception du passé et tout signe passé se donne là pour individué. Derrida joue du paradoxe de façon extrême : «Une trace ineffaçable n'est pas une trace, c'est une présence pleine, une substance immobile et incorruptible, un fils de Dieu, un signe de la parousie et non une semence, c'est-à-dire un germe mortel. Cet effacement est la mort elle-même»[18]. Venir ainsi au paradoxe, c'est faire de tout présent une trace, une remémoration hors de la mémoire, et de l'écriture l'actualisation continue du passé. Conclusion fort ambiguë : elle dessine la suite des écritures comme le temps même — vision, à la fois, naturaliste et métaphysique de l'écriture —, elle la donne pour omniprésente — passé et actualité —, mais elle la définit aussi comme cela qui, par ses témoins, est historicité radicale et échappe à tout dessein de l'Histoire, bien qu'elle soit communauté dans le temps. L'écriture devient critique de toute histoire et de toute pensée remémorante parce qu'elle est tout le temps et, en conséquence, la *traditionalisation absolue du sens*. L'écriture, mesurée au temps, trouve le pouvoir de la continuité et définit, en conséquence, le fond sur lequel jouent toute décontextualisation et tout performatif. Le jamais plus ne se distingue pas d'une manière de toujours. L'écriture, dans sa généralité, apparaît comme le double du récit — ainsi des œuvres de Blanchot — qui ne cesse de se reprendre. Le phénomène de la sécularisation est homologue à la manière dont l'écriture et la lecture se construisent sur le modèle de l'interprétant peircéen. Un aveu est obligé : l'écriture veut dire *survivre*[19]. Sa sécularisation fixe la téléologie de toute énonciation. *L'Ecriture et la différence* le note : la lettre vit[20]. Refus de la fracture de la temporalité et refus de penser la temporalité de l'écriture. C'est un remède au souvenir sans mémoire que décrit Paul de Man[21], en une double infidélité à ce que fait entendre, dans l'écriture, le temps retrouvé : celui-ci est puissance du moment qui est réversibilité entre passé et présent, et cohérence relativement à l'actualité du sujet et à celle de l'écriture des signes du passé et du présent. Toute scène antérieure entre dans un jeu de substitution.

La fable de la lettre morte reste la seule recevable lorsque l'écrit est explicitement défini par son jeu de distance et, comme le marque fortement Ricœur[22], par la notation du paradoxe de la création : celle-ci est perte du texte pour l'auteur, donc toujours actuelle et proprement inactuelle. Cette distance est l'avenir de l'écriture; l'étrangeté de l'écriture : sa véritable spiritualité, selon les termes de Ricœur, c'est-à-dire son accomplissement dans le temps. L'historicité radicale pose explicitement le problème de l'avenir. C'est retrouver la question de l'appropriation du texte, l'ambigu jeu d'espace que celle-ci engage, et la question de l'autorité de la lecture : celle-ci devient une manière de raison ultime dans le texte, comme la lettre du temps est inversement une sorte de raison première dans le temps. La lettre porte ainsi une manière de mythologie : elle marque l'inachèvement dans le temps et que cependant rien n'est infiniment déplacé dans le temps. Elle exclut tout lieu chaotique. Elle témoigne à la fois de l'historicisme radical et de la continuité bénéfique du temps. Elle est par là tradition, sans qu'elle dise une loi de cette tradition. Mais, en un détournement de ces propositions, de la certitude du temps et de la distance même de l'écrit, il se conclut encore — et c'est cela que veut dire le règne du fictif — : il n'y aura jamais dans le temps la somme égale des écrits. S'il peut être dit la somme des discours, elle ne pourra l'être qu'à l'accomplissement du temps. Il n'est de l'actualité que le seul bruit des fictions. La lettre morte : le tombeau actuel, et cette image de l'intimité des écritures les unes par rapport aux autres. L'historicité radicale de l'écriture est ce qui ouvre le domaine même de l'historicité, dont tous les moments sont égaux et entrent dans une relation immédiate. C'est marquer une troisième façon de dire ces paradoxes. L'écriture est seuil entre désordre et redondance, comme le temps même. Si le texte est multiple par ses entrées et ses sorties, s'il est l'hétérogène et l'inachevé en un jeu constant de privation et de soustraction, il est une multiplicité voisine du chaos et cependant formée, et la linéarité de l'écriture n'est que cette procession du temps. La distance de l'écriture enseigne qu'il n'y a pas de chemin du temps local au temps global, et que l'écriture est la mise à jour des liens de son moment — celui de la composition, celui de la lecture —, et l'interrogation sur le stock de temps qui peut être alors déployé. Hors de la phénoménologie et hors de la dualité de la déconstruction et de l'historicisme radical, l'écriture peut se voir comme une donnée intermédiaire dans le temps — comme le discours local des liens. Elle a la possibilité d'être tous les trajets et d'être toujours départ et partie. S'il est conclu de l'historicisme radical à la généralité de l'écriture, il peut être conclu, de la généralité de l'écriture, le jeu de la réversibilité et de la répétition.

Dans ces équivoques de la théorie de l'écriture, il y a cependant plus — un impensé. Celui du rapport de l'écriture, de la mémoire et de la délocalisation ou de la déterritorialisation. Au lieu de noter, comme le fait Ricœur, une spiritualité de l'écriture par sa distance et par son temps, ou de faire venir l'historicisme à la question de la sécularisation — c'est, à propos du littéraire, l'interrogation même de l'esthétique de la réception —, il faudrait dire que l'écriture permet une déterritorialisation de la mémoire — version radicalement contraire de celle de la théorie de l'écriture qui fait de cette déterritorialisation la conséquence du primat du signifiant —, et que la mémoire ne va que par publics spécifiques. L'écriture permet de discuter la tradition et la mémoire. Il faut aller plus loin. Dire l'écriture et le texte, ce n'est pas inévitablement dire le vide du signifiant, mais leur incessance même et donc leur continuité, parce qu'une bonne interprétation serait la négation du texte et de l'écriture : la mémoire et le texte sont certains dans le temps et cependant inachevables parce que leur achèvement serait leur disparition. Ecriture et lecture portent donc un principe d'individuation. Il peut être dit, dans cette manière de théologie négative de la théorie de l'écriture, que la traduction impose le constat de la perte de sens dans la langue seconde comme dans la langue première (de Man)[23]. Mais, inversement et à partir du même fait de la traduction, il peut être dit : l'écriture ne se réécrit pas complètement parce qu'elle se déferait dans une manière de tautologie. L'écriture et la mémoire vont par le principe d'exercice de la différence et du concours des différences. Dire une raison de l'écriture et du texte — cela qui fait dire que l'écriture est violence —, c'est ne rien dire du tout : s'il y avait une raison de l'écriture et de la mémoire, il n'y aurait pas d'Histoire, puisqu'on serait dans la lettre de la loi définitive. La continuité et la généralité de l'écriture témoignent de l'Histoire, mais il ne se conclut pas qu'Histoire et écriture soient mesures mutuelles. Les contraintes de l'écriture disent très simplement : l'interprétabilité comme la réitération sont inévitables — il y a tradition et rupture de l'autorité de toute tradition ; il y a, par là, dans le littéraire, médiation et Histoire. Ou, en une autre formulation : l'écriture est ce support du sens, qui ne cesse de se renouveler, par quoi la mémoire et le dit sont toujours un faire — reprise et inversion de la notation et de l'interprétation du performatif et de la décontextualisation par Derrida. Soit à dessiner une troisième voie entre localisation et délocalisation, topie et atopie : tout va par région et par interfaçages, dans la continuité de l'écriture, ainsi que l'œuvre venue à l'interprétation et l'interprétation venue à l'œuvre sont des interfaces. Dire l'écriture et le texte revient à dire la réalisation continue de ce mouvement — d'autant plus nettement que le livre dissimule l'interprétation par la distance qu'il avoue, et que l'écriture, par son jeu de circonstances — la maximalisation de ses conditions, — est toujours une localité. La condition de l'écriture et du texte est contextuelle : ils ne sont que relativement à un réseau qui cependant n'est pas leur détermination. Il ne peut y avoir de polémique du sens, à propos de l'écriture, que lorsqu'elle est ramenée au mot, et que, de la généralité de l'écriture, ne sont pas conclus ses individuations, ses lieux et son paradoxe — fixer le sens hors de l'autorité du sens, puisque le sens est là explicitement lisible. Dire autre chose de l'écriture, c'est l'identifier ou l'opposer à la raison instrumentale. Dans sa continuité, l'écriture ne se mesure pas inévitablement à l'Histoire ; elle ne commande pas d'être considérée dans la perspective de l'historicisme, parce qu'elle ne fait lire, de façon prioritaire, ni la raison du devenir, ni la discontinuité des temps ni la séparation radicale du passé et du présent. Il faut interpréter exactement la littérarité : l'écriture est donnée élémentaire, celle lettre qui persiste parce que l'inscription de la lettre est le contraire même de toute poursuite de l'autorité et du pouvoir qui se tirent de la rationalité.

Il y a là, implicite, un paradoxe qui permet de relire tout ce qui se dit sur la différence et sur l'écriture comme auto-langue. L'écriture est générale ; elle n'est cependant que des objets partiels et disséminés — elle est donc toujours bord[24]. La tentation de l'auto-langue consiste à lui prêter système et défaut de bordure ; la différence marque qu'il ne faut pas lire cette localité de l'écriture pour elle-même, mais comme un jeu de report dans le temps. Ce sont là deux refus de la minorité de l'écriture dans sa réalisation comme dans son témoignage, deux refus de l'objet mineur et partiel. Il ne peut y avoir ni pratique ni approche ensemblistes de l'écriture. La disparité et la dissémination des écritures peuvent être relues suivant des jeux de gestalts multidimensionnelles. Ou encore : les objets partiels de l'écriture sont les puissances les uns des autres, dans le texte singulier même. Aussi ne peut-il être pensé une interaction du littéraire — œuvre, lecteur — par les seuls blanc et contraintes de l'œuvre[25]. Dire cela, c'est simplement dire que la lecture est indirecte — il y a une sorte de transport de l'œuvre au lecteur. Ce transport même suppose, pour que la lecture soit plus qu'un simple moment et qu'une simple occasion, qu'il soit reconnu que la lecture est prise, non pas dans un jeu de déterminé et d'interminé, — c'est là seulement dire la binarité qui marque toute réflexion sur l'écriture dès lors qu'elle part du signe —, mais dans une orientation, dans un prototype d'interaction, qui n'est rien que l'écriture même en ce qu'elle est jeu de similitudes additionnelles, et, par là, jeu de catégorisations, court-circuit et, en conséquence, continuum. Il peut y avoir une fin des stéréotypes usuels, non par quelque déconstruction ou récusation explicites, mais par ce procès même, manière d'expérience scripturaire et sémantique, qui est hors du calcul du logos comme de l'anti-logos.

La théorie de l'écriture vient à une herméneutique qui constate l'impossibilité de dire la règle de la production du sens, puis qui définit la reconnaissance de l'écriture par la conscience de l'identification à l'écrit. Contre les thèses issues de la notation de la pluralité du sens, le scriptible n'est pas seulement identifiable comme l'inverse du lisible, le blanc de l'œuvre n'est pas simplement définissable comme l'autre, calculé, de la détermination. Ils montrent que les phénomènes de reduplication — et telle est la lecture — signifient une augmentation quantitative de sens, et qu'ils sont possibles parce que l'écriture est elle-même un système d'implication. En d'autres termes, s'il y a un invariant de l'écriture, il n'est que la variation des variations — jeu d'interaction face à l'écriture et dans l'écriture même. Ou encore : l'écriture est dans sa généralité chose mineure — thématique même de la différence —, et, en quelque manière toujours aphoristique, précisément mineure dans sa généralité. L'assimilation de l'écriture à une auto-langue et le passage à une archiécriture transcendantale marquent l'excès d'une théorisation de l'autonomie de l'écriture ; ils supposent, cependant, que, dans l'écriture, l'homme se reconnaît comme tel à la manière dont il se reconnaît précisément dans le langage. Dans son jeu de similitude additionnelle et de complémentarité, l'écriture est cette expérience même, sans qu'elle dispose autre chose que son réseau et sa bordure. C'est pourquoi, entre autres, la raison de raconter n'est jamais donnée dans le récit lui-même. Cela ne fait pas inévitablement conclure à un blanc du récit. Le récit est ici la fable de l'écriture : il n'est que veille veillant à ses digressions. C'est encore la leçon de la rhétorique : l'écriture ne s'interprète pas nécessairement en termes de tropologie et de fictif ; elle est prédication par interaction : elle digresse, dans la clarté, par un découpage du concept.

Ecrire, c'est prendre ensemble ce que l'écriture est, fût-ce dans un geste de dispersion. L'écriture se configure à plusieurs. Il suffit de dire les doubles qu'elle peut se donner, de rappeler sa désappropriation fonctionnelle, les contraires qu'elle mobilise — ainsi du récit et de l'énonciation, ainsi de l'alliance et de la désalliance du même et de l'autre, dans un change évasif. Elle présente le paradoxe de n'être qu'elle-même, et de n'être telle qu'en un jeu qui la fait se donner pour une réduction d'elle-même, — pour cela qui se divise, peut ainsi s'exposer et dire son infini. Démarche qu'illustre *Si par une nuit d'hiver un voyageur*[26] : l'écriture est la figure de tout discours, la figure du mouvement de réflexivité du discours. Itérative, tropologique, elle ne l'est que suivant ce déboîtement et ce jeu d'intériorité-extériorité en elle-même : ils entraînent que le racontant est possiblement tout le racontable ou qu'il renvoie à tout le racontable, que tout mouvement de symbolisation — ou, pour être plus explicite, d'allégorisation —, est ce mouvement constant de reclôture par lequel l'écriture dessine ses propres échelles. Elle se donne comme le jeu sur le petit et le grand, et non pas sur la partie et le tout, qui renverrait au point de vue absolu qui donne à voir l'échange. C'est encore dire la minorité, et considérer nouvellement la question de l'écriture et du signe, de l'écriture et de la perspective qu'elle donne d'elle-même, la façon dont elle se définit et définit sa situation en tant que medium.

L'individualisation de l'écriture reste, *de facto*, constamment logocentrique, même lorsqu'elle inclut une critique du signe, puisqu'on ne peut sortir du territoire et du moyen de l'analyse qu'on se donne. La question de la sécularisation relève d'une confusion similaire : par le langage et dans le langage, il m'est donné de comprendre l'écrit passé ; la référence à la sécularisation est cependant utilisée pour tenter de sortir du cercle linguistique. C'est pourquoi la théorie de l'écriture va doublement. L'écriture, c'est cela qui se donne à écrire et à lire suivant l'explicite du langage. Dire l'écriture se confond alors avec une théorie du nommable et du narrable. L'écriture, c'est cela qui se signale comme tel. Cette notation entraîne logiquement la récusation du signe identitaire et commande la notion de supplément. Identifier l'écriture, c'est la lire dans l'ensemble des textes par lesquels elle signifie ou elle se structure. Le formalisme reste indissociable d'une définition asymptomale de l'écriture ; il fixe à la fois une organisation scripturaire et le rien de l'écriture. De la même manière, l'historicité radicale et la sécularisation jouent sur l'ambivalence d'un résidu historique et d'une continuité historique. Dans un jeu sur le temps et sur un temps propre de l'écriture, dans la double reconnaissance d'une structure du linguistique et d'une surface de l'écriture — ainsi que, dans la peinture, on note qu'il y a une spécificité de la couleur, on dit écriture et chaîne des signifiants. Il subsiste une équivoque : si une entrée du signifiant peut être casuelle, elle ne l'est jamais en termes de sortie, de lecture. La notion d'écriture amène à la notion de texte. L'énoncé est globalement porteur de la communication ; il reste donc irréductible à une sémiotique et à une discrimination suivant le signe. Ecriture et texte sont tenus pour aller contre toute sémiotique culturelle disponible. L'écriture se caractérise par un principe d'omnipotence sur le langage même, sur tout dictionnaire ; elle est sans contrepartie. La théorie devient théorie de la relativisation de tout discours. L'explicite et le non-équivoque, le narrable et l'identifiable, se réduisent à une qualité qui peut entrer ou ne pas entrer dans l'acte de discours et qui, de toute façon, ne modifie celui-ci en rien d'essentiel. Le langage ordinaire est une spécification du langage littéraire. Il est prêté au locuteur une conscience aperceptive du langage et de soi. Le rapport de la théorie de l'écriture avec la psychanalyse devient inévitable. Celle-ci opère, dans l'ordre du conscient et de l'inconscient, le même type de renversement. Elle travaille le statut de la représentation dans un double sens : la représentation est délégation et chose provisoire ; elle renvoie à une mémoire générale. Elle dit la primauté du signifiant et des phénomènes de métaphorisation (Lacan). Cette proximité de la psychanalyse et de la théorie littéraire fait lire l'écriture suivant le modèle de l'éprouvé, de l'affectif. L'éprouvé est, lui-même, pure immanence. L'écriture s'éprouve et est son propre acte de connaissance. La théorie devient implicitement une théorie de l'énonciation généralisée — le défaut d'allocutaire explicite permet de dessiner toutes les ambivalences. Elle assimile l'écriture à un jeu transférentiel continu. Elle dit le déclin de la littérature dans cela qui va par le seul explicite, et privilégie le discontinu et le désultoire.

Cet horizon d'intelligibilité de l'écriture définit le donner à entendre de l'écriture comme un donner à voir le mouvement de l'écriture, qui ne rend pas compte du jeu sémiotique qu'elle porte. Il maintient la distinction entre connotation et dénotation, indispensable pour que soit interprétable la distance de l'énoncé aux effets discursifs. Cela empêche de penser l'écriture, mais aussi tout discours, comme un procès d'échange en elle-même et la représentation comme le dessin de la correspondance des divers régimes du discours. La sémiotique dit explicitement cette butée, en marquant l'importance de la sémiosis. Elle permet de préciser : dessiner l'impropre de l'écriture, ce n'est que dire le mouvement de l'interprétant et la table de concordance qu'elle établit. L'idée d'une discontinuité du signe et de la symbolisation — cela qu'entend finalement Derrida par sa critique de Husserl[27] — revient à marquer le jeu de la symbolisation : signe et sens ne correspondent pas exactement — le même signe peut avoir plusieurs fonctions et le même sens relever de plusieurs signes. Tout signe participe ainsi de la synonymie et de l'homonymie ; il renvoie à une configuration et à un réseau, ceux qui existent dans le système de la langue, ceux qui sont établis dans la logique de l'interprétant. Il y a dissymétrie constante. La signification est par l'exercice même du discours. L'écriture n'a pas à être définie comme l'autre du discours. Elle est, en elle-même, ce mouvement de l'interprétant, toujours relatif à un je te parle/tu m'entends, qui ne doit pas être identifié au report de l'écriture sur la chaîne communicationnelle — ce serait revenir aux équivoques de l'intransitivité et du message centré sur lui-même, ni se défaire par l'indication qu'elle va par l'Autre, — retour au modèle et à la préemption psychanalytiques. Elle est proprement exercice de dédoublement sémantique. Ainsi qu'il se conclut, contre Derrida, de son analyse de la différence et de l'itération. La langue même.

Il faut ici reprendre la notation du grand et du petit. Celle de l'incommensurable de l'écriture ou du littéraire. L'écriture est générale par le jeu de la synonymie et de l'homonymie — idéalement, elle peut donc être parcourue entièrement, comme la traduction atteste le parcours possiblement complet des langues, sans qu'il y ait à penser une écriture ou une langue universelles. Elle ne peut être que locale dans sa réalisation : acte même de la synonymie et de l'homonymie. Malgré son mouvement continu, l'écriture ne sature jamais l'écriture en un de ses points. L'utopie du livre qui achèverait les livres est celle d'une clôture et d'un mentalisme qui ne se distinguent pas du mentalisme, reconnu dans la définition du signe proposé par Saussure, et critiqué. Elle est la dénégation même de toute fiction ; elle récuse ce qui est le mouvement de la fiction — marquer le jeu des interprétants, et, par là, en dessiner le continuum hypothétique. C'est encore dire que l'écriture est médiée par l'écriture, en un jeu de dissimilation — synonymie et homonymie. Elle ne cesse de marquer sa propre délégation — en un mouvement de continuité et d'altération. C'est dire autre chose que la duplication, ou que la seule ambiguïté. L'écriture : le discours de l'un et de l'autre, le discours seuil, le discours du passage. Telle est la fonction de la réversibilité au regard du sémantisme. Telle est la fonction de la répétition au regard du temps. Tel est l'écart de l'écriture : non pas écart par le système, mais écart de cela qui vient à elle dans le jeu de sa distance. Lieu de transfert. Ce qui s'écrit n'est que geste d'homonymie et de synonymie. La désambiguïsation est tentative de déployer l'ensemble des implications du moment de l'interprétant. Dire l'accentuation du message pour lui-même, c'est dire cette constante reprise du seuil, et ce principe de divergence dans toute nomination. Il commande le temps de l'écriture comme le temps de la lecture. Il fait de l'écriture, objet aporétique dans le temps, ce qui peut être toujours être repris dans le temps, et un seuil temporel. Ainsi que l'est l'objet mémoriel de Proust, qui ne marque jamais la duplication du passé. Soit la puissance de la lettre morte, qui n'est que l'objet de l'interprétant, et, donc, le moyen du parcours de la chaîne temporelle.

C'est ouvrir la question d'une mimétique générale et reprendre celle de la sécularisation de l'écriture. La théorie de l'écriture définit l'écriture comme une allégorie de la représentation — dans sa version mentaliste du signe — ou comme ce qui a partie liée avec l'infigurable, dans la version anti-mentaliste du signe. L'écriture qui se démontre, serait anti-mentaliste. L'hypothèse contraire pourrait être tenue. L'essentiel reste de noter que la distinction entre représentation et anti-représentation se fait suivant une référence à un schéma univoque de la représentation — destinateur, destinataire — et identifie l'écriture à un accès ou à une absence d'accès au monde. L'écriture : porte ouverte ou porte fermée. Cette thèse de l'anti-représentation qui se prête à des modifications et des affinements — ainsi du narrataire comme disposition de l'achèvement de la ligne narrative dans le récit; ainsi de la fiction comme le tableau à voir; ainsi de la représentation lyrique comme représentation du je et du monde à partir du je; ainsi de tout ce qui se dit du réglage du récit sur l'histoire et de l'histoire par le récit — conduit à la perte même de l'écriture. Perte de l'écriture parce qu'elle est identifiée au visible. Conclusion qui est encore celle de la théorie du simulacre. Ces notations disent deux choses. L'écriture n'est qu'à être regardée — je la vois, je la lis même dans le temps de l'écriture. Elle suppose — et c'est un retour à l'hypothèse de la transitivité dans le moment de la notation de l'intransitivité — qu'il soit dit : elle me regarde. L'écrivain et le lecteur sont regards. C'est l'hypothèse qui commande le constat de l'écriture et son identification au signifiant, c'est-à-dire à une texture graphique qui invite à confondre les séquences scripturaires et les traces de la peinture non figurative. Cette manière de dissoudre l'explicite du lisible porte une ambivalence. Fût-ce contre l'explicite du lisible, il y a là la suggestion que l'écriture relève toujours du descriptif et de sa série, qu'elle appelle le regard comme toute peinture le fait — même hors du dessin de la perspective. C'est marquer que l'écriture est toujours, en quelque façon, cryptique — chiffrée parce qu'elle est exigence de lecture, parce qu'elle est ce qui doit s'éprouver et est donc sa propre question manifeste. Le scriptible va sans doute contre le lisible, mais il fait plus : il est en lui-même le regard de l'interprétation. C'est reprendre la logique de la sémiosis : l'interprétant vient à l'objet, et l'objet est cela qui le supporte. Cet inévitable du regard inscrit dans l'œuvre se dit par la lecture.

On a suffisamment marqué qu'il n'y avait de réflexion sur la lecture que par la considération de deux lectures : une lecture première, celle qui va selon le texte ; une lecture seconde, qui va encore selon le texte, mais qui est aussi reprise de la lecture antécédente et mouvement réflexif. La première lecture serait une quasi-capture par le texte. On vient ici à une ambivalence des théories de la lecture. Cette captation est due à la contrainte, à la figure du lecteur implicite — à tout cela par quoi la forme s'impose. Il faut mener cette phénoménologie jusqu'à ses dernières implications. User du lecteur implicite, ce n'est pas seulement faire venir le lecteur à la place désignée de l'*alter ego* : c'est, *ipso facto*, dire que le texte redouble ce dont il délibère, qu'il ne cesse, implicitement, d'inscrire en lui, de montrer le regard du lecteur. Dans le texte, le lecteur regarde le lecteur à venir. L'existence de l'œuvre me détermine, moi lecteur, comme être regardé. De la même manière, toutes les hypothèses sur la représentation littéraire conventionnelle, inscrivent, dans la convention de cette représentation, les techniques du point de vue, du point du regard — usuellement référée au jeu de délégation auteur-personnage. Ce point de vue est ce que doit être le point de vue du lecteur : il ne sert pas seulement à montrer, il sert aussi à regarder. Il inscrit l'autre regard. Toute lecture est une histoire d'œil captif et d'œil dédoublé, de distance de l'œil regardé à l'œil regardant. L'écriture est le seuil de la vision. Elle rend équivalentes l'hypothèse de la vision actuelle et celle de la vision future. Elle ne fait qu'enchaîner les réponses, répétitions des questions du lecteur qui, au sein de l'univers représenté, regarde le lecteur à venir. Tout est dans un effet de réflexion de la lettre morte ; la lecture et le regard donnent accès à la lecture, au regard. Il en est de même pour le moment de l'écriture. Il ne suffit pas de dire, car ce serait marquer quelque ontologie : «La langue est là, faisant entendre sa trame porteuse, et cependant la chose, par exemple l'intrigue, fait parler ; la situation doue de parole les "sujets", et ainsi la langue»[28]. L'écriture même intrigue. Cela se marque dans la théorie de l'écriture par la notation du visible — par le rappel du regard et de sa figuration dans la peinture[29]. Cela se dit encore par l'itérabilité : la répétition, ni aveugle, ni muette, la figure de cela qui a déjà été écrit, vision pour l'écrivain de son geste d'écrire dans le moment où il s'engage dans l'actualité de l'écriture. C'est encore souligner que l'écriture est représentation de l'autre temps, puisqu'elle est la distance de deux visions, qui sont chacune un jeu de retournement — vers le regard du lecteur à venir, vers le regard inscrit dans l'œuvre.

Identifier la répétition à la privation revient à noter qu'elle sait son antécédent comme question qui la détermine, et à laquelle elle répond sous le sceau de l'identique, de la même question. Marquer que le nom propre ne dénomme pas équivaut à le tenir pour privé d'objet, et à situer ce qui joue du nom propre et ce qui refuse la description dans la même logique du questionnement. La série des écritures : la succession de ces questions-réponses, sous le signe de la question constante, qui ne laisse que son objet — l'écriture qui va. Cette question est la question qui qualifie l'écrivain et le tient captif de l'écriture. Celle-ci est par là seuil : non pas indication liminaire de l'indicible ou du bruit de la langue — ces sortes d'indéterminations qui seraient autant d'effacements de la question —, mais seuil des écritures, de l'écrivain et de l'écriture réalisée, de l'écriture et de la chose. Il suffit de redire l'historicité radicale : la lettre morte, cependant lisible en tant que lettre et question actuelle du passé; elle n'est pas accès au passé mais ce point de réversion du passé et du présent, et la question du passé en tant qu'il vient jusqu'à la lettre morte, seuil de deux temps. C'est lever ici certaines équivoques théoriques. L'écriture est donnée pour une mesure de l'Histoire ou pour un geste continu de sécularisation, par l'hypothèse qu'elle passe le langage. Il y a là le refus de considérer le réglage de l'écriture au langage.

Il ne faut donc pas nécessairement dire l'écriture à partir du contraste qu'elle ferait avec tout discours ou du jeu d'absence-présence qui ruinerait toute hypothèse sur sa situation. L'écriture est moins ce qui ne cesse d'aller par une rupture d'avec soi que ce qui se dispose dans un espace-temps — ce point de réversibilité qui est un point du temps. Marquer que l'écriture fait délai dans le présent, qu'elle est une manière de scène qui devient son propre tableau, qu'elle est constante dans sa dissémination, c'est simplement identifier une intertextualité indifférenciée, exclure le constat du seuil et de la réversibilité, et, indirectement, préserver une définition canonique du littéraire. Celui-ci serait, de part en part, écriture, présent à lui-même, région spécifique dans les discours et définition essentielle pour l'homme — se donner ainsi l'écriture équivaut à exposer un mentalisme et l'autorité qu'il porte, celle de l'homme venu au secret de son langage. Considérer l'écriture-seuil caractérise l'intertextualité comme une articulation constamment temporelle — elle est la dérivation des textes les uns par rapport aux autres, dans la mesure où ils sont lettres mortes, signes passés, dits passés parce qu'ils sont présents et qu'on sait qu'ils ont affecté le passé, et, par là, interprétants mutuels et objets possibles du mouvement de l'interprétant, que sont toute nouvelle écriture, toute nouvelle lecture. Ecriture-seuil : intertextualité, corrélation du mouvement des textes. La question de l'écriture est l'interrogation des signes scripturaires suivant l'hypothèse du seuil et de la corrélation. Soit encore, dans la perspective du rappel de la déterritorialisation : l'écriture reste relative à un réseau qui cependant n'est pas sa détermination.

L'écriture est à la fois trace — cela qui est disponible du passé le plus ancien comme du passé le plus récent dans l'actualité — et medium, cela qui est toujours moyen, médiation, médié, dans l'hypothèse même de son autarcie. La coupure de l'intransitivité et la coupure du texte — coupure parce qu'il est défini comme distinct du discours ordinaire —, alors qu'elles conduisent à la définition d'une écriture générale, ne permettent pas de poser ce problème. La tropologie ne dessine que la continuité du fictif sans pouvoir marquer la médiation mutuelle des fictions et la médiation que constituent leur écriture et leur usage. Dans l'hypothèse d'une écriture-seuil et d'une intertextualité qui est corrélation en mouvement des écritures, se marquent plus que l'itération et la dispersion : les écritures ne cessent de se représenter les unes aux autres, et, par là, de représenter, les unes aux autres, leur rapport à l'imprésentable — le caduc, le Réel (si le Réel était représentable, il n'y aurait d'écriture que définitive). Ainsi qu'elles peuvent entrer dans un tel jeu de représentation avec les autres media. Il faut comprendre : la théorie de l'écriture est une idéologie anti-instrumentale — à ce titre, elle dénonce l'illusion de tout medium, qui est le pouvoir de communiquer suivant la transparence et qui indiquerait l'effacement même des artefacts constitués à partir du medium; elle est aussi une idéologie de la plénitude de l'écriture, parce qu'elle ne conçoit pas que celle-ci soit encore, dans l'usage qui en est fait, un artefact et une technique. Il faut marquer : écrire et lire sont d'abord le constat de la présence de ce moyen de communication — l'écriture —, qui ne cesse d'être effectué par l'écriture, par la lecture. C'est cela la performance : noter les media, les opérations et les transformations en les dupliquant. On écrit et on lit l'appareil transmetteur lui-même. L'intransitivité doit s'interpréter strictement comme l'identification de cette loi des media — il y a une contrainte du moyen de transmission qui conditionne l'aperception de ce qui est transmis. Il convient de reconsidérer l'intertextualité, telle qu'elle se déduit de la théorie de l'écriture : l'écriture ou les écritures sont moins une manière de généralité — cela qui entraîne que le hors-texte devienne inconcevable — que des situations d'écriture — constituées par les media —, dans lesquelles se placent l'écrivain et le lecteur, et des réseaux de transduction constamment réactivés et augmentés. Ecrire et lire : perpétuel transcodage qui suppose la perception des media. Il ne faut marquer ni présence — l'utopie de l'immédiat —, ni présence fardée (ou absence), mais l'économie de l'écriture : de cela qu'elle dit se constitue un espace et un temps autres; par cela qu'elle est — ses résidus, ses témoignages, elle est l'objet qui entraîne le sujet — l'écrivain, le lecteur, — qui l'appréhende, à produire *a posteriori* les conditions d'une expérience déjà effectuée, et à produire de nouvelles conditions. L'équitemporalité de l'écriture est celle du medium et de la pratique qu'il instruit. L'effacement de l'origine est d'abord ici un geste de technicien — dissociation de la source et du discours. Et l'autonomie de l'écriture : celle de l'artefact même qui fait ensemble par sa constance, par son réseau, par la performance qu'il suscite et dont il est l'objet. La théorie de l'écriture ne peut ni seulement fixer l'opposition entre transparence et opacité, présence et absence, identification scripturaire et identification de l'intertextualité, ni se tenir aux équivoques de l'intransitivité. Elle doit venir à ce que supposent, de fait, la notation du défaut d'origine, celle de l'infini des écritures : il y a un medium, condition de la constitution d'un réseau qui ne cesse d'être effectué et aussi moyen d'expression et occasion d'une aperception. La possibilité de la représentation des discours les uns auprès des autres est là même : dans la mise en situation de tout scripteur et de tout lecteur, qu'assure le medium [30].

II. RECIT

Il ne sera pas dit expressément, à partir des théories disponibles, en quoi le récit peut être constitué comme un objet (d'étude) ni en quoi il peut livrer explicitement son objet. Il peut être précisé grâce au non-dit de la narratologie et de la poétique, ce que désignent, par défaut, l'hypothèse d'une structuration qui relève d'un modèle, et l'étude de la construction d'un ordre du récit — considéré comme système de modalisation ou comme organisation suivant un point idéologique. Le détournement de telle double interrogation de Jean-Pierre Faye en un jeu de généralisation : y a-t-il un temps pour le récit? y a-t-il une place pour le récit?[31], marque l'équivoque de toute approche du narratif — entendu ici du conte au roman. Il traduit l'inévitable d'une réduction du récit par modélisation, ainsi que le notait Barthes, tant il y a et tant il y a eu de récits. Il souligne que le récit, traitement du temps, est encore du temps même, et que, traitement d'un espace, il est encore de l'espace même, particulièrement de cet espace que constitue le raconté — où il y a la condition et, en conséquence, la quasi-définition du racontable, et de cet espace de l'ensemble des discours et des univers qu'ils construisent ou qu'ils désignent. L'interrogation première sur le récit — distingué du récit mythique et du récit sacré — n'est probablement pas celle que formule la narratologie pour conclure du récit à une archétypologie de la narration, de l'action et du sémantisme de cela qui raconte une action. L'interrogation initiale reste : dans le traitement du temps, comment cela qui entend dire l'achevé peut-il encore se donner pour une narration du possible? Dans le traitement de l'espace, comment cela qui est relevé du racontable, citation d'un monde, peut-il encore être tenu pour l'exposé *hic* et *nunc* d'un espace? La raison première du récit est sans doute dans ce défaut de temps et d'espace, et sa rationalité dans l'identification du narrer à un mouvement qui va contre toute présence et qui n'est donc pas, dans son mobile initial, un mouvement de représentation, mais celui de l'adéquation des dessins du possible et de la probabilité de la rétrospection. Il n'est pas nécessaire que ce mobile s'expose. Celui-ci est cependant la condition du pouvoir du récit : déréaliser une séquence temporelle d'événements, et la raconter en un système discursif qui a un début, une fin, et organise un univers distinct de l'univers *hic* et *nunc*. Le récit est ce temps dans le temps et cet espace dans l'espace — toujours un présent et toujours un monde. La distinction de la narratologie américaine entre *telling* et *showing* peut être reprise pour définir la perspective globale de tout récit : raconter est raconter du passé, mais aussi, dans le moment de la narration, montrer. Ambivalence essentielle, celle de ce présent et de ce lieu de la narration : ils ne sont qu'à être rétrospection et à se donner pour, de part en part, temporels ; ils sont l'actualité et le lieu de l'actualité de tous les temps. L'attention prêtée au narratif par la psychanalyse éclaire ces points. Dire les événements n'est pas seulement pratiquer l'association libre, mais aussi pratiquer une action de parole, qui est à la fois affirmation et négation de ce qui est dit, et recherche du récit qui organisera ces événements. Le récit se donne moins comme le récit d'une action que comme cela qui met en œuvre des instructions et des procédures pour constituer les événements de façon narrative. Cette constitution narrative est l'action même, ultimement probante puisqu'elle construit le sujet narrant à la fois comme *sujet* et comme *objet*. Par cette dualité et par cette qualification, réciproque, du sujet et de l'objet, elle est le moyen d'élaborer un monde. Comme on le sait encore de la psychanalyse, tous les récits sont des cas. La lisibilité du cas est moins par quelque jeu d'allégorie ou de fable, que par l'acte narratif — action manifeste et instauratrice. L'adéquation du récit à la notation de l'agissement est moins dans quelque logique de l'action que porterait le récit, que dans l'acte de narrer, action en lui-même, distribution des événements par le discours suivant la logique de l'acte, suivant les relations d'un x à un z, qui ne sont donnés pour connus qu'en tant que relations à d'autres x et z.

La narratologie contemporaine s'efforce de définir un propre du récit — par la notation des fonctions, de la grammaire, de l'organisation des actions. L'indication du propre se défait toujours dans celle du spécifique, indissociable de l'indication du réseau de rapports dans lequel sont pris l'objet considéré et son hétérogène. La leçon de la psychanalyse, celle du constat de l'exercice de narrer sont explicites : il y a là une manière de construction de l'altérité — faire des événements ce qui est adéquat à une parole et, en conséquence, ce qui peut être l'autre de l'acte de narrer, et un jeu de saturation, qui ne se confond pas nécessairement avec un jeu d'ordre — faire que l'exercice de narrer soit une pénétration de tous les événements. S'attacher à dire un propre du récit équivaut à supposer une manière d'impropre et à suggérer — c'est bien une indication des théories qui distinguent organisation profonde et organisation de surface du récit — que celui-ci porte un figuré. Cette conclusion impose de tenir le récit pour le figuré de quelque autre *propre*. C'est pourquoi la narratologie appelle à la fois l'analyse structurale et celle de l'organisation de la distance du récit. Il peut être dit plus simplement et plus directement : l'exercice de narrer est cette action qui compose sujet et objet, et qui transpose conventionnellement cette alliance, de terme en terme, sans transgression et en un ordre sémantique de plus en plus différencié. Aussi un récit peut-il être de fin arbitraire. Il ne se conclut pas qu'il cesse d'avoir une pertinence : s'il est cet exercice qui persiste à parler de quelque chose dans la forme d'une action, il est un acte de parole spécifique qui délibérément et explicitement suppose que l'auditeur est prêt à écouter une histoire — de telle sorte ou de telle autre —, et qui limite l'expérience que portent l'acte de narrer et celui d'écouter. Dans ces hypothèses, il est exercice de synonymie en lui-même — cela par la différenciation de son ordre sémantique —, et exercice de synonymie par rapport à tout récit qui prendrait pour objet les mêmes événements[32]. Cela fait comprendre : dire suivant l'action est jeu d'inférence et d'appel à l'inférence ; l'action ne peut être dite que d'un certain point de vue, sur la base de certaines présuppositions et dans un certain but. L'acte de narrer obéit à ces règles : il est, en lui-même, reconnaissance de son exercice et, en conséquence, réalisation du discours suivant le rapport de celui-ci à un objet supposé et représentation d'un tel rapport dans le discours. C'est inévitablement constater que tout récit procède d'un double mouvement : il dispose des phrases narratives; il livre un texte narratif ; il est récit localement, il l'est encore globalement. La poursuite du récit se confond avec un jeu sur les deux niveaux qui sont, l'un relativement à l'autre, dans un rapport de compréhension et d'explication. Ce qui se formule encore : le récit est en lui-même son sujet et son objet, par cela même qu'il est un récit qui va suivant et qui passe la formulation nominale de l'action.

Les théories contemporaines du récit marquent parfois explicitement et essentiellement l'importance de l'action — ainsi de Claude Bremond et de sa *Logique du récit*. Cependant, le plus souvent, elles proposent une approche du récit par un moyen linguistique, sémantique, ou par un renvoi à une problématique de la représentation, reprise dans les dualités de l'histoire et du récit, du récit et de la narration, et selon les jeux de perspective et d'énonciation — disposition de la narration face à ces objets. L'examen du récit a ici pour hypothèse première que le langage permet d'*affirmer des faits* — fussent-ils supposés —, et que le récit se mesure à son aptitude ou à son inaptitude à une telle affirmation. L'étude du récit fictif, telle que la livre Gérard Genette, est celle de la mesure d'une aptitude feinte, dicible ultimement par les degrés de l'inaptitude[33]. La prise en compte du caractère énonciatif du récit ne modifie pas cette approche : niveaux et jeux de l'énonciation sont rapportés, de fait, à la même mesure de la pertinence de l'assertion. Le paradoxe se lit dans l'obligation de faire l'hypothèse de l'histoire qui n'est pas donnée et dans la contrainte de lire la cohérence globale du récit par l'hypothèse de l'univers diégétique, univers qui permet de penser la continuité de cette histoire livrée de façon fragmentaire. Contre le privilège accordé au pouvoir constatif du langage, et qui, inscrit même dans les théories antiréférentielles, explique qu'elles ne conçoivent l'autonomie du récit que par une réversion de ce pouvoir, considérer que le discours est une forme d'action permet de marquer le continuum du récit et de toute action et, par là, du mouvement de l'imagination, et d'indiquer que le récit est son propre futur. Cette concordance du récit et de l'action n'exclut pas que soient notées, dans le récit, les inadéquations entre discours et réalité, agissement, mobile et évaluation. Mais elles ne commandent pas inévitablement d'être tenues pour les indices de la distance de l'action au récit et de l'extériorité radicale de celui-ci. Les propositions de Tomachevski relatives au motif, à la fable et au sujet, portent, de fait, sur les procédures de lecture et sur les hiérarchisations et synthèses sémantiques qu'elles entraînent[34]. La lecture reste entièrement définie en termes d'estimation de la recevabilité du récit et en termes d'appropriation suivant la reconnaissance des correspondances nominales et logiques que le récit porte. Il faut conclure : la *fable* n'est que ce *sujet* second qu'élabore le lecteur — réalité seconde du récit, qui est lui-même une telle réalité seconde au regard de toute réalité — tenue pour réelle ou pour feinte. Dire la fable, ce n'est jamais que dire une autre action, celle-là même de parler à propos des événements du récit, et disposer explicitement que le récit donne son objet et n'est lui-même saisissable comme objet que par un jeu de déboîtement. Les constats des niveaux métadiégétique et métadiscursif sont indications de ces superpositions et de cette dialectique de l'acte de narrer dans le récit même. Dire le récit n'est que la pratique d'une autre action.

Conclure à l'impossibilité du récit, ainsi qu'il est suggéré de Lukàcs[35] à Benjamin[36] et Adorno[37], ainsi que le répète la littérature contemporaine, n'est pas tant affirmer la mort du récit, en une répétition de la vulgate de la mort de la littérature, que la difficulté qu'il y aurait à donner ou à lire des récits contemporains, suivant ce jeu de déboîtement de l'action. Lorsque Blanchot[38] note l'écriture du désastre, il marque l'effacement de tout exercice qui puisse relever de l'action. Thèse idéologique. Les seules incertitudes narratives de la littérature ne peuvent justifier une telle proposition; il se dit, de fait, l'épuisement d'une utopie narrative, celle de la possibilité de dessiner la complétude du temps, celle d'identifier, par là même, une rationalité du récit, qui serait entièrement comprise comme le compte rendu d'un face à face référentiel et, en conséquence, comme la lecture logique du réel et concordante du temps et de l'Histoire. La thèse idéologique peut se déduire du récit contemporain. Elle peut encore se lire, chez Benjamin, chez Adorno, comme le constat de l'impossibilité de noter l'action, parce qu'il n'y a plus d'usage convenu de la mémoire et parce que le littéraire est, dans le monde moderne, livré à l'objectivisme et au subjectivisme. Ces propositions possèdent une pertinence descriptive certaine. Elles manquent cependant — ce par quoi elles sont exemplaires — l'inévitable de l'action doublement compris : le récit est action et relevé de l'action. Elles désignent, par cette insuffisance, la fausseté de deux thèses usuelles : le récit n'existe que par un passé explicite, assimilé à une donnée disponible — à un *héritage*, suivant le mot de Benjamin; le récit ne s'accommode ni de l'objectivisme ni du subjectivisme stricts, parce qu'il est le résultat du face à face référentiel et de la reprise de celui-ci dans la narration. Il faut dire : le passé n'est pas un héritage, et la mémoire ne se donne pas, d'elle-même, par le récit. L'époque contemporaine introduit sans doute des discontinuités radicales. Mais le mnémonique n'est que par les discontinuités qui appellent précisément cela que sait la psychanalyse : la narration est reprise du passé sous le sceau de l'action. Le récit ne peut être défini essentiellement comme une *relation différée* qui supposerait la certitude d'un stock d'informations disponibles et qui le ferait assimiler au spectacle des faits passés — ainsi que le suggère, dans la narratologie, l'alliance du *showing* et du *telling*[39]. Il est parole et optique active, lieu de discours, lieu d'images, cela qui raconte sans doute, mais éclaire le discours et les lieux des événements et des actions. La narratologie le confirme explicitement — lorsqu'elle constate la rencontre asymptomatique du temps raconté et du temps racontant, manière de noter que la discontinuité, que suppose la relation différée, n'est pas exclusive d'une sorte de feed back qui fait de l'*antérieur* la matière même du récit. Celui-ci cesse de relever du face à face référentiel — supposé ou réel — et de la continuité temporelle qu'il suppose. L'antérieur n'appelle pas inévitablement la mise en scène de sa preuve, de sa véracité, ou de leur défaut — le jeu sur la fiabilité du narrateur n'est pas tant jeu sur les incertitudes de la narration et sur l'équivoque de toute fiction que l'exposé de diverses attitudes d'action narrative. Il est le supposé de l'action narrative qui se définit très exactement comme une machine à élaborer le passé — dans une perspective fictive, dans une perspective historiographique —, c'est-à-dire à étendre le champ de la signification. L'exercice narratif est action parmi les autres actions, ainsi que les mots sont dans le monde. Il est l'interprétant — au sens de Peirce — de l'événement dont il fait l'hypothèse. Bien que le récit se donne en principe pour un ensemble achevé et pour le traitement de séquences d'actions et de temps définis, il suggère, par le double niveau d'action qu'il constitue, un flux temporel et fait lire, par ce même double niveau, une contextualisation définissable en termes de *tenor* et de *vehicle*. Il est concevable que le récit procède fréquemment et abondamment au changement des signes primaires qui appellent les signes interprétants. Cela défait sans doute la ligne d'identification et le réseau causal, mais n'infirme pas la propriété de l'exercice de l'acte de narrer, doublement compris — il y a toujours organisation locale sous l'effet de l'action narrative.

En marquant l'impasse continue du *subjectivisme* et de l'*objectivisme*, Adorno note qu'il ne peut y avoir récit sans identité narrative, définie en elle-même et par un jeu de rapports, et indissociable du pouvoir du narrateur, que seule autorise «la vie continue et articulée». Dans les deux cas, le récit ne peut établir aucune distanciation ni en conséquence localiser son passé, ni dessiner un jeu d'alliances explicites du sujet et de l'objet. C'est, de fait, procéder ici à un constat thématique, et confondre description de la personne, proposée par le récit, et modalisation de l'action narrative suivant une oscillation que la narratologie marque à sa manière en distinguant type narratif auctorial et type narratif neutre. Et, sur le fond, suggérer que la représentation de la personne est telle qu'elle puisse être privée de corrélats — subjectivisme, ou privée d'identité autre que celle qui relève de la simple apscription — suivant la notation de Paul Ricœur. Il faut marquer que ces constats équivalent à nier le jeu et l'efficace de l'acte narratif et à estimer que celui-ci doit calquer une forme biographique reçue. La forme biographique est précisément élaborée par le récit. Celui-ci est, comme le souligne Paul Ricœur, la médiation de l'*identité* — le moyen de la désignation d'une certaine permanence du sujet — narrateur ou autre[40]. Que le récit conclue à la prévalence de la subjectivité ou de l'objectivité, qu'il soumette le sujet à des changements d'apparences, qu'il lui prête une quasi-absence ou une disparité d'attributs, ne peut exclure que cette identité est un signe secondaire — interprétant des signes primaires du récit. Récuser Adorno revient à confirmer l'action même du jeu narratif : donner le récit pour le figuré des faits et événements qu'il choisit pour signes primaires.

Ce double constat de l'impossibilité du récit est homologue à deux caractérisations contemporaines du narratif. Paul Ricœur dispose que le récit est cette forme qui représente une action et suppose la mise en intrigue, définie comme un agencement de faits. Gérard Genette tient que la seule spécificité du narratif réside dans son mode — c'est-à-dire dans le mode des enchaînements d'actions ou d'événements. Là, l'action est à reconstituer, ici, elle est à représenter. Elle est toujours supposée. La distinction entre réel et fictif n'importe pas essentiellement puisque la fiction même est définie comme le traitement d'un objet donné pour antécédent dans la fiction. Dire la mise en intrigue que construit le récit, les modes de représentation, indissociables, de fait, de la supposition et de la reconstitution de l'antécédent du récit, équivaut à suggérer des codes et des principes d'ordre du récit. Établir, comme le fait Paul Ricœur, que c'est par son ordre que la fable imite la vie[41], revient à identifier récit et allégorie. L'hypothèse reste que l'ordre est démonstratif, et que, dans le récit, le jeu des possibilités narratives se confond avec la matrice cognitive. Ces possibilités sont ultimement référables à la constitution de l'identité narrative, c'est-à-dire à la subordination du code des lieux et des actions au code des personnes — bien que l'identité de la personne soit lisible par la médiation des lieux et des actions, elle doit être tenue pour constante : le récit n'est alors qu'une attribution de prédicats. L'acte narratif s'interprète comme une disposition chronologique et la mise en intrigue comme le moyen de rapporter les signes primaires que se donne le récit à la notation de cette identité et à ce qu'elle implique en termes de temporalité : il y a une permanence du sujet dans le temps et, en conséquence, la certitude du jeu de la concordance-discordance. Si l'ordre du récit est toujours relatif à une identité, narrer n'est rien que procéder à une organisation réflexive des contenus de l'expérience, individuelle ou collective, suivant un aller et retour entre un ordre non réfléchi — celui des contenus primaires —, et un ordre idéal, celui qui est établi par l'homme et qui n'est jamais que le dessin de l'ineffaçable de l'identité dans le temps. Ces thèses sur le récit, bien qu'elles marquent le pouvoir du récit — ordonner, réordonner dans la mise en intrigue —, omettent deux données. S'agissant du récit historique, elles ignorent la structure même du matériau social et sa permanence par sa propre transformation. S'agissant de l'exercice de narrer, elles ne considèrent pas qu'il s'agit bien d'un *acte* et qu'en conséquence, l'identité narrative qu'il dessine éventuellement est moins l'indice ou l'affirmation d'une permanence que le point ultime qui définit le récit, en lui-même, comme un ré-enchaînement de signes primaires et de signes secondaires — comme un ajout constant du figuré, donné éventuellement à lire dans la fable d'une action. Cette inscription implicite de l'allégorique dans le narratif se lit : Paul Ricœur ne conçoit la référence à l'identité que comme antécédente à l'entreprise de raconter — il en résulte que la lecture est une découverte de l'identité dans le récit —; il exclut que l'identité puisse être une attente d'identité. Or les historiens savent les usages sociaux de la mémoire; le fictif et l'autobiographique marquent que toute intentionnalité narrative est une intentionnalité clivée. Ici et là, l'hypothèse d'une constante de l'identité est celle-là de l'entreprise de la continuité de narrer, qui ne peut abolir ce qu'elle suppose — l'attente d'une identité narrative. Dire la constante d'une identité, que reprendrait la narration pour la refigurer, équivaut à identifier, *ab initio*, la discordance-concordance du temps et à nier le caractère constructeur de l'acte narratif. L'hypothèse de la mise en intrigue se confond avec celle d'une recomposition soumise à l'évidence d'une identité première. Il est alors vain de citer la tropologie, dans le rappel des travaux de Hayden White[42]. Lire exactement la tropologie, c'est lire un jeu croisé — suivant les figures de références — non pas d'aparentement, mais de proximité et constater la propriété de l'acte de narrer : dessiner, hors de l'imputation causale, le champ commun des signes primaires disponibles. La communauté est à raison du dessin des partages et des variations des reports de signe primaire à signe secondaire, que désigne l'exercice rhétorique. Le récit peut développer un programme de causalité, mais il ne le fait que relativement à la série des enchaînements qu'il se donne — aussi divers que les intentions narratives. Il ne se conclut pas ici à un relativisme du récit historique et à l'évidence que la fiction est fiction, mais que le récit est désir de récit hors de la topique d'une identité. Il convient de revenir à l'interrogation initiale : Y a-t-il un temps, un espace pour le récit ? Tenir pour l'identité narrative et simultanément affirmer le libre exercice de la mise en intrigue se définit comme un effort pour noter à la fois que le processus narratif appartient à la réalité — il dit la vérité du temps — et qu'il est entreprise de discours. Cette dualité même place le mobile et l'effet du récit à l'extérieur du discours, en ce qu'elle nie ultimement l'action narrative, et qu'elle ignore la raison du récit : donner site et juste place aux signes primaires qu'il retient ou qu'il invente. Ce n'est pas marquer une primauté du langage — s'attache à cette primauté la définition du récit qui suggère la règle de l'identité narrative —, mais indiquer que le discours est action sémiotique sur des signes résiduels. Très exactement : la réponse active à la question que pose le résiduel — quel peut être son rapport à son autre ? La mise en intrigue n'est pas tant la construction d'un ordre et une refiguration que le dessin, dans l'hypothèse de la continuité du récit, de la différence des signes dont le report mutuel est pratiqué. Sans cette différence, le jeu de l'interprétant est exclu.

Il reste également insuffisant de caractériser le récit par ses modes de représentations des enchaînements d'action. L'ambivalence de la démarche de G. Genette, dans *Figures III*, reste celle d'une affirmation d'une autonomie du discours, indissociable cependant d'un jeu de représentation qui, dans cette autonomie, ne distingue pas le récit d'une visée simulée d'un réel, lui-même simulé. L'hypothèse anti-référentielle reste confondue avec l'analyse des procédures par lesquelles un récit entend valider ses représentations, particulièrement à travers l'usage qu'il fait de la narration, toujours implicitement relative à des simulations de représentation. Soit la perspective constante de la narratologie du point de vue, de la modalisation, dont la démarche est calquée sur l'analyse du sujet regardant ou du sujet parlant, sur l'hypothèse d'une identité narrative explicite. On sait qu'il se conclut — avec exactitude — qu'il n'y a pas de récit sans narrateur, bien que la désignation du narrateur ne soit pas une constante. S'attacher aux modes du récit revient à entreprendre de rendre compte du récit en termes de *raison*. Dire la voix, les niveaux narratifs, le système des points de vue, c'est définir un ensemble de procédures qui permettent d'assembler les mouvements du récit, les transitions de ses jeux symboliques, en une concaténation gouvernée par une nécessité légale — celle du dispositif de la parole et du regard. Il reste assuré que le récit est une construction — ce que fait entendre la notation «il n'est de *mimesis* que du discours»[43]. Il n'est pas accordé que le récit porte en lui-même une torsion radicale : c'est à son opération constructive qu'il appartient de déterminer l'identité des objets et des voix et des regards. La narratologie systématise des manières — représentées — d'être avec : divers récits, divers narrateurs, divers points de vue sont concernés. Or le but de cette coordination est de mener le récit à un lieu où nous ne nous attendions pas. Dire les niveaux narratifs, c'est dire un point de vue *actif* dont les moyens sont sans doute définissables, mais qui ne se confond pas avec ces moyens, ou qui fait de ces moyens l'occasion d'un réexamen constant des positions du récit. Il suffit de marquer quelques débats et quelques équivoques de la narratologie : rapports et limites relatives de l'intrigue et de l'histoire, de la diégèse et de l'histoire, de la diégèse et du hors-diégèse, de l'histoire et du récit, pour conclure à un jeu constant de médiations dans le récit, et à l'impossibilité de marquer les identités manifestes qui assureraient les partages pertinents. On sait toutes les incertitudes des commencements et des fins de récit, précisément reportables sur les dualités et les ambiguïtés déjà dites; elles font conclure au pluralisme et au simultané du récit, ou à son caractère essentiellement *intermédiaire*, qui ne désigne pas tant une médiation entre deux moments du temps que l'indétermination même de tout jeu diachronique marqué.

C'est constater que le récit narre et fait regarder sans disposer certainement paroles, faits, événements, actions, parce que, en même temps qu'il les rapporte et qu'il les expose, il est leur lieu et leur temps communs. Tout qui peut se dire sur le rapport entre durée du récit et durée de l'histoire est ce constat qui impose de conclure, dans l'écriture comme dans la lecture, à l'action narrative — à ce jeu de coordination qui n'est référable à aucune identification temporelle constante. La narratologie est ici un travail de description de procédures narratives qui sont elles-mêmes, de fait, interprétées comme des procédures de description — c'est-à-dire de localisation de la voix, du regard, de l'univers raconté. C'est ultimement proposer un principe et des moyens de lire la traductibilité de ces procédures entre elles et les donner pour autant de moyens de traduction des signes primaires — hypothétiques — que propose le récit. Les typologies de la narratologie, particulièrement dans les zones médianes de leurs classements, et leurs apparentements et réformes font lire que les procédures du récit sont des interprétations limitées, c'est-à-dire toujours relatives à un incommensurable — ainsi des rapports intrigue-récit, récit-histoire. Il faut donc noter : les moyens dont dispose le récit pour construire des relations internes sont, au-delà de la typologie, constat de l'acte-exercice de narrer et de son inachèvement. Et invitation à inverser la justification que se donne la narratologie : il ne s'agit pas tant d'étudier le rapport du récit à un signe primaire que de noter que le récit va contre la limite du signe primaire parce qu'il dispose l'écran de la narration entre ce signe et le présent supposé de la narration. Ce qui se dit encore : il ne peut y avoir de comparaison dans le temps; il n'y a pas d'images, dans le récit, de cela qui transcende le jeu des descriptions et redescriptions — de l'action narrative. La narratologie le dit à sa manière en distinguant auteur concret et auteur implicite, en supposant le narrateur implicite. Il peut être lu là les nécessaires hypothèses qui résultent du dessin des moyens de la narration et de la représentation, et plus encore : il n'y a dans le récit aucune identité explicite ultime, sauf à la supposer dans une manière de non-identification. Paradoxe inévitable du récit : présenter des figures primaires, qu'il donne pour passées, et ne pas exposer les derniers mots de ce rapport supposé du présent et du passé, sauf à défaire l'actualité même de la narration et à appeler... un autre récit. L'acte narratif livre le réseau de la sémiosis, qui s'oppose tant au jeu de l'explication qu'à celui d'une fondation dans l'antécédent supposé auquel renverrait le signe primaire ou dans l'agent, attesté ou implicite, de la narration. Celle-ci définit l'enchaînement des signes primaires et secondaires comme un champ de possibilités. Il faut comprendre : il n'y a pas lieu de se représenter le sens du récit autrement qu'à partir des dispositions de représentations des signes primaires ; mais cela n'entraîne pas que ce sens ne trouve pas dans la description qu'autorise ce dispositif un principe de justesse. Par quoi, le récit montre plus qu'il ne représente. Telle est sa fonction constructive qui franchit l'abîme entre le signe et son application — c'est-à-dire sa reprise par l'interprétant. C'est, de fait, inverser le principe, implicite ou explicite, qui fonde la narratologie et marquer que le récit va moins par la médiation de l'identité narrative que par l'application continue de ses propres signes — suivant l'acte de narrer.

Cette pertinence de l'action narrative se lit, *a contrario*, dans quelques-unes des impasses de l'interprétation du récit, qui résultent des hypothèses de la narratologie — dans la limite de sa fiction, le récit est le moyen de sa vérité, c'est-à-dire, entre autres, riche de cette organisation modale donnée pour le moyen de préserver un argument logico-réaliste. De manière stricte, le récit distinct de la simple histoire qui est narration dans un cadre conversationnel, ne dispose pas une opposition du vrai et du faux, mais du réel et du fictif, parce qu'il exclut la corrélation conversationnelle, à savoir le lien attesté de la narration à son antécédent. La lecture usuelle que propose la narratologie reste, dans le cadre reconnu du fictif, une lecture suivant la disposition du vrai et du faux à travers l'analyse des systèmes de la vision et de la modalisation. C'est à la fois contourner et marquer l'illégitimité du récit : supposer la perception ou la connaissance d'événements par quelqu'un qui leur est étranger. On sait la réponse de la théorie des actes du langage : il y a là inauthenticité. Il peut être répondu, ainsi que le fait E. Martinez-Bonati[44], que ce constat ne correspond pas à l'expérience de la lecture — celle-ci se reconnaît certes dans l'imaginaire, mais celui-ci n'exclut ni qu'il soit expressément accessible ni qu'il soit, en conséquence, identifiable suivant le vrai et le faux. Autrement dit, identifier le récit à la fiction équivaudrait à rendre impossible l'adhésion à et l'identification de son univers : on n'adhère pas à ce que l'on constate feint. La conclusion s'impose : l'auteur d'un récit accomplit l'acte — authentique — de créer un espace fictif de notre monde réel. Cette validation du récit par les présupposés modaux de la narratologie et de la théorie des actes du langage — les phrases d'un récit sont les assertions sérieuses d'un narrateur fictif — appellent deux questions : sur quelles bases peut-on justifier le sérieux de l'acte de langage qui invente un narrateur ? Comment le discours d'un narrateur fictif peut-il être tenu pour sérieux ? L'impossibilité de répondre à ces questions instruit que l'illusion narrative, cela que mettent en œuvre vision et modalisation, ne vaut pas pour son propre pouvoir et que les techniques de représentation ne sont sans doute rien que des techniques de localisation des événements, des actions, des personnages, des locuteurs du récit, jusqu'aux bordures de celui-ci — c'est pourquoi s'impose la notation de l'histoire et de l'univers diégétique. Il n'y a pas de mode faible de la vérité. Il est vain de jouer de la semblance dans une vraisemblance — si ce n'est selon une sociologie de la réception : ce serait simplement dire que la semblance est identité dans le jeu logique du récit, parce qu'elle procède de *modèles relationnels*. Il reste très remarquable que les démonstrations sur ce point n'évitent pas la référence au visuel — la confusion de la reconnaissance du vraisemblable avec celle de la forme perceptive. C'est de fait marquer ce qui résulte, dans le récit, du jeu des points de vue, des niveaux narratifs, des rapports entre discours. Le récit ne cesse de procéder, en lui-même, à des déplacements qui concernent la source de la vision et de la voix et qui appellent, en conséquence, autant de transferts des objets dits, vus, dans les mondes de telle vision, de telle voix. C'est cela même la vraisemblance : la possibilité de déplacer un objet d'un monde à un autre — de le faire entrer dans le jeu de l'interprétant et de le caractériser comme l'objet de l'acte de narrer. La question du vrai et du faux tombe; celle de la fiction et du réel n'est pas ici pertinente. La vraisemblance dit l'égalité des semblances relativement au dispositif narratif et, en conséquence, leur commune validité en l'absence de toute image transcendante du jeu de la description et de la redescription. La temporalité narrative, indissociable de l'acte de narrer, suggère moins une concordance-discordance, qui suppose précisément une représentation transcendante du temps — ce que Paul Ricœur marque par le report du temps humain sur le temps cosmique[45] — que l'organisation de l'identique et du non-identique dans la supposée conscience des narrateurs et personnages réflecteurs : identique et non-identique sont, par la référence temporelle, alliés, déplacés, démontrés, comme le sont les objets dans des mondes différents.

Il faut revenir à la notion d'histoire telle que la propose la narratologie. L'histoire n'est pas donnée. Elle ne peut être que reconstruite et, en conséquence, considérée comme une visée du récit. La distinction essentielle entre récit littéraire et récit de l'historiographie reste, ainsi que l'a noté Ralph Cohen[46], que le premier commande et que le second exclut une distinction entre narrateur et auteur implicite. C'est souligner que, dans sa forme même, le récit littéraire ne peut clore son propre univers puisque la caution de l'auteur n'est jamais explicitement donnée et que le récit même dit ainsi la nécessité où il est d'être *replacé* sans que soient offerts les moyens explicites de ce *replacement*. C'est pourquoi identifier le narrateur omniscient à Dieu est illégitime, sauf à marquer que ce narrateur est au plus proche de ce pourrait être une image transcendante que se donnerait le récit. Dire l'histoire du récit, ce n'est que dire ce replacement, qui suppose que soit reconnue une direction de lecture relativement nette — ou encore : identifier l'histoire revient à désigner une structure intentionnelle du récit, qu'il est également loisible de lire comme son image transcendante. Il y aurait là une manière de structure rhétorique du récit : le réenchaînement des signes primaires et secondaires, dans le jeu de l'interprétant, serait reportable sur son propre paradigme — jamais donné, seulement déductible. On retrouve ici les équivoques de la métaphore et de la métonymie, qui font conclure, contre les indications de Jakobson, que le récit est essentiellement métaphorique, et plus : le récit, tel qu'il se livre en tant que produit, se situe entre l'acte même de narrer et la constitution de cette image — il relève des mêmes ambiguïtés que la notation d'une éventuelle identité narrative, et donne le dessin de sa temporalité pour le lieu où jouent continûment l'identique et le non-identique, également démontrés grâce à cette continuité. L'implicite de la transcendance est obligé, sans lequel il n'y aurait pas d'indication possible de la finalité de la narration ; l'inachèvement de cette transcendance est inévitable, puisque le récit ne va que par une double perspective : celle de la rétrospection, celle de l'actualité de la narration. Le paradoxe temporel du récit définit l'efficace de l'action de narrer : celle-ci marque le passage de la frontière du présent et du passé, et ne cesse de revenir à cette frontière et d'y fixer le récit. Cela se dit encore : le récit ne peut jamais présenter un mouvement transférentiel achevé, bien qu'il le suppose. Subsiste la différence entre le développement narratif et ce qui peut être sa propre somme. T. Todorov a noté cette ambivalence par le terme de tension et par le constat que le jeu temporel permet au récit d'acquérir une signification, sans que celle-ci devienne information[47]. Le récit ne dit rien ultimement, parce qu'il est à la fois action de narrer et constat du tout advient, dès lors qu'il se place au point de réversion du présent et du passé, des pensées vivantes et des pensées mortes. Le système de modalisation se lit comme la régulation de cette dualité qu'il rend présentable. Il se conclut non pas que le récit relève du silence — marquer le silence n'est que marquer le défaut d'image transcendante du narratif —, mais qu'il ne peut être finalisé en termes de communication et selon les relations entre les entrées et les sorties d'information. Il est pertinent par sa structure interne : celle-ci donne à lire le pouvoir de détermination narrative que porte la fixation sur la limite du passé et du présent ; elle fait des données narratives autant de redondances de cette situation frontière, et de la citation du passé le moyen de dessiner cette situation comme une situation de relations. Pour caractériser l'obligée indétermination de la lecture, il n'est pas nécessaire de faire l'hypothèse d'un *blanc* du récit, qui serait indissociable de la détermination. La possibilité de l'interprétation du récit ne se distingue pas de la nature de l'action narrative — transfert inachevé qui appelle sa reprise et son replacement.

La notation de ce mouvement de reprise et de déplacement invalide quelques données extrêmes de la théorie littéraire. L'inachèvement transférentiel est rapporté — c'est la thèse de la déconstruction — à un jeu entre image transcendante, implicite ou explicite, et rhétorique. Le récit se donne un modèle idéologique, une idée qui est sa finalité, auquel il réfère son développement et, en conséquence, l'histoire qui peut être déduite de sa fable. Il y aurait hiatus entre cet ordre métaphorique — le jeu des apparentements que suscite le modèle — et la réalisation de la chaîne métonymique, et indication de l'échec à interpréter le récit sous le signe de sa propre exemplarité. Raconter, ce n'est plus tant figurer ou refigurer qu'exposer cette manière de trahison du récit par lui-même, et de la vanité de toute interprétation assertorique. Le seul accomplissement possible du récit est dans la formulation de son propre au-delà : ce point où la vie devient *vita* et raconter devient une allégorie. Il y a là l'ignorance de la spécificité de l'ensemble narratif : il peut être tenu pour un ensemble, mais il ne dessine aucune sommativité ; il a un commencement et une fin, qui n'imposent pas l'efficacité d'une structure intentionnelle, mais une équifinalité. La détermination narrative se lit suivant l'égalité de ses paramètres qui suppose précisément la conjonction et l'égalité du passé et du présent, la situation temporelle paradoxale. La thèse de Derrida dispose que le récit est suivant le jeu de l'interprétant et selon une manière de théologie négative[48]. L'image transcendante du narratif est refusée ; l'équifinalité est lue sous le signe d'une équitemporalité. Mais il se conclut, contre la possibilité d'une régulation commune de l'équitemporalité et de l'enchaînement des actions, à une manière de délégalisation du narratif. Lyotard traduit[49], dans l'indication de la généalogie et dans celle de la paralogie, l'hésitation d'une interprétation du récit qui doit décider entre le pouvoir de la narration et celui d'une indétermination qui résulte de l'équifinalité — soit à dire le dessin de la généalogie qui fait du récit le discours de la légitimité, et celui de la primauté de la fiction, qui fait du réel le simple entre-deux de tous les discours. C'est identifier le récit moins à un acte de narrer qu'à la notation, toujours reprise, du paradoxe que porte l'indication d'une structure intentionnelle et d'une image transcendante. Le récit d'une telle indication est récit sans suite parce qu'il a toujours pour opposé le récit d'une autre structure et d'une autre image. C'est, de fait, récuser la possibilité de la situation temporelle caractéristique du récit et refuser de marquer sa propriété : précisément faire jouer deux temps et l'implicite de l'histoire. C'est suggérer que le récit sans transcendance peut être le récit psychotique qui exclut le dessin de la frontière temporelle et efface les partages et la limite des antinomies, vie-mort, rachat-culpabilité, sacrifice-souffrance, etc., ou celui de la mort générale — ainsi que le suggère Michel de Certeau[50]. Ces thèses, du déconstructionnisme à de Certeau, sont la converse des théories de Paul Ricœur : là, le récit est ce qui va *ab initio* par l'identité narrative ou par le refus de l'identité narrative; ici, il est ce qui médie l'identité. La thèse de l'identité revient à confondre le récit entendu comme action narrative et le récit compris comme recueil d'une organisation idéologique. Ou, plus précisément, à omettre de marquer que le récit se donne pour une manière de transcendance par l'usage qu'il fait du passé. Il soumet ce passé au même jeu de défaut d'image ultime qu'il le fait de sa conclusion. Il dispose qu'il y a, de fait, coorigine entre lui-même et toute suggestion de l'identité — où il ne faut ni l'assertion de la généalogie ni l'exercice de quelque loi. Il suffit de marquer que le récit accentue plus ou moins le défaut d'image transcendante initiale et finale : il souligne, à des degrés divers, l'irrésolution temporelle et donc causale qu'il suppose. Le récit est *action narrative* parce qu'il répond, dans l'actualité de son écriture et de sa lecture, à cette irrésolution qui le définit. Rappeler qu'il porte inévitablement la trace d'un sujet (subjectif), décelable particulièrement par le jeu des déictiques, ne revient pas à noter l'inscription d'une origine, mais l'indice de l'action narrative qui suppose nécessairement un sujet. Ou l'inévitable de l'hypothèse de l'énonciation pré-textuelle, que retient J. Kristeva[51].

En se partageant entre une *narratologie* et une *poétique*, comme le marque T. Todorov[52], les études contemporaines du récit traduisent une hésitation : rapporter le récit à des variations sur une même situation — ce qui se déduit de Propp, ce qui se reformule avec Claude Bremond et A.J. Greimas —, ou le considérer comme cette machine qui régule l'irrésolution temporelle et qui permet de la lire suivant l'ordre du constatif. Le transfert de l'analyse des récits fixés de la tradition orale à des récits littéraires, écrits, n'est pas ici indifférent. Il correspond au déplacement et à la reprise d'une systématique qui, au regard du récit littéraire, est une systématique interprétative; il indique que cette analyse implique de prêter au récit littéraire ce qu'il ne suppose pas : la reconnaissance que l'individuation et ses modes sont antérieurs ou extérieurs à la représentation de l'identité. Le dessin systématique de l'action est la négation de l'action narrative et de ce que celle-ci a pour condition : l'identité est, dans le temps, toujours à redire. Ce transfert a une fonction idéologique : récuser la propriété précisément idéologique du récit — refuser qu'une idée, avec tout ce qu'elle comporte de pouvoir assertif, ait force de loi sur le récit. Dire une règle de l'action et sa représentation entend fixer la raison des partages et des organisations formels suivant l'ambivalence d'un faire — cette action représentée —, et se confond avec la reconnaissance d'une construction inévitablement typologique. La limite de cette interprétation est celle de l'identification d'une convention. E. Meletinski rappelle, dans son analyse de *La Morphologie du conte* de V. Propp, cette hypothèse de la convention, indissociable de l'hypothèse formaliste[53]. Tenter de sortir de cette notation de la convention, qui est donc manière de marquer une *idée* (et une idéologie) qui commande le récit, c'est venir à une contradiction implicite. Ainsi de Roland Barthes. Son «Analyse structurale du récit»[54] définit, de fait, un jeu de linéarité — celui des fonctions — qui équivaut à noter une poursuite du récit par implications successives des fonctions, et de transversalité — données dites métaphoriques ou verticales qui sont parfois difficilement distinguables de la citation des données fonctionnelles et qui, en tout état de cause, sont le répertoire de celles-ci. Il est donc moins décrit un système que la façon dont ce qui est tenu pour récit apparaît comme un récit *unifié* : il ne cesse de reprendre ces questions que porte l'indication des fonctions — l'achat d'un révolver sous-entend pourquoi l'achat d'un révolver ? —, et procède par jeu d'embranchements. Dire «une syntaxe intérieure aux séquences et une séquence (subrogeante) des séquences entre elles», c'est, pour l'essentiel dire, qu'il y a dessin de la totalité narrative moins par la somme de l'action que par le jeu d'interprétant qui associe les diverses «fonctions». Il y a là la raison même de la poursuite du récit. Il se conclut : la poursuite du récit est poursuite finalisée de manière toujours locale et qui apparaît comme un moyen de désigner ces indices repris dans le jeu de l'interprétant.

L'analyse de l'*effet de réel*[55], dans l'article du même nom, peut se lire de manière similaire. L'effet de réel est donné pour hors paradigme et pour hors syntagme — il est résiduel dans le récit même. Il faut encore ajouter : hors de l'exemplarité de la représentation, il y a désignation du résidu du littéraire : le réel. Il se conclut : il n'y a pas de finalité du narratif en lui-même ; il n'y a pas de finalité réaliste — comprise comme une finalité transactive du discours et de la réalité — du récit. Il peut se dire : le récit est l'orthopédie des effets de réels — de cette désignation du réel qui n'est pas une représentation du réel et où se relit le jeu d'une antécédence supposée et médiée par le récit. Roland Barthes devait noter en 1973 : «Un récit n'est pas un espace tabulaire, une structure plane, c'est un volume, une stéréophonie»[56]. Il caractérise cependant le récit par l'irréversibilité — code actionnel, code de l'énigme, code logico-temporel —, alors qu'il maintient l'indication de l'hétérogène — identifié aux isolats qui séparent séquences, codes. Il convient de reformuler cette ambivalence. Si le récit se donne, ainsi que le marque l'irréversibilité qui n'exclut pas les synchronies de l'organisation narrative, ses conditions transcendantes de possibilité — une origine et, par là, un pouvoir absolu de dire l'action et le temps, il ne le peut que relativement à l'extériorité de ce pouvoir — cela qui fait reste dans le récit et face au récit. On sait que le récit du pouvoir — ainsi du récit du pouvoir du Roi analysé par Louis Marin[57] — redouble thématiquement et structurellement cette ambivalence, note que le pouvoir n'a pas d'adversité et que, cependant, il faut bien qu'il en ait une. Même dans la référence au primat de l'action, la théorie du récit est toujours passage au bord extérieur de cette détermination, doublement : elle indique que le récit sort de lui-même — inadéquation des limites de l'intrigue et des limites de l'histoire ; elle souligne que le résiduel est constant, figuré. Il n'y a pas de lecture ultimement métonymique du récit. Dire l'histoire, c'est lire le temps comme une enveloppe métaphorique du récit, et ainsi de l'action. Dire la seule contiguïté — ce qui imposerait le constat de la discordance entre récit et intrigue — équivaudrait à la notation d'une stricte intransitivité puisque la consécution ne serait plus relative à rien qui puisse se lire ou se déduire du récit. Le récit reste cependant sans image transcendante — sauf à supposer, comme l'a fait Gerald Prince[58], une analyse systématique des implications non triviales des données du récit. On dit supposition, car le nombre des implications doit être tel qu'il exclue finalement tout compte rendu par sommativité. Hors du constat du privilège du métaphorique, hors de la notation de l'intransitivité de la consécution, le récit se définit comme un processus génératif, qui n'appelle pas nécessairement les modélisations de la grammaire générative, et qui procède par série d'antithèses — elles-mêmes soumises à des reprises et à des différenciations. L'irréversibilité du récit doit se lire suivant ce jeu — recouvrement de la béance de la disjonction, rupture de la répétition ; et l'indication temporelle s'interpréter comme le vecteur du mouvement : retour vers l'origine, l'antécédent supposé en ce qu'il commande le mouvement initial de disjonction et de répétition du récit — répéter par ce que l'on sait la disjonction —, et le mouvement de l'avant vers la fin — soit le possible même de l'acte de narrer qui n'est que la tentative d'annuler la première disjonction.

Cette absence d'une image transcendante fait apparenter récit et désymbolisation. Désymboliser veut dire effacement du pouvoir du symbolique, de ce qui tout à la fois montre, expose et regarde les hommes. Désymboliser, c'est aveugler l'œil de tout pouvoir connu, et toucher à une transparence. Par quoi, le récit ne se distingue pas d'un achèvement constant — il procède d'achèvements en achèvements et construit les péripéties de ces achèvements. L'achèvement est la figure de toute fin, y compris la mort et l'effacement du pouvoir. La péripétie est ce qui fait image sur cette fin. Cette incomplétude se marque encore paradoxalement par l'usage de l'image transcendante — Léo Bersani a ainsi dit les fonctions de la figuration du désir comme dessin de l'au-delà du récit et comme moyen de définir la conclusion du récit suivant le seul jeu de la péripétie[59]. Tout récit va par une manière d'inconclusion — dessin de l'irrésolution du problème posé en termes d'intrigue et, plus essentiellement, répétition dernière de la disjonction qui est la condition du récit et de son procès. Frank Kermode a souligné, dans *The Sense of an ending*[60], ce paradoxe de la fin immanente, *imminente*. Il ne faut pas reconnaître, dans cette thèse, comme l'a fait Paul Ricœur, une lecture et une reconnaissance de l'informe mais cela que note explicitement Frank Kermode : un récit est en son entier, et dans le jeu de son développement, exposé d'un état, d'une action *in media res*. Le récit n'est que l'herméneutique de ce tracé transitoire, auquel il n'est jamais donné ni origine, ni fin sémantique marquées. La notion même de récit s'interprète nouvellement : le récit n'est peut-être pas la transmission, la régulation et la modalisation d'une information — l'histoire comme stock et ordre de données qui sont refigurés —, mais plutôt, ainsi que l'a suggéré G. Deleuze, cette formulation qui rend vaine l'information[61]. Il suppose défaite la continuité du flux informatif; il dessine son propre flux paradoxal, cela qui donné à voir une irréversibilité dans ce qui est le mouvement de la disjonction et de la répétition, cela qui est animé par un dehors plus profond que l'information disponible, les interstices de tout récit au regard de ses antécédences et de ses propres moments. Cela peut encore se formuler : le récit ne dispose pas d'un temps paramétrique, de ces dessins temporels des séries qui permettent de traiter de l'Histoire de façon asymétrique, — en excluant l'observateur, l'historien du champ de son objet —, et de façon toujours achevée, — en donnant les séquences du temps pour ce qui trouve toujours réponse dans le récit historiographique. Or, nous apprend la poétique même qui entend dire l'artifice du récit littéraire, l'observateur, le narrateur sont toujours repérables, fût-ce de façon implicite dans le récit. Il en résulte que le sujet, qui doit être le dernier de la série, n'est plus le dernier et qu'il ne cesse de rejeter le dernier référent, toujours, sans fin, devant. Du temps paramétrique au temps non paramétrique, il y a la différence du temps de l'information et du temps de la formulation, du temps de l'Histoire et du temps du déplacement du signe. Le récit n'est jamais à sa place. C'est retrouver la problématique du *detached meaning* et celle de l'interrogativité — le récit est la mise en scène d'un discours substitutif qui n'aboutit pas en tant que discours substitutif.

C'est pourquoi un modèle spatial, considéré en lui-même, ne suffit pas à rendre compte du texte narratif. S'il reste assuré que le récit se construit — même dans l'hypothèse de l'anti-récit — et se lit comme un tout, il ne se conclut pas qu'il y ait une solution proprement structurale à l'entreprise de modélisation du récit. Iouri Lotman, à la différence des formalistes russes et des sémioticiens qui privilégient l'adéquation du récit au modèle phrastique, ne tient pas pour essentielle la catégorie de l'action — plus exactement, elle n'est pas première dans l'interprétation. Le récit, comme tout texte artistique, est *délimité*. Le moyen de cette délimitation est l'intrigue. Celle-ci ne se conçoit, dans une réflexion sémiotique qui procède par une logique binaire, que selon son opposé, l'absence d'intrigue et partant, d'événements et d'actions. L'événement est défini comme le «déplacement du personnage à travers la frontière du champ sémantique»[62]. Le récit se lit sur fond de texte sans sujet et comme la négation de ce type de texte. On sait les récits qui, de *L'Ane d'or* aux romans picaresques, peuvent illustrer cette thèse. Cette définition textuelle du récit n'exclut pas que cette reconnaissance de l'événement (qui peut être une action) conduise à une décomposition de l'intrigue en séquences d'intrigue et celles-ci en autant de passages de frontières sémantiques. C'est retrouver la question de la définition de l'intrigue et de son rapport à l'histoire, ramener le narratif au dessin d'un parcours dans un univers sémantiquement déterminé, lisible, caractériser le récit par un jeu de contiguïtés — moins corrélées que rapportées à des figures transversales, tel événement, telle action, tel personnage. Cette notation de la prégnance spatiale peut se redire : tout ensemble narratif, dans ses limites — c'est-à-dire dans son jeu de prélèvement sur un ensemble de nominations et sur un classement — est la configuration locale et terminale d'un ensemble plus vaste qui ne peut être dessiné car ce serait alors disposer de la somme même des paradigmes utilisables. Les points de transgression, qu'indique Iouri Lotman, s'interprètent encore comme des points de concentration — sans que l'intrigue même suggère un ordre métaphorique, cela qui composerait ce voyage à travers les partages spatiaux, sémantiques, ni l'invariant même du paradigme. Le récit va suivant les deux anneaux conjoints de l'espace et du temps, suivant cet ordre qui le commanderait et suivant cette situation médiane — articulation du passé supposé et du présent de l'acte de narrer. La notation spatiale de Iouri Lotman a le mérite de marquer que le récit ne peut être loi d'auto-application — si le récit est un ensemble, il produit un sous-ensemble suivant un jeu de fermeture — parce qu'il ne conserve pas, dans le geste narratif, une cohérence stricte, ni ne fait de ces points de passage — transgression des espaces — des micro-figures d'équilibre. Les dessins de la série des transgressions sont les moyens de donner stabilité au récit. L'espace de la systématique, sur lequel se lèverait le récit, est ultimement pour le récit espace utopique, l'espace de personne — une manière d'image irréalisable de la transcendance. Les codes sémantiques du récit sont donc exactement relatifs, mineurs au regard de cette utopie et irréférables à aucun ensemble puisque l'ordre des espaces est espace indisponible dans le récit. Les transgressions des espaces se lisent comme l'intersection résiduelle des répertoires, et le récit comme cette intersection également résiduelle, de l'ensemble des espaces sémantiques supposés. Il se constate le même jeu intervallaire qui identifie la situation temporelle du récit. Supposer un simple jeu de parcours revient à faire l'hypothèse d'un récit qui, dans son développement, est successivement à l'intérieur de certains espaces sémantiques : rigoureusement, il ne dirait rien, car il ne ferait que répéter divers répertoires. Le passage des répertoires doit donc se définir comme la construction de la proximité des répertoires, et le récit comme le point vicinal de ces répertoires, qu'il réactive, comme il réactive l'antécédent supposé. Le passage est application des espaces les uns sur les autres, et la transgression mise en jeu de l'exercice d'interception qu'est le récit — la communication est ici représentée en tant qu'elle n'est pas optimale. Le récit : non pas langage de l'information, mais de l'intervalle de l'information, et l'acte de narrer la variable des répertoires et parties de répertoires disponibles. C'est retrouver, en termes d'espace, la loi de la vraisemblance, déjà dite en termes d'acte narratif et de temporalité, et caractériser à nouveau le jeu de différenciation du récit : celui-ci ne joue pas tant d'identités que de séparations : il dessine l'individuation par ce constat des distances qui font ensemble par leur proximité, suivant la logique de la rhétoricité qui récuse à la fois le mouvement de la loi, de l'identité et celui de la déconstruction. Soit le même geste de narrer, qu'il soit considéré temps ou espace : il suppose l'explication, c'est-à-dire la représentation du passage comme jeu de proximité.

Dans cet examen du rapport de l'implicite de l'histoire au récit, de l'antécédence du signe primaire, attesté ou supposé, et du jeu de l'interprétant, du répertoire sémantique et du parcours sémantique, les théories du récit retrouvent les interrogations des théories du littéraire relatives au report de l'écriture sur un point exogène et sur un point endogène, et reviennent aux conditions d'une définition publique du littéraire. S'agissant du récit, il se conclut à la récusation d'un point exogène qui serait la source et la légitimation de l'entreprise de narrer — que l'on considère un antécédent *réel* ou la visée d'une idée, quelle qu'elle soit, par le récit. La question subsiste de décider si un tel défaut de point exogène ou d'image transcendante doit faire conclure à une délégalisation du narratif ou au simple jeu de la paralogie, lues l'une et l'autre contre le modèle du récit légitimant — mythe, épopée, narration ethnologique. Cette question peut se reformuler comme celle qui porte sur l'aptitude du récit à faire lire son pouvoir de se générer; elle est encore indissociable d'une interrogation sur le lieu commun, le champ commun, que dessine le récit et qui ne soient pas reportables sur un point exogène. Il est manifeste que l'identification du récit à un jeu spatialo-sémantique, que propose Iouri Lotman, le désigne explicitement comme un lieu commun original — par sa secondarité même, par le parcours distinct qui est présenté des répertoires sémantiques. C'est entreprendre d'interpréter l'implicite du récit, le réenchaînement du jeu de l'interprétant en termes de complexité, et marquer en quoi toute matrice qui puisse reconduire au récit est dépassée par sa discordance. Perspective exactement inverse de la démarche réductionniste de la narratologie de A.J. Greimas ou de toutes études des procédés de modalisation, qui sont autant de définitions d'une machine à montrer les discours et à représentation[63]. L'enjeu n'est pas tant de reconnaître ou d'exclure une possible réappropriation du récit que de souligner que l'acte narratif porte son propre pouvoir génétique et sa propre aptitude à dessiner l'espace public du récit. C'est, par là même et également, tenter de sortir des impasses des modèles linguistiques et informationnels du récit — identification du récit à une transmission d'information dont la reconnaissance serait d'autant plus difficile que le récit peut compliquer à l'infini les jeux de médiation, ou à un geste fictif qui ne permet pas ultimement de donner un statut au récit.

Les analyses contrastées, que proposent Lacan[64] et Derrida[65], du texte de Poe, *La Lettre volée*, permettent de préciser les ambivalences du constat de l'absence d'image transcendante que se donnerait le récit. Outre sa pertinence psychanalytique, l'argument de Lacan a pour intérêt de souligner, à travers les références à l'imaginaire et au symbolique, la dualité de tout récit. Sous l'identification de l'*imaginaire*, il est donné à lire le pouvoir mimétique du récit, relativement à ce qui lui est extérieur et en lui-même. Indication du jeu de répétition, d'identification, d'assimilation du récit, celui-même de la mise en œuvre du racontant par rapport au raconté (supposé), et explicitement noté dans *La Lettre volée* par une sorte de mise en abyme — jeu de double entre Dupin et le ministre D. Sous l'identification du *symbolique*, il est noté que cette répétition n'est que relative à, situable par rapport à «La Lettre», assimilée au signifiant. Pouvoir de différenciation du symbolique qui différencie la structure en plans distincts, occupés par les divers personnages. Il est désigné là la matrice des répétitions et son caractère de contrainte sur le jeu mimétique, comme le symbolique commande l'imaginaire. Ou le dessin même du récit suivant une duplicité : celle de sa réalisation, celle de l'ordre extérieur à cette réalisation, mais lisible dans le récit. Derrida critique cette hiérarchie même suggérée par Lacan, suivant le mouvement de déconstruction usuel de tout ce qui peut noter un ordre et pour conclure au primat du mimétique, c'est-à-dire de l'indifférenciation des doubles, en une thèse qui retrouve les simulacres de la théorie des actes du langage, et qui nie, bien évidemment, toute référence à une lettre authentique, mais désigne la lettre volée selon «une indirection incorrigible» — terminologie précisément ambiguë qui indique l'obligation de situer l'absence de toute direction par rapport à une direction. Tout cela revient à une question : comment avance le récit, à partir de sa propre répétition? De Lacan à Derrida, une thèse tierce est concevable : celle qui indiquerait que l'ordre de l'exposition du mimétique est celui-même qui résulte de cette exposition et qui désigne l'au-delà que se donne la construction du mimétique. Dans le domaine de l'anthropologie, René Girard a donné une interprétation similaire du mimétique — de la répétition du double —, et dans le domaine littéraire, avec *Mensonge romantique et vérité romanesque*[66], il a identifié l'entreprise d'écrire à l'impensé de la différenciation. Sans reprendre les thèses de R. Girard, on notera que les indications de la médiation externe et de la médiation interne, à propos du récit — *Don Quichotte, L'Homme dans le souterrain* —, définissent en termes de symbolique et de thématique un *point endogène* de report du mimétique dans le récit. Les données seront réinterprétées par R. Girard en termes religieux — ce qui revient à désigner aux discours que tiennent les hommes, à partir de la répétition, un point *exogène*. Qu'il suffise cependant de marquer que, dans les termes mêmes de Girard, ce point est exactement relatif à la série des doubles.

Dans ces trois ordres d'interprétation du récit, il y a implicitement une définition ambivalente de l'histoire, le raconté distinct du racontant : elle n'est pas l'au-delà du récit, mais sa commande seulement lisible dans le racontant; elle est rigoureusement relative au jeu de reprise du racontant — alors caractérisé doublement : il est sa propre série; il est sa somme, par cette série sans laquelle celle-là ne serait pas même lisible. C'est dire, et en deçà des notations d'une hiérarchie ou d'un défaut de hiérarchie, que le récit produit, par son jeu spéculaire, son propre espace et la communauté de sa série, et désigne le sujet qui se définit par le seul rassemblement de la série — celui-là qui sait implicitement tout, non pas parce qu'il est le narrateur, non parce qu'il est l'auteur, mais parce qu'il se déduit de ce que dit le récit par ses reprises et du jeu entre elles. La narratologie des modes se construit sur la dénonciation de l'*illusion synoptique* dans le récit, ou elle la définit comme un effet choisi de la focalisation et de la modalisation. Il faut cependant ajouter que l'hypothèse du récit est une hypothèse à l'écart de l'*illusion synoptique* : peu importe comment est construit et justifié le fait de pouvoir dire les pensées intérieures d'un personnage, comment est marqué le jeu de l'interprétant et de l'antécédent qu'il suppose toujours — ce jeu fait du récit la figure de la communication achevée. La somme du récit est impliquée par le récit en chacun de ses points. Qu'elle soit impliquée n'entraîne pas qu'elle soit toujours rendue explicite ou qu'elle se réduise à des marques fournies par le récit, ni qu'elle soit ultimement définissable. Les notions de médiation interne et de médiation externe, proposées par René Girard, suggèrent que, lorsque ces marques existent, le récit ne les assimile pas à son code de construction ; pas plus qu'il ne fait du narrataire l'indice de la forme possible de la lecture. C'est pourquoi on tient qu'il faut maintenir les notions de narrataire et de lecteur implicite.

Il est suggéré, au total, une nouvelle définition de la notion d'histoire. L'histoire : cela qui n'est ni l'antécédent ni la conclusion du récit ; cela qui ne se déduit pas du récit ; cela qui résulte de l'application du récit à lui-même, suivant la réponse que porte l'acte de narrer ; elle est un ensemble inconnu, mais elle est répartie en sous-ensembles que l'on peut appliquer les uns aux autres. Paradoxe de l'histoire : elle n'est dicible que par la différenciation de ses composantes — l'information, à laquelle elle équivaudrait, est, au regard du récit, néguentropique. Inévitable et utilité de l'histoire : son ensemble résulte du principe de réversibilité et de dualité du récit. On sait que Michel Serres, à propos du roman *Michel Strogoff*, de Jules Verne[67], a reformulé le jeu de la lettre volée : message blanc sans doute, mais plus essentiellement *ensemble vide* — ce qui veut encore dire qu'il peut être tous les éléments du récit. L'histoire est la seule définition de l'effet de l'acte de narrer : opposer sans doute un minimum à un maximum — sans quoi il n'y aurait pas de mouvement du récit —, mais aussi, et plus essentiellement, dessiner une horizontale, c'est-à-dire la communauté de tout ce que dit le récit. Le récit est histoire parce qu'il expose que le témoignage suivant les mots, fussent-ils ceux de la fiction, est toujours suivant un jeu de conviction, c'est-à-dire suivant la possibilité de lire le même, qui est l'implicite du récit, ce qui le commande et ce qu'il désigne. C'est revenir au jeu de la minorité et de la maximalisation du local, et à celui de la question-réponse.

L'histoire est une supposition du lecteur — une interprétation qui va de la réponse à la question. La question n'est que le récit, — sans solution, mais ainsi caractérisé comme son propre ensemble, parce qu'il ne peut être, en conséquence, défiguré par aucune histoire, et commande l'inévitable d'une nouvelle réponse, toujours sa propre actualité, qui est réponse à la question constitutive du récit — comment dire présentement le passé et les voisinages des discours ? Ils se disent suivant la différence du présent et du passé, par un récit actuel et unique, répétition par cette actualité et cette unicité de la question qui le constitue. Le récit est à l'image de l'histoire, comme l'histoire est à l'image du récit, dans cette réciprocité de la question et de la réponse. C'est cela même leur complémentarité. Le récit est à la fois hors de la généalogie et hors de la paralogie — puisqu'il ne dit jamais sa pertinence temporelle première, et qu'il ne peut pas se reconnaître impertinent au regard de son entreprise et des autres discours.

Cet écart à une pertinence assurée comme à une impertinence manifeste définit une inadéquation du récit à l'objet qu'il se donne — d'où il résulte le jeu de la question et de la réponse — et une incongruité du récit en lui-même. Le récit ne va pas par une concordance ultime et explicite : il ne cesse de jouer de la discordance en lui-même, relativement à la finalité qu'il peut exposer. Cette discordance est travaillée ; elle est le moyen de désigner le récit comme résiduel face à tout temps et à tout discours, et l'acte de narrer comme le geste qui est geste de retournement dans le temps — cela qui désigne la discordance mais qui fait aussi l'hypothèse que des choses persistent anarchiquement dans le temps, ainsi que le récit est une telle persistance. Entre la généalogie et la paralogie, entre l'identification du récit à un traitement du caduc — cela même qui conduit à noter l'impossibilité du récit puisque le caduc ne se donne plus comme héritage — et la conclusion que, dans la mesure où le récit est son propre futur, il dessine un possible historiquement marqué, il se conçoit donc une manière d'intransgressable, l'acte de narrer, qui est tel parce qu'il suppose l'intransgressable dans le temps, cette réciprocité de la question et de la réponse. On sait que le constat de l'historicité ne revient à l'historique qu'à la condition de barrer le jeu de la question-réponse. Le récit littéraire, qui n'est pas l'historiographie et qui n'est donc pas tenu — sauf dans ce qui serait sa fiction — de venir à ce mouvement, de venir à l'historique, figure le fait de l'historique par la notation de l'*affect* — cela qui persiste dans l'Histoire, dans le temps, et qui est le témoin de la façon dont le sujet est affecté par le temps, par l'Histoire[68]. Il faut citer, à nouveau, le constat de l'aporie — on a dit les équivoques de l'aporétique du littéraire. Le récit joue doublement de l'aporie : il se donne comme résiduel relativement à tout discours et à tout dessin du temps; il désigne discours et dessin du temps comme des apories relativement à l'autre discours et à l'autre dessin du temps. Il est la contextualisation explicite de ces apories — leur problématisation et la notation de leurs intervalles. Cela se reformule par la notion d'histoire (opposée au récit) : différenciation du mouvement à partir de l'hypothèse, logiquement première, des jeux d'inclusion. C'est redire à propos du récit le mouvement de l'écriture-seuil. Et, par là, marquer l'invalidation du récit théorisé comme récit de l'ordre.

Cette thèse de l'ordre est une thèse banale qui rappelle d'abord l'intention ordonnatrice de tout projet esthétique et particulièrement du projet narratif. Cette assertion de l'ordre n'appelle pas inévitablement l'indication de la computation causale, mais l'analyse de ce qui serait la représentation de l'action. En un croisement des thèses de Iouri Lotman et des rappels de la fonction de la fabulation — le *muthos* aristotélicien —, il peut se dire que le récit donne espace et lieu à quelque chose et ainsi le légitime. Il offre inévitablement la loi de ce qu'il raconte, parce qu'il compose l'action et la scène de l'action. Ce mouvement implique de considérer que, relativement à une réalité quelle qu'elle soit, le narratif ne s'attache pas à la qualité propre des objets mais à une syntaxe d'éléments : il ne se distingue ni de l'artificialisme d'un modèle, parce qu'il renvoie à une totalité, ni de l'exposition de son propre ordre. L'ambivalence est ici remarquable : l'artifice du récit va indissolublement avec une représentation, et la notation d'une autonomie du récit est indissociable d'une loi qui serait le dehors même du récit et que celui-ci met en scène. Seymour Chatman a dégagé le caractère fonctionnel de la syntaxe d'éléments; M. de Certeau a noté le rapport entre désignation de l'action et du lieu de l'action et dessin de l'ordre — lisible dans la fabulation. Iouri Lotman, en une reformulation des thèses de Lévi-Strauss [69] relatives à l'opposition entre mythe et art : «L'art procède donc, note Lévi-Strauss, à partir d'un ensemble (objet + événement) et va à la *découverte* de sa structure; le mythe part d'une structure au moyen de laquelle il entreprend la construction d'un ensemble (objet + événement)», distingue deux types de récits et d'intrigues originels : d'un côté, le mythe qui ne présente ni excès ni anomalies et qui est intemporel et immuable; de l'autre côté, le récit linéaire qui traite d'incidents, d'excès. Les deux intrigues originelles finissent par jouer dialectiquement dans les récits : «la référence mythique pénètre dans la sphère de l'excès» [70]. Malgré leur proximité, ces deux différenciations typologiques disent au fond deux définitions possibles de la mesure du narratif. La proposition de Lotman revient à marquer la loi d'une disposition spatiale et temporelle — elle n'efface pas l'excès qui lui devient relatif. L'indication de Lévi-Strauss fait explicitement de l'organisation narrative une réponse à la question même du rapport du lieu et de l'événement ou, en d'autres termes, de la scène et de l'action. Il faut lire précisément la notation *objet + événement* : il y a une proximité, sans règle, des choses et des actions, de ce qui est et de ce qui advient. Le récit localise, mais il ne le fait que relativement à une délocalisation, et suivant une disposition qui est arbitraire au regard de la proximité sans règles. En ce sens, toute fiction de l'espace et du temps est coupure irrationnelle dans la représentation de l'espace et du temps. En d'autres termes, le récit ne donne pas droit de cité à l'espace réglé ni à l'ordre du temps, puisqu'il n'est que l'ordre de présentation des proximités — c'est-à-dire suivant l'égalité des témoins de l'espace et du temps. Noter que le récit *va à la découverte de sa structure* revient indirectement à souligner qu'il n'y a pas de modèle des espaces qui sont suivant des mutations et des décalages et que le récit, en tant qu'il est temporalité, est jeu de faux-mouvements et dessin des rapports des espaces entre eux suivant de faux-raccords. Manière de noter que la réalisation du récit et son interprétation suivant sa réification — la structure — ne font conclure à l'hypostase d'aucun des éléments de la construction du récit, ni à aucune positivation de la référence spatiale ou de la référence temporelle : l'une et l'autre restent relatives à la proximité sans règles des choses, des événements — du même et de l'autre. Que le récit puisse proposer, face à cette donnée première, un critère d'évidence — ordre spatial, ordre de l'action — ne définit pas tant l'acte de narrer que l'hypothèse d'une factualisation du narratif — manière symbolique d'occulter la constitution du récit, ainsi que le marquent les deux thèses de Iouri Lotman, celle de la transgression, relative à l'espace, celle de l'intrigue relative à la permanence d'une structure mythique. Il faut cependant conclure : le récit n'est que le traitement de sa propre discordance et de la discordance paradoxale qui le constitue.

Les théories du récit traduisent une ambivalence, en disant les dualités de la structure profonde et de la réalisation narrative de surface, du logique et du chronologique, de la production et du produit scripturaire, du dedans et du dehors — soit, dans les termes de Gérard Genette, ce qui est interne au diégétique et ce qui est externe au diégétique. Ces dualités correspondent aussi à l'effort pour définir une rationalité narratologique caractérisée soit en termes de rationalité sémiotique, soit en termes d'intelligibilité narrative. Il faut cependant d'abord noter : rapporter le récit à sa logique et à ses procédures constitutives, ne doit pas faire négliger les apories qu'elles portent : situation de l'énonciation dès lors que sont caractérisées des structures profondes et une logique de l'action, pertinence de ces structures et de cette logique qui, contre les difficultés qu'il y a à marquer le sémantisme du texte et à discriminer l'action, identifient le récit à un jeu d'équilibre. Ainsi, dans les propositions de Claude Bremond, la réciprocité formelle des actions humaines et de l'interaction qu'elle dessine sont les conditions de la définition de la fonction narrative — le récit se caractériserait par sa justice. La réciprocité, ainsi comprise, est une donnée formelle, adéquate au conte folklorique ou au récit épique, qui représentent des actions typiques, mais plus incertaine s'il s'agit de la lire dans les récits de la réciprocité sentimentale ou affective, ou dans ceux de l'individuation ou de l'accomplissement, ou de leurs contraires, explicites. C'est enfin supposer une définition rectiligne de l'action, qui exclut que celle-ci fasse partie de la représentation d'actions concrètes, soumises à l'ensemble des buts intermédiaires et finals, et modifiées par la singularité de l'agissement. On sait que T.A. van Dijk a marqué la difficulté qu'il y a à discriminer une action complète[71], dans le récit — si le terme d'action ne doit pas devenir synonyme d'intrigue —, et que, dans ces conditions, un récit présente plusieurs actions. L'action, exactement circonscrite, n'est pas inévitablement une donnée paradigmatique. En maintenir une définition générale, c'est, de fait, proposer une assimilation à l'intrigue et à la mise en intrigue, décomposable suivant un jeu de séquences. L'identification du récit littéraire au récit ordinaire — récits d'actions de la vie quotidienne — omet de différencier le récit quotidien par sa situation de narration qui est, en principe, celle d'un rapport de témoignage avéré et qui ne pose donc pas les problèmes de situation du récit littéraire. La sémiotique narrative d'A.J. Greimas relèverait de remarques similaires : suivant une indication explicite de A.J. Greimas, l'œuvre littéraire est un tout phénoménologique[72]. On peut déceler une réversibilité entre la distribution des fonctions actantielles, le pouvoir générateur du carré sémiotique — l'un et l'autre rendent compte de la narrativité —, et le constat de la narrativité, qui ne se distingue pas de la perception du tout phénoménologique du récit. Il y a peut-être là report d'un résultat de lecture, d'interprétation, sur ce qui est défini comme le conditionnement de la structure narrative. Mais l'essentiel reste le quasi-effacement de la référence à l'énonciation. Articuler sémiotique, narration et énonciation, c'est, de fait, sortir de la définition des relations et transformations productrices du récit pour penser l'articulation du «sujet créateur énonciatif» et des contraintes modélisantes. Ces remarques tendent à souligner qu'il ne peut être fait l'impasse de l'intelligibilité narrative : celle-ci oblige à penser la différence même au sein du texte medium — suivant les jeux de la dualité, de la réversion, de la question-réponse. Toute typologie et toute caractérisation de l'énonciation ne le sont que par rapport à des récits réalisés et à un énonçant écrivant. Ce qui veut encore dire — en une récusation implicite du narratif typologique et du transfert des analyses du sémiotique, du récit folklorique au récit littéraire : le récit ne se dit qu'au pluriel et sans vérité décidable, parce qu'il relève d'une simulation universelle et conduit à une interdiscursivité et à une interréférentialité sans ancrage possible. L'indication de l'intelligibilité narrative se substitue à celle de la rationalité narrative : le récit se définit par cette raison initiale et minimale, celle d'un rendre compte qui ne peut être dissocié du constat du résiduel — le récit même, son antécédent supposé.

Cette intelligibilité peut se lire comme l'exercice d'un pouvoir de la raison — on sait la prégnance du narratif telle qu'elle se conclut des propositions de Freud; on sait la tradition d'interprétation du narratif — même dans les constats négatifs qu'impose celui-ci, qui, de Hegel à Lukàcs, définit le récit comme une réalisation rationnelle et axiologique. Il se conclut ultimement à une manière de pouvoir totalitaire du récit — l'exercice dernier de la raison — ou à une définition rédimante — c'est la thèse de Paul Ricœur qui identifie le récit au dessin de la discordance-concordance dans le temps — ou à la thèse de la *fiction suprême*[73] — la raison du sujet comme double et au-delà de toutes les raisons, dont la preuve est l'accomplissement du poético-démiurgique. Il reste cependant remarquable que ces thèses soient ainsi, de fait, des définitions des limites du narratif — comprises en termes existentiels ou en termes rhétoriques. Relève d'une perspective existentielle la tradition interprétative issue de Hegel, lisible chez Lukàcs, chez Goldmann. Relève d'un point de vue rhétorique, qui n'exclut pas la perspective existentielle, le dessin d'une loi de la fabulation va selon la notation de sa propre limite — dessin de l'action, dessin de sa ligne temporelle, ainsi que le suggère N. Frye. Le point de vue rhétorique traduit une neutralisation du pouvoir assertorique du narratif : signification même de la narratologie et de l'indication de la modalisation; signification des poétiques de la fiction, distinctes des poétiques narratives. La fiction est inévitable parce que les signes ne sont plus d'eux-mêmes moyens de transaction et que le signe, dans sa singularité, ne peut plus se présenter comme la partie d'un tout. C'est définir la fiction comme la réponse au constat du bruit de fond, la rendre indissociable de l'écoute, et la rapporter à la faiblesse du langage et du narratif — faiblesse de cela qui fait retraite devant la multiplicité des signes. Il se trouve toujours un récit de trop — il rend la fiction certaine et se définit comme une version du monde, comme cela qui fait émerger de sa propre limite cette version. Narrer n'est que dessiner des rapports avec les choses sans rapport — geste exactement ambivalent : d'impuissance et de production de l'imprévu. Suggérer le sable de la multiplicité lors même que le récit marque la fin et le commencement. Ces jeux de l'intelligibilité narrative permettent de reformuler la notation d'une image transcendante que porterait ou ne porterait pas le récit. Il ne s'agit plus tant de marquer un point exogène ou endogène du narratif et la détermination qui s'y lirait, que lire cette hésitation comme l'indice d'un exercice explicite des limites du narratif — d'où celui-ci tire son intelligibilité. L'hésitation sur l'exogène et sur l'endogène traduit l'impossibilité de caractériser le récit suivant un rapport explicite de la partie et du tout — c'est pourquoi, il peut être dit tantôt une raison majeure, tantôt une raison mineure du narratif, et l'équivoque du narratif-fiction — cela qui dessine un ensemble dernier, double du langage, et qui n'est cependant qu'une version parmi d'autres versions.

Noter l'intelligibilité narrative reste une manière de dire le paradoxe du récit. Dans cette irrésolution du rapport de la partie et du tout, se lisent les réversions — connues — des rapports de la métaphore et de la métonymie; se marque l'emboîtement des figures de délégation que construit le récit grâce au jeu de la modalisation, et qui appelle le dessin, suivant une régression, de ces figures — jusqu'aux narrateurs et lecteurs implicites —, de la modalisation et du point de vue suivant des corrélations qui donnent le récit comme un système englobant et cependant non sommatif. Toute procédure de modalisation et de focalisation est relative à une autre procédure, qui place le récit dans un double effet — de réel et de fiction —, dans l'ambivalence même de l'intelligibilité narrative — livrer un compte rendu ou une version du monde. Cette ambivalence fait encore lire l'*intermédiaire* équivoque qu'est le récit. Dans l'hypothèse du compte rendu, l'intermédiaire dans le temps se donne pour le médiateur du passé — en un geste toujours à reprendre. L'inévitable du récit — fiction et version du monde ajoutée aux versions disponibles — fait de l'intermédiaire un medium et de celui-ci une manière de monde, disponible par l'effectuation et la réeffectuation de ce medium et des figures de la médiation qu'il présente. Le récit est son propre interprétant, non par quelque choix obligé de la duplication, mais par cette irrésolution du rapport de la partie et du tout. Au regard de toute finalité communicationnelle et de tout exercice achevé d'intelligibilité, il marque une manière de décalage constant; par la mise à distance de sa source d'énonciation, il est, en lui-même, aller et retour entre les représentations des sources d'énonciation. Le rapport incertain de la partie et du tout fait interpréter les références temporelles non pas comme un mouvement de discordance-concordance, mais comme le jeu d'une finition temporelle — la péripétie dernière de l'intrigue — et d'une perspective anagogique — s'il y a temps, il est d'une représentation qui se donne inévitablement pour l'au-delà de l'intrigue. Cela se formule encore : le récit outrepasse l'action parce que toute action est aussi indication de ce point de fuite temporel. L'exercice de l'intelligibilité narrative et ses paradoxes posent la question de la légitimité ou de l'illégitimité du récit. Il faut comprendre : légitimité ou illégitimité de la façon dont le récit légitime, par la modalisation et la représentation des sources narratives, son propre dire; légitimité ou illégitimité de ce dire? C'est noter l'indissociable de la finalité du compte rendu et du constat de la version du monde, de l'effet de réel et de l'effet de fiction. La discontinuité temporelle originelle que suppose tout récit, et qui est l'équivalent, dans le domaine du temps, de la mise à distance de la source d'énonciation, suscite le dessin de séquences temporelles et d'une équitemporalité — tous les temps sont du temps même du récit —, qui fait du narratif une obscurité temporelle, comme il est déjà une obscurité sémantique par la mise à distance de la source dénonciation. L'obscurité n'est donc pas la conséquence d'un jeu de codes qui romprait le lisible, mais celle de la constitution même du récit, — elle n'exclut pas la notation d'événements organisés en séquences, ni l'ombre constante de la causalité. On le sait : on ne cesse de se demander ce que veut dire l'histoire, ce que sont les personnages et leurs actions. Le récit n'est ni celui du secret, ni celui du blanc, mais celui de sa propre réversion dans ce qui le passe, et, par là, effet d'interrogation sur sa propre lettre, qui est, en retour, interrogation sur cet au-delà du récit — cela qu'il a mis à distance par le jeu de l'énonciation, cela qu'il désigne par un point de fuite temporel.

L'intelligibilité narrative se lit nouvellement. Elle dit la raison du récit — cette alliance et cette complémentarité de la syntaxe narrative, de la modalisation et de la transgression des limites qu'indique le récit — comme un effet de cette syntaxe et de cette modalisation. Le récit peut être formalisé, mais il ne se déduit pas de cette formalisation une loi du récit — si ce n'est le constat obligé qu'il est passage, sans réponse, entre l'effet de sujet et l'effet d'objet. Il raconte certainement; il peut jouer de la validation et de l'invalidation, de l'éloignement et de la captation du lecteur; il ne maîtrise pas l'effet de sujet et l'effet d'objet parce qu'ils résultent de la mise à distance de la source d'énonciation. On a dit une typologie des médiations mise en œuvre par le récit (F.K. Stanzel)[74]; cette notation de la médiation — transmission — ne rend pas compte de la situation médiane du récit, de sa fonction de medium. De manière semblable, si le récit est, par l'histoire qu'il livre, une réponse au problème de la dicibilité du signe dans le temps et relativement au temps, il ne peut rester qu'arbitraire face à tout passé supposé, sauf à se donner pour récit allégorique — par l'affirmation de l'autorité de ce passé — et pour un discours au passé. Il ne cesse de marquer le déficit du medium. Ce déficit peut être tenu pour un moyen de la création et de la réception narratives. Création : dans le cadre défini par le medium, toute variation narrative est possible; le récit devient sériel et réécriture dans l'observation des identités de la médiation. Lecture : la macro-structure du récit prédomine dans l'exercice et le devenir de la lecture; elle se confond avec une série de constats, qui ne sont pas définis comme fonctionnels et qui sont le support des *données plausibles* que le lecteur fournit à partir de et après sa lecture. Le medium-récit ne se définit pas comme le moyen d'une médiation-transmission, mais comme celui de la mise en situation du scripteur et du lecteur, condition de la possibilité d'une représentation. Il ne faut pas reconnaître ici quelque jeu de la contrainte, mais que le récit, ainsi qu'il a été dit de l'écriture, est cet objet qui entraîne le sujet — l'écrivain, le lecteur — qui l'appréhende, à produire les conditions d'une expérience déjà effectuée et à produire de nouvelles conditions. L'intelligibilité du récit, rapportée à l'effet de sujet et à l'effet d'objet, ne se définit donc pas selon des connexions légales ou simplement identifiables, mais selon un mouvement d'enchaînement irréférable à aucune rationalité puisqu'il ne peut revenir à aucun sujet assuré, ni venir à aucun réel assuré. S'il doit ici se marquer une rhétoricité, elle ne peut l'être suivant la concordance d'un paradigme et d'un syntagme, qui appelle les conclusions opposées d'une déconstruction ou d'une refiguration des signes et de l'ordre primaire (l'histoire) du récit, mais selon un jeu d'indivision — cet enchaînement hors du dessin des connexions légales ou identifiables — et selon une absence de maîtrise (représentée) sur la situation de récit.

Le récit écrit est figure qui, deux fois, ne peut être fixée : ni en lui-même puisqu'il est enchaînement, ni suivant les refigurations de son antécédent (réel ou supposé) et de sa désignation (réelle ou supposée) puisqu'elles sont toutes les deux explicitement à distance. Soit donc le décalage rhétorique : au regard de son terme antécédent et de son terme final, le récit a valeur d'excédent; il fait de la mise à distance de l'un et de l'autre le moyen de fixer son propre espace. Celui-ci est espace intermédiaire entre la remontée à la source de l'énonciation et le mouvement vers l'aval du réel visé. Source de l'énonciation et réel visé sont à la fois absentés et comme surprécisés par cette absence. Le récit, donnée médiane, joue sur les extrêmes. Leur mise à distance permet de noter encore : cette zone médiane n'est pas tant la médiation des extrêmes que la médiation — l'élargissement — du seuil et de la figuration du temps entre ces extrêmes. Le récit est identifié à la récusation de deux excès — celui du sens que porte la parole plénière, celui du sens que porte l'innombrable des choses. La rhétoricité est dans le dessin de ce domaine intermédiaire, entre réalisme et nominalisme, entre ce qui est le nom de Dieu et simplement le nom de la chose — espace des divisions assurées et temps de ces divisions. Le récit fait question dans la mesure où il est éloigné de ces deux déterminations du discours — le sujet et le réel —, et où il définit la limite de l'excès de sens. Le récit questionne sans réponse possible parce que toute réponse équivaudrait à défaire cet espacement des déterminations du discours. La rhétorique de la fiction ne peut se lire seulement — ainsi des propositions de Wayne Booth[75] — suivant les jeux d'élaboration de cet espace médian et de captation dans cet espace — soit identifier le récit à une destinée de représentation et à une destinée de lecture, et faire du récit l'espace d'une nécessité —, mais aussi selon un incommensurable qui invite à réinterpréter le défaut de rapport explicite de la partie et du tout sous le signe de l'équipotence de l'un et de l'autre — tout nom peut devenir pronom d'un autre nom, ainsi que la modalisation et les transferts de niveaux narratifs ne sont encore que figures d'un tel jeu pronominal.

Il n'y a donc ni place ni temps pour le récit qui est encore un exercice de *detached meaning*. Ce qui n'exclut pas qu'il soit, de lui-même, piège à narration et piège à écoute : il y a une contrainte du narrer comme il y a une contrainte de l'écouter. C'est, de fait, interroger les pouvoirs du récit — cela qui est inévitablement pleinement soi-même et qui se présente sans reste, lors même qu'il suppose ce geste — raconter — qui fait reste au regard de ses deux déterminations — le sujet et le réel. C'est encore dire l'essentielle relativité du récit. La lecture contemporaine du récit peut se faire suivant la notation d'un jeu de déflation — perte de l'inscription explicite de l'absolu ou de la totalité —; dans ce constat, elle suppose que, par et au-delà de ses équivoques constitutives, le récit est le compte rendu d'agents, d'actions, suivant une économie temporelle, psychologique et, plus largement, suivant une référence à l'ordre présupposé d'un sens social. On reconnaît ici l'ambivalence de la figure que forme le récit. Lire la possibilité de tels ordres revient à caractériser positivement l'inachèvement ultime du dessin que constitue le récit par son enchaînement, ainsi que celui des refigurations de son antécédent (réel ou supposé) et de sa désignation : à marquer là l'exemplification du singulier et le procès d'individuation. Mais c'est encore préserver une équivoque : pouvoir écrire le récit comme s'il détenait une manière de savoir laisse toujours apparaître un résidu à deviner — cela qui permettrait de faire explicitement ce lien entre le récit et ses antécédents, sa désignation. De plus — il faut ici rappeler Louis Marin[76] —, le récit d'un pouvoir accompli du récit est inévitablement le récit du pouvoir absolu et le récit de l'extériorité de ce pouvoir pour la double raison que l'indication du pouvoir appelle celle de l'objet du pouvoir — celle de l'adversaire de ce pouvoir — et que la fin du récit est, *de facto*, sortie hors de la représentation de ce pouvoir. Ainsi toute pratique et toute reconnaissance du récit — qu'elles concernent les données formelles ou les données relatives aux agents et à l'action — sont-elles en elles-mêmes hétérodoxes. Cette hétérodoxie se comprend doublement : le récit porte toujours un défaut d'application ; il est inévitablement notation de plusieurs temps, de plusieurs codes de définition des agents et des actions — conséquence de l'hypothèse du pouvoir de narrer qui n'est, là aussi, que par sa propre extériorité. Même le récit qui se choisit explicitement narratif, vient à une extrême ambiguïté, et fait toujours question la possibilité d'un récit qui serait une totalité esthétique complètement achevée.

La notation de l'hétérodoxie commande les interprétations contemporaines du narratif et du romanesque. A relire, dans cette perspective, l'usage que fait Lukàcs de la notion de totalité, il apparaît que le récit est défini comme radicalement distinct des normes idéologiques, culturelles, dominantes et simultanément comme la reprise, négative ou positive, de ces normes sous le signe de l'accomplissement que suppose la communauté de ces normes. C'est souligner le pouvoir d'allégorisation du récit et en faire la mesure de la pertinence de toute expression symbolique. Ce même pouvoir est la condition de la lecture du récit comme jeu de discordance et de concordance (Ricœur) et de l'identification du récit au mouvement de l'écriture (Blanchot) — les notations de la poursuite du récit sans fin et du neutre rappellent sans doute l'obligé de l'inachèvement et de l'hétérodoxie, mais elles font de ceux-ci les moyens d'une quasi-thérapeutique : le récit identifie les contextes existentiels par le jeu même de ses limites rhétoriques. Dans ces hypothèses, l'hétérodoxie du récit traduit ultimement la distance du sujet anthropologique à tout ordre donné du temps, du réel, et la raison d'être du raconter : établir ce jeu dialectique entre un ordre qui n'est pas réfléchi et un ordre réfléchi, qui ne peut être que fictionnel, ordre sans problème et qui n'appelle aucune question puisqu'il est le dessin de ses propres virtualités, — ce qu'est exemplairement tout récit identifié à la continuité de l'écriture. Cet ordre doit se lire comme celui de la répétition et comme celui de la discontinuité : il défait la notation et la fiction du passage. Soit la signification ultime de l'indication de la totalité, de celle de la recomposition temporelle, de celle de la continuité de l'écriture — on le sait de Blanchot : il y a là le dessin même de l'immobilité. Inversement, l'hétérodoxie peut être lue sous le signe de l'*intermédiaire* qu'est le récit. Celui-ci fixe moins une corrélation suivant un jeu de totalité ou de concordance qu'une mise en situation suivant un enchaînement de ses propres éléments, des codes auxquels ils renvoient et des représentations qu'ils assurent, sans qu'il y ait dessin explicite d'une hiérarchie ou d'un ordre de cela qui est mis en situation. La propriété situationnelle du récit, ainsi que l'a marqué Bakhtine, renvoie aux stratégies discursives, symboliques, disponibles; elle livre moins leurs compositions que leurs citations et que leurs dessins hétérogènes. Le protocole narratif dispose ces dessins, en désigne l'opacité, à partir de son propre inachèvement : il peut construire ce voisinage et ce dessin hétérogènes, parce qu'il s'éloigne également de la refiguration ou de la désignation de son antécédent réel ou supposé. Le récit, par son hétérodoxie, est reprise des stratégies discursives, symboliques, en ce qu'elles sont hétérogènes les unes par rapport aux autres et, en conséquence, inaptes à s'achever en un système complètement dénotatif. Le récit se construit sur la certitude de l'épuisement de tout système; il se donne pour le seul lieu commun de tout cela qui ne peut être reconnu que partiel dans son organisation comme dans sa visée du sens; il apparaît comme un terme tiers, et, en conséquence, comme un terme interactif au regard des données qu'il reprend. Il y a par là toujours une convenance du récit : il donne, dans son actualité, l'hétérogène et le champ commun de l'hétérogène — ce champ commun supposé par l'acte même de narrer et par son mouvement, dessiner des rapports avec les choses sans rapport. C'est de la responsabilité du critique de s'engager dans le commentaire de ce champ commun — désignation de la parole qui passerait les partages discursifs et symboliques (Bakhtine), dessin hypothétique d'un répertoire des répertoires par le jeu de sélection et de rupture qu'implique le récit (Iser), identification du récit à un jeu de surface qui fait de l'hétérogène le dessin de la multiplicité et de l'indiscernable (Deleuze)[77].

Il reste remarquable que, dans toutes ces hypothèses, même lorsqu'elles engagent la prévalence du réalisme, le récit soit toujours considéré comme un ensemble en mouvement, — en conséquence qui suppose une double définition : l'enchaînement caractérise le récit comme l'intériorisation de ces données dans un tout et comme leur extériorisation dans un enchaînement. La discordance-concordance, dont Paul Ricœur fait l'hypothèse, n'est pensable que par cette auto-temporalisation du récit, ainsi que le sont, de la même manière, champ commun de l'hétérogène, sommativité des répertoires et effet de surface. C'est, dans tous les cas, prêter à la situation *intermédiaire* du récit le pouvoir d'un imaginaire structurellement adéquat au jeu de distance qui commande l'acte de narrer, et affranchi de l'obligation d'un report référentiel comme de celle d'une identification de la fable. L'hypothèse de ce pouvoir d'un imaginaire a pour autre condition l'hypothèse que le récit capte, qu'il est exigence d'obéissance pour le lecteur. Ecouter le récit, c'est obéir, non pas à quelque maîtrise qu'imposerait le récit, non pas à quelque parole plénière qu'il porterait, puisqu'il exclut l'une et l'autre, mais à ce qu'il fait entendre — et simplement entendre — puisqu'il n'y a ni retour à un antécédent ni venue à une quelconque désignation. Le plaisir de narrer, celui d'entendre le narrer seraient, comme le marque Peter Brooks[78], dans ce jeu de liaison, d'allers et retours, de mouvement vers la fin et de retour vers l'origine du récit — plaisir ambivalent, celui de la fin, de l'acquiescement à la fin, celui de tout commencement, celui du plaisir de la tension. Soit le plaisir que donne la forme narrative même, entièrement définissable par ce jeu d'autorité et d'apaisement, qui fait caractériser la reconnaissance de l'histoire comme l'acquiescement à la fin du récit : il n'y a de fin que lorsqu'on perçoit que le récit dit un ordre quelconque — bref, lorsqu'il n'y a plus de plaisir à lui obéir et à l'entendre. C'est au fond souligner que le récit est la médiation de la lecture et la médiation de la fin de la lecture, et que l'écriture du récit, suivant une telle dualité d'attente et d'acquiescement, n'est déjà que ce mouvement et la réalisation de cette médiation. Caractérisation ultimement ludique du récit. Elle indique cependant un au-delà du ludisme. Ce jeu d'aller et de retour, de mouvement vers la fin et de mouvement vers le commencement, fixe, dans le temps, comme une hétérogénéité et une élévation temporelles du récit et par le récit — grâce à quoi tout récit est toujours un *présent*; quelque chose qui se donne immédiatement et qui est passible d'un accueil immédiat. Narrer n'est donc que produire cet immédiat ou cet effet d'immédiat. On redit ainsi que le récit est sa propre actualité puisqu'il porte la distance explicite de son antécédent comme de son point exogène, pour conclure qu'il est présentation en lui-même, d'où il tire sa communicabilité de principe et son aptitude à être écouté.

Il faut reformuler le constat qu'il n'y a ni place ni temps pour le récit : celui-ci est son propre lieu et son propre moment — un *maintenant*. Il est *chronologiquement* une contradiction : il peut dire un passé supposé parce qu'il ne cesse lui-même d'avoir lieu. Ce qui se redit encore, à partir des notations de Peter Brooks : la raison du récit est dans cette façon d'exiger une fin, qui ne fait qu'appeler la notation du pas encore. Le temps donne lieu au récit dans la mesure où il exclut la rationalité du récit achevé, et où il apparaît lui-même incontrôlé, c'est-à-dire matière de récit et objet de l'expérience de l'écriture et de la lecture sous le seul signe de la dualité de la répétition et des mouvements vers la fin et en retour vers le commencement. Il ne se conclut pas de là que le récit est un geste de déconstruction ou une manière de nomadisme. Mais qu'il ne cesse d'être, par ce jeu temporel, en question — c'est-à-dire une réponse à l'évidence de sa propre distance. Par quoi il est irrécusable. Grâce à cette question, il traduit que si écrire et lire un récit doivent être tenus pour l'établissement et la reconnaissance de médiations — d'un passé —, cette médiation est au prix d'un *informe* du passé et d'un constat : tout est dit, ici, maintenant. En d'autres termes : le récit suppose une histoire et il est une manière d'anhistoire ; il use exemplairement de ce qui caractérise l'objet littéraire : la distance des conditions d'élaboration de l'objet à la reconnaissance. Il montre que celle-ci est complètement une actualité et qu'elle caractérise l'écrire et le lire du récit comme une *occurence*, la seule manière, peut-être, de garder le temps. Il y a bien un poids de la lettre narrative, bien que celle-ci n'ait aucune référence assurée ; le jeu sur le temps peut être jeu d'irréalisation — cela qui suscite le pouvoir d'imaginaire du récit —, il est aussi jeu qui permet que quelque chose ne cesse de se dire ; le récit est, par là, toujours à écouter, puisque son temps, et le temps qu'il dessine, excluent qu'il ne soit une manière de trop tard dans sa narration du révolu et l'anticipation du recouvrement du passé. Le récit : la médiation d'un temps étrangement indéterminé, et la complexification de toute chronologie qui puisse se dire. Puisqu'il n'est identification assurée ni de ses antécédents ni de ce qu'il vise, il ne donne, avec certitude, que ce par quoi il est poursuite d'écriture et de lecture, et ce temps. Il est, par là, toujours achevé. Il ne s'impose pas de noter que la lecture soit ici inévitablement ajout : elle est la répétition du mouvement paradoxal du récit — l'explicite de l'action ne se distingue pas de l'implicite, parce que le seul explicite supposerait que le récit puisse se saisir et être saisi totalement et concrètement, qu'il soit offert pour l'aveu de la récupération du révolu. Lorsque sont dites la totalité, la discordance-concordance, le champ commun de l'hétérogène, il est marqué l'effet de cet explicite et de cet implicite du récit. Ceux-ci disposent que dire le temps comme devenir met en question tout modèle de vérité et ouvre au simple constat de la composition des témoins du temps. L'histoire qui ne peut être caractérisée sans équivoque dans le récit, est la désignation de ce défaut de réglage du récit et du pouvoir de ce défaut — faire de l'acte de narrer, comme de celui de recevoir la narration, la représentation des temps les uns auprès des autres.

III. METAPHORE

Il y a une autre manière de dire le seuil de l'écriture. La prévalence de la référence à la rhétorique, sa confusion, plus ou moins marquée, avec la poétique, la quasi-réduction du figuré aux figures du signifié, indiquent que, la notation de l'écart de l'objet littéraire tenue pour acquise, on spécifie les moyens propres du littéraire par ce qui serait une différence du linguistique et du rhétorique, et en une manière d'outrepasser les incertitudes de l'identification du littéraire. Mais, ainsi que le souligne, dès les années 1930, I.A. Richards, la rhétorique se dit encore enquête sur les modes de signification, à la fois macroscopiques et microscopiques, et examen de la «structure fondamentale des unités conjecturales de sens et (des) conditions qui leur permettent, dans leurs interconnexions aussi, de surgir»[79]. Cette notation entraîne deux conséquences. S'il y a ce pouvoir du rhétorique, il doit être conclu que la structure d'une langue ne peut jamais être décrite de manière complète. Si le rhétorique est toujours un exercice du texte en tant qu'il fait contexte, et si cet exercice est appel d'interprétation, il suppose, particulièrement dans le cas de la métaphore, la précise adaptation du sujet lecteur et du sujet scripteur à leur environnement sémio-linguistique. La rhétorique : dans tous les cas, une expérimentation de la manière dont le sujet fait l'expérience de son propre monde — par le biais linguistique, symbolique —, et, dans le moment de l'œuvre même, l'expérience de l'espace de l'œuvre et de l'échange qu'il induit. La rhétorique devient l'occasion et l'identification d'une transaction — celle de l'œuvre et de son pourtour linguistico-symbolique, celle de l'œuvre et du lecteur. Il en résulte, dans la théorie contemporaine, une mise à l'écart, implicite ou explicite, de la *persuasio*, et le constat que l'*elocutio* et le discours figuré rompent toute transparence : le sens littéral est proprement indisponible ; cette indisponibilité motive la constitution du sens rhétorique — telle est la thèse de M. Beardsley[80]. C'est retrouver les équivoques des partages du discours littéraire et du discours ordinaire, formulées dans l'écart du littéral et du figuré, dans le retour au littéral à partir du figuré, dans l'hypothèse que l'incertitude de la figure, et particulièrement de la métaphore, désigne un littéral qui est à (re)construire à partir de l'incertitude. La supposition d'une déviance est constante. De manière paradoxale, elle renvoie à l'indication d'une agrammaticalité, à la rupture des règles conversationnelles, et elle n'exclut pas la certitude de la lecture, ni ne récuse l'identification du figuré à l'évidence de l'expression libérée de la contrainte de la langue — Jean Paulhan note une rhétorique sans langage[81] —, et au caractère manifeste du dit et de son sens. De façon ambivalente, elle tient qu'il y a de l'illisible et que le lisible reste cependant patent — l'incertitude d'interprétation serait la voie de la certitude du sens.

Cette dualité s'analyse doublement. Elle dit la suffisance de l'écriture qui trouve dans l'exercice rhétorique la marque de son autorité et celle de son excellence. Elle définit l'écrire comme une modélisation du sens, et assimile la création à une manière d'*agon* — la réussite de la création suppose que la certitude du sens soit chiffrée. L'expression est bien commune, mais elle se récupère contre les lieux communs — compris de façon rhétorique et, plus largement, comme la *doxa*. Il se remarque encore, en une conséquence du constat de l'inévitable interprétation du figuré : il y a là essentiellement *question* — sollicitation du lecteur, proposition de sens sous la forme d'une demande adressée au lecteur, exigence d'inférence ; est exclu tout automatisme résolutoire, et notable l'opposition à toute rhétorisation qui caractérise les rhétoriques fermées. Dire la rhétorique équivaut à dire toute écriture et toute lecture suivant le double jeu d'un détournement et d'une règle, cette règle que livre la rhétorique et qui rétablit l'énonciation. Soit une triple fable de l'écriture. Elle est par un déplacement ; elle est transition sémantique ; elle est exercice heuristique et pragmatique. Elle ne l'est que relativement au littéral. Par ce report, la rhétorique fait interpréter le littéraire à la fois comme plein et comme vide, comme ce qui est la somme de ses propres effets de sens et comme ce qui décale tout effet de sens par renvoi à un sens supposé. Le littéraire ne se défait pas dans ses moyens : ils sont son événement et ce qui doit toujours être repris. Cela fait encore entendre : par la rhétorique, le littéraire se perçoit et fait interroger cette perception. L'absence d'adresse explicite, qui peut être analysée comme un jeu sur un appel à un lecteur indéterminé, ne va pas sans une tropologie. Une telle perception recèle également un jeu rhétorique : elle est sa propre composition au regard de cette occasion. Il ne faut pas trancher entre rhétorique rapportée à la production du discours et rhétorique rapportée à la réception du discours. Lorsqu'il se marque la distance du littéral au figuré et le retour du figuré au littéral, est noté le seuil de l'écriture, soit la question qu'elle est doublement en elle-même : discours qui ne questionne pas mais qui fait question ; lecture qui est, dans le retour au littéral, également retour à la question. Il ne faut pas tant identifier l'ambiguïté que souligner le fait que les mots ne se laissent résorber, ainsi que le savait Paulhan, ni dans l'intention ni dans ce qu'ils évoquent dans l'esprit du lecteur. Il ne se conclut de ce défaut de résorption ni à un indicible — quelque chose est précisément dit — ni à un inconnaissable, ni à un conflit qui viendrait à un conflit des interprétations, mais au jeu paradoxal d'une question qui porte en elle-même sa résolution, et dont toute résolution est reprise de l'interrogation. Il ne peut y avoir de notation de l'indicible, parce que l'achèvement du jeu de la résolution et de la question, qui relève de la lecture et de l'interprétation, cesse lorsque l'appréhension de la réponse que porte la question n'appelle pas de nouvelle explication. Quand la lecture devient jugement, elle sort de la problématique de la lettre pour marquer ce qu'est cette lettre ; elle la situe hors de toute alternative propositionnelle — elle en fait une substance. Fin du discours de l'œuvre et du discours critique.

Les approches contemporaines du rhétorique relèvent de l'examen des liens de la linguistique et de la poétique — la poétique ne peut se réduire à la linguistique —, des rapports de la poétique et de l'esthétique, de l'hypothèse d'une identification empirique du littéraire, et précisément de la constante du jeu question-réponse. Elles ouvrent à l'équivoque de ce qui serait tantôt un exercice éversif du langage, tantôt la prise du langage même dans sa fiction, c'est-à-dire dans son propre événement. Par la contrainte du jeu question-réponse, il se marque une immédiateté du discours, un effet du discours, un pouvoir transtemporel du discours. C'est venir au problème de la situation du littéraire. Toutes questions encore inséparables d'une idéologie de la rhétorique : la métonymie serait asservissante ; la métaphore libératrice. D'une philosophie de la rhétorique, particulièrement illustrée par la métaphore — de Heidegger à Derrida, il se marque une propriété phénoménologique de la métaphore et son pouvoir de déconceptualisation et de réitération. Toutes questions qui sont question sur le littéraire : sa proximité ou sa distance à la *doxa*; son aptitude à faire voir, ou à venir au jeu de l'écriture. Toutes questions qui, dans la mesure où elles s'attachent pour l'essentiel à la métaphore, disposent un glissement explicite de l'interrogation rhétorique : la structure rhétorique de la communication n'importe plus parce qu'elle ferait revenir l'interrogation du littéraire au constat de codes pragmatiques, et parce que prévalent, dans l'analyse du statut du littéraire, à la fois sa capacité de création sémantique — indissociable des questions sur la création et la réception — et son aptitude à l'analogie — lue soit comme un jeu avec l'autre, soit comme un jeu réflexif, c'est-à-dire comme le traitement d'une division dans les discours, d'un partage de la lettre et du réel, d'une dissociation du littéraire, indispensable pour concevoir une continuité et un renouvellement du littéraire dans le champ du littéraire. Ce glissement qui, dans l'analyse de la métaphore fait que celle-ci n'est plus essentiellement vue comme transfert de sens, témoigne que le littéraire est d'abord tenu pour ce qui se constate parce qu'il est résiduel par son caractère non-résolutoire. C'est, de fait, noter une triple question : celle de la propriété linguistique de la métaphore ; celle de sa propriété heuristique ; celle de sa propriété historique — un sens inachevable qui perdure en tant que tel. Revenir inévitablement à la qualification de la métaphore par l'analogie (Aristote), et la reprendre ou la rejeter pour rendre compte de l'échange qu'assure la métaphore, et du seuil que constitue l'écriture.

Tout est ici usuellement dans le constat d'une *inconvenance* sémantique, qui se prête à un traitement paradoxal. Interprété philosophiquement, ce constat revient à marquer l'inévitable et la dissolution de la métaphore. Hors de la stricte analogie, qui dit une mesure de la ressemblance, il n'y a pas de limites à la métaphore. Même hors de l'expression métaphorique, une chose peut être dite et pensée comme appartenant à plusieurs classes; toute pensée d'une chose est pensée de cette chose sous son identité et sous sa non-identité. Ces indications ne sont qu'indications de la synonymie des signes et d'un constat : le choix de propriété, qui est fait dans leur usage, n'efface pas la synonymie. L'exercice de la métaphore est peut-être d'abord ce jeu de synonymie, et la notation de la pertinence de cette synonymie. Toute conceptualisation est ainsi un processus métaphorique. Toute penser suppose un *penser comme*, sans lequel il n'y aurait pas d'extension des concepts, mais seulement des noms propres. La différenciation va par comparaison; le singulier est ainsi nommable hors du constat de sa seule singularité. Il faut encore comprendre : la différenciation est faite de ressemblances, il n'y a pas de limites à l'identité — celle-ci a précisément pour condition des cadres de référence et des réseaux ramifiés de rapports. C'est pourquoi toute définition de la métaphore par un jeu de ressemblance — ou, suivant les termes de Ch. Brooke-Rose, toute identification d'une chose avec une autre[82] — conduit à noter qu'une telle identification présuppose que tout soit identique avec toute autre chose. La pensée de la métaphore est une pensée de l'homogénéité et du contexte. C'est dire : la métaphore est le seul instrument approprié de la pensée et de l'expression, et la réalisation achevée de la fonction linguistique, aussi bien en termes de pensée qu'en termes d'expression, parce qu'elle est la maîtrise de la nomination face à un environnement changeant, et ce grâce à quoi le langage donne au locuteur l'impression d'être complet parce qu'il peut tout exprimer. La théorie de la métaphore, sous la notation de l'incongru, devient théorie de la dicibilité achevée; la métaphore se lit comme la récusation de toute nomination prototypique — celle-là même qui a pour antécédent la métaphore —, elle définit le caractère opératoire du geste sémantique : dessiner, à travers l'action représentée, une plus grande maîtrise de l'espace sémantique — symbole même de la maîtrise de la réalité.

Cette complétude et ce mouvement sont encore proches d'une indifférenciation des données sémantiques ou des objets de référence. Toute hypothèse de la pertinence de la métaphore se défait dans l'hypothèse de la ressemblance générale, interprétée comme le résultat de l'exercice de la semblance de la pensée. Si, pour rappeler une notation de Wittgenstein, tout *voir comme* est une interprétation, dénommer, ce n'est que dénommer d'après d'autres individualités — faire qu'il n'y a de similitude que dans le moment du nommer, et que toute proximité du sens renvoie, hors de cet exercice, à un défaut de similitude, qui n'est qu'une autre qualification de l'indifférenciation. Cela importe pour le littéraire dans la mesure où la *poiesis* et la lecture sont données pour des exercices momentanés, — événements qui vont suivant l'événement de la ressemblance —, et pour des exercices d'identification. Le littéral et le figuré se définissent comme deux discours de la ressemblance : dire quelque chose littéralement comme elle est; dire quelque chose comme elle n'est pas. Mais le littéral implique la reconnaissance de la non-identité. Ecrire est constamment une synthèse disjonctive — cela qui constitue en séparant —, qui se sait tel et, en conséquence, question en lui-même. Ecrire et lire sont assimilés à des jeux de la gestalt. Ils construisent et ils reconnaissent une forme achevée — l'œuvre —, en même temps qu'ils procèdent du mouvement du voir comme : si toute perception est perception identifiée, elle est un voir comme et sait la forme perçue par un jeu métaphorique. L'écart du littéral et du figuré — dont il faut noter que, dans le constat de l'incongruité, il doit être supposé — ne traduirait pas tant, en littérature, l'auto-référentiel que l'exercice de la nomination. On connaît l'expression *faire image* et l'interprétation fréquente de l'écart du figuré par le visible. On analysera ce mouvement, où il ne faut pas considérer l'inévitable d'un exercice référentiel du littéraire, comme l'indication que le figuré dit *spécifiquement* et *globalement*, à la façon dont la perception identifiée est perception d'un objet sur fond d'objets.

La question du métaphorique devient celle de son instabilité. Il est certes écrit et, par là, fixé, mais sa lecture est de ce seul moment de l'incongruité qui se défait dans l'évidence d'un dire assimilable à un *voir comme*, ou dans la résolution du littéral. L'hypothèse de la résolution du littéral appelle la rethématisation de la ressemblance aristotélicienne. L'hypothèse du voir comme ouvre au débat sur la référence métaphorique, saisissable à travers la suspension que constitue le moment métaphorique. On sait le titre antithétique de l'essai de Paul Ricœur, *La Métaphore vive*[83]. On sait la démonstration de la «mythologie blanche». De Derrida, il se conclut que la métaphore ne peut revenir à l'Un, puisqu'il n'y a pas de nom de l'Un. De Ricœur, il se conclut à l'ambivalence d'une nomination qui est une description : la nomination ne peut aller jusqu'à appréhender un individu dans la mesure où elle n'est pas seulement nomination et où elle fait reconnaître le mouvement réflexif du langage, proprement manque, proprement désignation inachevée, ainsi que le *comme* ne cesse de marquer la proximité de l'identité et de la non-identité. La métaphore est relativiste; elle place l'écriture dans la certitude du langage et dans l'évidence que la non-identité de l'être en acte est la condition du langage. Il convient donc de contester l'indication de Paul Ricœur, suivant laquelle la métaphore est la tension du littéral au figuré puisque le figuré est donné le premier à la lecture et supposé second dans le moment de l'écriture. C'est prêter à l'écrivain l'intention d'un codage explicite et, en principe, maîtrisé — la rupture sémantique de la métaphore ne peut être identifiée à un asémantisme, ni à une rupture des règles pragmatiques, dès lors que la possibilité et l'exigence de lecture subsistent. La déconstruction et la reconstruction de la métaphore sont jeux suivant la cohérence, utiles pour marquer un jeu de redescription — rapport de la métaphore au littéral et à l'objet du littéral. La seule thèse déconstructionniste ne dit que le caractère éversif de la métaphore, sans aller jusqu'au constat de sa constante incongruité et, en conséquence, de son actualité. Il convient donc de rester dans l'évidence de la métaphore. Fait question son auto-implication et la façon dont le lecteur déploie la métaphore. En d'autres termes : comment un phénomène d'écriture s'inscrit-il dans le texte, pour l'écrivain, pour le lecteur ? Le retour au littéral et l'affirmation d'un innommable premier ne défont rien, et ne sont probants qu'en tant que réponses à une question qu'ils n'effacent pas. Débattre du littéraire, ce n'est pas débattre pour ou contre l'ontologie mais de cette lettre qui est toujours résiduelle, et qui cependant possède un sémantisme. Reste entière l'interrogation sur le rapport de la métaphore et de l'herméneutique : lire la métaphore comme une reformulation du littéral — le littéral autre, c'est la donner en elle-même comme un mouvement interprétatif; la maintenir dans son incongruité, c'est, à la fois contre la lecture que fait Derrida d'Aristote et contre Derrida, s'interroger sur le jeu de démesure qu'elle construit à partir d'un jeu de mesures — poser la question du réglage que se donne l'écriture et celle de l'éventuelle pertinence de cette dualité de la mesure et de la démesure. Ainsi que le marque Paulhan, ces interrogations supposent la certitude de l'écrit et l'inévitable de la reconnaissance de la métaphore par la lecture. Ambivalence d'une concordance et d'une discordance. L'interrogation sur le rhétorique devient interrogation sur une efficacité paradoxale du discours. Celle-ci est par le moyen de l'hétérogène qui cependant porte l'hypothèse d'une homogénéité du discours et de ses objets. Cette homogénéité se lit elle-même de manière paradoxale : elle est celle du possible accord des identités ; elle est celle de leur indifférenciation. Soit encore, la définition du texte.

Il convient de considérer d'abord le paradoxe de l'incongruité — cela qui reste sans solution et qui fait toujours signe, même dans le texte caduc. La question constante du texte, si l'on dit les textes, leurs questions constantes, leurs réponses à des questions par des questions, et leurs réponses transhistoriques par ce jeu même de réponses-questions. Pour qu'une question soit vive, il faut qu'elle soit irrésolue ; pour qu'elle soit reçue, il faut qu'elle soit partagée, c'est-à-dire être une nouvelle question. L'écriture, que nous avons dite lettre morte et, par là, seuil des temps, est encore seuil des temps par sa propre incongruité. En ce sens, il n'y a pas de métaphores mortes ; il n'y a que des métaphores continuées — de ces fictions qui sont des lieux communs questionnants, c'est-à-dire à la fois des catalyses et des interrogations. En un retournement de la thèse de Derrida et en une reprise des thèses de Blumenberg, il peut être dit que la métaphore et le rhétorique sont doublement la butée de l'exercice conceptuel : ils sont la question que porte le concept ; ils désignent ce qui ne peut être pensé que par l'inconséquence du langage. Par là, le texte, dans son incongruité, ne peut revenir à aucune origine explicite : il reste question, à cause de quoi il est appel de lecture. Médiation temporelle et historique du texte, la métaphore est aussi sa médiation au regard des *realia* — au regard de cela qui fait question pour la pensée, et réponse à cette question sous forme de question. Le figuré n'est que l'accessibilité certaine du discours, et la mesure du rapport du discours à la réalité et aux autres discours. Le défaut de transparence est certitude de communication, et moyen de chiffrer question et réponse, qui reviennent ainsi à une question constante. Cette thèse est celle d'une textualité, générale à raison de cette question, et continue par le jeu d'inférence qui la suscite et qu'elle suscite. Il résulte que cette textualité doit être elle-même interprétée métaphoriquement : comme le traitement métaphorique de questions réelles ou du réel. Soit le déplacement symbolique qui fait du texte dans sa généralité une action symbolique, et un donné doublement analysable : en lui-même selon les impropriétés qu'il dessine, relativement à son contexte et au contexte que forme l'ensemble des textes. C'est identifier la métaphore à une fonction de liaison, indissociable de l'interrogation qu'elle porte à cause des liens de consécution et des liens de complétude qu'elle suggère entre les unités qu'elle désigne. Et reconnaître une plus-value sémantique, qui ne doit pas être considérée tant en elle-même, que suivant la réserve de réenchaînement et de lecture qu'elle constitue, et suivant le réseau historique et transhistorique d'implications qu'elle dessine. L'horizon herméneutique est au fond un horizon métaphorique. Il n'est pas nécessaire de poser *a principio*, dans le domaine littéraire, la question du renvoi à un monde de la vie, ou d'une ontologie de cet horizon : le littéraire se définit à la fois comme le lieu des interprétants de l'écrit et comme un espace pragmatique. La chaîne métaphorique joue toujours sur un autre, sur un tiers, et suppose, fait supposer un tiers — elle constitue textuellement l'espace d'un sens qui, à défaut de se donner pour insaisissable, est toujours noté comme possible.

C'est venir ici à une rhétorique générale qui passe le jeu de la *persuasio* et de l'adresse. Il s'agit moins de marquer l'antécédence métaphorique de toute conceptualisation et la détermination métaphorique de toute verbalisation, que d'identifier la métaphore à la systématique, par catalyse, de l'identité de sens et de son autre. Dans cette hypothèse, le réenchaînement métaphorique fait moins constater la poursuite de la phrase qu'il ne traduit la nécessité de poursuivre, parce qu'il y a question : du réel, du sens construit. La généralité de l'écriture est en elle-même jeu de question et réponse ponctuelles, éventuellement réitérables et déplaçables — elles appellent par l'ambivalence de ce jeu leur reprise et sont l'orthopédie de toute nouvelle question. Le mouvement sémantique qui caractériserait la métaphore peut se lire comme la preuve de l'auto-réflexion du langage et de celle de l'écriture. Dire cela, c'est moins conclure à l'insignifiant que faire de l'écriture un signifié et, partant, de ses témoins autant de jeux de question-réponse, et autant de pertinences dans le vaste jeu du sens. L'incongruité sémantique est perçue comme telle sans doute à cause des transgressions linguistiques, mais plus essentiellement parce qu'elle est la relation de l'hétérogène. La thèse d'une interprétation de la métaphore par le transfert fait entendre que ceci peut être substitué à cela et qu'il peut être dit à la place de l'autre. Elle défait l'hétérogène. Elle est dénoncée, *de facto*, par Derrida dans *La Mythologie blanche* — le soleil est l'unique et donc l'hétérogène même, il ne peut être supposé entrer dans un jeu d'équivalences, ni justifier aucun jeu d'équivalences (ou de ressemblances). Mais il subsiste alors, non pas la question de la mythologie blanche, mais celle de l'hétérogène : question qui engage l'hétérogène sémantique, la métaphore, et, en conséquence, l'enchaînement des figures de l'hétérogène pour dire l'hétérogène. Si la métaphore se lit comme un ajout sémantique, cet ajout est lui-même hétérogène, et réponse à l'hétérogène, qui est lue dans sa réalisation présente comme dans sa réalisation passée. Il y a ici multiplicité générative et intertextualité certaine, — la métaphore est en elle-même jeu de décontextualisation sémantique, et l'indécidable est décision par la question qu'il pose. Il faut éventuellement récuser le retour du figuré au littéral, et retenir le constat du figuré pour dire la pertinence de l'impropriété du figuré : faire de l'hétérogène le moyen de répondre à l'hétérogène et, par là, de constituer tout écrit comme singulier et, simultanément, comme partie d'une continuité. Métaphore et écriture : un jeu constant de coalescence et de déhiscence.

Le littéraire fait toujours cas. Les théories usuelles de la métaphore sont des tentatives d'éviter toute casuistique. Ainsi que le marque John R. Searle[84], la théorie de la ressemblance est une théorie de l'équivalence sémantique qui ne peut dire exactement la mesure qui commande l'équivalence ; la théorie de l'interaction sémantique qui préserve l'identité du figuré en lui-même, mais l'inscrit dans le littéral du reste du discours, ne peut dire exactement ce qu'est cette interaction, sauf à venir à un jeu de comparaison sur l'ensemble du discours concerné. La thèse intentionnaliste de Searle est, en quelque manière, tautologique : il y a une intention métaphorique du locuteur — façon de dire que le figuré est irréductible au littéral et qu'il ne doit pas se lire en lui-même comme un changement littéral du sens ; cette intention métaphorique est perçue par le destinataire, qui interprète la métaphore de façon casuistique — un jeu d'essais et d'erreurs sur la ressemblance, autrement dit d'inférences et de questions-réponses, qui reviennent à la question. La thèse d'Umberto Eco apparaît très proche de ces notations[85] : l'interprétation de la métaphore est lecture suivant l'encyclopédie et suivant le mouvement de toute sémiosis. La théorie des actes de discours dit explicitement l'hétérogène de la métaphore en marquant la déviation entre la force illocutoire et l'effet perlocutoire. Elle pose ainsi le problème de la lecture et de l'intelligibilité du métaphorique et identifie l'hétérogène à une manière de défaut — choisi — du texte. A l'inverse de ces notations, la théorie littéraire s'est essentiellement attachée à présenter, à propos de la métaphore, des thèses intégrantes. De I.A. Richards au *New Criticism*, la métaphore et la rhétorique sont rapportées au contexte du discours et à la forme de l'œuvre. C'est déplacer le constat de l'hétérogène de la métaphore vers une identification de la communication métaphorique, qui se lit comme communication achevée à raison même de ses incertitudes. Il est constamment noté un hiatus sémantique, partiellement irréductible, et finalement tenu pour le moyen d'un effet global de sens. La thèse contextualiste de I.A. Richards, élargie à une métaphorique discursive — dans un texte, la métaphore doit se lire en termes locaux et en termes globaux, tout sémantisme est somme des jeux de sens, en une lecture horizontale et une lecture verticale —, dit la primauté du discours sur le mot, la transaction constante entre contextes, l'absence de sens propre ; la maîtrise du champ contextuel et, de fait, celle de la prédication puisque le sens n'est pas maîtrisable de manière atomistique. L'hétérogène du métaphorique : ce lien dans le discours ; la métaphore : cela qui dit de façon déléguée le sens du discours — «What a word means is the missing parts of the contexts from which it draws its delegated eficacy», en un jeu de médiation. Cette thèse commande ultimement la notation de l'ambiguïté et la définition du texte comme *structure d'appel*. L'intérêt est ici dans l'indication de l'irréductible de la métaphore et de sa propriété communicative : elle est lisible parce qu'elle fait question. On vient, à terme, aux hypothèses de l'effacement de la notion d'œuvre, de l'interdiscursivité — le mot et cet écrit, dans lequel se défait l'œuvre, médient l'un et le multiple et suggèrent ultimement l'équivoque. Aussi les thèses du *New Criticism* et celle de l'esthétique analytique tentent-elles de préserver le constat de l'équivoque et de dire la règle de l'équivoque. L'œuvre se définit comme *tension* et *ironie* — le sémantisme, localement non pertinent, renvoie à une organisation double qui a une fonction proprement symbolique : jeu d'écriture et de lecture, jeu de maîtrise de toute dualité. L'intérêt de la thèse est d'arriver à une formalisation esthétique du rhétorique en évitant de le rapporter à une typologie symbolique ou d'en déduire un effet émotif — à la façon dont N. Frye parle de la *mood* qu'induit une œuvre[86]. Le rhétorique, constitutif de l'œuvre littéraire, ferait de celle-ci le seuil entre l'équivoque du discours et celle de toute conduite vitale. C'est marquer à la fois une proximité du littéraire à l'ambivalence de toute conduite, et la mesure que propose le littéraire de cette ambivalence — ambivalence irréductible et exemplifiée dans le littéraire qui devient ainsi sa propre question en réponse à la question de l'ambivalence vitale. Le littéraire, à partir de cela qui définit son sémantisme extravagant, se donne à la fois pertinent et exactement résiduel — dans le paradoxe d'une forme achevée et contradictoire.

Hors de cette stricte dualité d'un contextualisme qui ouvre à l'étendue des discours et d'un contextualisme qui fait forme, les critiques des thèses de la substitution et de l'analogie, en tant qu'elles refusent de considérer un littéral, privilégient le jeu de l'interaction sémantique (Black) et celui de la contradiction — qui touche à l'absurde —, sans trancher explicitement entre une fonction heuristique et une fonction pragmatique du métaphorique : équivoque de la reconnaissance d'une communication efficace, conséquence de la propriété même de la transformation du sens ou des connotations que celle-ci porte. Ces thèses préservent une supposée pertinence cognitive de la métaphore : la métaphore est tenue pour une référence inversée et pour un processus de nomination réussi, comme l'indique la théorie de l'étiquetage faux. On indique ainsi que la métaphore fait modèle, alors qu'elle peut être tenue pour une problématisation; on suggère qu'il y a un monde de la métaphore, contre l'évidence de l'unicité et de l'irréductibilité de l'hétérogène, contre cette complétude que désigne un inachèvement du sens dans le moment même de l'innovation. La métaphore est ici une *prédication réussie* et sa lecture au moins une lecture partiellement concluante. C'est pourquoi, Paul Ricœur peut confondre métaphore et modèle, et Northrop

Frye identifier métaphore et univers symbolique. Le constat d'une déviance entre illocutoire et perlocutoire, lisible comme une reformulation de l'intransitivité, dit explicitement que la métaphore fait reste — exposition de l'illocutoire, sans finalité. Marquer une propriété cognitive de la métaphore doit l'être selon ce reste et la question constante qu'il est, question posée au mouvement de la sémiosis, ce jeu de partage et d'apparentement qui donne une nomination et une symbolisation, en principe, sans reste. Il faut dire, à l'imitation de Queneau, que la métaphore est notation d'une insuffisance sémantique dans le moment de ce qui peut être tenu pour une amplification sémantique. Le métaphorique se lit comme l'interprétation de l'écriture mineure. La réassignation métaphorique marque sans doute une augmentation du contenu sémantique; elle est aussi un traitement de la proximité des signifiés. Elle suppose sans doute un ordre des mots et un ordre conceptuel; elle est aussi découpage partiel de l'ordre et du concept. Elle n'est pas inévitablement réforme conceptuelle ou engagement heuristique, mais plus simplement, action dans le langage, suivant un jeu de catégorisation toujours réversible. Interpréter la métaphore en termes de ressemblance, d'analogie, d'interaction sémantique, indique l'utilisation de deux gestalts — leur coalescence et l'exclusion de ce qui ne relève pas de leur recouvrement. Le déploiement interprétatif ne peut aller contre ce littéral de la métaphore qui est ainsi catégorisation mineure et simultanément problème par ce que rejette cette catégorisation. Par là, l'écriture comme métaphore a toujours un avenir de lecture, et se donne pour un événement immédiat de sens. La thèse de l'interprétation va jusqu'à la systématique de l'analogie, de l'encyclopédie, du modèle : tout cela qui désigne la métaphore comme un moyen de relecture, et qui suscite la contre-proposition de la métaphore morte. C'est, de fait, placer le métaphorique du côté de l'allégorique et identifier la récusation de l'interprétation de la métaphore à la récusation de l'allégorique. Or, il faut d'abord lire la complexité du littéral — les différentes orientations sémantiques qu'il construit et qui sont irréductibles, le figuré — non pour venir à un indicible, ou aux effets de l'ambiguïté, mais pour noter que le littéral ne cesse d'élaborer ses propres prototypes de sens, par là irrécusables. Ceux-ci font question en eux-mêmes, hors d'un retour de la métaphore sur la propension à définir la pensée comme métaphorique, hors d'une réforme du système conceptuel, et, par le jeu même du composite, suivant une prise mineure sur le concept et sur son jeu de délimitation. Renoncer à la loi de la ressemblance qui est loi de la décomplexification du littéral ne commande pas de renoncer au constat de la métaphore efficace : l'hétérogène, fin de la pensée limitative et exclusif de toute qualification par une pensée limitative.

Les reprises des concepts de métaphore et de métonymie, par Jakobson, dans la définition de la fonction poétique, reviennent à cette question de la complexité du littéral. Les deux figures de rhétorique sont ici inséparables des principes et pratiques associationnistes de similarité et de contiguïté. L'associationnisme indique la possibilité d'une recomposition infinie des éléments sémantiques. Il peut être corrigé par une définition stricte de la similarité — de fait, constituée par une polysémie réglée, ordonnée suivant des champs sémantiques. Jakobson ajoute explicitement un élément de dérégulation — l'innovation métaphorique. De la même façon, l'axe de la combinaison peut se lire strictement comme la recomposition d'équivalents syntaxico-sémantiques existants. La métonymie s'interprète plus exactement comme une re-régulation de l'axe paradigmatique. Jakobson désigne une plus-value du poétique : celle-ci a partie liée à l'irréductibilité du littéral qui ne peut être désambiguïsé. A partir des notations de Jakobson, les théories contemporaines écartent la définition de la métaphore par jeu de substitutions — comparaison et analogie implicites — et retiennent le jeu même de l'associationnisme — surimposition des signifiants (Lacan). Dans cette même perspective associationniste, la métonymie est identifiée à un déplacement sémantique et à la mobilité des contextes issus de la surimposition des signifiants. Soit la thèse d'une interaction généralisée : le mot est placé dans le double jeu métonymique et métaphorique; métaphore et métonymie procèdent par *contact*; la chaîne syntagmatique est le lieu du contact. Les ultimes références à la ressemblance ou à l'analogie sont défaites; la métaphore est tenue pour le constat de ce contact; l'axe syntagmatique est l'axe de déploiement du contact. On connaît les conséquences de ces propositions en narratologie : le récit peut être dit métaphorique à cause du processus continu de conjonction et de disjonction auquel il est soumis, et à cause de son exposé temporel qui suppose un chronotope, la référence à un temps générique, si la continuité même du récit doit être pensée.

La prévalence de l'analogie dit essentiellement la possibilité de l'équilibre et du déséquilibre de la synonymie et, en conséquence, la continuité du texte, des textes, des contextes qu'ils constituent. Elle marque la prévalence de la lettre et de la création qu'est le littéral. Ou encore : qu'est-ce écrire et lire ce littéral qui ne livre pas le partage du littéral et du figuré, ainsi que le récit n'est que lui-même, sa lettre, sans réduction possible des analogismes d'action ou de chronologie qu'il peut porter ? La métaphore et l'analogie se reformulent : l'écriture donne continûment le rapport de la figuration à la figuration — cela que signifie ultimement le contextualisme généralisé issu de I.A. Richards — et le jeu de la partie au tout, dans la mesure où le tout est impliqué par la continuité du littéral et de son irréductible. Le défaut de reconnaissance certaine du littéral traduit essentiellement la nécessité de poursuivre l'écriture, la lecture. Le potentiel locutoire de l'œuvre est identifié à cela que dit la lettre, et qui est appel d'écoute parce qu'il n'est que lui-même, inaccessible par un report extérieur. Il ne s'agit plus de passer au sensible, au concept, à la transgression de quelque ordre sémantique, mais de constater ce jeu de suspension que porte la continuité — le sémantisme de l'œuvre recèle sa mesure et son report internes. L'écriture ou la mise en scène sémantique. Sartre le notait de la peinture — pour la distinguer du langage poétique et du langage en prose. L'écriture se redéfinit à partir du métaphorique : faire le langage au sens où le peintre fait une maison, qui n'est pas nécessairement ressemblante. Soit le paradoxe du rhétorique : l'usage effectif du langage est aussi la certitude d'une certaine inefficacité. Dans cette inefficacité, le rhétorique dit pleinement ce qu'il dit. Ou encore : il peut y avoir une manière de non-sens et une complétude de sens — ce qu'indiquent ressemblance et analogie. Contre la dualité du vide et de l'achèvement, il y a un sens, problème en lui-même et preuve de sa constance. Minorité de la plénitude; plénitude de cela qui est livré à sa propre inconsistance ou instabilité. C'est jouer du malentendu, d'une impossibilité de sens objectif, qui n'exclut pas cependant une manière d'objectivité. La métaphore est là première — donnée à percevoir dans une dualité d'évidence et de déflection. Elle fixe la perception face à sa propre instabilité. Elle est, en elle-même, une sorte de *detached meaning*, qui échappe à toute réduction à un code. Elle porte le jeu de l'interprétation et de l'herméneutique à son paradoxe dernier : il y a là un sens positif, mais son approche fait question; il n'y a là aucun sens, soit l'arbitraire de l'interprétation métaphorique — cela qui ne peut être réduit, contre l'avis de I.A. Richards, au seul jeu de l'émotif —, et la construction du sens par le lecteur[87] : l'indétermination ne doit pas faire négliger le sens qu'elle ne dispose pas et qui peut seulement être disposé par le lecteur et par les règles de la communauté de lecture. Il y a perception de la métaphore parce qu'il y a une institution fixe de lecture. C'est, de fait, priver la métaphore de toute antériorité perceptive et logique, et récuser le jeu d'inférence qu'elle suscite. Car l'impossible retour à l'exactitude de la lettre ne dit que cette exigence d'inférence et marque que le jeu du contact l'emporte sur toute codification donnée et manifeste : la métaphore constitue une prédication variable en elle-même et sur une variable — elle est à la fois le manifeste et l'obtus. Elle enseigne que la détermination linguistique vient, à l'occasion de sa réalisation, à son propre flou. Manière d'excentricité, manière de déboîtement constant, elle peut être dite en termes d'alogisme et mesurée suivant le degré d'alogisme. C'est cependant supposer encore la norme du littéral, et ne pas marquer que la métaphore est travail de la division du langage, pour en noter l'indivis. Le langage ordinaire n'est pas sans malentendu — la métaphore est la construction du malentendu qui va ainsi contre tout malentendu reçu, et qui dessine, par le contact et sans qu'il y ait à venir nécessairement à l'analogie, la mitoyenneté et, en conséquence, la translation et les partages de tout le dicible.

Il convient d'interpréter exactement l'inutilité du retour au littéral. Ressemblance et analogie jouent dans l'interprétation de l'indétermination de la métaphore. En même temps qu'elles dessinent rapports et arbres sémantiques, elles disposent que les mots ne sont jamais à leur place, et pris entre une manière de nominalisme — le nom n'est que le nom ici assigné — et de réalisme — parcourir l'arbre sémantique, c'est aller vers le point sémantiquement supérieur, vers l'universel. L'analogie se dénie et la métaphore ne cesse de revenir à elle-même, dans la proximité d'une classification et dans la proximité d'un nom, bien que la métaphore ne nomme pas exactement. Dire n'est jamais en situation. Sont exclus le nombre et l'unité, le retour à l'extension et la venue au concept. Généraliser la métaphore n'est donc pas généraliser l'analogie, mais la soustraction à laquelle procède l'écriture par le contact — double soustraction à l'égard de la montée vers l'un, à l'égard de la descente vers le multiple —, qui est refus de la stricte règle de l'analogie et déclassement constant de la position du scripturaire. C'est enfin tenir que le discours est toujours, en lui-même, un performatif — l'actualité de sa séquence et des contacts qu'il présente. Toute inférence est ici singulière; toute lecture suppose la pratique de l'inférence — cela que commande l'écriture résiduelle. Il peut se dire ici, à partir de textes tardifs de Barthes, une réforme de la notion de «degré zéro de l'écriture». On sait le paradoxe du «degré zéro»: une écriture qui ne fait pas signe et qui, cependant, nomme exactement — une écriture qui est bien celle du mot et de la chose. Outre les présupposés qui placent l'usage d'un signe dans le champ d'un mentalisme, donc, dans le champ d'une falsification, subsiste l'idée d'une propriété du mot. C'est de fait chercher, contre la dérive du signifiant, une dicibilité qui ait une pertinence et qui cependant ne fasse pas signe ni ne vienne à un exercice d'apscription. La conclusion du *Degré Zéro de l'écriture* tend de fait à identifier écriture et apscription. Le métaphorique ne peut faire signe; il est contrainte de lecture; il ne dénomme pas puisqu'il ne se voue spécifiquement à aucun mot; il est son propre moment de sens — ainsi que le montre exemplairement le haiku. Il ne défait pas tant les codes, linguistiques ou autres, qu'il est une manière d'énonciation et l'écart de ces codes, pertinent parce qu'il est la lisibilité de l'inférence. Il interdit donc l'idéalisation linguistique — dont participe le retour au littéral —; il récuse le rapport obligé d'une entité linguistique à un concept; il est exercice du sens effectif — d'une prédication par association, par continuité. Il est écrit libre — celui qu'entend désigner le «degré zéro de l'écriture».

La métaphore se place à égale distance du symbolique et du descriptif ou du nominatif. L'enchaînement qu'elle dessine et à quoi se réduit, en termes de lecture, la sélection paradigmatique, ne marque pas seulement un blanc du contexte — thèse de I.A. Richards — et le pouvoir du contexte sur ce blanc. S'il doit être dit une interaction, elle doit l'être complètement : le métaphorique défait à terme toute interprétation prototypique du contexte, il exclut que celui-ci soit référable à l'analogie du symbole ou à la fonction descriptive, ou heuristique, du modèle; il défait à la fois la certitude du chiffrage du sens par les figures et celle de l'équivalent de l'énoncé à une description. Il peut être interprété comme la médiation de toute chose — Kenneth Burke prête au rhétorique et particulièrement à la métaphore cette fonction du rapport de l'un au multiple —, dans l'évidence que rien ne peut venir ni à l'un ni au multiple, et, en conséquence, que le littéral, le symbolique et l'archétypal sont des extrapolations du rhétorique et du métaphorique. La lecture, par ressemblance et par analogie, saisit cette propriété de médiation, mais, par l'hypothèse de la conversion au littéral, en dispose la conclusion. Ce n'est plus retenir la métaphore, mais à partir du contact qu'elle dessine, choisir la surdétermination — utiliser le figuré pour dire l'accroissement du littéral, faire du métaphorique une herméneutique pleine, en termes d'archétype ou de modèle. Ou, à l'inverse, dire une herméneutique vide ou arbitraire (Derrida, Fish). La plasticité et la mobilité du sens, que manifeste et suscite la métaphore, disent que ce sens ne peut être reconstitué — mais elles n'entraînent pas qu'il n'y ait pas sens. Dans la métaphore, le sens est le rapport sémantique comme tel, et sa continuité par contact. Il n'est donc pas dérivable ou assignable à une région spécifique. Mais bien reportable sur la syntaxe du texte, et partant, sur le jeu du contact et sur les associations verticales et horizontales. Lorsque Umberto Eco décrit l'interprétation de la métaphore par renvoi à l'encyclopédie et suivant le parcours de l'arbre de Porphyre[88], il note une localisation du sens, et marque aussi la disparité de cette localisation et son caractère provisoire. Le sens est ici travail sur les limites topologiques. Il suppose un impouvoir de parler — de faire procéder le sens d'une interaction et d'un objet identifiables sans équivoque. Il définit le texte qui fait contexte, par un jeu de transaction interne — c'est pourquoi il faut souligner la continuité du contexte en lui-même et la propriété du terme comparant par rapport à ce contexte —, mais plus encore par le jeu du déplacement continu des significations. C'est cela le littéral, et le retour au littéral la réinscription du métaphorique. L'interprétation de la métaphore par niveaux — analogie, ressemblance, hiérarchie du mot, de la phrase, du texte, une signification où viendrait se prendre le sens de la métaphore —, évite le symbolique et l'archétypal, mais ne peut omettre ce qui fait question dans la métaphore : le sens est à la fois immanent et transcendant à la synthèse disjonctive — en résulte la nécessité de l'inférence —; il n'est pas réductible, il n'est pas subsumable, il n'est pas effaçable. La métaphore dit une herméneutique mineure — libre du dessin des hiérarchies herméneutiques, constante et cependant toujours locale, qui suppose le contexte, mais qui ne peut venir à l'objectivité du contexte. «Le sens ne veut rien dire, à la différence des significations, mais il fait dire et écrire, il produit, détruit et déplace, sans les animer ‹les Bedeutungen›»[89], remarque François Laruelle. La généralité de la métaphore est un paradoxe, compte tenu des conditions syntaxiques dans lesquelles elle se produit.

«Faire dire et faire écrire», il faut l'entendre doublement : susciter l'écriture, appeler l'interprétation — cela qui constitue une objectivité, cela qui appelle l'approche de l'objectivité. Il n'y a pas d'indication explicite du commencement. Cela fait écrire, cela fait dire : on peut nommer hors de la division du lexique et livrer une surprise de vocabulaire; on peut écrire en faisant échapper l'écrit à toute notation de supplément parce que la métaphore est elle-même tout supplément dans le jeu du paradigmatique et du syntagmatique. Dans la prévalence de l'association et du contact, il y a rupture de toute chaîne contrainte et, en conséquence, rupture de la chaîne de l'échange discursif. L'insoluble de la métaphore fait de l'écriture une écriture de la distance, mais aussi le parfait renouvellement de la rhétorique de la *quaestio*. L'écriture construit sa propre case vide qui suscite l'interrogation du lecteur. Elle se dessine comme un mouvement constant d'interlocution, contre tout pouvoir herméneutique et tout pouvoir de détermination. Par la métaphore, l'écriture peut être dite fondatrice, décrochage de l'énonciation — de cela qui attribue l'énoncé —, et certitude du contact. Le paradoxe se noue : le sens tient en un acte qui porte une part de mutisme et qui procède par relais et qui est assertif. L'écrit est pleinement lui-même; il ne l'est que relativement à cette disposition paradoxale — les jeux du supplément de la question sont jeux d'adresse, d'approche du destinataire également muet puisqu'il est inconnu. Il faut considérer *Sade Fourier Loyola* contre les approches contextualistes — Richards —, modélisantes — Black —, et herméneutiques — Ricœur —, déconstructionnistes — Derrida —, de la métaphore et du rhétorique. Loyola et l'élaboration de la question; Sade et l'élaboration d'un discours muet, discours du spectacle, assertif, impensable et continu; Fourier, parler où il n'y a pas de parole, dans une combinatoire que l'on entreprend de réordonner. La rhétorique est bien construction, relativement à l'autre et à l'usage que celui-ci fait du langage, relativement à tout ce qui se dit ou ne se dit pas. Il n'importe plus de mesurer l'état de la signification, ni le rapport qu'elle livre aux autres significations, ni sa propriété opératoire — en termes de contexte, de modèle, d'herméneutique —, ni la propriété ou l'impropriété de cette signification. Fait sens ce qui montre en faisant question, en donnant la certitude de sa fiction pour un problème. Le lisible est la question même. La métaphore s'interprète comme un exercice du seuil : point de passage possible du sens à la signification et retournement de la tentation de la signification dans le seul sens; point de contact entre ce qui s'avoue pour fiction — l'écriture — et ce qui se donne pour discours du réel, en faisant de la question la seule certitude du discours; point d'équilibre entre la réduction référentialiste — fût-ce sous l'aspect de la redescription — et l'amplification herméneutique — modèle, symbole, archétype; seuil de la propriété et de l'impropriété — par la question, ni l'une ni l'autre ne sont déclarables. Il faut moins dire une indétermination ou une polysémie que l'économie de l'assignation et l'économie de la désapprobation. La métaphore pose le problème de ce à quoi elle répond : celui du sens et de la signification, de la fiction et du référentiel. Le littéral se suppose par la référence à la quête du lecteur — vaine — et au constat — inutile — d'une intention métaphorique — du sens est ajouté. Le supplément a pour caractéristique de toujours faire supplément. Mobile de la métaphore, il n'en est pas la fin. La finalité est la question, indissociable du jeu de l'assertion. Michel Deguy a noté l'ambivalence du seuil[90] : seuil en lui-même; seuil de ce vers quoi il est accès et qui est inévitablement le Bien. La métaphore est seuil du seuil, répétition du seuil, où le langage ne cesse de passer à lui-même, de se faire intervalle selon l'axe de son échange, concentrique en son propre mouvement, et cependant façon, puisqu'il y a seuil, de marquer le dehors. Sans être le passeur du dehors.

Dire le seuil revient à jouer d'une équivoque de la réflexion sur la métaphore. Cet intervalle et ce passage marqués définissent la fonction plénière de l'analogie : installer un partage, faire la part entre le petit et le grand, dessiner, de l'un à l'autre, un rapport d'inclusion ou un rapport d'exclusion, ne pas venir à la désignation explicite du symbole, mais jouer de la mesure et partant de la représentation en un croisement de l'intérieur et de l'extérieur. Soit ramener la métaphore à une «subjectivité de la pensée comme intériorité»[91] — penser le monde et la mise en œuvre dans une manière de réciprocité, et retrouver la tradition de la métaphore comme dessin de l'habitat. Le langage se fait monde, et réfère ainsi au monde. La pensée de l'analogie est pensée de la ressemblance continue, qui peut aussi inclure une idéologie de la comparaison et de l'incomparable. L'idée d'un incomparable du monde fait de la métaphore l'exercice d'une asymétrie, et du discours littéraire cela qui est marqué d'une manière de vanité. La consistance de l'analogie est défaite par l'insaisissable de l'incomparable; l'incomparable réintroduit, dans ce jeu de figuration et de symbolisation, la distance du littéral au figuré et l'irréductible du figuré. C'est ultimement noter une rivalité entre le littéraire et le réel — l'écoute des écoutes est dans le littéraire, ainsi qu'il construit une apparition-monde. Le seuil serait donc ce double passage vers le dedans et le dehors du langage.

Le seuil peut encore être dit le seuil de toute figuralité, celle de tout langage. Soit l'équivoque de la supposition du double passage du dedans et du dehors. S'il est telle mesure commune, il y a une loi de la mesure, loi de l'analogie qui ne dit rien qu'elle-même. Le pouvoir de la métaphore, dès qu'il cesse d'être rapporté à la *quaestio*, est doublement retournable dans le dessin d'un impersonnel et dans celui de la désymbolisation que porte le métaphorique. Le *New Criticism* identifie et limite ce pouvoir en nommant l'ironie — précise définition du hiatus du littéral et du figuré : la proposition ne signifie pas ce qu'on attend d'elle — on joue à ne pas jouer, on communique à ne pas communiquer, les diverses composantes de l'expression sont fondues et s'invalident. La métaphore est exercice de déconstruction et fausseté. Ou encore : il ne peut y avoir de sens que par un jeu de vérité et de fausseté. Manière de schizophrénie généralisée, à partir de laquelle on dit la quatrième personne du singulier — celle des doublures, celle du vrai qui s'échange avec le faux, celle de la singularité insituable. La métaphore ne vient ni à la logique ni à l'occasion qui la corroborerait — notation qui dit la poursuite inévitable du rhétorique et de cet enchaînement qui fait sens sans signification. C'est aussi lire la métaphore à l'inverse du fond indifférencié que discerne la mythologie blanche, et du fictif qui se conclut de l'impossible certitude du littéral. L'écart de la métaphore livre un sémantisme sans mesure, dicible suivant une manière de consistance, significations mêlées d'avant la conceptualisation, sens stable de l'inconséquence du figuré — comme le remarque Paul de Man[92], l'hypothèse de la *tenor* et du *vehicle* et le jeu contextuel supposent ultimement un sens, difficilement assignable, mais stable. Ce sémantisme fait encore lire le passage à une sorte d'impersonnalité du sens — celui-ci ne peut être exactement réalisé par aucune lecture — et permet de jouer sur le personnel et l'impersonnel.

Aussi faut-il aller plus loin que l'analyse de la discordance du littéral et du figuré, de la captation du littéral par le figuré. Si le retour au littéral est exclu et s'il n'est pas déductible de la métaphore une manière de littéral certain, la métaphore est une sorte de performatif qui va contre son éventuelle intention constative. Le performatif ne peut donner lieu à aucune assertion certaine — il ne porte aucune conclusion logique ni aucune persuasion. Il est sa propre aporie, comme l'est la métaphore. Telle démonstration de Paul de Man se veut extrême : elle expose l'impossibilité d'élaborer aucune signification par la métaphore et que celle-ci est première. Le littéraire n'est que discordance. C'est la généralisation dernière de l'ironie : il ne suffit plus de marquer la contradiction, il convient de reconnaître l'inconsistance. Le littéral est toujours absent. Ce manque ne se distingue pas d'une désymbolisation ni d'un défaut général d'analogie. Cette dernière hypothèse place la métaphore et le défaut de littéral du côté du mentalisme ; par la récusation d'une propriété de la parole du sujet, elle rejette à la fois le subjectivisme et l'objectivisme sans désigner quelles peuvent être la propriété et la fonction du figuré et du métaphorique. Contre la notation de cette vacance de toute lettre, la rhétorique peut être dit moyen d'identifier discours et résiduel. Par l'hypothèse de la contextualité que forme le discours en lui-même, le moment du figuré et la structure de la métaphore (deux termes sans liaison explicite) sont désignés comme un terme et un moment d'élision, entre un début et une fin de discours spécifiés. Mais l'interprétation même de l'élision équivaut à une relativisation du commencement et de la fin — ainsi s'explique la pertinence de la référence au contact et à la chaîne qu'il dessine. Plus essentiellement, c'est noter à nouveau l'hétérogène du figuré, et faire de tout discours qui l'inclut ou avec lequel il est en rapport, le même hétérogène. Le constat du fictif ne dit rien d'autre : dans la généralité du fictif qu'il impose de noter, dans l'égalité de droit du littéral et du figuré, tout traitement du figuré commande la reconnaissance du fictif, puisque cela revient à dire le figuré du figuré et la métaphore de la métaphore, et à marquer la disposition atomistique des discours et leur intelligibilité ou leur interdiscursivité par la seule accessibilité métaphorique — par la possibilité de leur enchaînement grâce au figuré. Le figuré apparaît comme une pratique paradoxale du mutisme, puisqu'il ne dit littéralement rien, ou qu'il ne le dit qu'allégoriquement, c'est-à-dire suivant une interprétation hyperbolique de l'élision qu'il porte. L'élision fixe tout texte comme *résiduel*.

Dans cette lecture du métaphorique et du rhétorique, il y a d'une part, une condamnation de la communication vue comme déraison, — celle de l'autorité qui dit sa raison de manière rhétorique —, et un rêve de communication achevée, celui d'une raison praticable, qui conduit au constat que la communication est une manière de rêve qui ne trouve pas sa vérité. Il faut travailler l'hypothèse de l'élision et, en conséquence, de la discordance. La déconstruction a pour paradoxe de tenir qu'il n'y a pas de rhétorique fermée — en ce sens, toute rhétorisation se défait dans l'équivoque du rhétorique —, et de ne pas marquer le sens de ce constat. S'il n'y a aucune réduction possible des écarts, si toute identification des invariants du texte revient à noter un jeu de retournement, le texte n'est pas tant une manière d'illisible continu qu'une sorte de question constante, qui dit la source de sa propre question — l'*agon* de toute entreprise discursive et de toute représentation. La butée du métaphorique et du rhétorique est ici directement identifiable : le refus de la loi du littéral fait sans doute lire la récusation de la venue de la représentation à une présence non médiée, mais elle n'exclut pas l'indication d'une manière de présentabilité immédiate, qui, va contre tout ordre anthropologique, social, communautaire, et fait du livre une sorte de parousie, celle du retour de l'écrit en lui-même — dans sa manifestation, celui-ci exclut à la fois le poïétique et la lecture, il est pleine visibilité. Il en résulte les jeux de typographie et l'élaboration matérielle du livre sous le signe de l'élision (Derrida, *Glas*)[93], ou la lecture du rhétorique et du métaphorique comme paradigme du visuel qui ne fait apparemment pas forme — mais, dès qu'il y a visuel, on vient à une gestalt. Paul de Man dit, dans *Allegories of reading*, à propos de Proust, la lecture barrée, l'écrivain quasi raturé[94]. *La Recherche* est en elle-même une manière d'utopie — celle d'un plein accord de la métonymie et de la métaphore, où se trouverait le moyen d'une double enveloppe, celle du monde par l'œuvre, celle de l'œuvre par le monde. Le jeu de la métaphore et de la métonymie est la déconstruction constante de la reconnaissance de l'utopie. Prévaut, à travers une citation de Proust, le visuel, explicitement rapporté, par Paul de Man, à la discordance entre le sens littéral et le sens propre. Le visuel représenté est le moyen de désigner cette discordance intra-sémiotique dans le texte, et d'exclure à la fois l'indication du nombre et celle de l'unité, qui pourraient résulter, d'une part de la notation métaphorique et, d'autre part, de la notation métonymique. C'est aussi placer le visuel hors de toute classification, et faire relire le résultat, l'accomplissement de la métaphore comme cela qui n'a pas de nom mais qui est cependant identifiable. Et marquer, puisque le visuel ne dispose pas de sens littéral, c'est-à-dire de sens corrélable, ou conceptualisable, que la métaphore rejette le Réalisme et qu'elle vient à une manière de nominalisme. L'interprétation de la métaphore se conclut : l'analogie se dénie. Il faut entendre : les termes de la métaphore sont pleinement eux-mêmes. L'illisible sert à souligner la vanité du littéral et celle d'un pouvoir de synthèse de la métaphore, et à identifier la réalisation du métaphorique à la soustraction de tout système. Le relevé du visuel devient métaphore de la métaphore : ce que dit la métaphore touche au manifeste ; elle est le moyen de ramener l'écrit à l'équivalent d'un *il y a* ; elle instruit que l'artifice de l'objet littéraire et son auto-contextualisation sont autant de moyens privatifs — d'une connotation qui ouvrirait à un message symbolique explicite, d'une dénotation qui contribuerait à naturaliser ce message symbolique.

Le littéraire ne se résout ni dans un jeu de substitution aux discours disponibles ni dans l'abstraction sémantique qu'assure le signe. Cette rencontre — critique — de la notation du métaphorique et de la notation du visuel, outre qu'elle suggère que les thèses de l'anti-représentation, liées aux esthétiques de l'écriture, n'excluent pas ultimement les droits du représentatif, entend placer la littérature à l'écart de toute déduction, et assimile le verbal à une manière de présence matérielle qui est impondérable. Il faut redire la notation de l'illisible : il ne convient pas d'y reconnaître simplement le lisible barré, mais que la mutabilité de la lettre — dans l'exercice de la métaphore — désarme le regard — le lecteur. En d'autres termes : la métaphore est toujours contextuelle ; elle est lue grâce au contexte ; elle empêche simultanément que ce contexte fasse intrigue et loi en lui-même. Soit le retour au sens propre de la fresque égyptienne, auquel s'attache Paul de Man : ce sens n'est que le sens disponible et manipulable — soit le sens présent, celui qui advient et celui qui se constate comme un *il y a*. La métaphore : la présence matérielle du sens, en conséquence inaltérable, qui peut être ré-effectué, et toujours actuel. Le rapport du littéral au figuré se réinterprète comme celui de la mémoire et du stock de l'information à ce constat du sens qui ne revient ni à la mémoire ni à l'information. La métaphore ne fait donc pas identifier le littéraire sous le signe de l'alogisme, ou de la redescription, mais sous celui de cette détermination maximale du sens — il ne peut qu'être contextuel — qui est l'affranchissement même du sens. Le texte a le pouvoir de déplacer ses propres termes, de se déporter lui-même hors de toute classification et cependant dans le lisible. L'insoluble de la métaphore — on ne touche ni au littéral ni à la synthèse du sens — invite à noter qu'il y a une limite à l'ajointement et à toute approche herméneutique que puisse commander la métaphore. Mais la figure de la division est encore la figure de la continuité, de l'indivision — la métaphore : le signe de la constance du texte en lui-même. Construire la proximité revient à construire la relation et la continuité, parce que cela équivaut à jouer de ce partage que les mots ont entre eux. Soit l'état exact des mots qui font phrase. Soit la cohérence de la déformation.

NOTES

[1] Paul DE MAN, *Allegories of Reading, op. cit.*, voir les études sur Proust et sur Rilke.
[2] Roland BARTHES, *Sade Fourier Loyola*, Paris, Editions du Seuil, 1971.
[3] Remarque de Gilles Deleuze.
[4] Paul DE MAN, *Blindness and Insight, op. cit.*
[5] Roland BARTHES, *Essais critiques*, Paris, Editions du Seuil, 1964.
[6] Geoffrey H. HARTMAN, *Criticism in the Wilderness : The Study of Literature Today*, New Haven, Yale University Press, 1980, p. 173.
[7] Sur ces points, voir Maurizio FERRARIS, «Ecriture et sécularisation», dans *La Sécularisation de la pensée, Recherches réunies sous la direction de Gianni Vattimo*, Paris, Editions du Seuil, 1988.
[8] Roland BARTHES, *L'Obvie et l'obtus*, Paris, Editions du Seuil, 1982.
Voir notre article, «Rhétoricité et littérature : figures de la discordance, figures du partage, de Roland Barthes à Paul de Man», *Langue Française*, septembre 1988, n° 79.
[9] Arthur DANTO, *article cité*.
[10] Roland BARTHES, *L'Obvie et l'obtus, op. cit.*
[11] Jacques DERRIDA, *Signéponge*, Paris, Editions du Seuil, 1988.
[12] Jacques DERRIDA, *La Vérité en peinture*, Paris, Flammarion, 1978.
[13] Jacques DERRIDA, *Positions*, Paris, Editions de Minuit, 1972, p. 142.
[14] La distinction est de I.A. RICHARDS, *The Philosophy of Rhetoric*, Oxford University Press, 1936.
[15] Paul DE MAN, *The Rhetoric of Romanticism*, New York, Columbia University Press, 1984, voir chapitre IV, «Autobiography as De-facement».
[16] Voir Jean BESSIÈRE, *article cité*, note 8.
[17] Pour une démonstration explicite de cela, Roland BARTHES, *La Chambre claire*, Paris, Editions du Seuil, 1981.
Pour un commentaire global sur ce problème, Jean BESSIÈRE, «Description, effet de visibilité et temps; H. James, G. Stein, Proust, Calvino», dans Jean BESSIÈRE, éd., *L'Ordre du descriptif*, Paris, P.U.F., 1988.
[18] Soit le paradoxe extrême de la notation de la trace.
[19] Jacques DERRIDA, *Parages, op. cit.*, pp. 121 et sq.
[20] Jacques DERRIDA, *L'Ecriture et la différence, op. cit.*, p. 108.
[21] Paul DE MAN, *Allegories of Reading, op. cit.*, c'est le paradoxe développé à propos de Proust.
[22] Paul RICŒUR, *Du texte à l'action, Essais d'herméneutique II*, Paris, Editions du Seuil, 1986, chapitre «Qu'est-ce qu'un texte?».
[23] Paul DE MAN, «Conclusions : Walter Benjamin's ‹The task of the Translator›», *Yale French Studies*, 1985, n° 69.
[24] Voir François LARUELLE, *Le Déclin de l'Ecriture*, Paris, Aubier-Flammarion, 1977.
[25] Wolfgang ISER, *L'Acte de lecture, op. cit.*
[26] Italo CALVINO, *Se una notte d'inverno un viaggiatore*, Turino, Einaudi, 1979.
[27] Jacques DERRIDA, *La Voix et le phénomène*, Paris, P.U.F., 1967.
[28] Michel DEGUY, *La Poésie n'est pas seule, court traité de poétique*, Paris, Editions du Seuil, 1988, p. 48.
[29] Pour ce problème en peinture, voir Hubert DAMISCH, *L'Origine de la perspective*, Paris, Flammarion, 1987.
[30] Pour une approche similaire de cette question, Daniel CHARLES, «Présence et post-modernité», *Hors Cadre*, n° 3, printemps 1985, pp. 155-162.
[31] Jean-Pierre FAYE, *Le Récit hunique*, Paris, Editions du Seuil, 1967, voir le chapitre «Le Récit hunique».

[32] On retrouvera cette question de la synonymie à l'occasion de l'examen de la notion de texte.
[33] Cela se déduit de *Figures III* et de l'hypothèse qui est ultimement faite d'une histoire quasi objective.
[34] Voir sur les incertitudes des liens à ces points, Barbara HERRSTEIN SMITH, «Narrative Versions, Narrative Theories», *Critical Inquiry*, vol. 7, 1, 1980.
[35] Georges LUKÀCS, *La Théorie du Roman, op. cit.*
[36] Walter BENJAMIN, «Le Narrateur, réflexions sur l'œuvre de Nicolas Leskov», *Essais*, T. 2, 1935-1940, Paris, Denoël-Gonthier, 1983.
[37] Theodor ADORNO, «La situation du narrateur dans le roman contemporain», *Notes sur la littérature, op. cit.*, pp. 37 et sq.
[38] Maurice BLANCHOT, *L'Ecriture du désastre*, Paris, Gallimard, 1980.
[39] Voir Wayne BOOTH, *The Rhetoric of Fiction, op. cit.*
[40] Paul RICŒUR, «L'identité narrative», *Esprit*, n°s 7-8, juillet-août 1988.
[41] Paul RICŒUR, *Temps et Récit*, T. 1, Paris, Editions du Seuil, 1983, pp. 55 et sq.
[42] Hayden WHITE, *Tropics of Discourse*, Baltimore, London, The John Hopkins University Press, 1978.
[43] Gérard GENETTE, *Nouveau discours du récit*, Paris, Editions du Seuil, 1983, *passim*.
[44] E. MARTINEZ-BONATI, *La Estructura de la obra literaria*, Barcelona, 1972.
[45] Paul RICŒUR, *Temps et Récit*, T. 2, *La Configuration du temps dans le récit de fiction*, Paris, Editions du Seuil, 1984, pp. 152 et sq.
[46] Ralph COHEN, «History and Genre», *Neohelicon*, XIII, 2, 1986.
[47] Tzvetan TODOROV, «Les deux principes du récit», *La Notion de littérature et autres essais*, Paris, Editions du Seuil, Points, 1987.
[48] Jacques DERRIDA, «Pas», dans *Parages, op. cit.*
[49] Jean-François LYOTARD, pour le thème de la généalogie, voir «Histoire universelle et cultures», *Critique*, n° 456, mai 1985, p. 565;
pour la réflexion sur la paralogie, voir *La Condition post-moderne*, Paris, Editions de Minuit, 1979.
[50] Michel DE CERTEAU, *op. cit.*, pp. 317 et sq.
[51] Julia KRISTEVA, *Polylogue*, Paris, Editions du Seuil, 1977, pp. 287 et sq.
[52] Voir Tzvetan TODOROV, *Poétique de la prose*, choix suivi de *Nouvelles recherches sur le récit*, Paris, Editions du Seuil, Points, 1986.
[53] E. MÉLÉTINSKI, «L'Etude structurale et typologique du conte», dans V. PROPP, *Morphologie du conte*, Paris, Editions du Seuil, 1970.
[54] Roland BARTHES, «Introduction à l'analyse structurale du récit», *Communications*, n° 8, 1966.
[55] Roland BARTHES, «L'Effet de réel», *Communications*, n° 11, 1968.
[56] Roland BARTHES, «Analyse textuelle d'un conte d'Edgar Poë», dans *Sémiotique narrative et textuelle*, Paris, Larousse, 1973, p. 83.
[57] Louis MARIN, *Le Récit est un piège*, Paris, Editions de Minuit, 1978.
[58] Gerald PRINCE, «Narrative Pragmatics, Message and Point», *Poetics* 12 (1983), pp. 527-536.
[59] Léo BERSANI, «Le Réalisme et la peur du désir», *Poétique*, n° 22, avril 1975.
[60] Frank KERMODE, *The Sense of an Ending : Studies in the Theory of Fiction*, New York, Oxford University Press, 1967.
[61] Gilles DELEUZE, *L'Image-temps*, Paris, Editions de Minuit, 1985, p. 353.
[62] Iouri LOTMAN, *La Structure du texte artistique, op. cit.*, p. 326.
[63] Voir A.J. GREIMAS, «Pour une sémiotique du récit : Rencontre entre A.J. Greimas et P. Ricœur», dans Michel ARRIVÉ et Jean-Claude COQUET, *Sémiotique en jeu*, Paris, Amsterdam, Editions Hadès-Benjamins, 1987, pp. 291 et sq.

[64] Jacques LACAN, *Le Séminaire*, T. II, Paris, Editions du Seuil, 1978.
[65] Jacques DERRIDA, «Le facteur de la vérité», dans *La Carte postale*, Paris, Flammarion, 1980.
[66] René GIRARD, *Mensonge romantique, vérité romanesque*, Paris, Grasset, 1961.
[67] Michel SERRES, *Jouvences sur Jules Verne*, Paris, Editions de Minuit, 1974.
[68] Pour un témoignage d'écrivain sur ce point, voir, outre ses romans, Ernesto SABATO, *L'Ecrivain et la catastrophe*, Paris, Editions du Seuil, 1986, pp. 55 et *sq*.
[69] Claude LÉVI-STRAUSS, *La Pensée sauvage*, Paris, Plon, 1962, voir, pp. 39-44.
[70] Iouri LOTMAN, «The Origin of Plot in the light of Typology», *Poetics Today*, I, n°s 1-2, 1979, pp. 161-184.
[71] T.A. VAN DIJK, «Action, Action Description and Narrative», *New Literary History*, vol. 6, hiver 1975, pp. 273-294.
[72] A.J. GREIMAS, «Postulats, méthodes et enjeux», dans Michel ARRIVÉ et Jean-Claude COQUET, *Sémiotique en jeu, op. cit.*, p. 311.
[73] C'est le titre d'un poème de Wallace Stevens.
[74] F.K. STANZEL, *Theorie des Erzählens*, Göttingen, Vandenhock und Ruprecht, 1979.
[75] Wayne BOOTH, *The Rhetoric of Fiction*, Chicago, Chicago University Press, 1961.
[76] Louis MARIN, *Le Récit est un piège, op. cit.*
[77] Gilles DELEUZE, *L'Image-temps, op. cit.*, pp. 284 et *sq*.
[78] Voir Peter BROOKS, «Pour une poétique psychanalytique», *Littérature*, n° 71, octobre 1988.
[79] Voir I.A. RICHARDS, *The Philosophy of Rhetoric*, London, Oxford University Press, 1936.
[80] Monroe BEARDSLEY, «The Metaphorical Twist», *Philosophy and Phenomenological Research*, 22, mars 1962, pp. 293-307.
[81] Jean PAULHAN, «Un rhétorique sans langage», dans «Enigmes de Perse», *Œuvres Complètes*, Paris, Cercle du Livre précieux, 1969, pp. 176 et *sq*.
[82] Christine BROOKE-ROSE, *A Grammar of Metaphor*, London, Secker and Warburg, 1958.
[83] Paul RICŒUR, *La Métaphore vive*, Paris, Editions du Seuil, 1977.
[84] John R. SEARLE, *Sens et expression, op. cit.*, voir le chapitre IV.
[85] Umberto ECO, *Sémiotique et philosophie du langage, op. cit.*, voir le chapitre sur la métaphore.
[86] Dans *Anatomie de la critique, op. cit.*
[87] Stanley FISH, *Is There a Text in this Class?, op. cit.*
[88] Umberto ECO, *op. cit.*, chapitre sur la métaphore.
[89] François LARUELLE, *Le Déclin de l'écriture, op. cit.*, p. 254.
[90] Michel DEGUY, *Figurations*, Paris, Gallimard, 1969, p. 49.
[91] Michel DEGUY, *La Poésie n'est pas seule, court traité de poétique, op. cit.*, p. 117.
[92] Voir Paul DE MAN, *The Rhetoric of Romanticism, op. cit.*, p. 46.
[93] Jacques DERRIDA, *Glas*, Paris, Editions Galilée, 1974.
[94] Paul DE MAN, *Allegories of Reading, op. cit.*, thématique de la lecture barrée.

Chapitre IV
Littéraire, Hétérogène, Occasionnel
Le Texte

Les équivoques de la notion de texte se lisent dans l'usage critique qui en est fait. Elle renvoie ainsi à la transgression des règles du littéraire et des contraintes des discours, comprises très largement. Une telle transgression suppose que les cibles de la transgression, les lois, les règles, soient exactement identifiables et que la réversion des hiérarchies ou l'éversion, à laquelle procède le texte, puissent se lire topologiquement. (Il suffit de rappeler Bakhtine.) Le texte est encore caractérisé suivant l'identification de l'écriture au transgressif — identification paradoxale, puisque l'écriture se définit, d'une part, comme une pratique spécifique et d'autre part comme le lieu de *tout* discours non acceptable pour une culture, c'est-à-dire comme le pouvoir même de la critique. Hors de la transgression et de ce privilège extrême reconnu à l'écriture, le littéraire se définit à partir du constat qu'il est impossible de postuler des référents derniers, des normes, des voies de l'écriture, et de la notation que toute entreprise scripturaire est d'*ici*, prise dans l'ordinaire et l'hétérogène des discours, obligée au constat qu'elle ne peut ni s'objectiver, ni se subjectiver : elle ne se donne ni pour l'au-delà des discours, ni pour leur en-deçà; elle est de leur communauté.

Le littéraire est sans doute le composite, tout à la fois des données littéraires et des données discursives. Il peut s'interpréter en termes de répertoire et d'articulation des composantes de ce répertoire — données littéraires, données discursives, données culturelles. Cette articulation peut être placée sous le signe d'une manière de totalisation, ou sous celui des dialogismes. Dans tous ces cas, le texte reste lu suivant une logique rhétorique — totalisation : métaphore ; dialogismes : métonymie —, et apparaît comme le moyen et la réalisation d'un effacement de la hiérarchie des données discursives, symboliques, culturelles. C'est là prêter au littéraire un pouvoir d'être à la fois de tous les discours et hors de ces discours, d'appartenir à un fond commun et, dans le même moment, de le dire en un jeu d'extériorité. Le littéraire se définit, à ce point, comme l'*espace commun* des répertoires littéraire, discursif, symbolique, culturel, et comme l'architecture du mixte. En un tel mouvement, dire l'espace commun reste de l'autorité de l'œuvre et son utopie. Il suffirait de lire, chez Bakhtine, l'utopie du populaire, celle de l'autre, et d'examiner comment les œuvres de Rabelais, de Dostoïevski, comment le texte littéraire même sont définis ultimement comme les recueils de telles utopies et comment ces utopies caractérisent le développement de la littérature. Il suffirait d'analyser en quelle façon le texte, tel que le caractérise Derrida, reste marqué d'une ambivalence essentielle : la parenté et la duplication des traces, qui commandent de définir l'écriture par son absence de fin et, en retour, par son défaut de génèse identifiable, ne distinguent pas le texte, les textes, d'une structure originaire — en ce sens, tout texte est toujours parodique et la parodie suppose ou renvoie à une position de conscience qui est elle-même figure de la conscience de la pérennité de cette duplication. Ce qui entend faire droit à l'autre ne peut être ce qui le reprend tel quel, le subsume dans ses discours et dans ses représentations, ainsi qu'il est suggéré des romans de Rabelais et Dostoïevski. Dialogisme, intertextualité, à ce moment où ils caractérisent l'hétérogène, se définissent encore comme le moyen de l'exposer, de le circonscrire, de l'*identifier*. Gestes qui sont autant de désignations de l'œuvre qui se choisit ainsi dialogique et œuvre de la somme et de la maîtrise des altérités. Faire de l'œuvre l'exacte composition du même et de l'autre, de l'œuvre — elle possède une identité incontestable par sa forme concrète — et des autres discours, scelle une contradiction : ou cette œuvre est absorption de l'autre qui ne peut être cité en tant que tel ; ou elle se caractérise par sa propre suppression dans le constat et dans la notation des autres discours — l'œuvre, dans sa forme, se confond avec un moment négatif —; hors de ce moment négatif, il ne peut rien être dit de l'œuvre. La contradiction peut être levée à une condition : préserver, dans la définition de l'œuvre, un double mouvement — l'œuvre est œuvre de l'autre parce qu'elle se confond avec l'autre; l'œuvre est bien elle-même parce qu'elle ne peut être supprimée dans l'autre. Elle est le nœud de ce double mouvement et des circonstances qui le commandent. Elle est conjonctive parce qu'elle marque à la fois l'inassimilable de l'œuvre et de l'autre, et la dette réciproque de l'œuvre et de l'autre.

I. TEXTE, MOT, HETEROGENE

Par la notation du texte, la théorie littéraire dispose encore qu'il y a une objectivité de la littérature en elle-même. Celle-ci se saisit dans les marques et dans les pratiques de l'écriture, de la métaphore, du récit. C'est noter que l'objectivité ne peut se comprendre ni par la représentation, ni par un jeu instrumental de l'œuvre. C'est encore supposer que l'aporétique est, par lui-même, communication, sans que soit effacée une contradiction ultime. Ce qui ne peut revenir ni au sens, ni au littéral, ni à l'histoire, fait inévitablement sens et porte un pouvoir du littéral et de l'histoire, tels qu'ils se déduisent du constat de la constance de la médiation de l'écriture, de l'aptitude de la métaphore à donner à lire l'homogène dans l'hétérogène, du paradoxe temporel du récit — le dessin de ce passé-présent, qui est actualisation du passé par la disjonction et par l'exercice du récit. Il ne faut pas tant conclure à une certitude du sens, du littéral, de l'histoire — ce serait identifier le littéraire et son aporie au propositionnel — qu'à la fonction du jeu de la question et de la réponse qui fait lire et qui se lit dans l'écriture, dans la métaphore et dans le récit. Contre la notation de l'intransitivité et la confusion de l'artifice du littéraire avec quelque reconnaissance de l'autonomie, il faut faire l'hypothèse d'un inachèvement communicationnel du littéraire — celui que porte l'équivoque de la sécuralisation de l'écriture, de l'implicite de la métaphore, de la refiguration de l'antécédent proposé par le récit. Considéré en lui-même et dans sa minorité, le littéraire est signe de l'autocommunication générique, c'est-à-dire délocalisée et différée, de l'espèce humaine. A cause de l'ineffacement de la question que pose le résiduel, il n'est pas nécessaire de dire le sujet et l'objet comme des déterminations ultimes. Hors de cette indivisibilité de l'aporétique et du questionnement, le littéraire disparaîtrait : il ne serait plus ce qui peut venir après et s'ajoute à tout discours. Il faut moins noter à ce propos, ainsi que fait Iouri Lotman, que le littéraire est une réserve d'information[1], que ce témoin linguistique qui paraît toujours occasionnel, sans doute parce qu'on le sait construit *ad hoc*, mais aussi parce qu'il relève, dans sa permanence et dans sa transhistoricité, non d'une interrogation systématique et réglée, mais de la question que portent l'unicité et le résiduel —

celle du rapport de l'hétérogène à ce qui le fait reconnaître. Tout ce qui entend dire le littéraire sous le signe de l'absence de conclusion, marque, de fait, le rapport inégal du littéraire à ses éléments constituants et à la langue; il suffit de rappeler la métaphore et le récit. L'intersection, irréductible à une lecture assurée, que présente la première, est une inégalité dans le dessin de l'œuvre et dans son unité sémantique. L'incertitude du rapport de l'histoire et du récit instruit que même la modélisation explicite de la cause ne peut entraîner que la fin (du récit) dynamise la marque du but : reconnaître l'histoire sans équivoque serait indiquer la pleine concordance du récit avec lui-même et son caractère mythologisant; le défaut de reconnaissance n'est que le constat d'un hiatus, celui des épisodes et du modèle que constitue le récit, qui n'exclut pas que le récit se donne pleinement pour lui-même par le jeu de disjonction initiale qu'il suppose.

Le paradoxe est noué : le résiduel, en ce qu'il est cet hétérogène, se définit par son seul caractère composite; l'occasionnel n'est identifiable que relativement à son contraire, le régulier qui suppose la règle. Cela peut encore se formuler de deux façons. Comment aborder une pratique, littéraire, qui se donne pour juste, de façon cognitive, alors qu'elle ne peut se résoudre dans la seule notation de son écart? Quel est le pouvoir d'appel de l'occasionnel et de son irréductible? Il suffit de noter les butées des méthodes. Le structuralisme suppose la réification du résiduel et sa confusion avec l'indication de la structure et de la latence. L'herméneutique vient à la contradiction d'une détermination du sens, qui serait identifiable et qui ne se donnerait pas strictement ou pas continûment pour la loi de l'œuvre. Les hypothèses, issues des modèles communicationnels, font lire le résiduel suivant la dualité de l'universalisation et de la relativité — suivant la contradiction d'une communication et d'une non-communication[2] — pour marquer qu'il ne s'agit pas tant là des insuffisances des méthodes que du caractère complexe du résiduel et de l'occasionnel — sans cette complexité, ils disparaîtraient. Il convient de rappeler la minorité et la spécificité. Par la première, le littéraire est strictement lui-même et reportable au-delà des limites qui peuvent lui être assignées; par la seconde, il se lit comme identifiable et comme relatif. L'hétérogène s'interprète suivant ce jeu de dualité. Il convient sans doute de dire l'incomplétude de l'objet littéraire — il suscite le compte rendu qui est un écart par rapport à son objet même. Mais dire l'incomplétude est encore noter la complexité du jeu des corrélations de l'hétérogène et définir l'incomplétude comme le témoin de conjonctions. Conjonction d'actions, interactions, rétroactions, décelables dans le rapport de l'écriture à l'écriture, de l'écriture à la lecture, de la lecture à la lecture;

conjonction d'ordre et de désordre — la hiérarchie lisible dans l'œuvre, celle des œuvres et des lectures n'excluent pas le défaut de hiérarchie et l'atypique des unes et des autres —; conjonction de l'autonome et du solidaire — la délimitation du littéraire en fait un ensemble autonome qui n'est pas *a principio* rapporté à un ordre déterminant et qui cependant n'efface pas des environnements substrats, retenus dans la mesure où ils rendent compte de l'autonomie —; conjonction de l'articulé et du jeu — la systématique des relations ne sature pas l'ensemble qui recèle sa propre imprévisibilité —; conjonction du résultat — l'ensemble littéraire tel qu'il est organisé — et du pouvoir d'organisation; conjonction du paradigmatique et du syntagmatique; conjonction de l'action — lire, écrire — et de l'information — l'ensemble littéraire se définit par ses propres éléments et par l'information que ceux-ci produisent[3]. Il s'impose une définition double du matériau littéraire : le résiduel, cet occasionnel, suppose un effet en lui-même et hors de lui-même, qui est effet d'*altérité*. L'occasionnel : cela qui, à l'image du mot mais aussi, en conséquence, à l'image de tout locuteur, est appelé à se situer dans un univers de paroles, dans une dimension de radicale altérité, parce qu'il est réductible à un mot et, en lui-même, composition de mots suivant un tel rapport d'altérité. On reformule le paradoxe de l'écriture, générale mais qui ne peut être que par ses témoins singuliers, et celui du rapport du matériau littéraire et de l'émergence esthétique[4] : il faut lire là moins la certitude de la forme et du sens que le constat du jeu de la conjonction et de l'altérité. Fait forme et fait sens ce qui se montre par son autre, et qui généralise la synonymie de l'écriture.

Marquer à la fois la conjonction et l'altérité revient à indiquer qu'il y a un rapport de réciprocité au résiduel, à constater la réciprocité de l'écrit, qui est le résultat d'un exercice de décontextualisation, à tous les discours dont il se décontextualise. La lecture retrouve paradoxalement, ainsi que l'a souligné Iouri Lotman, une manière de synonymie. Pour le lecteur, la lettre est la lettre, précisément sans synonyme. Mais cette unicité qui désigne l'œuvre comme sa propre totalité, même si l'œuvre ne se présente pas explicitement comme un tout achevé, est, *ipso facto*, renvoi à toutes les autres unicités possibles, synonymes de cette unicité[5]. Le littéral, fixé, apparaît comme une variante de ces lettres qui sont ou ne sont pas réalisées, et toutes lettres réalisées comme ses variantes. Défini hors du jeu et de l'opposition de la construction et de la déconstruction, du pouvoir et de l'impouvoir du littéraire, l'hétérogène appelle la ressemblance. Si l'œuvre est occasionnelle comme tout mot peut l'être, elle n'a pas à être considérée suivant des jeux d'adéquation ou d'inadéquation, mais selon le constat qu'elle réalise l'aporie de tous les discours, et qui la caractérise comme la possible ressemblance à toute autre aporie. Il faut comprendre : l'hétérogène a pour milieu l'hétérogène ; le résiduel est la corrélation du résiduel. L'hypothèse d'une motivation de l'écrit littéraire par lui-même n'est concevable qu'à la condition de le traiter comme un artifice isolé. Or il faut constater : l'hétérogène est motivé par l'autre hétérogène. Le littéraire se lit moins comme le choix entre une possibilité de l'assertion et une impossibilité de l'assertion, entre le report de cette impossibilité sur l'intransitivité et le report sur l'inachevé du langage, que comme la possibilité, liée à la décontextualisation et à la maximalisation de la réalisation mineure de la lettre, de fixer la proximité des hétérogènes. Il est toujours relatif à ce dont il se sépare et à ce qui est séparé. S'il y a forme et sens, ils sont ceux de ce composite qui ne porte pas forme et sens ultimes — tenir pour cette forme et ce sens ultimes serait désigner le littéraire comme l'au-delà de toutes les disparités du discours et le considérer comme proprement mythologisant.

A ce point, il faut reprendre le questionnement que porte le littéraire et qui a été identifié au jeu du *detached meaning*. L'autonomie du littéraire est, dans cette logique, pensable comme le mouvement d'une question qui ne cesse d'être suscitée par les reconnaissances de la décontextualisation et de l'affaiblissement symbolique que celle-ci suppose ou induit. Question dont toute réponse est le constat même de la question. Dire la ressemblance de l'hétérogène à l'hérérogène et son aptitude à faire lire la réciprocité que tous les discours entretiennent avec lui, revient à marquer que la décontextualisation est une pratique spécifique de contextualisation, à partir des inégalités que portent le littéraire et les discours, — celles qui ont été dites à propos de la métaphore et du récit. Le constat du *detached meaning* peut être ainsi interprété de manière inverse qu'il a été fait. Si la métaphore n'est que la métaphore, irréductible, si le récit n'est que le récit, sans qu'il soit possible de remonter à son histoire, ce *détachement* de la métaphore et du récit est conservation de la disparate dans un champ formel et sémantique unique, celui de la métaphore, celui du récit. La décontextualisation du littéraire se lit comme le moyen de dessiner une totalité hors de toute sommativité, hors de quelque raison de la totalité. Il est exclu la réalisation formelle et l'approfondissement sémantique d'une unité. Il y a une moindre force du syntagmatique — c'est ainsi qu'il faut comprendre les équivoques de la métaphore et du récit dès lors qu'elles sont rapportées aux métaphores et aux récits de la pragmatique quotidienne. Identifier, dans le littéraire, la métaphore et le récit, ce n'est pas identifier l'unique qu'ils constituent, mais les définir comme des procédures d'identification d'unicités, c'est-à-dire de données contingentes. De la même manière, le jeu des équivalences, que suppose l'organisation paradigmatique, renvoie moins à une liste de termes ordonnés disponibles et substituables qu'à la composition de diverses séries de données équivalentes et à la contingence que désigne cette composition. L'hétérogène, tel qu'il se lit dans le *detached meaning* et dans la décontextualisation, devient question de l'ensemble qui ne porte jamais la preuve de sa propre clôture, et réponse à cette question par la notation, qu'il suscite, de sa propre différence. L'hétérogène apparaît sans récusation possible — où il y a sa légitimation et sa fonction : faire de sa question une question sans réponse, c'est précisément marquer qu'il est toujours son propre épisode, entièrement définissable par son caractère résiduel et par sa ressemblance à tout hétérogène, et toujours opposable à ce qui porte une conclusion sémantique nette. Le littéraire n'est pas seulement l'irrésolution du sens qui résulte du jeu d'inférence sans fin qu'il appelle et qui résulte de la décontextualisation; il est aussi question de la communauté de sens que dessinent des pratiques discursives, sémantiques, formelles contradictoires. Question sans réponse : la communauté n'est que par l'irrécusable de l'hétérogène. Il peut être dit ici sans que soit suggérée l'implication idéologique que lit le marxisme : le littéraire est langage de compromis, la transition même du composite, parce qu'il fait définir l'auto-contextualisation comme un jeu d'équivalences sans dominante, et l'unité de l'œuvre comme ce qui relève entièrement de ce jeu.

Il faut reprendre ici l'indication de la *lettre morte* que porte la notion d'écriture. Toute œuvre est du passé, dès l'achevé de la transcription. La sécularisation de l'écriture instruit que la littérature est cependant une valeur d'avenir. Hors d'une interprétation esthétique — la pérennité de la forme et du beau — et idéologique — le littéraire est la fiction même de la conciliation —, il convient de noter le pouvoir de la décontextualisation — définir les écrits les uns par rapport aux autres et par une dérivation temporelle — et de revenir à l'hétérogène. Irrécusable et question sans réponse, il est de tout moment, opposable à tout discours de la fin, composable à tout autre hétérogène, et lisible de façon double et réversible. *Réversibilité* : constance de la conjonction et de la disjonction et de leurs échanges. *Dualité* : il n'est de réitération que par l'impossibilité du retour au même. Il faut entendre : l'hétérogène est, de part en part, équivalence en lui-même, et inadéquat à lui-même dans l'exercice de sa reconnaissance parce qu'il n'est reconnu que relativement à d'autres hétérogènes, à d'autres constats de réversibilité et de dualité. Il peut être dit ici une transhistoricité de l'hétérogène et, par là, la parenté, dans le temps, des hétérogènes. La valeur d'avenir est dans cette possibilité continue de composition et, par conséquent, de lecture, sans qu'il puisse être conclu, de cette composition, à un ordre du littéraire, puisque la première continuité certaine est celle de l'irrécusable, tel parce qu'il est question sans réponse. C'est au fond redire ici, en termes historiques, le constat et le pouvoir du résiduel, cela qui est en soi liaison par équivalence et toujours dicible par équivalence.

Dans la reconnaissance du résiduel, la théorie littéraire vient à une de ses contradictions les plus essentielles. Iouri Lotman a ainsi, dans la *Structure du texte artistique*, marqué le paradoxe du littéraire : être hors système et faire système; être résiduel et cependant interprétable. Le contingent, l'hétérogène relèvent d'au moins deux codes, sur lesquels ils ne sont pas exclusivement reportables. L'œuvre est une telle dualité ou une telle multiplicité. Elle est encore une organisation suivant cette multiplicité, qui fait ensemble par un jeu d'équivalences sémantiques. Il n'en reste pas moins que Lotman dit une codification des œuvres — en elles-mêmes et relativement à ce qu'il dit être un texte général [6]. C'est marquer, outre la dualité ou la multiplicité, un jeu de norme et de hors norme, et proposer deux définitions de la composition de l'hétérogène : il est une manière de donnée erratique parce qu'il est la somme impossible des codes; il se lit comme la rupture et la réinscription de codes, c'est-à-dire comme un lieu dans un ordre de la culture. Il y a là une ambivalence qui résulte d'une double lecture du littéraire : le littéraire, comme institution dans l'ensemble des institutions textuelles sociales, porte ses règles qui appellent observation et préférence; il exclut, par ailleurs, son interprétation suivant des jeux de stricte équivalence à ces règles — établir que le texte procède en lui-même par équivalences non réglées et par accidents sémantiques, ainsi de la métaphore, revient à noter qu'il procède et appelle l'inférence et que l'observation des règles peut s'interpréter comme des artifices pour susciter l'activité sémiotique de l'écriture, de la lecture et du déchiffrage.

Dans cette double hypothèse, il y a l'indication du lieu identifié du littéraire et celle de sa contingence qui fait des témoins du littéraire les séries et les proximités de ces contingences. Il reste remarquable que Lotman ne lise pas ces séries pour elles-mêmes, et qu'il ne considère le contingent que relativement à l'œuvre examinée dans sa singularité. Dire la série des témoins contingents permettrait de marquer la continuité du résiduel, la fonction de sa présence autrement que par un report sur la notation de la *mimesis*, d'indiquer le réseau même des témoins contingents, c'est-à-dire le texte de la contingence, qui est à lire contre l'ensemble textuel social, et non plus seulement comme sa rupture ou sa désautomatisation. Car, si le littéraire est cet objet contingent, il doit se définir doublement comme réseau. *Par les équivalences mêmes de ses témoins* : relativement au problème de la lecture, cela entraîne de marquer que le contingent ne se déchiffre pas seulement par décodage suivant le code du lecteur, mais par constat du sémantisme que porte la proximité des témoins, et selon un cadre, pour reprendre un mot de Iouri Lotman, qui est à l'initiative du lecteur et qui peut être déduit de l'équivalence des témoins. *Par l'infini des codes textuels, artistiques, socioculturels* : si l'unique et le contingent sont par le croisement des codes qui ne peuvent rendre compte simultanément du signe considéré, si l'œuvre est l'inscription de cet unique et de ce contingent ainsi qu'elle est elle-même un tel unique et un tel contingent, le littéraire se dit alors le relevé du réseau et de l'infini des codes — proprement leur surface et leur reprise à tout moment de l'Histoire puisque le contingent, dans le temps, fait toujours apparaître le croisement des codes. La lecture n'est plus tant alors décodage suivant la dominante d'un code que, dans le déplacement temporel, exercice suivant un choix de préférences, c'est-à-dire suivant des règles, interprétable en termes de codes, mais encore témoin du croisement des codes. L'ambivalence de l'interprétation de la contingence littéraire par Lotman invite à noter le statut de la minorité du littéraire : minorité parce qu'il ne peut être la reprise achevée d'aucun modèle discursif et sémiotique, sauf à disparaître, comme disparaît le dialogue qui obéit à la stricte règle conversationnelle, et parce qu'il est partie de l'innombrable des codes, et pouvoir de la minorité parce qu'il est, par sa pratique de la segmentation, constamment soulignée par I. Lotman dans la *Structure du texte artistique*, agencement de tous les codes. A ce point, il faut souligner chez Iouri Lotman une double indication : celle de l'agencement qui avoue une manière de loi — le point de vue —, celle de l'agencement qui désigne sa propre immanence — le montage cinématographique. Cette double indication est une double lecture de la contingence du littéraire : celui-ci est ultimement reportable à un code; il est une manière de déterritorialisation. Le contingent est ici soit sa propre négation, soit un accomplissement constant. Par quoi se définit le problème de l'interprétation de la minorité en termes de *texte*.

Dire le texte, c'est dire que l'objet littéraire est formellement identifiable, et qu'il est une pièce dans un agencement textuel social qu'il suppose. Le texte est donc un énoncé suivant des règles, qui définirait aussi le vrai mode d'emploi de l'agencement textuel général. Il est, de manière inverse, démontage de cet agencement, par la segmentation et le montage des éléments du texte général. Il est, dans la mesure où il fait forme, l'articulation de cet énoncé suivant des règles et de cette segmentation. On sait qu'il y a là la dualité que Deleuze et Guattari lisent dans l'œuvre de Kafka[7]. Le littéraire est, sans doute, selon une règle ultime, mais, dans cette butée, il désigne ce qui n'a pas de place dans cette règle, ne peut être explicitement énoncé mais qui est cependant la condition de tel agencement. Le codage de l'œuvre littéraire n'exclut pas mais permet que celle-ci soit prolifération d'informations et prolifération du contingent. C'est voir doublement la minorité du littéraire : suivant un jeu de hiérarchies, suivant un jeu de surface. Et interpréter nouvellement la dualité marquée par Iouri Lotman : l'écrit, fixé, codifié, réglé, est encore écrit quasi métaphorique, événement sémantique. Le rapport du contingent à la règle se redit : le langage établit des limites et les outrepasse et, comme le note Gilles Deleuze, «aussi comprend-il des termes qui ne cessent de déplacer leur extension, et de rendre possible un renversement de la liaison dans une série considérée (...). L'événement est coextensif au devenir et le devenir coextensif au langage»[8]. Il se conclut deux notations. Le contingent est son témoin, la série de ses témoins — très exactement un devenir. Il procède, de fait, à partir de la liaison et de l'équivalence, par soustractions et additions : il commande par ce calcul interrogation et partant, mouvement d'inférence suivant les liaisons. Par l'hétérogène, le littéraire ne cesse de s'accorder au littéraire et à toute actualité de lecture. Il est ainsi une manière de démocratie et une manière d'identité, reportable cependant sur sa seule pluralité.

Dans la contradiction implicite de la thèse d'Iouri Lotman, dans la notation d'une ponctualité et d'une surface métamorphique du littéraire, se relit le jeu de la synonymie. Celle-ci ne s'interprète pas seulement comme le résultat de la procédure d'équivalence, à laquelle sont identifiables ordre paradigmatique, ordre syntagmatique, métaphore, métonymie, et comme le moyen de constituer l'œuvre en un univers unique. Elle marque la ressemblance du littéraire dans sa pluralité et hors du constat du même. Il se conclut encore : le littéraire n'abolit pas les codes, ni l'idée de l'œuvre — même la disparate la plus extrême suppose un code, celui qui cadre les équivalences. Ses réalisations singulières, tels textes, telles œuvres, peuvent, en conséquence, présenter une unité. Elles sont questions par cette unité qui dit à la fois *le point de vue* et le contingent — l'unique[9]. Dire le défaut de cadre, la vanité de l'indication d'une délimitation, ainsi que le fait Derrida[10], revient, pour l'essentiel, non pas à noter ce défaut, mais à marquer comment le cadre encadre, désigne l'hétérogène et par là le rend composable à tout hétérogène. La possibilité de nier le cadre est un effet de la focalisation sur l'équivalence que permet le cadre. Par ce compromis, le littéraire ne se donne pas tant dans l'ambiguïté de la norme et du hors-norme que comme ce qui s'inscrit dans l'agencement des discours et qui traite cet agencement comme occasionnel. Paradoxe qui est encore celui de l'équivalence : celle-ci peut être tenue pour une manière d'association libre ; elle n'exclut pas cependant ses moyens — la contradiction des codes et l'organisation formelle. L'hétérogène fait texte par sa série et par cette dualité. Ce constat dispose que le littéraire est manifeste dans sa textualité. Il récuse ainsi l'identification du littéraire par le *même* — le littéraire comme son propre accomplissement — et l'assimilation du littéraire à un défaut d'œuvre, de manifestation, au neutre dont parlera Blanchot.

Ces notations de l'hétérogène reviennent à marquer ce qu'est la mise en valeur de l'objet littéraire, considéré dans son unicité ou dans l'ensemble des réalisations du littéraire. La question du rapport de l'hétérogène et de l'occasionnel à ce qui les fait lire et à la régulation qu'ils peuvent exposer en termes de production et en termes de création, est celle de l'artifice considéré en lui-même et examiné sous l'aspect de sa naturalisation. Car la notion de texte, même référée à celle de système, reste ambivalente. Elle dit la série des réalisations scripturaires ; elle indique également que, dans leur disparité, les textes sont caractérisés en eux-mêmes et dans la continuité de l'hétérogène, comme une manière de nature. Cela se formule encore : il y a une accumulation des textes, et il y a une épiphanisation de l'objet littéraire, doublement comprise — la série des textes est tenue pour manifeste, pour une manière de nature naturante, et chaque texte, l'hétérogène, apparaît comme une réalisation exemplaire. Dire le texte, les textes, ce n'est que dire l'omniprésence du littéraire et la prégnance de ses objets. Le paradoxe du littéraire : il y a sans doute une différence du littéraire ; il se capillarise cependant dans toutes les réalisations scripturaires et dans le quotidien. Le texte, les textes : l'amoncellement d'objets, qui marque un fort coefficient d'agrégation. Noter l'hétérogène, c'est sans doute noter le littéraire en lui-même, mais aussi indiquer sa constance et sa présence dans l'écrit qui peut être le plus anodin. Rien n'échappe au littéraire. L'hétérogène se lit comme le trait de la différence du littéraire, et comme l'indice que celui-ci peut être du tout-écriture et qu'il devient un emblématisme grâce auquel, par rapport auquel d'autres discours se réfèrent, et peuvent jouer des attractions et des sujets. La notion de texte est, en principe, étrangère à une conception holiste du littéraire et de l'esthétique. Elle n'exclut pas cependant la notation de l'ensemble. Elle sous-entend que l'hétérogène met ensemble, dans le discours, ce qui est séparé, ce qui avait été séparé. Le littéraire est exemplairement objet par ce jeu.

Les ambivalences et les contradictions de la théorie littéraire, particulièrement dans le traitement du rapport de l'occasionnel et de ce qui le rend déchiffrable, traduisent une hypothèse implicite constante : l'écrivain et le lecteur — ou encore le producteur et le consommateur — conservent une maîtrise de l'objet littéraire, par laquelle il peut être dit suivant une systématique explicite des codes. Mais l'innombrable du littéraire, qu'avoue la notion de texte, instruit que les réalisations scripturaires doivent être perçues comme un ensemble ludique — ensemble de contacts, de vibrations. Texte veut dire que le littéraire, dans ses témoins hétérogènes, fait corps, qu'il vit de ces petits objets que sont les textes, et qu'il est comme la colle de tous les discours, ce grâce à quoi ils viennent s'agglutiner. Marquer la hiérarchie du texte général et du texte littéraire, c'est moins désigner la place du littéraire — mineure — que suggérer qu'il ne cesse de se montrer, d'être sa propre mise en scène, et que, par son hétérogène, il a le pouvoir de lier et de retourner tout discours dans l'image de cette liaison. On situe le littéraire hors d'une manière de réalisme — il susciterait la réalisation de ses propres formes et de son propre sens identifiables —, hors d'une manière de nominalisme — il ne serait jamais que la singularité de ses objets —, et hors du jeu de l'individuel et de la règle, — auquel revient toute lecture de l'occasionnel comme lecture de calcul et d'explication. Le littéraire : il assure la réversibilité et la dualité des discours ; il rend ceux-ci questions constantes parce qu'il les dispose comme ce qui appelle des usages qui ne peuvent réduire aucune synonymie. L'échec de toute théorie intentionnaliste du littéraire est une parfaite illustration de cet inévitable de la synonymie et de l'épiphanisation de l'hétérogène : entreprendre de noter l'intention qui a présidé au texte singulier, ce n'est que livrer une paraphrase, un synonyme, où il y a la reconnaissance de l'hétérogène et de son pouvoir de liaison — il provoque l'interprétation qui est elle-même acte de liaison. Indiquer le sens, par la notation de l'intention, équivaut à marquer l'aptitude du texte à faire articuler son avant et son après, c'est-à-dire à être un guide qui fait mettre en place toute hypothèse et tout constat de sens par rapport à l'hétérogène[11].

Il est donc convenu de dire le *texte*. Ce qui récuse l'esthétique et l'idéologie de l'œuvre, mais n'abolit pas le constat de l'unicité de la réalisation scripturaire. On ne rappellera pas la fortune contemporaine de cette notion, ni son caractère quasi allégorique — elle va ainsi avec l'Histoire et avec la Société. Il faut encore jouer ici d'une minorité et d'une majorité. Le texte, c'est donc la pluralité de l'hétérogène littéraire — cela qui est irréductible et cependant accordé à son semblable et à son dissemblable. C'est aussi l'ensemble des réalisations scripturaires présentes et passées, littéraires et non littéraires. Du petit au grand, il y a la notation du résidu du littéraire et celle d'un *tout signifie*, précisément porté par l'écrit, mais également décelable dans d'autres objets. Il a pu être dit la ville comme un texte. Le *texte* marque donc à la fois une spécificité du signifier — il y a narration, il y a poésie — et l'universalité du signifier — récit, lyrisme ne sont jamais que des réalisations du signifier dans une «inter-référentialité sans ancrage possible»[12], dans des mondes qui ne cessent d'être correspondants. Dans ce jeu sur deux dimensions du texte — littérature : le texte singulier, le texte générique identifié à la réalisation et à la ressemblance des hétérogènes littéraires; littérature et sémiotisation générale : le texte littéraire et le texte du signifier —, se lit, de fait, la notation de l'interprétance constante. Le texte peut être la chose imprimée, le corps hystérique, les appareils économiques. La notion traduit — il suffit d'opposer Kristeva et Bakhtine — une hésitation sur la façon de rendre compte de l'exercice scripturaire : pratique sémiotique faite à travers la langue et irréductible à ses catégories, ou pratique dans la langue et autour du signe linguistique. Soit le retour des équivoques de la raison et de la déraison du littéraire, du pouvoir et de la rupture de la langue. Il n'importe pas cependant de considérer la notion de texte suivant ces idéologies de la théorie et de la critique littéraires, qui la font encore lire en une opposition au formel ou à la notation de la structure, et qui placent le littéraire en un lieu ambivalent où il apparaît à la fois comme la réalisation du discours social — seule conclusion qu'appelle la lecture du texte *singulier* et du texte *général* — et comme l'éversion de ce discours. La notion de texte est le moyen de caractériser l'hétérogène écrit, littéraire, non littéraire.

A cause de sa propre ressemblance et de sa continuité, l'écrit peut être tenu pour infini, monde en lui-même et, en conséquence, monde de la langue, qui est implicitement monde contre la langue, monde des unicités et des contingences qui n'ont plus à être rapportées au partage des codes puisqu'elles sont constantes équivalences, et sens par là même. Ainsi Barthes : «C'est bien cela l'intertexte, l'impossibilité de vivre hors du texte infini — que ce texte soit Proust ou le journal quotidien ou l'écran téléviseul : le livre fait sens, le sens fait la vie»[13]. La notion de texte ne se distingue pas ainsi de celle d'un effet de texte : le sens est celui-même de cet infini et la lecture lecture par cet infini. Du texte, tel qu'il est entendu dans une sémiologie stricte ou dans un freudo-marxisme qui le définit à la fois comme produit et comme productif, à cet infini qui capte tout texte singulier et la lecture, il y a l'ambivalence du faire et du ravir, doublement compris, qui est aussi celle de la systématique du texte artistique de Lotman. Car, qu'il s'agisse du texte *singulier* ou du texte *général*, la généralisation de la notion de texte dit contradictoirement qu'il y a repères, qu'il y a traces, et qu'il y a défaut d'opération des repères, des traces. L'infini du texte, c'est sans doute la continuité des textes, mais aussi, comme il se conclut de la notation de Barthes, le texte en son reflet de l'autre qui court-circuite tout modèle et, en conséquence, la propriété et la pertinence qui peuvent être prêtées au contingent que porte l'œuvre. En ce sens, la généralité du texte n'est que la conséquence de la notation antécédente de la généralité de la structure : à la syntaxe universelle succède le texte toujours recommencé — cette nébuleuse asyntaxique, sans point de fuite, hors chronologie.

La notion de texte vient à ses paradoxes. Elle se construit pour dire une élaboration du littéraire qui ne peut être reportée sur un code sémiotique explicitement transparent aux protagonistes, écrivain, lecteur ; elle marque aussi que définir la réalisation littéraire comme une manière d'interface du contingent et du systématique équivaut à désigner l'unicité et l'unité littéraires comme un point de fuite instable. Il faut préciser : marquer l'infini du texte — et sa surface —, c'est aussi marquer la *suspension* du littéraire. Barthes le sous-entend : le texte est là, annulation de toute effectuation, de tout exercice, simulation de lui-même, simulé par la lecture. Le littéraire, hétérogène, se dit ainsi par le *texte*, parce que la théorie entend récuser deux questions — celle de la modalité esthétique du littéraire, celle de sa valeur d'avenir —, et confondre, dans une même notion, les divers principes d'examen du littéraire — quel objet constitue-t-il ? Quel est son effet ? Que ces deux questions restent indissociables atteste leur réciprocité et que la permanence de la lecture fait lire la constitution de l'objet. Ce qui se comprend encore : la littérature est un ensemble de faits de langue, une pratique linguistique spéciale, qui produisent des effets de fiction constants. Cette constance atteste la continuité de la pratique littéraire et de ses témoins. Que la notion de texte ne soit pas dissociable de celle de *texte général* indique que le partage formel du littéraire et du non-littéraire est atténué par l'usage de la notion de texte. Il faut conclure : si seul le texte littéraire vaut comme texte en soi, tout texte peut valoir comme texte littéraire — c'est-à-dire comme texte de lecture littéraire. L'indication de la généralité du texte ne se distingue pas du processus de répétition de la lecture littéraire et, en conséquence, d'une désignation du littéraire par simulation. La lecture, exercice transitionnel, dessin de l'espace sémantique contingent, apparaît à la fois adéquate au contingent du littéraire et identification du scripturaire suivant le contingent. Cette réversion du littéraire et du non-littéraire, que porte, à partir de la lecture, la notion de texte, dit celui-ci et le littéraire comme exactement incertains : texte, littérature, le rapport inégal et variable au scripturaire. Et la lecture, soit éventuellement le discours critique, cela qui est de même niveau que le texte parce qu'elle est la suite des associations que suppose ou que présente l'objet contingent. Il se conclut encore : la notion de texte traduit la vanité de la distinction entre le dedans — essence — et le dehors — fonction — du littéraire, puisque sa contradiction est précisément dans la possibilité de la réversibilité.

II. TEXTE, ECRITURE, RECEPTION

La notion de texte retrouve ici les équivoques de la notion d'écriture, et les précise. Du jeu du texte singulier et du texte général, de l'opération de la lecture comme articulation du singulier et du général, il peut être dit que la théorie du texte se modèle comme une théorie du langage de la fiction — l'hétérogène n'est que le figuratif manifeste et le texte général la généralité et la continuité de ce figuratif. Le terme de texte est ici pertinent dès lors qu'il suggère une approche littérale de la lettre : la lettre n'est que la lettre ; ainsi la lecture littéraire peut-elle se reconnaître partout puisqu'elle fait de toute lettre son seul littéral, par conséquent son seul arbitraire. Mais, dans le constat de l'hétérogène, dans celui du pluralisme de l'unicité du témoin littéraire, dans la réversibilité du littéraire et du non-littéraire, il y a plus : l'indication de la possibilité de passer outre deux sens, celui qui résulte de l'identification du discours à «un assemblage analytique de phrases additionnées»[14], celui qui se lit dans la récusation de toute théorie unifiée du sens. Ce passage ne se confond pas avec la seule lecture plurielle, mais avec ce que suppose ce constat. Lorsqu'il est dit les équivalences sémantiques que portent les textes littéraires, et la série d'équivalences qu'ils constituent, il est dit que l'hétérogène est exercice d'inférence en lui-même, par rapport à une autre donnée hétérogène et relativement à toute donnée linguistique ou sémantique. L'hétérogène ne dit son sens qu'à la condition d'être lu contre toute hiérarchie constructive du sens — c'est-à-dire contre toute unité de sens qui donnerait le discours pour son seul déploiement. La réversibilité du non-littéraire dans le littéraire qu'assure la lecture, est encore pratique de cette inférence — c'est-à-dire lecture suivant l'équivalence et contre l'allégorie qu'est ultimement toute proposition assertorique. La notion de texte doit alors s'entendre : la mise à plat du discours, ou encore la récusation de toute signification littérale parce que celle-ci est reproductrice et exacte autarcie de l'écrit. Le texte : c'est-à-dire l'interrogation. Non plus seulement par sa décontextualisation qui le livre à toute question et qui en fait une question, mais par sa recontextualisation — texte singulier, texte général —, qui est le fait du temps et de l'Histoire — les textes se juxtaposent — et du sujet — la pluralité de ces lectures constitue le contextualisme.

Il ne suffit pas de marquer que le littéraire se lit comme question à une question qui ne peut être ultimement dite. Il convient de souligner que s'il y a là le processus même de la lecture, homologue de celui de l'écriture qui se sait exercice de décontextualisation, toute lecture est aussi implicitement lecture comparée, comme l'est toute écriture dans un jeu de décontextualisation, c'est-à-dire équivalence des lectures, comme il peut être dit une équivalence des écritures. On ne marque pas ici les similitudes et les identités — ce à quoi reviennent les hypothèses du texte et de l'intertextualité qui disposent, ainsi que le fait Philippe Sollers, que : «tout texte se situe à la jonction de plusieurs textes dont il est à la fois la relecture, l'accentuation, la condensation, le déplacement et la profondeur»[15]. On souligne que tel exercice de lecture, tel exercice d'écriture, dans leurs limites, sont bandes passantes, cadrées suivant le temps de la lecture, de l'écriture, suivant le texte disponible, les textes en train de se faire : c'est-à-dire moment dans la série des lectures, des écritures, et par là égalités parmi ces égalités, soit des arts de la conjugaison et des immédiats qui procèdent — dans ce moment de la lecture, de l'écriture — des additions et des retranchements que constituent cet exercice de lecture, cet exercice d'écriture — soit autant d'exercices de l'équivalence et autant d'interrogations sur ce qui sort de cette équivalence. L'exercice est interrogation dans son résultat; il n'a donc pas de fondation. Il ne suppose aucun implicite. La question du sens n'est plus exactement question du sens. Mais question même de la liaison, ainsi qu'on le sait, de lire et, en conséquence, d'écrire. Sauf à relever d'une règle, la liaison reste question sans réponse. La réversibilité du non-littéraire dans le littéraire par la lecture dit le caractère manifeste de la question, dès lors que la lecture se sait dans sa continuité. De l'équivalence, il résulte encore qu'aucune écriture n'est copie d'écriture. Fin de la répétition. Fin de l'intertextualité identifiée à une reprise scripturaire. Toute écriture lue relativement à une autre écriture est exercice de soustraction ou d'addition — cela qui la place différemment en surface. A savoir : toute écriture est relativisée, l'actuelle et la passée, et celle qui est à venir et que l'on sait déjà relativisée, grâce à la procédure de la lecture. La notion de texte doit alors s'interpréter : ces écritures qui, dans l'exercice de l'écriture et de la lecture, sont événement temporel suivant trois temps — passé, présent, avenir. L'équivalence est bien pratique et lecture de la différence en tant qu'elle suppose la corrélation — elle est à elle-même son propre horizon. Cette notation n'exclut pas que le texte soit reportable sur des identités, mais elle impose que celles-ci soient considérées suivant le mouvement de l'équivalence et de l'interrogation que celle-ci porte.

La notion de texte caractérise ainsi un écart à toute esthétique négative et à toute esthétique positive. La continuité des écrits ne peut être dite comme l'autre de la réalisation des discours sociaux, puisqu'elle est le témoignage de l'hétérogène qu'ils peuvent porter lorsqu'ils sont lus ou écrits hors du dessin d'une hiérarchie explicite. Une esthétique positive reste ici sans validité : elle supposerait la négation du pouvoir de l'équivalence et confondrait la notation de l'unité de l'œuvre avec le constat de la hiérarchie de l'œuvre, et d'une codification achevée et sans dualité. L'efficace du littéraire, dès lors qu'il est dit le texte, est dans le jeu non pas de sa contradiction mais de ses équivalences — qui peuvent être recomposées suivant des contradictions. Comme l'œuvre singulière est communauté de mots occasionnels — l'équivalence dessine un sémantisme occasionnel —, le texte est communauté des textes — mots occasionnels —, par la constance de l'équivalence qui est à la fois dessin de l'égalité des mots et transgression de leurs limites. Le chemin du texte est interminable. Le texte général est la réunion de données discrètes; sa composition ne se lit pas tant comme l'organon qui permet d'établir le chemin entre données que comme le moyen de l'induction de l'équivalence, c'est-à-dire de la question que pose cette proximité d'unités discrètes. Il est sans moyen de calcul de la conversion des textes. Texte singulier, texte général : il n'est ici d'universalité que par la constance de la question que porte l'équivalence, et par la possibilité ineffaçable de la rencontre du mot.

Il n'est pas paradoxal cependant que le texte, majeur ou mineur, se donne en lui-même, pour un espace unique. C'est la supposition de toute rationalisation du texte — structuralisme, sémiotique, herméneutique. C'est la condition de la pratique de l'équivalence. De l'espace de la rationalisation à celui de l'équivalence, il y a la différence de l'homogène et de l'inévitable du transport, de la mesure et de la notation du décousu — l'équivalence, cela qui se lit, dans l'œuvre singulière, au moyen de et contre la mesure même de l'œuvre. Cette dualité efficace du texte — texte singulier : l'hétérogène est par l'organisation formelle et sémantique; texte majeur : l'hypothèse de sa continuité et de sa concordance est par l'horizon de la différence — est la pierre d'achoppement de toute rationalisation contemporaine du littéraire. Cela apparaît exemplairement dans tous les modèles communicationnels qui supposent des adéquations et des inadéquations des codes pour marquer la continuité et la réception des textes, dans les thèses herméneutiques qui, dès lors qu'elles posent la certitude du sens, dans le texte, dans la réception, viennent à l'aporie d'un sens certain dont on doit cependant concevoir à la fois une continuité et une irréalisation, dans les théories sémiotiques, partagées entre la réduction de l'hétérogène au modèle structural de la génération sémantique et la thèse de l'interprétant de Peirce. Cela apparaît dans les paradoxes des formalismes — le texte singulier est une limite en lui-même, qui doit cependant être tenue pour composable et, en conséquence, définie comme délimitation partielle. Cela se voit également dans les propositions relatives au texte et à l'effacement corrélatif du sujet (subjectivité) : l'hypothèse de l'équivalence générale est en effet, possiblement, celle de la dépersonnalisation du sujet-scripteur comme du sujet-lecteur. Elle ne peut cependant récuser l'exercice choisi de l'équivalence, ni, en conséquence, rejeter l'hypothèse d'un sujet questionneur de l'organisation ou de la proximité d'unités verbales discrètes. Cela peut encore se dire de telle notation marxiste : il y a texte et universalité du texte, exactement lisibilité maximale de la contradiction du texte dans une manière d'unification idéologique — où il faudrait reconnaître un jeu de déplacement idéologique et un langage de compromis. Soit, d'une part, la lecture de l'égalité paradoxale du texte et, d'autre part, l'interprétation du texte comme approfondissement de l'unité de l'idéologie : le texte est toujours à quelque degré allégorie, mais aussi mensonge de l'idéologie, ce qui est lire contradictoirement le constat de l'équivalence. Ces équivoques, qui vont jusqu'à la notation de la composition du sens et de l'insignifiant pour rendre compte des processus herméneutiques (Iser), jusqu'à la notation d'une textualité, qui, faute de livrer la raison de son paradoxe, devient textualité adéquate au corps — moyen de marquer la continuité certaine du texte et la liberté de cette continuité (Barthes), peuvent se lire comme le refus de considérer cela que fait le texte — l'hétérogène — sous le signe de l'équivalence : livrer sa propre image et faire que, dans l'autorité de cette image — c'est-à-dire de l'œuvre —, dès lors que l'œuvre se constate — un tel constat est à la fois de la lecture et de l'écriture —, toute relation sémantique soit relation relative à cette image et cependant relation libre.

Le texte — l'hétérogène — donne ainsi à lire en lui-même cela que faisaient discerner la rhétorique et la métaphore, ainsi que le notait Kenneth Burke : le nom absolu et le nom contingent[16]. Très remarquablement, le contingent — l'œuvre — est ici, en lui-même, l'écart du rhétorique, l'échelle de la nomination et du sémantisme et, en conséquence, la preuve du retournement du pouvoir de l'unité — celle-ci trouve son image dans toute équivalence. Le paradoxe de l'hétérogène et du contingent invite à reformuler les équivoques de la théorie littéraire contemporaine dès lors qu'elle entreprend de fixer la dualité de la notion de texte. La dualité s'interprète usuellement à partir d'un jeu de détermination et d'indétermination, qui équivaut à marquer une déconstruction limitée de la détermination, ou définit l'indétermination comme le dehors de la détermination (Barthes). L'herméneutique littéraire retrouve, *mutatis mutandis*, cette hésitation. Elle dit une détermination initiale et historique — la tradition (Gadamer); elle marque l'identité esthétique première — le beau —, qui assure la reprise de la lecture, indéterminée relativement à la signification que peut porter l'objet initial de l'interprétation (Jauss). C'est, de fait, de Barthes à Jauss, donner à lire l'indissociable de la détermination et de l'autonomie, redéfinissable en termes rhétoriques et reportable sur le pouvoir de l'hétérogène du littéraire — faire un parce que l'unité suppose la détermination de l'équivalence.

La notion de texte dit donc la communauté des textes. Elle entend, par là même, une écriture générale, et appelle la reprise, sous l'indication de cette généralité, de ce qui marque la spécificité du littéraire dès lors que celui-ci est considéré sous le signe de la disjonction paradoxale — métaphore, récit. Le texte suppose, au-delà de la continuité graphique de l'écriture, la continuité d'un sens — distinct des significations —, ce que fait entendre le paradoxe de l'herméneutique, et qui invite à lire le pouvoir de concordance de l'occasionnel et de l'hétérogène. C'est souligner qu'il faut moins s'interroger sur la possibilité d'association de la notion de texte à celle de littérature, que sur une évidence : la théorie de la littérature a appelé la notion de texte — quels que soient, par ailleurs, la signification et les renversements de signification de ce terme. Ce mouvement indique que la réflexion entreprend de passer le constat de l'hétérogène et de l'interpréter suivant des données relationnelles, en un geste ambivalent : rapporter l'hétérogène au relationnel ou marquer son pouvoir relationnel. On sait que la distinction entre signification et sens correspond à l'opposition entre ce qui peut être tenu pour le contenu de l'œuvre et la «lie indéfinie du texte», ce sens drainé par toutes les lectures et qui n'est jamais qu'un des moyens d'identifier la situation de l'œuvre comme texte, c'est-à-dire d'identifier le texte à sa propre possibilité de dédoublement et à l'inévitable de la relation. En d'autres termes, la notion de texte ne se distingue pas de l'identification de l'écrit au fondement de l'inintelligibilité et de l'intelligibilité principielles de l'œuvre. Dans cette dualité, on retrouve toutes les équivoques de la supposée séparation du discours littéraire, ici rapportées à l'accomplissement du littéraire et à ses modes d'insertion dans une supposée réalité, dans un supposé monde de ce littéraire — celui des écritures, des textes, de la fiction. La notion de texte est, dans la théorie contemporaine, usuellement distinguée de celle de l'œuvre — suivant une opposition entre le second et le premier termes, qui est celle d'un ordre marqué et d'un ordre moins marqué, d'une cohérence marquée et d'une cohérence moins marquée, d'une activité créatrice explicite et d'une activité créatrice plus ou moins explicite. Cette opposition renvoie, de fait, au jeu relationnel de l'écrit, plus ou moins marqué, perçu, reconnu et examiné pour lui-même. C'est indiquer ultimement que la compréhension d'une œuvre ne peut se réduire à l'analyse de ses principes d'élaboration, et qu'elle appelle l'examen de l'autre de ses principes d'élaboration, celui du présupposé de ces principes et de l'intelligibilité-inintelligibilité de l'écrit. Dire le texte, c'est indissolublement dire le mode d'existence des textes, à partir de leur production, à partir de leur réception, en eux-mêmes — dans le renvoi au point utopique, où se croiseraient manifestement le singulier et l'universel, et dans le paradoxe que toute réactivation de l'universel ne peut l'être que par le singulier. La notion de texte infini fixe à la fois l'hypothèse de la communauté des textes et ce seuil constant de l'universel et du singulier. A ce point, l'hétérogène est confirmé. Il marque l'équivoque d'un texte qui ne serait que lui-même, et qui, simultanément, désignerait et invaliderait la possibilité d'identifier les coordonnées individuelles du texte à la «synthèse de l'acte linguistique type». La question du littéraire se formule : En quoi un écrit devient-il texte ? En quoi expose-t-il à la fois sa singularité et la possibilité de son assimilation au général, et joue-t-il, par là, d'une intelligibilité et d'une inintelligibilité ?

La notion d'écriture présente un double paradoxe. Elle n'est pas dissociable d'un effacement de la référence au sujet; cet effacement laisse, *ipso facto*, droit de cité à la notion de code. La récusation du sens n'exclut pas et même commande la notation du caractère a-régional du site dans lequel la littérature s'inscrit comme phénomène sémantique. On sait que la traduction, illustration de ce caractère a-régional du sémantique, suppose un résidu du signifié et un code permanent qui permet de garder le même signifié en transformant les signifiants. La continuité des écritures et la communauté des textes vont, de fait, par le principe même de la traduction — il faut toujours supposer à l'écriture une capacité sémantique. Cela contredit le principe définitionnel de l'écriture : dans le temps, il est impossible de subordonner un terme à son autre. Cependant, la traduction enseigne que l'écriture peut être, comme le langage, répétition et représentation. Ainsi identifiée, la contradiction de l'écriture est analogue aux contradictions du texte artistique, notées dans les thèses de Iouri Lotman : l'hétérogène n'est pas exclusif du report sur un code, bien qu'il soit jeu sur l'incompatibilité des codes. La notion de texte, dans sa relation à la notion d'écriture et à la dualité de cet usage des codes et de cette référence aux codes, fixe un pouvoir d'expression, porte une dimension noématique. Ainsi le sens du texte, de l'hétérogène, — sens distinct des significations —, est indissociablement, suivant une indication de

Gilles Deleuze[17], l'exprimé de la proposition et l'attribut d'un état de choses supposé, mais il ne se confond ni avec la proposition qui l'exprime, ni avec l'état de choses supposé qu'il désigne. L'irréductible du texte à aucun code unique et son aptitude à reprendre les codes et à être lu suivant des codes définit le texte comme la frontière des propositions et des choses — dont il n'importe plus de marquer ici si elles sont supposées ou données pour réelles. Frontière veut encore dire que le texte et l'hétérogène sont homologues aux codes et qu'ils les chiffrent précisément par ce qui fait l'alliance des codes exclusifs. Le chiffrage des codes est un jeu sur l'impureté des codes les uns relativement aux autres, et, par là, l'indication d'une différence dans l'économie de l'identique. On retrouve la notation de Lévi-Strauss suivant laquelle l'art est directement lié à une surabondance du signifiant et constitue par là une ration supplémentaire de symbolique. C'est encore marquer que le texte et l'hétérogène sont indissociables d'un épaississement des signes — le chiffrage des codes et sa métaphoricité ne relèvent ni du conceptuel ni du thématique. L'indication inévitable et constante du code — élément compositionnel et moyen de lecture de l'œuvre — traduit moins quelque asservissement de l'œuvre à une règle de répétition qu'elle ne suggère le mouvement d'extériorisation du texte, la possibilité de le reporter sur un dehors itérable. Dans leurs implications communes, les notions d'écriture et de texte affranchissent le littéraire d'une puissance normative, mais n'excluent pas la possibilité de l'adhésion.

Il faut revenir aux notations du chiffrage des codes et de l'équivalence des codes. Le texte ne se définit ni par un simple jeu de reprise, ni par quelque manifeste pratique de rupture et d'indifférence à ce que serait sa détermination, mais comme la frontière et, en conséquence, le lieu commun de l'homologation des codes et de la notation de leur altérité relative. L'indication du sens, distinct des significations, correspond au dessin de ce qu'implique la notation du code — il ne peut être en lui-même l'achevé du texte; mais la fixation écrite, le texte, permet une réactivation sémantique intersubjective qui suppose l'idéalité des codes. Le texte doit dès lors se dire comme cette écriture qui est adresse paradoxale en ce qu'elle implique que le langage s'interpose entre lui-même et ce qu'il entend dire ou nommer. Cette interposition — celui qui écrit se trouve captif du moyen même, de la médiation — caractérise le texte par une manière de mime : celui de toute interaction et, par là, de toute composition. Il n'est de pertinence du texte et de l'écriture générale que parce que celui qui est supposé entendre est tenu pour relever de ces partages, de ces proximités, qui sont autant de dispositions que le chiffrage, que pratique l'hétérogène, fait entendre. Dans l'hétérogène, il y a prédication de cela qui fait discours, qui fait forme, et qui renvoie à un certain état de choses — celui-là qu'implique le type de construction que définit, que caractérise le discours. Il y a ici un complément à la notation de Gilles Deleuze : le sens est l'exprimé de la proposition et l'attribut d'un état de choses, mais il ne se confond ni avec la proposition qui l'exprime, ni avec l'état de choses qu'il désigne. Hors de cette désignation et hors de cette expression, il y a ce qu'implique ce qui fait discours — la réactivation sémantique intersubjective. Le pouvoir même de l'hétérogène. Et l'effet évident et constant du littéraire : produire des sujets, qui ne se définissent pas tant par leur rapport à un sujet que désignerait le littéraire que par la caractérisation circonstancielle qu'ils apportent à la réactivation sémantique.

Une telle approche éloigne de l'identification du texte au principe du signifiant et au principe du code — limitation de l'espace du sens à celui du système. Elle souligne la contradiction à laquelle vient l'hypothèse structurale du texte. L'équivoque repose ici sur l'interrogation du rapport du littéraire à son pouvoir de faire sens. On connaît l'hypothèse de Jakobson : la littérature est à la fois message sans code et code sans message ; elle se caractérise par la sursignalisation du message, qui, se signalant lui-même, tient lieu de code. Le système s'y constitue en message. A l'opposé de l'indication de cette autonomie, le littéraire se définit comme un champ d'articulations de plusieurs codes issus de pratiques différentes — le littéraire est ici représentation et totalisation sémiotiques. Ces deux thèses contraires ont pour point commun de lire la rationalité du texte dans le système qui met en œuvre le processus de constitution du sens. Il suffit de rappeler Lotman : le traitement du systématique doit venir au constat de l'hétérogène. Outre ce qu'il invite à dire de l'écriture, l'hétérogène instruit que toute lecture d'une raison organisatrice dans le littéraire doit ultimement choisir, dès lors que le texte est dit champ d'articulation de plusieurs codes, entre l'inventaire de ces codes suivant une homologie structurale et le constat d'une dispersion des codes. C'est là formuler le problème de la systématisation du sens. Et se situer au-delà du constat de l'hétérogène : il ne suffit pas de s'attacher à la notation du pouvoir et de la pertinence de l'équivalence — cela qui fait forme avec les codes irréductibles les uns aux autres et avec les divers textes. L'indication du système littéraire autonome suppose un répertoire des *possibilités préconçues* et *représentations préfabriquées*, sans lesquelles aucune communication n'est possible, et qui renvoient aux règles génératives du code[18]. L'autonomie du littéraire ne serait ultimement que le possible du code, du système. La notation de la totalisation sémiotique équivaut à faire lire le texte comme l'homologue des système disponibles et de leur organisation, sans qu'il puisse être marqué de quelle façon opère et se différencie en conséquence le texte à partir de ces structures.

Au constat de ces impasses, il a été donné deux types de réponses. Celles qui, inaugurées par Roland Barthes dans *S/Z*[19], tiennent que le texte est *pluralité* de codes qui ne peuvent être composés ni hiérarchisés et qui sont lisibles hors de toute réduction ou de toute homologie structurales. Le texte est une disparate. Il recueillerait les significations hétérogènes des divers codes. Il est l'asystématique qui se construit à partir des systèmes, sans en récuser aucun et sans les apparenter. Ecriture et lecture sont cet exercice d'exposition libre des codes. Elles sont, l'une et l'autre, images mutuelles, réciproques puisqu'elles sont même relevé et même constat de l'incomparable des codes. Ici même, le texte est explicitement prélèvement de codes. C'est pourquoi ce prélèvement peut encore être considéré relativement à la clôture et, en conséquence, à la forme que se donne le texte. Tout texte, dans la limite de l'écrit fixé et disponible à la lecture, peut être dit texte clos, puisque toute utilisation et toute écriture de langage sont terminales — une phrase, syntaxiquement inachevée, est donc formellement une phrase achevée. Il n'y a pas, dans l'usage du discours, de rupture possible de la forme. Le texte clos aurait donc pour particularité d'engendrer son propre système de significations à partir du démembrement des autres systèmes, et de se signaler comme littéraire par cette fonction même de prélèvement et de systématisation — identifiables à une transformation des énoncés disponibles d'où ceux-ci tirent une nouvelle lisibilité. Le texte : la structuration possible des codes. Par quoi il se distinguerait à la fois du littéraire identifié au signifiant — ce qui reste du texte lorsqu'on n'a pas su rendre compte de l'usage de la structuration et qu'on a dénoncé le pouvoir de toute détermination —, et du littéraire identifié au pouvoir de détermination des systèmes et des codes — dire le code et la structure du texte, c'est alors dire l'équivalence abstraite de l'objet du discours. Cette ultime identification est exactement irrecevable, car comme l'a noté Jacques Leenhardt[20], le texte littéraire n'est pas construit sur un principe d'économie. Ce constat permet de faire retour à la fois sur l'indication de la pluralité des codes dans le texte et sur celle du système de signification propre au texte.

Dans ces hypothèses sur la façon dont le littéraire signifie à partir du discours commun et dont il fait en conséquence texte, il subsiste une ambivalence sur la façon dont le texte littéraire s'institue. Identifier l'écriture à une sorte de privation de tout système, caractériser le texte comme un système second qui donne à lire un rapport explicite aux systèmes primaires, l'une et l'autre solution s'opposent comme le choix d'un défaut d'économie et d'une pratique d'économie. Il n'est pas noté en quoi le défaut d'économie porte sa propre économie et en quoi la pratique de l'économie porte son propre défaut. Dans ces deux façons de définir le texte comme un possible face à face aux systèmes dont il est issu, il y a la suggestion implicite que le texte est contexte en lui-même. La pluralité sans sommativité n'exclut pas la continuité du texte — cela qui constitue son neutre —; le système du texte clos n'est que relatif au relevé des systèmes qu'il reconnaît et, en conséquence, identification de ces systèmes. Le défaut d'économie est là : le texte ne peut résorber sa propre condition — il ne peut venir ni à l'accomplissement de sa disparité, ni à la structuration sans reste. En d'autres termes, figure de sa propre distance à sa condition et, partant, de sa propre incomplétude, il peut être seulement *comme* la pluralité, ou *comme* un système qui recomposerait les données socio-discursives, symboliques premières. Il se dirige suivant ce constat : il est *métaphorique*. Il faut comprendre : il n'importe pas de s'arrêter à l'opposition entre la disparate et la recomposition, — assimilable à celle de la thèse de l'anti-reflet et du reflet systématisé —, mais de marquer que l'inachèvement de la disparate comme de la composition — ce par quoi elles échappent à l'économie qu'elles se donnent — refère à la question de la recontextualisation. Dans sa clôture — il y a toujours clôture même dans l'hypothèse de la disparate —, le texte se désigne comme partiel, non parce qu'il se dit incomplet, mais parce qu'il indique qu'il se lève sur un lieu commun. Puisque le constat de l'incomplétude n'est pas inévitable, il convient d'exclure, au moins en un premier temps, l'indication d'une contradiction du texte — contrairement à ce qui a été suggéré par Balibar et Macherey[21]. Et de marquer que le texte est traitement de tout partage — celui-là, ceux-là qui disposent précisément codes et systèmes. Le partiel du texte est par ce traitement : sauf à être texte ultime qui ferait taire tout autre discours, il ne peut être que la somme des partages.

Il faut redire le *detached meaning*, cela qui peut se reformuler dans la distinction antérieure du sens et de la signification, et noter qu'il relève de la décontextualisation et de cette impossibilité de reporter, de manière achevée, le texte sur une systématique des partages. Même dans l'hypothèse d'une esthétique de la totalité, le texte est toujours *local*, c'est-à-dire conjonction locale des partages et explicite hiatus dans le jeu des systèmes. Il est cette anomalie sémantique qu'est la métaphore. Il est donné pour lui-même et ne peut se supposer que dans un contexte plus vaste. L'opposition de la disparité et du système du texte clos est moins contradiction des définitions du texte que qualification de diverses organisations des textes qui viennent tous à l'évidence du partiel. Le partiel fait explicitement entendre que le texte est par ce qu'il n'est pas. La dispersion des codes, indissociée de la notation d'un neutre, c'est-à-dire de la neutralisation de tout privilège directif d'un code, traduit moins un écart qu'un défaut d'achèvement des ajointements, des rapports. La pluralité des codes, telle qu'elle est reprise par le texte, devient exercice rhétorique qui dispose la possibilité de plusieurs points de vue et qui instruit qu'aucun ensemble linguistique ne peut être décrit complètement et d'un seul mouvement. Par voie de conséquence, le texte ne prend aucune décision relativement au discours qu'il tient. Mais dans cette indécision choisie, l'hypothèse ou le constat de la pluralité ne valent que parce qu'ils instruisent sur la discordance des codes, inséparable cependant — et telle est la leçon qu'appelle la notation du neutre par Barthes — de l'engagement réciproque de ces codes à partir de leurs différences. La dispersion des codes est dessin de leurs fictions partagées, suivant l'équivoque de l'*agon*. Le face à face a pour condition le champ commun du face à face. Partiel, le texte dit par là la communauté des partages, ainsi que la métaphore est ultimement contextualiste et le texte partiel recontextualisation. Le local implique le global qui ne peut être donné en lui-même, mais qui relève de l'inférence que suscite la proximité des incompatibles.

De manière similaire, dire un système réduit qui procède d'un démembrement, c'est moins dire le texte comme refaçonnement propre des codes et discours disponibles que comme attribution d'une cohérence à ce qui a été démembré. C'est pourquoi la notion d'une restructuration des codes est impropre — en quoi l'exercice singulier de l'écriture pourrait-il se prévaloir d'un tel pouvoir? La cohérence est au fond le résultat d'un exercice de cadrage — cela qui relève d'une intentionalité et qui dispose ses indices, cela qui, au moment du décodage, prend valeur de sursignification. N'importent pas tant la pertinence et l'efficace de cette surdétermination en termes de désignation de modèles possibles du texte et partant d'une lecture allégorique que l'effet même de cadrage et de redondance qui en résultent : faire de cela qui est démembré le jeu de l'équivalence — par quoi s'interprète exactement que le texte puisse être monde et manière de totalité. Le possible du texte, c'est l'équivalence même, l'autre du cadrage, et son lieu commun cela qui est l'occasion du cadrage[22]. Dans cette hypothèse, il ne convient pas d'opposer nécessairement scriptible et lisible. L'un et l'autre, dans la mesure où le premier est rapport à la lecture de la dispersion des codes et le second rapport à la lecture du système explicite du texte clos, signifient une seule chose : dans le texte, lire le manifeste du texte — la dispersion, le système —, ce n'est que lire une même chose : cela qui fait lire le jeu de l'*agon*, tel qu'il apparaît dans l'incompatibilité des codes, dans l'opposition implicite du système au démembrement qu'il suppose. Il n'y a pas entre scriptible et lisible le contraste du sens et de la signification. Mais l'inévitable du sens, qui résulte de la pratique de l'élision que suppose tout texte — par la notation de la dispersion des codes, par le jeu du démembrement et de ce système que peut dessiner le texte clos.

On a dit, à propos de la métaphore, la propriété de l'élision : par l'hypothèse de la contextualité que forme le discours en lui-même, le moment du figuré et la structure de la métaphore (deux termes sans liaison explicite) sont désignés comme un terme et un moment d'élision, entre un début et une fin de discours spécifiés. Il en résulte deux choses : le discours se caractérise comme hétérogène et appelle l'interprétation symbolique de l'élision qu'il porte. L'élision qui constitue ou que suppose le texte présente une fonction inverse. A partir de la notation de la disparate des codes, il peut se dire que le texte n'a ni constance ni continuité. A partir de l'indication du système de l'œuvre close, il peut se dire la séparation explicite de l'œuvre et le problème que pose l'écart calculé : la correspondance du système de l'œuvre aux données qu'il prend pour objet est à la fois lisible et illisible, en ce qu'il suppose que le rapport à son objet est codé et arrêté, et donc inadéquat à toute actualisation de mise en situation. Il se lit, là, de fait, la butée du texte comme allégorie. Mais la certitude de l'élision, en ce qu'elle exclut l'approche génétique et homologique du texte — à la manière dont elle a été proposée par Lucien Goldmann, désigne la possibilité qu'a le texte de se reprendre : c'est pourquoi il peut être, dans l'hypothèse de la disparate des codes, le neutre, et dans celle du démembrement et de la reprise des codes, un système. C'est encore dire que le texte ne cesse de faire contexte en lui-même, et de se donner pour répondant à lui-même en lui-même. Le texte expose sa propre division constitutive : faire sens, faire ordre, procéder par le dessin et la constitution d'isomorphismes ; procéder par la séquence d'éléments hétérogènes. La division désigne un champ commun : marquer les identités référenciées et les articuler suivant leurs oppositions pour indiquer en quoi seule la proximité de ces identités suggèrent leur traductibilité. Le texte est jeu, en lui-même, de contextualisation, désignation de ce que qualifie cette contextualisation et champ commun sur lequel il se lève[23]. Le *detached meaning* n'est pas seulement ce sens qui se marque à partir de la décontextualisation et dont il est exclu qu'il puisse faire retour à son contexte d'origine, mais le sens qui procède du double pouvoir de l'élision : de manière intratextuelle, il rapporte le *detached meaning* à l'interprétation hyperbolique de l'élision ;

de manière intertextuelle et relativement aux codes et déterminants du texte, il marque l'écart du texte, que, par cet écart, le texte entre dans un jeu d'équivalences, et qu'il est dessin du champ commun de ces équivalences. Le texte n'est efficace, à la manière de la métaphore, que par cette efficacité déléguée du contexte, qui peut appeler la disparité ou le système de l'œuvre, puisque n'est pas en question la façon dont le texte reprend ou se reprend par les données premières, mais la façon dont il manifeste l'élision et en conséquence son écriture et sa lecture par équivalence au contexte impliqué. Le texte est la réalisation de l'élision et le moyen du pouvoir de celle-ci. Au-delà de la disparité et du système, la pensée du texte est une pensée de l'homogénéité et du contexte. La notation de l'écart du texte devient notation de la dicibilité achevée — la question du texte n'est pas tant alors celle de son rapport à ses déterminations et de son aptitude ou de son inaptitude à passer ou à restructurer ces déterminations que celle du caractère opératoire du geste sémantique. Le texte est au regard de ses propres données et des données dont il s'écarte une *pensée comme*. Il suppose la synonymie. La lisibilité du texte n'appelle pas inévitablement le constat univoque du code — dans l'hypothèse du code, subsiste ce que suppose l'élision : toute lecture d'un signe peut être dite comme relevant de plusieurs classes de codes; toute lecture de signe est lecture de ce signe dans son identité et sa non-identité. Ce sont là encore indication de la synonymie des signes, et un nouveau constat : le choix de propriété ou d'impropriété qui est fait dans l'exercice du texte n'efface pas la synonymie. C'est cela le possible du texte. Il ne faut pas en conclure que le texte ne puisse figurer la restructuration des codes. Cette figuration, dans la mesure où elle est celle d'une structuration des déterminants symboliques de l'œuvre, suppose un jeu de synonymie de l'œuvre à ces déterminants et de ces déterminants entre eux. L'élision, que fait le texte, est le moyen de la lisibilité du texte parce qu'elle exclut à la fois le report univoque sur le code et l'hypothèse du hors-norme. Elle est le moyen de la compatibilité de l'hétérogène et du résiduel aux autres codes et aux autres discours.

Par cet usage du *detached meaning*, par cette propriété de l'élision, le texte — singulier — rejoint, sans qu'il puisse être dit une règle de ce retour, et sans que la singularité soit effacée, le texte général — l'ensemble de la réalisation des textes à un moment donné. Le retour peut se lire explicitement comme le report de l'unique sur ce par rapport à quoi il fait ultimement sens. Cela qui fait fond au texte singulier se définit comme le lieu des stéréotypes et comme l'actualisation de la mémoire textuelle disponible. Il peut être lu comme idéologique et comme le lieu de la somme des codes. Il a cependant pour double caractéristique d'être hétérogène et, dans sa diversité, irrécusable. Il serait ainsi l'au-delà de tout questionnement du symbolique et de l'idéologique, puisque dans sa généralité et dans sa multiplicité, il est réponse à toute question relative au réel, et qui viendrait du réel. Il apparaît alors comme le point déterminant et le point transcendant de tout texte singulier. Il peut encore être dit que c'est la série même des textes singuliers et leur écriture et leur lecture, considérées comme des actes performatifs qui profilent une manière d'universel, à la fois foyer d'information et foyer transactuel, fond de vraisemblance que se donnent les textes singuliers mêmes. Le texte général doit être alors tenu pour second, visée et produit du texte singulier. On retrouve l'ambivalence du récit, caractérisé à partir de son terme initial et de son terme final, suivant une double transcendance qui apparenterait toute narration à une manière d'allégorie. Dans les deux hypothèses, subsiste ce commun constat : le texte général relève de l'irrécusable ou construit l'irrécusable, qu'il désigne sous la forme de la disponibilité libre — il est général et donc texte pour quiconque, texte hors argumentation. Ces propositions marquent que le texte singulier est seuil entre sa détermination et sa propre production et qu'il participe de l'inscription que commandent l'une et l'autre. Elles indiquent que le sens du texte singulier est, à quelque degré, par renvoi à un point transcendant qui ferait définir le texte par une manière de surdétermination. Le texte singulier se définit comme répétition et comme constitutif de l'ensemble idéologico-sémantique. Cette dualité même fait question au regard du statut du texte général : celui-ci peut être dit fluctuant — comme changent et fluctuent les éléments qui le compose —, et noté qu'il procède par rééquilibrage constant lorsqu'il est considéré dans sa seule actualité. Il n'en reste pas moins que la notation de cette dualité commande de lire le texte singulier comme une interrogation du texte général, et, en conséquence, comme l'anti-allégorie de ce texte général. Sans cette interrogation, le jeu de la double transcendance, de la détermination par le texte général et de profilage du texte général, n'est pas concevable.

S'agissant du littéraire, ces hypothèses le maintiennent dans un jeu de conditionnement et de déconditionnement, considéré dans la perspective d'un sens général. Il faut préciser cette hypothèse même du sens général. Traiter de l'universel en littérature ne se confond pas avec le traitement de l'universel en sémantique. Faire l'hypothèse d'un texte général, c'est, de fait, faire l'hypothèse d'une fiction[24]. La généralité d'un texte qui aurait réponse à tout et où tout serait lisible, est celle d'un sens qui, distinct des significations, n'est plus réponse au réel, mais témoignage de ces sens qui se constituent contre la pertinence même de l'idéologie. Par quoi ils peuvent être dits universaux : ils n'ont à répondre de rien, si ce n'est de la pertinence de l'universel qui a pour caractéristique d'être irrécusable et d'échapper à tout questionnement du réel. On avait marqué l'a-régionalisme du sémantisme de l'écriture : il permet la réactivation intersubjective des signes écrits fixés. Le texte général dispose un a-régionalisme du sens : il marque que le texte, alors même qu'il est déclaré écrit et lu à partir de ses déterminations et de ses implications, — elles sont indications de codes —, va par son autonomie par rapport à ces codes, et constitue une manière d'auto-contextualisation de l'ensemble des codes des textes disponibles. Cette contextualisation est rendue possible par la généralité même, par cela qui abolit la question du réel et fait du texte (général) un vaste jeu de réciprocité en lui-même. Il faut donc souligner que toute analyse qui entend reporter le texte (singulier) sur ses déterminants ne peut le faire que de manière strictement locale, et qu'identifier le texte à une vision générale, à une totalité — pour marquer précisément son rapport à un ensemble de codes, de données sémio-culturelles — ne fixe pas tant la détermination ou le pouvoir de représentation du texte qu'elle n'indique que le texte vient à une manière de généralité — celle de l'irrécusable, de la fiction. Le texte retrouve ici les équivoques du récit : celui-ci ne peut surpréciser la source de l'énonciation et le réel visé, il reste cependant le dessin de cette zone où s'élargit l'espace entre les deux termes en même temps qu'il définit tout excès de sens comme le retour explicite à ces deux déterminations — la source d'énonciation, le réel visé —, et comme le risque même d'abolir le récit. Si le texte n'est que relativement à ses déterminations et à ses implications — c'est-à-dire aux codes qu'il met en œuvre et à la sursignification qui résulte de la mise en évidence de ces codes dans le système du texte, il disparaît comme texte ou ne produit plus que la réitération pragmatique des codes. Le texte ne peut cependant être puisé hors d'une spécification de ses déterminations et de ses implications. Cette spécification exclut toutefois l'effacement du texte dans la réitération pragmatique des codes. Le texte général est cette hypothèse de la détermination et de l'implication qui, reprise sous le signe de la généralité, préserve la notation de l'universel des codes et ajoute la fiction. Dire le texte singulier et le texte général, ce n'est que dire que le texte dispose un sens reportable sur son dehors, et que le report est encore report sur la fiction même de toute réalité et de tout discours — le texte trouve dans le texte général son propre pronom constant.

Qu'est-ce à dire du texte, s'il est dans son rapport à l'écriture, dans son usage de l'élision, dans son rapport au texte général, cet unique parfaitement scriptible, parfaitement lisible ? Qu'est-ce à dire du texte, si l'hétérogène qu'il constitue, relève toujours d'une contextualisation —

celle qu'appelle l'intersubjectivité qui réanime l'écriture générale, celle qui est le résultat des équivalences qu'établit la déliaison même, celle du texte général où vient se prendre le texte? Il faut dire, ainsi que Charles Grivel l'a marqué, que le texte est déplacement spontané de ses énoncés «en fonction de ce qu'ils perspectivisent et pour qui»[25]. Le texte est acte fabulatoire — on l'a déjà dit du récit —, et donc sa propre actualité. Il est un passage : il fait passer, il laisse passer, comme la métaphore se lit à la fois comme transport du sens et comme cet asémantisme qui laisse passer le sens. Il est un parcours, ainsi que cela se sait du pouvoir de l'élision qui dit la proximité des équivalences. Définir le texte par la dispersion des codes ou par la systématique du texte clos, c'est au fond noter une même chose : le texte est plusieurs langues simultanées, ce par quoi il devient proprement fiction puisqu'il est la généralité de ces langues, ainsi que le *neutre* de Barthes[26] n'est que la dénomination de la généralité et de la fiction des codes simultanés. Le possible du texte est cela même : ce qui advient lorsque le général se formule dans le simultanéisme des discordances premières. Il y a simultanéisme parce que le texte littéraire n'est plus interrogé par le réel, mais interrogation en lui-même. Soit l'interrogation que porte la discordance de tout simultanéisme. C'est pourquoi il ne peut y avoir de sens littéral dicible du texte : ce sens est figuré par le simultanéisme — champ commun des équivalences et donc de toutes les significations. Il résulte que toute représentation sémantique du texte est incertaine. Il se confirme que l'hétérogène est interne au littéraire même.

Dire ainsi le texte — général, singulier —, le rapporter à l'écriture générale, marquer sa continuité scripturaire, son constant hétérogène, le caractériser par l'équivalence interne à l'hétérogène et par l'équivalence d'hétérogène à hétérogène, équivaut à reprendre dans la notion de texte le paradoxe de la notion d'écriture et à disposer le texte comme trace constante et comme potentiel et témoignage du performatif. Le texte dit donc indissolublement la *textualisation* — cette reprise des codes et des données sémio-discursives sous le signe de l'hétérogène et sous celui de l'auto-contextualisation, que commande tout cela qui relève ultimement de la rhétoricité — écrit, métaphore, récit, code, texte général. Cette identification de la textualisation, suggérée par Fredric Jameson[27], traduit l'équivoque que porte le constat du texte. Le texte ne se distingue pas d'une manière d'action, celle de la rhétoricité qui ouvre à l'effet d'image du monde et à la pragmatique, et qui invite à reconsidérer le texte dans son aptitude à indexer ce qui est usuellement lu comme ses déterminants — l'Histoire, les codes. Le renversement est ici net avec ce qui peut être une assimilation du littéraire à l'esthétique du reflet, de l'expression, de la substance. L'hétérogène ne peut être défini par une détermination de l'Histoire, des codes, du champ communicationnel, que dans la mesure où il est constante interrogation de ces éléments — dans la mesure où il est précise médiation inachevée de sa détermination et où toute lecture de la détermination est, de fait, constat du résiduel et lecture de la question que porte la décontextualisation. Indiquer que le texte dit indissolublement la textualisation équivaut à noter que le texte achevé, disponible, est toujours une actualité — il n'y a pas lieu de supposer *a priori* quelque pérennité de sens —, et qu'il relevable — outre l'auto-contextualisation qui caractérise tout texte et tout ensemble de textes — d'une contextualisation qui le définit comme le médiateur et le régulateur des données, codes, éléments sémio-discursifs, qui sont l'objet de la contextualisation. Textualisation : le texte est toujours un témoin et un maintenant. Il ne suffit pas de marquer seulement une manière d'alliance du passé et du présent — ou que tout texte, dans son passé, est à relire. Il faut ajouter : s'il y a du littéraire, il est exactement chronologique, il est le commandement même d'être, à quoi répond la reprise constante du littéraire. A insister sur le paradoxe temporel de l'écriture — le résiduel — et sur la nature chronologique du littéraire — ce qui dans le moment doit être — on dit deux choses. D'abord : hors de toute ontologie de l'œuvre et de toute esthétique positive, le performatif du texte suppose une manière de légitimité du texte; le paradoxe temporel de l'écriture indique que le passé du témoin appartient entièrement à ce commandement du présent. Puis : si telle est la légitimité de la pratique littéraire, de la textualisation, le questionnement des origines et des fins du littéraire reste sans réponse, ou il faut seulement revenir à l'évidence de la textualisation et de son présent. La textualisation est l'irrécusable, et le futur inattendu du littéraire et de ses témoins. On sait que cette temporalité de la création plus largement artistique a été suggérée par J.F. Lyotard[28]. On sait qu'elle se déduit du constat même de la sécularisation de l'écriture. On connaît ses antécédents et ses illustrations littéraires de Gertrude Stein à Carlos Fuentes et Italo Calvino.

Cette actualité certaine de la textualisation est au fond le nœud des approches du littéraire, rapportées à son pouvoir cognitif, représentatif, communicationnel. La constante actualité, qui est aussi la certitude d'un devenir, fait du littéraire un immédiat, — face auquel toute réponse est vide et qui invalide, puisqu'il est l'évidence même de son actualité, toute interrogation sur sa propriété cognitive — l'œuvre-reflet, l'œuvre représentation —, sur sa propriété communicative — l'œuvre et les codes, l'œuvre et le différentiel herméneutique du passé et du présent. La textualisation doit se lire ici comme la seule façon possible de définir le présent et l'avenir de l'hétérogène, irrécusable en lui-même puisqu'il est la récusation de toute réponse qui lui serait relative. Dans la théorie littéraire contemporaine, l'idéologie du texte, telle qu'elle est issue du structuralisme, de la déconstruction, de la lecture de Bakhtine, est une idéologie de la totalité du littéraire — à la fois champ de l'interdiscursivité, de la répétition et de l'accomplissement du signifiant. Le littéraire apparaît comme objet complet et comme somme des réponses aux questions que font lire rationalité linguistique, rationalité sociologique, rationalité communicationnelle et paradoxes de l'esthétique formelle. Les contradictions sont manifestes — il n'y a pas cependant de solution de continuité, dans la définition du texte, entre l'esthétique négative du déconstructionnisme et l'hypothèse de la continuité du littéraire et, en conséquence, de la constance textuelle, que fait l'herméneutique.

Cet état de choses vaut d'être interrogé. La notion de texte ne se dissocie pas du constat de la décontextualisation. Celle-ci ne se distingue pas cependant d'un pouvoir du texte — celui-ci est un objet constamment corrélé qui ne se comprend que par un retour sur la continuité de l'écriture, sur la continuité des discours, sur la continuité du sens, sur la continuité du signifiant. Très remarquablement, seule une certaine esthétique marxiste suspecte ces continuités et ces images d'un littéraire qui ne cesse d'être lui-même, fût-ce dans le constat de la discontinuité historique — ainsi que le constatent les thèses issues des travaux de Bakhtine et de l'esthétique de la réception. Il faudrait donc dire l'incomplétude du texte, ce qu'il est manifestement — c'est-à-dire formellement —, ce qu'il est par ses associations, ce qu'il est par l'hypothèse même que porte le terme — dans le texte, le littéraire et le non-littéraire sont réversibles. A travers cette double approche du texte, sont en cause l'objet littéraire et la façon dont il peut être corrélé au discours, au savoir, à la communication, à l'Histoire. Les thèses relatives à ces corrélations n'importent pas en elles-mêmes, mais par ce qu'elles supposent du littéraire. Elles supposent très exactement que le littéraire vient à la réalité du discours, de la communication, de la sécularisation de la pensée et de l'esthétique, des disparates qui font forme par elles-mêmes — le jeu des signifiants. La différence du littéraire ne peut être affirmée. Par la référence à la notion de texte, est introduite une interprétation sans différence — le littéraire est cela qui vient au discours, à la communication, à la sécularisation, à la forme. Même les esquisses d'esthétique négative, dont témoigne la critique française contemporaine, avouent une plénitude du littéraire — ainsi de *Sade Fourier Loyola* : le littéraire se confond avec l'invention d'une langue; ainsi de *Survivre* : l'écriture est la réalisation de l'équitemporalité, l'abolition de son actualité même, en une interprétation qui est probablement la négation du sens de l'actualité dans l'œuvre de Blanchot. Le paradoxe de la déconstruction est de marquer un impouvoir du littéraire — celui-ci est, par définition, la récusation de toute conclusion — et de faire de cet impouvoir le signe de l'accomplissement du littéraire — là, se tait toute question, comme se tait toute affirmation. Où il faut reconnaître le détournement admirablement pratiqué du sens de l'actualité que porte le silence mallarméen, et du sens de l'instant, lisible de la poésie romantique anglaise à Baudelaire[29]. L'actualité et l'instant ne sont pas seulement ceux de cet inconclusif, mais aussi ceux de l'élation, de la continuation de l'écriture. Ces pouvoirs du littéraire et cette possibilité de le saturer marquent très nettement qu'il est défini comme un *objet explicite*, un objet qui dit sa propre nature, sa propre réalité et qui, par là, se dit totalement et suffisamment. Interpréter ainsi le littéraire et faire un tel usage de la notion de texte, c'est donner une définition idéologique du littéraire : cela qui ne fait jamais question. L'esthétique de la réception, fût-ce dans sa récusation de la notion de tradition et dans l'indication d'un jeu de question-réponse à l'œuvre dans la chaîne historique des interprétations, dispose l'identité constante du littéraire[30]. L'autonomie du littéraire n'est jamais considérée relativement au déplacement qu'elle suppose. Le texte n'est que la réalisation constante de cette autonomie, qui appelle l'interprétation sans question ou la récusation de l'interprétation — parfait aveu que le littéraire n'est pas perçu selon un déplacement. Or il suffit de rappeler l'élision, l'hétérogène, l'entre-deux qu'est tout récit, le dispositif de l'écriture qui est dispositif de réeffectuation de l'écriture par déplacement, pour marquer que cette actualité du texte se confond entièrement par le déplacement qu'elle suppose — par la question de ce qui est mis à distance dans ce déplacement.

III. TEXTE, RHETORICITE, PREFIGURATION

Dire le texte en un déplacement, celui auquel il procède lui-même par sa mise en forme, celui auquel il est soumis dans le temps, revient à noter qu'il est le seul moyen pour mesurer ce déplacement, et qu'il n'y a de mesure possible que par le rapport aux autres textes. Dès lors que le texte général n'est nulle part empiriquement présent, la seule façon de qualifier simultanément le texte singulier et les textes consiste à marquer leurs rapports par leurs différences — structurales — de situation. Il faut souligner à nouveau le paradoxe : la différence n'est dicible qu'au moyen d'un code et elle suppose la généralité d'une identité de fond[31]. Mais si les textes sont selon leur singularité et selon leur pluralité, selon leur voisinage et, en conséquence, selon les médiations qu'ils sont les uns pour les autres, lorsqu'ils sont considérés d'un point de vue simultanéiste ou d'un point de vue historique, ils dessinent eux-mêmes l'identité de fond contre laquelle doivent être lues les différences. En d'autres termes, comme l'a indiqué Fredric Jameson [32], les discontinuités à la fois désignent les limites du texte singulier et permettent de les interroger en termes de possibilités sémantiques, c'est-à-dire suivant un jeu métaphorique, et de faire du constat de la différence le moyen de la lecture de la possibilité de l'autre différence. Hors de ces indications, concevoir le texte général et le littéraire comme un processus continu équivaut à représenter les textes, là, par une totalité, et ici, par une manière d'allégorie — le littéraire qui ne cesse de s'accomplir sous le signe du littéraire ou sous le signe d'une histoire à dessin téléologique, comme l'atteste le marxisme. Cela n'exclut pas que le texte singulier puisse, dans l'ensemble et la disparité des textes, être un *lieu* d'expression de l'allégorie littéraire historique, mais cette allégorie ne peut s'identifier à une clef d'interprétation des textes, pas plus que les constats formels et structurels ne suffisent pour déduire une structure de l'ensemble textuel. C'est venir à deux conclusions. Le texte singulier n'est que lui-même. Dans cette singularité, il ne réalise complètement ni la structure du littéraire, ni le rapport du littéraire à l'Histoire, ni ses rapports possibles aux autres textes. Dire le texte général équivaut à jouer d'une dialectique entre les termes réalisés et les termes non réalisés, tels qu'ils apparaissent dans la proximité et dans la discontinuité des différences. Par là, le texte peut être dit multidiscursif — dans sa limite, il est l'autre des autres discours, et multi-objets, puisque lui est prêté un pouvoir de représentation. Le texte singulier définit ainsi un double point de vue et une double transition : point de vue sur les autres textes et transition de lui-même aux autres textes; point de vue de telle représentation et transition de cette représentation aux autres représentations. Il importe moins ici de jouer sur l'ambivalence du texte ouvert et du texte fermé que de souligner que le texte singulier n'est, formellement et sémantiquement, que par le retour de son propre discours sur les autres textes, questions à ces textes dans la mesure où il n'a de *situation* que par eux. L'hypothèse du texte général est hypothèse qui entend dire la détermination de ce jeu de report. Hypothèse vaine, puisque le report est par la seule proximité des textes, et la possibilité de lecture des singularités et des différences par l'effet d'immédiat que présente chaque texte singulier.

    Le contexte de l'expérience du texte, comprise en termes d'écriture et de lecture, est donc les textes, par lesquels le texte singulier ne cesse d'être retrouvé au cours de cette expérience. L'intertextualité revient moins à caractériser la parenté établie des écritures ou à définir le texte singulier comme la reprise et la sélection des données d'un ensemble — littéraire, idéologique —, qui constituerait son arrière-plan, qu'à noter que ce texte est, au regard des autres textes, l'actualisation de ce qui est dérivable de ces textes. La différence est toujours relative à ce dont elle diffère, et la pluralité des textes comme des lectures est le résultat de ce qu'implique chaque texte. Le texte singulier apparaît à la fois comme une synthèse — celle de ses implications — et comme la réalisation d'un *double bind*, suivant la notation de Fredric Jameson — être et ne pas être un autre. Le geste textuel est à la fois celui d'une reconnaissance de l'autre texte et la notation d'une insuffisance de ce texte — sa structure et ce qu'il entend dire ne sont jamais complètement réalisés. Marquer ainsi les limites de l'autre texte instruit que le texte ne se donne pas par exclusion, mais par un jeu de dissociation dialectique. Tout texte peut ainsi représenter partiellement un autre texte; en même temps qu'il est son *différend*[33]. Dans sa singularité et dans une suite donnée de textes, il clôt provisoirement le jeu d'interprétation que constituent les rapports des textes entre eux, et rend possible le constat d'un réseau de textes — distinct du dessin d'un texte général en ce qu'il n'appelle pas l'hypothèse systématique. En d'autres termes, le texte «se place, s'offre, s'observe, se scénifie. Il manipule et manipule»[34]. Il se manifeste, sans aller jusqu'au savoir achevé de cette manifestation et en se tenant à distance des conditions et des moyens d'une mise en situation et d'une telle présentation ou représentation. C'est redire la décontextualisation du littéraire en termes d'autonomie et de corrélation obligée du texte singulier, et indiquer que cette dualité de l'autonomie et de la corrélation régit le sens du texte, et fait de celui-ci une mise en perspective : au regard des autres textes, au regard de ce qu'il entend représenter, au regard de ses destinataires.

A travers le modèle communicationnel, à travers le modèle herméneutique et la notation de l'effet de réception, à travers celle de l'équivoque de l'objet littéraire — l'écart esthétique n'est sans doute rien que le placement de l'objet littéraire dans le discours et ce placement un moyen de considérer ce discours, les théories littéraires contemporaines approchent l'indication de cette perspective. Elles ne le font cependant qu'au prix du report du texte sur les identités de la représentation, sur les identités textuelles globales, sur les identités de lecture. On sait la vanité de la thèse mimétique, telle que peuvent l'entendre les réalismes et leurs conséquences — diverses théories du reflet. L'hypothèse du reflet n'est pas cependant abandonnée, mais reprise dans la notation d'un effet de fiction, identifié à un effet hallucinatoire, et dans celle d'une convention de la représentation, qui sont autant d'indications de la dépendance du texte à une finalité sémantique notoire[35]. Celle-ci cesse d'être interprétée suivant un renvoi à un réel antécédent pour être caractérisée suivant un jeu d'adresse implicite. C'est identifier le perspectivisme du texte par le renvoi à une reconnaissance calculée, attendue, appelée. L'hypothèse conventionnaliste dit l'autonomie du texte et l'effet de réel. Elle caractérise donc toute assimilation de l'œuvre à un reflet comme la construction de l'œuvre suivant un schéma relationnel — définissable comme la base de la perception et, en conséquence, de la description de l'objet et de tout tableau —, repris par un jeu de conventions. C'est dire que le texte est doublement, celui de l'auteur et celui du lecteur, et qu'il procède suivant le paradoxe de la reconnaissance qu'implique l'usage de la convention : celle-ci ne se sépare pas du détail (rhétorique), caution de l'illusion référentielle et indication, par le texte, de son aptitude à montrer cependant librement. Ces notations caractérisent le texte comme un jeu et comme un point de vue sur les conventions — ainsi que le suggère la fonction du détail. Jeu sur la convention et représentation font encore du texte ce qui interpelle le lecteur et l'identifie, en conséquence, comme sujet. Le sujet ne reconnaît le réalisme qu'individualisé. L'identification du réalisme à une version du monde partagée entre auteur et lecteur, que propose Nelson Goodman[36], prête à discussion dans l'hypothèse d'un examen du rapport entre convention et croyance dans la constitution du réalisme et le constat de son caractère relatif. Elle ne modifie pas et même accentue la propriété d'interpellation de l'œuvre puisque celle-ci porte, à l'égard du lecteur comme elle l'a fait à l'égard de l'auteur, une exigence de classification, qui résulte de la perspective du texte. La singularité de l'écrit est ainsi inévitable retour à une détermination réglée lors de la réception, comme elle l'a été lors de la création. L'analyse de la représentation, qui exclut ici la notation du représentatif et de l'antireprésentatif puisque l'un et l'autre équivalent à une convention de présentation-représentation et de classification, identifie ultimement la position spectaculaire du texte et sa dimension figurative à la possibilité et à la «poursuite d'une signification comparable, sinon identique, de plusieurs discours manifestés»[37].

Conclure que le réel est un effet du discours ne dit pas une décision complète et achevée du texte sur le réel, puisque ce discours ne se distingue pas, par ailleurs, d'un effet d'objectivité ou d'un effet de croyance. C'est pourquoi, dans le champ de la théorie marxiste, le conventionnalisme peut assurer doublement la relève de l'usuelle indication représentative : défaire le concept d'imitation, — ainsi l'objectivité des textes ne peut plus être dite suivant un rapport direct à la réalité, à l'objet qu'ils représentent, puisque le texte ne suppose, *stricto sensu*, ni rapport de représentation, ni rapport instrumental —, et marquer que l'*effet de réalité* est indissociable d'un *effet de fiction*, lui-même inséparable des notions qu'expose le littéraire, relatives au réel, et qui sont des notions partagées — de fait, plutôt reproduites que produites par la littérature. Il ne faut donc plus lire la singularité des textes mais l'*effet d'individualisation* que celui-ci provoque chez le lecteur. L'*effet de fiction* ne se distingue pas de l'interpellation du lecteur comme sujet[38], — de l'obligation qu'aurait le lecteur de reconnaître, à partir de l'effet de fiction, converti en effet de réel, la simulation de son face à face avec les choses et de son opposition à elles. Le conventionnalisme est ici double : jeu de concordance des textes suivant la *doxa*, et désingularisation du texte au profit du lecteur qui devient sujet par ce qu'il tient pour la lecture objective et objectale de la convention. Cette qualification du reflet textuel se confond, bien évidemment, avec la thèse marxiste de la méconnaissance que porte le littéraire : toute convention est créatrice d'illusion. Il reste très remarquable que, même dans le désaveu qu'elle suscite de la part de la théorie marxiste, l'identification du conventionnalisme à une production d'effet de réalité revienne à marquer que le texte est, de part en part, un montrer-voir, ou un montrer-croire, et écriture et lecture, toujours pleines de sens. La singularité du texte est report sur le savoir qui est la condition de l'effet de réalité. C'est nier le jeu de distance que le texte porte en lui-même et face aux autres textes, ou ne le retenir que comme une mise en scène du savoir et de l'effet que celle-ci suscite — ainsi du lien entre convention et détail. Les théories contemporaines ont usuellement dit les contreparties de ces thèses en notant la perte de sens, c'est-à-dire le défaut de prégnance de la convention, quelle que soit la fonction qui puisse être prêtée à celle-ci.

On ne répétera pas ici le désaveu de l'objet et du dit, que constituerait le signe. La question pertinente n'est pas dans l'hypothèse d'un retournement des thèses conventionnalistes et de leur dérivée marxiste. Mais dans le constat qu'elles portent explicitement l'indication d'un dédoublement du texte par lui-même — ainsi de la convention et du détail, ainsi de l'effet de fiction, relais de l'effet de réel et qui suppose, en conséquence, que le texte ne se distingue pas de la mise en scène qu'il propose. Il ne faut ni conclure que le sens du texte est l'identification d'une convention ni qu'il se perd. Dans le premier cas, on soumet auteur et lecteur à une même autorité ; on fait de la constitution du reflet un acte partagé entre l'un et l'autre sous le signe de la commune reconnaissance de cette autorité. Dans le second cas, on caractérise le texte par une fonction de désaveu. Dans la première hypothèse, on fait d'une médiation, qui a pour objet le texte, la loi-même du texte ; dans la seconde hypothèse, on dessine cette médiation comme une médiation inopérante. Il faut aller plus loin : conventionnalisme et récusation du conventionnalisme sous l'aspect du désaveu de tout objet — la convention est jeu vide — sont une négation de la *facticité* du texte. Or reconnaître celui-ci dans la référence explicite à la convention, c'est d'abord le supposer comme ce qui est déjà le signe du sens, de tout reflet; et le reconnaître dans la seule référence au signifiant, c'est encore le définir comme le signe même de ce qu'il est, de ce qu'il dit, précisément hors de tout rappel d'un antécédent. Est ultimement souligné, par cette facticité implicitement désignée, que le texte est sans doute construction, mais aussi manière de neutralité, cela qui laisse agir les codes, comme dans le discours quotidien il y a un agissement du code linguistique qui ne fait prévaloir, de lui-même, aucun sens. Facticité se comprend doublement : le fait même de cet agissement et du texte; l'artifice de cette dualité, qui n'est au fond qu'une autre manière de lire l'émergence que constitue le texte par sa construction. Il n'y a donc pas de réduction et de concrétisation certaines et possibles du texte — ce à quoi reviendrait l'identification du reflet. Il y a représentation dès qu'il y a texte, et celle-là n'est que le passage que celui-ci offre. L'hypothèse de la convention, dans ses diverses variantes, apparaît comme l'expression d'un savoir, d'un vouloir-savoir appliqué à la représentation, en un geste qui appartient autant à l'écrivain qu'au lecteur. Il faut cependant interpréter exactement l'arbitraire du texte : la facticité du texte est donnée de vraisemblance par la neutralité face à l'agissement des codes. C'est pourquoi dire le *texte*, c'est *ipso facto* dire *lisibilité*, et arbitraire par l'exposition, précisément construite, de cette neutralité. Le texte *simulacre* — en un rappel des indications de Baudrillard et de Derrida — serait celui qui se donnerait pour cette seule exposition, et ferait de cet exercice de la neutralité la feinte d'un acte de neutralité et exclurait par là tout perspectivisme — toute question, décelable par l'auteur comme par le lecteur et relative à la dualité de la facticité[39].

Les hypothèses conventionnalistes permutent les postes d'émission et de réception du message littéraire et identifient donc le reflet à un état identique du message au commencement et à la fin du processus communicationnel. C'est dire à la fois que l'hypothèse du reflet fait l'hypothèse de la certitude de l'énoncé et que la lecture est la compréhension de cet énoncé. Or, du dédoublement du texte, il se conclut qu'effet de fiction et effet de réel ne sont pas simplement des mises en œuvre et des mises en scène d'un savoir et de la convention qu'il suppose, mais les résultats de la facticité même du texte : se donner selon l'agissement des codes et selon la neutralité — moyen de la représentation à même le texte. Marquer le texte comme reflet équivaut à marquer l'image d'une image et qui se sait telle, et à préciser l'hétérogène du texte : il est l'assomption de ce qui se dit. Texte, textes, texte général : du singulier au pluriel et à l'hypothèse de la communauté des textes, se lit le paradoxe du dédoublement et de la facticité. Si la réponse à la contrainte de la convention est l'exposition de la convention, les divers textes sont réponses les uns aux autres par ce jeu et semblables par leur neutralité. Il ne faut plus tant indiquer l'effet hallucinatoire que l'incongru du texte, différent par ce qu'il vise : l'effet de représentation par cette neutralité. Le texte n'est pas retour à une convention; il expose, par son dédoublement, le passage dans les conventions et, en conséquence, l'indécidable de ce passage. Lire une telle représentation n'équivaut pas à entrer dans quelque hallucination, mais à déchiffrer, comme l'auteur l'a fait, ce dédoublement qui peut être rapporté à un vouloir-savoir, celui de l'auteur, celui du lecteur, et donc à une convention. Le déchiffrement suppose cependant le constat de la dualisation à laquelle procède le texte, et de la différence qu'il porte ainsi en lui-même. L'intelligibilité de la représentation a pour condition la notation que l'hypothèse de la représentation est une hypothèse dédoublante : dans l'aveu même de ce qui se voudrait du littéral, elle construit le figuré de la répétition. Soit à dire : la thèse de la référentialité est contradictoire en ce qu'elle ignore le figuré de la répétition qu'elle suppose; la thèse de l'anti-référentialité manque la réponse implicite que porte cette répétition; les conventionnalismes disent finalement un jeu de reconnaissance sans venir jusqu'à la notation que reconnaître, c'est encore faire l'hypothèse de la répétition et de l'inévitable figuré. Texte, textes : la communauté même de ce dédoublement.

Les thèses conventionnalistes disent, dans la définition du pouvoir qu'a le texte de «refléter», que ce texte est médié par les conventions et qu'il est lui-même médiation des conventions — par quoi il est à la fois identifiable et reportable sur tout discours et sur tout réel. Theodor Adorno a marqué l'illusion qu'il y a à vouloir défaire la médiation, et à vouloir donner la réalisation linguistique comme une objectivité en elle-même et a conclu à l'inévitable de la parataxe — ce qui romprait le medium et la mémoire que constitue le langage, censé à la fois réfléchir la praxis humaine et lui offrir un «lieu» symbolique par cette conscience réflexive[40]. Le dédoublement et la figure, que fait le texte par lui-même, instruisent qu'il se constitue contre la domination du logos et contre celle de la médiation, parce qu'il se donne pour une unité et pour une reprise de ces médiations au sein des médiations, et ainsi pour apte à manifester une manière d'objectivité — la citation de la détermination — sans que l'effet de représentation qui en résulte soit explicitement inscrit dans le système des médiations. La reconnaissance de la médiation est le moyen de construire l'hétérogène — le texte. Les thèses conventionnalistes ont pour ultime conséquence, alors même qu'elles entendent expliquer la fonction de reconnaissance qui caractérise le littéraire, de faire conclure soit à une disparité et à une dissimilarité des univers que définissent les conventions — dans ce cas, il n'y a plus de discours véritablement commun possible —, ou à la composition de ces univers parce qu'ils ont un référent au même monde — c'est revenir à une propriété référentielle du symbolique. Mais dans la mesure où le texte est jeu sur une facticité et dédoublement, le constat de l'hétérogène ne doit pas tant être celui des témoins du littéraire entre eux et de leur hétérogénéité face au réel que celui de la *dispositio* qui est ici mise en œuvre. Il peut être dit une narration, une poésie parataxique, fait ou défait ce qui serait l'ordre argumentatif que porte explicitement ou implicitement tout discours littéraire. Le texte subsiste comme une manière d'argument en lui-même parce qu'il replace toute convention sous le signe de la neutralité et qu'il en commande par là une représentation et une lecture spécifiques — l'interrogation d'une telle neutralité, par laquelle l'hétérogène fait argument. A ce point, les textes sont doublement composables — hors de l'hypothèse d'une référence commune des divers systèmes de conventions : par l'exposition du neutre, par le fait qu'ils portent la même logique de questionnement, qui commande l'écriture et la lecture. Par quoi, l'arbitraire du littéraire est toujours motivé, et le texte, les textes apparaissent comme les moyens de dessiner la réciprocité des divers codes et conventions, et comme les défauts de ces codes et conventions. Il se marque là, en termes de représentation et d'interprétation, la reprise de la définition du texte comme mot, comme occasion, comme croisement de codes. Il se dit exemplairement la figure de la répétition — celle que doivent supposer les conventionnalismes, celle qui fait la représentation neutre des conventions, et qui est à la fois jointure du texte à sa détermination, à son objet, et relation différentielle. Grâce à quoi, le texte a toujours valeur d'excédent.

Cette considération de la notion de texte à partir des hypothèses conventionnalistes définit le texte comme une constante réécriture de ses déterminations et comme un excédent relativement au geste d'identifier cette détermination. Cette réécriture peut se dire de texte à texte : elle correspond à la littérature seconde que définit Gérard Genette dans *Palimpsestes*[41]. Elle peut se dire du texte aux ensembles discursifs, ainsi que le fait Michael Riffaterre[42]. Elle peut se noter du texte à tout répertoire de codes et de conventions qu'il recueille ou qu'il désigne. La réécriture est toujours bipolaire. Il n'est donc pas suffisant de la qualifier de supplément ou de redoublement. Elle suppose par là une situation rhétorique. Le texte qui s'élabore est relativement à son antécédent dans une situation de juxtaposition et, par les reprises auxquelles il procède, dans une interrelation; par cette dualité, il soumet les répertoires disponibles à une recomposition syntagmatique — soit selon la linéarité de tout texte — et paradigmatique — soit selon les isomorphismes que le texte dessine entre des séries d'éléments non liés jusqu'alors. La réécriture est donc composition du texte suivant la dualité des rapports de celui-ci à ses déterminations, discours disponible, témoins littéraires, conventions. Le texte comprend ses propres déterminations, et il est point de vue sur ses déterminations puisqu'il se donne comme une de leurs variantes fonctionnelles. Ainsi s'explique qu'il puisse apparaître, soit en termes de production, soit en termes de lecture, à la fois comme un résumé totalisant des discours et conventions disponibles et comme leur écart. M. Riffaterre marque cette dualité par la notation de l'agrammaticalité et de l'intertextualité — la première conduit inévitablement à la seconde —, et par celle de la grammaticalité — où il faut entendre que le texte construit ses propres paradigmes à la ressemblance des paradigmes du texte général. W. Iser dit la même ambivalence en indiquant la reprise, dans le texte, des répertoires de conventions, suivant une réduction et une recomposition, et suivant la préservation d'un rapport explicite de cette représentation des codes aux codes représentés[43]. Le texte crée donc ses propres isomorphismes et constitue un point de vue sur les codes puisqu'il est leur expression partielle. Il ne peut être reconnaissance complète des codes et des systèmes; il est, par le jeu du point de vue — métonymie —, désignation de ce système et de sa limite. Par ces dualités et ces ambivalences, Riffaterre et Iser font de l'objet du texte un autre signe, un autre système de représentations.

Cette relation donne nécessité et lieu au lecteur qui doit lire le texte, à partir de ses agrammaticalités, de ses points de vue, comme l'interprétant de ses déterminations — intertexte, répertoires de codes. Cette définition sémiotique du texte a pour condition une définition rhétorique. La caractérisation de l'objet littéraire fait ici problème parce qu'elle entend être caractérisation d'un objet hétérogène. L'approche sémiotique constitue une solution en ce qu'elle fait du texte un interprétant des signes et systèmes de représentation, qui appelle un autre interprétant — le commentaire qui fera également signe. Mais il est remarquable que l'hétérogène reste ici référable au métonymique — reprise partielle d'un signe, d'un système de représentation et, en conséquence, point de vue sur ce signe, sur ce système. Il faut comprendre deux choses : une telle reprise fait de son objet un objet résiduel face au système auquel il appartient initialement et face au système — l'œuvre — dans lequel il est intégré. Le système de l'œuvre, en lui-même, est soumis à des interprétations symboliques — lectures —, qui entraînent qu'il soit juxtaposé et entre dans un rapport de métonymie à d'autres objets sémiotiques, littéraires. La donnée résiduelle qu'il porte le fait tendre vers sa propre décomposition et lire suivant la série de l'hétérogène. Il faut donc, à partir de la sélection de répertoires à laquelle procède l'œuvre, moins dire la réinscription de l'agrammaticialité ou le blanc de l'œuvre que noter que le texte-mot se trouve partagé entre plusieurs choses : sa fiction même — l'odre qu'il se donne —, son dehors — le résidu métonymique fait de l'œuvre un contexte de polarisation. Le texte est engagement de sa fiction à partir de ce résidu. C'est-à-dire réponse à ce résidu, et ce résidu interrogation constante du texte, de son ordre et de sa fiction, parce qu'il les désigne comme partagés — ils sont composites, et ils sont l'autre de ce composite : le texte mot est sans mot ultime. Réécrire : relativiser, placer dans des contextes et dans des conditions de présentation, telles qu'aucune présentation ne vienne à l'ajointement des présentations. Réécrire n'est pas représenter l'écriture, ni donner la représentation explicitement référentielle. Il n'y a de plasticité des codes que par le jeu rhétorique — cela qui suspend ultimement tout intrigue, cette façon qu'a le texte de dire ses rapports et ses lieux. Il ne faut lire là ni le rappel de la thèse déconstructionniste, ni celui de l'hypothèse de la rupture des codes, mais la mutabilité que porte le texte dans la proximité des autres textes, et qui produit la métonymie — celle-ci est le moyen même du réenchaînement des codes, conventions et répertoires partiels. Ce réenchaînement vaut pour lui-même ; il est aussi l'appel de nouveaux paradigmes — les nouveaux textes[44].

Il n'y a pas lieu de dire le hors-système que constituerait le texte, ni le déficit du système à partir duquel il s'établirait. Ces hypothèses ne peuvent exclure le rapport au système, qui devient ici rapport partiel — doublement compris : ressemblance dans la différence, définition des répertoires et des systèmes de conventions comme indivision antécédente, comme cela qui ne peut donner que sa semblance partielle, sauf à susciter la répétition de sa propre totalité. La représentation totale est une représentation sans dénotation. Le partiel, qui correspond à une rhétorique de la discordance, et qui fait du répertoire, du système des conventions, des objets nouveaux, est la condition de la textualité — de la poursuite de l'écriture ; il équivaut à une définition fonctionnelle de cette dernière et se comprend dans la logique de la maximalisation du *local*. La suite des textes : la série du *tout* que chacun d'eux est, et des parties qu'ils constituent en eux-mêmes et relativement à leurs déterminations.

Les textes : les captures, ainsi que des possibilités de captures. Textes singuliers, texte général : le jeu même de ces divergences par ces captures, par la convergence des textes par leurs limites mêmes — conditions du réenchaînement par la métonymie. Il faut redire la composition de la métaphore et de la métonymie : le texte, cela qui préserve la distinction de ses détails, alors même qu'il les soumet au paradoxe de la continuité sémantique, et qui conserve sa propre individualité lors même qu'il entre dans la hiérarchie d'un texte général ou d'un système. Il y a là la possibilité d'une lecture inversée du rapport du texte à ses déterminants : non pas des déterminants au texte, mais du texte aux déterminants dans la mesure où, par la métonymie, tout ce qui se dit des répertoires, des conventions, des systèmes, peut être dit comme la dérivation que commande cette lecture à rebours de la métonymie. On sait que Barthes donne cette lecture par dérivation, qui est lecture rhétorique, à la fois comme moyen de la reconnaissance des déterminants et de celle de la forme que livre l'œuvre. C'est dire que, dans l'agissement des codes que permet la neutralité du texte, subsiste une manière de dénivellation entre le texte tel qu'il se réalise en ses parties, et tel qu'il accomplit ses déterminants et qu'il s'accomplit lui-même. Il est perspective, en lui-même, sur ses conditions comme sur sa réalisation.

On prête ici une double situation rhétorique au *texte*. Elle doit d'abord se dire en termes de lecture. Le constat du texte porte la notation d'une dissociation entre la perception et le savoir que le lecteur en a. La perception est suivant la continuité des mots, leurs occasions ; le savoir est savoir des contraintes signifiantes qui ne correspondent pas nécessairement les unes aux autres. Le neutre du texte ne se lit pas comme la neutralisation de ces diverses composantes, ni comme leur falsification réciproque. Le paradoxe reste que la forme textuelle, telle qu'elle est perçue et lue, est à la fois figure de figures et illustration de figures — de cette disparité des contraintes signifiantes qui sont ultimement lisibles et composables dans la lecture suivant le seul jeu rhétorique. Les identités du texte sont laissées à leurs identités — soit le constat du texte et de sa disparité. La temporalité de la lecture ne commande pas nécessairement une *mise en intrigue* des éléments du texte, pas plus que le récit n'oblige d'identifier son déchiffrement à la reconnaissance ou à la reconstitution d'une mise en intrigue. Certes, le lecteur peut identifier son type de lecture — constructive, déconstructive, linéaire, transversale, autant de manières de faire de la forme un objet de pensée possible. Cette identification suppose cependant que le texte soit perçu suivant une *préfiguration* qui offre les éléments de la *refiguration*. Le jeu de la *préfiguration*[45] et de la *refiguration* est congruent à la notation de la dualisation de tout texte qui ne peut ainsi se donner de manière achevée ni comme une forme ni comme la pensée de la maîtrise de cette forme ; il marque d'autre part que la dissociation entre perception et savoir du texte ne doit pas s'interpréter comme l'impossibilité de venir à un sens du texte, ni comme l'indice de l'alliance inévitable de l'implicite et de l'explicite. De la perception au savoir, il y aurait la distance qui permettrait la désambiguïsation. C'est, de fait, retenir l'hypothèse d'un *littéral* identifiable, — même si ce littéral n'est ultimement identifiable que par un *trope implicatif* —, comme le véritable sens à transmettre. Retenir l'impossibilité de la désambiguïsation revient à noter l'impossibilité de systématiser l'implicite. Le défaut de maîtrise de la connotation peut se lire comme le calcul même du texte, ainsi que le suggère le déconstructionnisme. Dire l'inexplicite, c'est échapper à ce doublet de l'implicite et de l'explicite, d'un pouvoir et d'un impouvoir de la lecture.

L'inexplicite relève moins d'une exigence d'interprétation qu'il ne suscite un procès de *caractérisation* du texte. Celle-ci se distingue d'un questionnement par lequel toute lecture serait identifiée, ainsi que le suggère Paul de Man, à un oubli de l'*acte de langage* que constitue le texte[46] — cet oubli expliquerait, en conséquence, l'inaptitude à défaire la distance de la perception au savoir du texte. Elle se distingue encore d'un questionnement qui se confondrait avec l'identification des implications du texte. Il ne s'agit plus de constater que la lecture fait ou défait, mais qu'elle joue suivant le jeu du texte : celui-ci se réalise en ses parties, il accomplit ses déterminants, il s'accomplit lui-même. Noter la distance de la perception au savoir que le lecteur peut avoir du texte, revient à marquer que la lecture va selon le mouvement d'unification que porte son propre développement — synthèse par la recontextualisation à laquelle elle procède ; selon la distinction du tout et des parties — chaque partie du texte est porteuse de sens en elle-même ; selon l'identification des déterminations et de la codification qui donne à lire la réduction des parties à une systématique. Elle exclut qu'aucun des mouvements de la lecture ne soit tenu pour la reconnaissance dominante du texte. En recomposant ainsi la tropologie de Kenneth Burke, reprise par Hayden White[47] pour définir la démarche constructivite de l'historiographie, on ne dit pas quelque conduite initiale de la lecture qui donnerait à voir des structures d'interprétation. On identifie la lecture suivant le constat de la lettre, suivant le déchiffrement du mot à mot, suivant le procès de cumulation qu'elle constitue et qui fait de tout lecteur non pas le maître de la lettre mais celui qui achève, *de facto*, la lecture et en fait une totalisation, suivant un inconclusif qui donne à comprendre : aucune organisation du texte n'est autonome en termes de définition et de fonction. Le paradoxe de la lecture rhétorique reste que l'identification métonymique correspond aussi à celle d'une continuité transversale du texte, et que l'identification métaphorique est identification linéaire — l'ajout de sens se note au long du texte. La notation de cette ambivalence traduit que la caractérisation du texte par la lecture reste exactement contextuelle, et que tout constat des écarts et des oppositions est jeu dialectique et dessin des implications communes du texte — la désignation même de l'inexplicite.

Il peut encore se dire que cette *caractérisation* est exercice de l'écriture même et ce par quoi le texte se fait. La difficulté qu'il y a à spécifier l'écriture et le texte résulte du fait qu'ils sont l'un et l'autre usuellement définis par leur inscription dans le discours et dans le texte général et par un jeu de différenciation. C'est l'évidence : l'écriture n'est pas hors discours ; le texte n'est pas hors texte. L'écriture est cependant, dans sa réalisation, une action et, par là, la pensée de son rapport au discours, au texte général — donc, pour détourner une notation de Gilles Deleuze relative au cinéma, une *pensée-action*[48]. L'écriture est l'art d'individuer la masse des discours et des textes, en un mouvement qui va du plus général au plus singulier, du plus vaste au plus limité. Elle est, à ce point, homologue au geste de la lecture : elle reprend et circonscrit la suite des discours, des textes disponibles ; elle s'extériorise dans cette suite. Elle est aussi, relativement à un objet qu'elle se donne — hypothèse de la représentation — et à ses déterminations — hypothèse de la dualisation du texte —, dans un rapport d'inadéquation et d'unité parce qu'elle est l'action même de cette inadéquation et de ce report. C'est, de fait, reformuler la décontextualisation de l'écriture et la maximalisation du *local* en termes de rhétoricité et suivant l'allégorisation que constitue le texte, sans que soient exclues la notation de la série des déterminants, ni la distance et l'ambivalence qui sont les moyens derniers grâce auxquels l'écriture, le texte peuvent se situer. La modélisation se définit comme une *préfiguration*. L'écriture n'est pas essentiellement réécriture et répétition ; le texte, cet hétérogène, ce mot, est tel parce qu'il est le calcul et l'accident, relativement au texte général et à la multiplicité des textes, de cette préfiguration. La rhétoricité définit un performatif spécifique de l'écriture et du texte. Il ne s'agit plus d'opposer le feint et le fictif au sérieux et au validable, ni d'identifier l'anomalie du texte singulier à un croisement de codes hétérodoxes. L'écriture, le texte se placent dans les écritures, dans les textes, parce qu'ils ont pour objet les écritures, les textes, qu'ils ne désignent pas comme une homogénéité qualitative, ni comme des données divisibles, mais comme ce qui se figure à la fois par la divisibilité et par la continuité. Le moyen et l'objet figurant — l'écriture et le texte — construisent divisibilité et continuité et sont ce terme tiers qui vient inévitablement à l'ambivalence.

Par là, l'écriture est intentionnelle — intention d'écriture, c'est-à-dire intention suivant ce jeu de divisibilité, de continuité. Qu'elle soit intentionnelle ne fait pas conclure qu'elle expose des identités et traite de sa propre identité. Cela ne commande pas de considérer que le texte se confond avec des inscriptions arbitraires sur une page, ni que son *point de vue*[49] soit irrécupérable. Le point de vue est celui de la rhétoricité — de cette composition de la divisibilité, de la continuité et de la systématicité, et de l'ambivalence qui en résulte. Le texte est ainsi toujours situable, en même temps qu'il échappe à toute situation — la rhétoricité est le moyen et la mesure de ce jeu de la détermination et de l'affranchissement. C'est récuser deux thèses opposées qui entendent définir la situation du texte : Derrida — toute action scripturaire ouvre la chaîne de l'intertextualité ; Austin — tout déplacement figural du discours l'est à une fin expressive ou herméneutique, cette fin peut être inférée de la situation — on sait la situation de dépragmatisation que suppose le fictif. La notation de la rhétoricité et du point de vue qui n'est pas dissociable du jeu de l'ambivalence et de l'ironie, place l'action de l'écriture hors de ce partage entre un effacement de la situation et un renvoi à la situation puisque la *préfiguration* est le traitement de la situation par le texte suivant le rapport du texte à ses déterminations — reprise constructive et report, par le texte même, de cette reprise sur son objet. L'action de réeffectuation qu'est l'écriture ne se sépare pas de la rhétoricité. Le texte autobiographique et le texte de l'autobiographie fictive montrent que le report de l'écriture et de son témoignage sur une identité d'auteur attestée ou sur une identité fictive font lire la situation du scripteur et de sa *persona*[50] suivant ces mêmes jeux de continuité, de totalisation, de distance, alors même que le rapport du texte à ses déterminants est explicitement donné.

IV. TEXTE, HETEROGENE, EFFET DE TEXTE

Tout ce qui se dit à propos du texte, de la notation de l'hétérogène à celle de l'effet de l'hétérogène, revient à marquer que le texte est cela qui ne se laisse pas mouvoir, qui ne cesse d'élaborer une distance présentante. La notion de texte invite ici à lire les paradoxes que font retenir écriture, métaphore et récit. L'équivoque du texte singulier et du texte général, hors même de l'examen de l'utopie que porte la notation de ce dernier, est celle d'un message qui n'est pas détruit lors même que la stricte lisibilité du code n'est pas assurée. Ce qui se formule encore : les codes seraient ce qui, par le texte singulier et artistique, se particularise ; l'indication de la singularité n'a à ce point qu'une seule pertinence : elle fait moins constater quelque lieu dans le système du texte général qu'elle n'indique qu'il n'est pas concevable que la signification du discours — telle que l'hypothèse en est faite à partir du texte général — recueille tout le sens du dicible. L'hétérogène est ce hiatus même, ce qui suppose l'espacement mobile du discours, et ce qui identifie la fixité du texte au moyen de toujours désigner cet espacement — tout ce qui se dit et son organisation peuvent être à tout moment rapportés à ce point fixe. Le texte singulier fait de la figure avec tout le texte, au moment de l'écriture comme à celui de la lecture ; il faut comprendre qu'il est, en conséquence, toujours temporel et qu'il fait des signes de cela qu'il désigne et qu'il suppose. C'est retrouver la notation du métaphorique : le texte singulier n'est pas l'alogisme du texte général, ni une redescription limitée de ce texte général, où il faudrait voir une apscription du texte général, mais cela qui instruit qu'aucune réalisation linguistique n'abolit son autre et que, partant, la pratique textuelle relève d'une pensée *comme*, et reste une manière de dire spécifiquement et globalement. Soit le mouvement de la particularisation, qui ne cesse de produire de la particularisation, et qui dispose *ab initio* du jeu de l'*agon*. La distance du texte, celle qui fait reconnaître l'hétérogène, et le déplacement temporel ne dessinent pas quelque issue au texte général — ainsi qu'il se dit qu'il n'y a pas d'issue au langage ordinaire — mais instruisent qu'il n'y a rien d'achevé dans ce texte général, et qu'écrire — dans la perspective esthétique, celle qui sait le déplacement temporel et l'inachèvement du texte général, est entreprendre de situer celui-ci en tant qu'il peut être tout texte, de lui donner, lieu, d'organiser la figure des lieux ainsi dessinés, et de traiter de la division. Ecrire comme lire le texte singulier correspond à une obligation de le situer et d'indiquer explicitement de quel *agon* et de quelle division il relève. Le texte général ne peut être déduit que de sa réalisation particulière qui n'en est pas un exemple ou un modèle réduit. Faire texte, c'est interroger l'hypothèse du texte général et donner la réalisation des présupposés de cette hypothèse. Rapporter l'identification locale du texte à une identification globale, revient à marquer que le littéraire porte le dessin de la division et des rapports des parties de la division. Il est exclu qu'il y ait un terme au dessin de la division. Il faut répéter : le texte singulier fait figure avec le texte général qui n'est ultimement déductible que de cette figure.

Le littéraire n'est donc pas une anomalie dans le discours, il n'appelle pas tantôt la notation du code, tantôt sa récusation — en une hésitation entre détermination et négativité. Il place, de manière choisie, l'espace figural à l'intérieur du texte général, et il subsiste, à raison de sa fixité, comme tel espace inaltérable. Constater, comme le notent phénoménologie et herméneutique, un pouvoir d'appel de l'œuvre, revient à marquer que le texte général n'est jamais à sa place. Dire qu'il y a quelque chose à lire : noter qu'il y a un objet endoscopique, donc construit, donc maîtrisé, qui fait voir l'exposition intérieure du texte général. Texte singulier, texte général : le texte est toujours en train de se faire. Par quoi, toute langue est une écriture, et tout code l'avenir d'une syntaxe et d'une rhétorique, ou, selon le mot de Barthes, la «cursivité du discontinu»[51], c'est-à-dire non pas suivant un mouvement d'effacer le message, de rompre le code, mais selon le jeu des divisions et de leurs rapports — l'illisible de l'hétérogène n'est qu'un sur-lisible, comme la rhétorique est une surdétermination qui est la mémoire des partages de la langue. Ecrire, c'est donc poursuivre la définition du texte général et découvrir que cette définition commence là où cesse l'identification du texte global comme simple legs de lui-même. L'hypothèse sémiotique et systémique à la fois rend compte et fait un reste du texte littéraire. Conclusion inévitable : le singulier ne peut être la maîtrise du système ni la réduction au système. Inversement, il peut être dit qu'il y a, dans le texte singulier, une manière de marche dévorante — écriture et lecture — : il se fait, dans sa série, l'historique et le temps du texte général. Passer les limites des partages typologiques est sans doute les apparenter, ainsi que le note Iouri Lotman, mais c'est aussi procéder par une accumulation de désinvestissements — soit donner le texte singulier pour une manière d'infini, et caractériser l'écriture et la lecture par une manière de retour obstiné sur la division, sur ce par rapport à quoi elles font distance, leur champ commun dont la seule figure disponible est cet infini du texte singulier. Paradoxe : cela commande de sur-individualiser la forme ou bien de l'abolir — suresthétisation ou art minimal. Il y a là deux façons de jouer de la minorité de l'écriture et de faire du texte singulier un adjectif du texte général. Bien des choses s'inversent ici : la notion de texte artistique est usuellement le moyen d'indiquer l'altérité de l'œuvre — dans l'actualité, dans l'Histoire, relativement à la disposition du texte général. Il peut être marqué : l'œuvre, ce qui permet de dire tout autre, dès lors que le texte est une façon de placer le texte général. On souligne à nouveau le jeu de la décontextualisation et de l'autocontextualisation.

Il y a ainsi, dans les théories littéraires contemporaines, des hésitations exemplaires. Dire l'intertextualité équivaut à dire soit une intertextualité restreinte — celle dont Gérard Genette a donné une typologie —, soit une intertextualité générale — celle que J. Kristeva a tiré de sa lecture de Bakhtine, celle qui se déduit, chez Derrida, du concept d'écriture —, encore indissociable de cette intertextualité infinie que notent J. Culler[52], H. Bloom[53], M. Riffaterre. On vient à l'équivoque du texte singulier et du hors-texte, à la totation de l'identité continue du littéraire, pour noter que l'intertextualité s'apparente au *family text*, à une isotopie sémantique, ou à l'idéologique, ou pour estimer, du point de vue de l'esthétique de la réception, que l'intertextualité n'est qu'un jeu limité à partir du constat de l'altérité de l'œuvre — «... le lecteur, dans les termes de Jauss, doit nier les caractéristiques du texte singulier en *tant* qu'œuvre, afin qu'il puisse jouer du charme d'un jeu continu et dont les règles sont connues et les surprises encore inconnues»[54]. Soient autant de façons de définir un événement, une distance, et une détermination, et de faire de l'événement un tout en lui-même, de la détermination ce qui est reportable sur ce tout, et de la distance le simple jeu de la détermination à ce tout. On sait aussi les paradoxes auxquels conduit un essai de définition relationnelle de l'œuvre littéraire. Iser dit une perspective à partir du lecteur et une perspective à partir du texte, un point de vue qui peut être extérieur et intérieur au texte, une œuvre définissable spatialement et cependant appréhendable temporellement. La notation du blanc n'est que façon d'articuler ces données contraires. Il faut reconnaître là plus que les incertitudes de l'herméneutique littéraire : l'inconséquence d'une approche de l'œuvre comme autre, qui n'exclut pas la considération de l'œuvre elle-même — comme si elle était disponible suivant son identité plénière. Telle critique marxiste de l'idéologie du littéraire marque qu'il n'y a de perception de l'œuvre comme autre que par l'effet de sujet qu'elle suscite et grâce auquel elle ne cesse de parler au lecteur. C'est ici implicitement marquer une contradiction interne des thèses d'Iser. Celles-ci entendent défaire l'opposition stricte du discours ordinaire et du discours littéraire, et échapper au jeu de la norme et du hors-norme; mais elles n'excluent pas la lecture ambivalente de la clôture de l'œuvre : la clôture fait de l'œuvre cet *autre*, à la fois la sépare et la définit comme redondante relativement à ce à quoi elle peut se rapporter. En termes de lecture, c'est ignorer que l'acte de lire consiste à «procéder à une articulation différente à partir d'une même chaîne linguistique»[55] et que la loi de la lecture ne peut être que la loi de sa série. En termes de création et d'écriture, c'est laisser incertain le statut de l'*individuel* — si ce n'est à conclure, dans une perspective performative stricte, que l'individu est responsable de l'écriture comme du sens, et qu'il est l'occasion de leur événement — où il faudrait revenir à telle critique de l'idéologie du littéraire et à l'*effet de sujet* que celle-ci suppose.

Les thèses relatives à la *famille* que constituent les textes procèdent d'une notation inévitable : il y a dans le concevoir comme dans le percevoir l'impossibilité d'unifier et de déterminer complètement l'objet considéré. Cela n'exclut pas et même commande la quête de la *recognition* qui ne peut aller que par analogie ; cela entraîne que toute conception et toute perception sont ainsi conservation de tout ce qui a été perçu et conçu — l'hypothèse de leur champ commun est obligée. Cela fait encore entendre que toute pensée et toute perception sont encore irrésolution, attente et demande de perception et de conception. Dire le report obligé du singulier sur quelque détermination globale revient à mal lire ce qu'il y a de commun dans cette demande qui fait à la fois la poursuite de l'écriture, et de l'écriture une réécriture dans la mesure où elle ne cesse de répondre à l'insuffisance et la dérobade de l'écriture antécédente. Il ne faut donc pas dire — ce à quoi revient la notation de l'altérité — le face au texte et le texte face au texte, pour conclure à un jeu d'inclusion ou de reprise, mais le différend que portent les textes, le texte général, en eux-mêmes, et par quoi ils n'ont pas de fin — inachèvement du processus scripturaire, du processus de textualisation, infini temporel du constat du texte fixé. Cette nécessité de la poursuite *analogique* dit le texte comme la continuation du texte général, et celui-ci, par sa généralité, comme l'inévitable d'une défocalisation — celle-ci marque l'impossibilité d'unifier. L'intertextualité : dans l'hypothèse du contrôle de l'écriture, elle est restreinte ; dans l'hypothèse de l'actualité de l'écriture, elle est dite générale, c'est-à-dire effet de l'échec à déterminer et à unifier complètement l'objet considéré ; elle marque moins alors quelque loi du texte, que ce par quoi le texte général n'échappe pas à l'impossibilité de toute unification. Dire le blanc de l'œuvre, ce n'est que façon de justifier l'incomplétude de la lecture : l'œuvre invite à penser sans fin parce que, dans sa forme et dans sa réalisation textuelle, aucun calcul ne peut mettre un terme à l'*analogie*. De l'herméneutique, il se note que rien ne peut se conclure dans le temps, pas même la lettre morte, et qu'il doit moins se dire la continuité de l'interprétation — de la tradition —, la possibilité du consensus esthétique, que cette propriété d'interfaçage qu'a tout témoin littéraire, dans l'incomplétude de ce qui s'est écrit, s'écrit, et du lire. On touche ici à la contradiction banale de toute approche de l'œuvre comme autre : pour la figurer, il faut l'identifier, et cela est geste contradictoire. Soit donc renverser la perspective : le texte littéraire n'est l'autre de rien, mais une dyschronie et un inachèvement d'orientation, dans le moment même de sa composition. Cela entraîne de ne pas considérer le littéraire ni sa continuité sous le signe de la négativité mais sous celui du passage — il est cela qui ne cesse de répondre à la demande que porte l'inachèvement obligé de l'expérience de la synthèse. L'enchaînement textuel et celui de la lecture ne relèvent pas tant d'une expression explicite du jeu de la question et de la réponse, ainsi que le suggère Hans Robert Jauss, que d'une réécriture et d'une relecture, appelés par le mouvement de s'excéder : écriture et lecture constituent une réponse moins à une question expresse qu'à tout le scripturaire qui advient, qui est advenu — celui-ci est manifestement sans fin, et question par la demande de faire suite dont il a témoigné, dont il témoigne.

Le texte, lettre morte, figement, est le point fixe, signe de l'incomplétude qui l'a commandé, et l'objet de ce mouvement incomplet de perception. Il n'y a à dire ni partage de l'objectif et du subjectif, ni accord par quelque reconnaissance dans le temps, — ce qui serait ici revenir à une manière de *nature* des signes, et là supposer, pour que le sujet appréhende l'objet, une allégorisation du littéraire en termes de répertoire et d'explicite — présenter, réformer le répertoire symbolique. Il doit être dit simplement la propriété de l'écrit en lui-même qui ne peut être ni sa propre clôture, ni le moyen d'une clôture conceptuelle ou perceptive. C'est marquer qu'il sait qu'il va par proximité à son objet, aux autres témoins scripturaires, sans venir à aucune concordance. C'est définir nouvellement la situation de l'écrivain ; il n'est pas nécessaire de caractériser le lecteur comme celui qui s'inscrit ultimement dans la tradition, comme le répondant. Ecrivain et lecteur trouvent place, situation, dans ce mouvement et ce réenchaînement qu'ils suscitent. On redit la contextualisation de l'agent littéraire même. On reformule la décontextualisation de l'objet littéraire. Il est assuré qu'il ne peut être marqué une concordance du littéraire ni en lui-même ni à son occasion — la concordance supposerait qu'il puisse y avoir une parole définitive. Le littéraire porte cependant une manière de décision paradoxale : il dispose son inachèvement parce qu'il le sait obligé, en même temps qu'il ne prend pas de décision relativement à la pertinence du discours qu'il tient. Il construit ainsi la ressemblance de ses témoins qu'il caractérise par le défaut de concordance achevée et la possibiité d'une concordance partielle avec leur occasion et avec leur objet. Il dit ainsi l'alliance du littéraire au littéraire — le texte, les textes — par l'ajointement et la continuation de ses demi-fictions[56]. Il expose sa forme et la forme des formes dans la mesure où il n'y a pas d'achèvement possible de la nomination, et où il se donne pour la seule réalisation possible du composite — démembrement de ce que seraient les nominations achevées. Il faut revenir au rhétorique et au métaphorique. L'identification du littéraire au figuré traduit moins quelque écart au discours non littéraire que la pertinence du rhétorique et du métaphorique : tirer de l'inachèvement de la nomination un jeu de dénomination — le mensonge rhétorique —, qui ne répète pas tant l'impossibilité de conclure, comme le note le déconstructionnisme, qu'il ne présente le calcul sémantique de la textualisation — de la continuation des nominations inachevées. Le texte : l'absence de maîtrise sur sa propre situation ; la cohérence de sa propre déformation. La présomption de communicabilité, dont il ne se distingue pas, se confond avec celle de la lisibilité ; elle a pour condition la demande de poursuivre — où se reconnaît la question que pose tout inachèvement, et appelle le figuré qui est réponse constante à cette question par la coordination qu'il dessine. En tant qu'elle fait texte, l'écriture prend en charge sa propre finitude et se donne une pertinence.

Le littéraire ne peut être dit texte *systématique* que dans la mesure où est supposé l'accomplissement de chacun de ses témoins, et où est ignoré ce qui le motive, la demande de poursuivre. Il peut être dit texte dans la mesure où toute réalisation scripturaire suppose l'inachèvement du témoin antécédent, son propre inachèvement, et l'exigence d'un nouveau témoin. C'est définir le texte comme un événement[57] — ce à quoi revient toute reconnaissance de la demande et de la question, et le donner pour répondant de tout exercice linguistique inachevé. Il importe moins de marquer ici le rapport des codes, l'inadéquation de ces codes qu'il peut faire apparaître, que l'exposition des codes que suscitent le texte-événement et sa continuité : le code devient un fait, posé dans l'inachèvement du scripturaire, et mis en scène dans sa facticité — c'est ainsi qu'il faut comprendre le *scriptible* de Roland Barthes. Ou encore : cela qui commande le stéréotype rejoint l'image, l'imagerie, dans l'ambivalence de son propre fini et de la question de toute écriture. L'hétérogène : cela qui place le code, cela qui le pose, parce qu'il le répète. La répétition est pratique rhétorique, et, par cette pose, déplacement. Le rhétorique fait du code une condition de l'élaboration du texte et, en même temps, une occurence dans le texte. Le déterminant du littéraire est à la fois déterminant, instrument et question textuelle. Il apparaît, dans sa réalisation littéraire, comme l'interface du texte, du contexte et du texte général. Il fait du texte l'occurence du contexte, du texte général. Dire l'intertextualité générale et restreinte revient à marquer le jeu rhétorique de la répétition qui fait du déterminant le moyen d'une formalisation, d'une occurrence, et du dessin d'un réseau. L'inachèvement instruit que, dans cette élaboration, le temps doit toujours être donné : par là, quelque chose arrive à partir du medium et du milieu que constituent les témoins scripturaires. L'hétérogène et l'occasionnel se lisent finalement comme le rhétorique même : si celui-ci est construction paradoxale de la proximité sémantique, il équivaut à jouer du partage que les choses et les mots, les mots et les mots ont entre eux — dès lors qu'ils sont différents. Roland

Barthes a donné la fable *picturale* du texte[58]. Lire Arcimboldo, c'est lire, suivant un aller et retour, des formes simples, leurs agrégats et la forme d'ensemble, selon une discontinuité de ces formes puisqu'elles ne sont pas en elles-mêmes ressemblantes. Chacune de ces formes constitue une forme déléguée des formes visibles et de l'ensemble, sans qu'aucun lien de nécessité ni aucune loi de départ ne soient explicitement donnés. Le paradoxe extrême devient explicite : ces formes simples renvoient à ce qu'elles ne sont pas — ni la forme d'ensemble, ni la forme la plus proche, mais à cela — la liaison et la possibilité de composition — qui n'est pas explicitement dit par le contexte. Il faut reconnaître, en termes relatifs à l'écriture, la fable de la prévalence du discours sur le mot et celle de la transaction qu'est, de fait, le composite. Le composite répète les déterminants et en fait cette imagerie qui entre dans la transaction du texte. Cette imagerie est bien donnée pour elle-même ; elle apparaît issue du démembrement de la figure d'ensemble — le texte —, où se lit la prédication de cet ensemble. Identifier rhétorique et texte, c'est désigner l'état des formes qui font forme, des mots qui font phrase, et définir une double prédication : celle du *texte* (celle de la forme) par lui-même — l'ensemble se différencie et se répète hors de la stricte ressemblance, dans les parties ; celle de *cela que désigne le texte* (la forme), soit du déterminant même.

Il n'y a donc pas de droit qui commande finalement le texte. Il ne se lit pas nécessairement dans ce constat un retour obligé à la *performance* et aux équivoques d'un simulacre général, produit d'une répétition définie comme une réitération. Le problème de l'occasionnel n'est pas celui du rapport de l'ordre et du hasard (Foucault), ni de celui de l'ordre qui produirait l'occasionnel (I. Lotman), ni celui de la synthèse du symbolique (Kristeva) ou du discursif (Bakhtine) qu'il porterait toujours et qui ferait de lui une réalisation à la fois ponctuelle et globale, mais celui de son incommensurabilité — le paradoxe des approches déterminantes de l'occasionnel reste qu'elles entendent mesurer les rapports de l'occasionnel au déterminant alors que seuls ces rapports peuvent donner la mesure. Il faut reconnaître un *inconvenant* du texte et ne pas conclure au hors-norme. Cela pourrait se dire du discours relativement à la langue : celle-ci est inaudible hors de tout discours. Par quoi, le texte et le rhétorique se réinterprètent : dans les mouvements qu'ils occasionnent, ils donnent à voir la raison du dispositif qui les détermine. Les conséquences de ces notations sont d'importance pour la définition d'un *monde du texte*. On sait les équivoques de ce thème : monde du texte en lui-même ; monde auquel réfère le texte ; intentionalité esthétique et propriété de l'imaginaire de la référence. C'est rappeler les interrogations sur le *reflet*, sur l'*effet* de texte, sur l'identité du littéraire. Il se conclut cependant que le texte est, dans son élaboration, empirique — cela qui est une des justifications de l'usage de la rhétorique —, et une manière d'action — placer l'instrument, faire du moyen une citation ou une représentation —, et l'obligation d'une action — la lecture ne peut aller que selon le démembrement de la forme d'ensemble dans le démembrement des formes agrégées. Cette action appelle la figure de l'action, lisible dans le composite et la composition rhétoriques. Ceux-ci enseignent que, dans le texte, rien n'épuise les identités compositionnelles. La rhétorique apparaît comme le moyen de dessiner toutes les filiations alors qu'elle relativise toutes les identités. Elle ne fait discerner aucune légalité ; elle se donne pour une action symbolique : elle n'est que le langage, que l'interprétation ; elle fait de la consécution des identités que le texte propose, le dialogue même des identités, articulées selon un lieu, un agent, un agir — comme le note Kenneth Burke, suivant une dramaturgie. C'est lire le *muthos* comme un tel jeu et reprendre l'équivoque temporelle du récit dans le dessin d'une communauté de temps qui est le fond des recompositions par conjonction et disjonction, identifier le monde du texte à un monde de traductibilité interne — lisible, en lui-même, suivant l'interprétance de Peirce, et selon la supposée correspondance des signes parce qu'ils deviennent signes de signes. Kenneth Burke marque une dramaturgie parce que ce mouvement, qui ne défait aucune identité, va par oppositions, — il ne peut y avoir de rapports réglés des identités[59]. La dramaturgie est encore l'installation de la scène — du lieu de la composition. Le texte est à lui-même ses propres animation et composition. S'il y a action rhétorique, elle a pour finalité de dessiner un champ sémantique commun à ces identités qui doivent rester distinctes. Elle n'est jamais, dans la figure de la répétition, répétition d'elle-même : elles dessine ce qui passe les identités, les transcende, suivant le terme de Kenneth Burke, en même temps qu'elle établit les conditions d'une nouvelle assertion des identités. La textualité fixe ainsi l'arbitraire de la communication, hors de l'indication explicite de la *persuasio* ou de celle de l'échange destinateur-destinataire, et dans le dessin de la fonction de la rhéoricité — placer les identités dans un jeu de traductibilité et marquer la liberté de ces identités les unes face aux autres. C'est retrouver la pertinence du métaphorique, et désigner le monde de l'œuvre comme une manière de *totalité symbolique*, non pas réalisation de quelque ensemble symbolique, mais exposé de cette unité de la disparate, qui ne possède pas cependant le mot de l'unité — soit le paradoxe rhétorique. Les codes peuvent être cités : ils viennent à ce jeu des identités. Ils restent sans autorité : une telle autorité, en un tel recueil, équivaudrait au constat d'un langage fini qui serait l'interprétant de tous les autres langages — la négation même de l'inévitable de la rhétorique. Le constat des déterminations sémio-sémantiques du texte va contre les évidences et les présupposés que portent les mots et les symboles. Textualisation, monde de l'œuvre : faire des déterminants un nœud de circonstances, faire que toute mémoire soit jouée par les circonstances ; donner le rhétorique pour moyen de décrire toute identité dans le jeu des circonstances.

Il ne faut pas dire qu'il est ainsi agi contre un ordre, mais que tout dessin de l'ordre — l'agencement local que constitue le texte — a pour lieu tous les autres ordres. Soit la seule loi de constitution du texte : dicible, comme l'indique Kenneth Burke, par le paradoxe de la notion de constitution — il n'est pas de texte fondateur d'une pratique de communication, et tout texte, ainsi constitutionnel, ne vaut que dans la mesure où il assure la traductibilité, soit d'abord la proximité des identités. On défait ici deux approches de l'herméneutique littéraire. Celle qui identifie le rhétorique à un contre-ordre et lit tout texte comme fondateur. Celle qui identifie le même rhétorique à la lettre de la question et lui prête une fonction d'exhaussement de la question. Soit ici Hans Robert Jauss, et là Michel de Certeau[60]. Là, on dit une nouvelle fois, le rhétorique comme l'impropre et comme jeu dans le lieu de l'autre. Ici, on tient pour la propriété littérale du figuré — la question rhétorique doit s'entendre expressément, elle est ultimement adresse. C'est vouloir dire que le texte se récupère contre toute *fallacy*, contre tout mensonge — celui de l'ordre, celui de la rhétorique. Et partant, refuser l'*effet* de la citation des identités déterminantes. Or celles-ci ne deviennent question et le texte *occasion* que parce qu'elles sont là pour elles-mêmes, et réciprocités dans le texte même. Hors de ce constat, on tient qu'il n'y a d'écriture et de lecture que *propositionnelles*, c'est-à-dire pratiques littéraires normatives et appels de réponses explicites — distinguer et placer des identités. Par ce constat, on marque encore ce qu'ignore le déconstructionnisme : «il y a une figuration, certes minimale, qui se définit par l'unification du texte comme texte»[61]. La récusation mutuelle du métaphorique et du métonymique ne peut exclure que le texte fasse subsister la proximité de ses inconciliables. Le monde du texte se lit comme la représentation de ces inconciliables les uns auprès des autres, — soit les différencier et leur donner une manière de réel commun, le texte qui fait par là-même monde, et qui se construit sur des systèmes de base différente. Le texte récuse, sans doute, la notation de ses conditions d'objectivation, mais, par la non-convergence de ses contenus propositionnels, il dessine un huis-clos, celui des conditions de son argumentation, — la régulation d'une somme de données symboliques. L'hétérogène de la peinture d'Arcimboldo fait forme. Somme sans sommation. Il faut revenir aux composantes et aux déterminations de l'hétérogène : cela que reprend le texte, échappe à sa propre logique et à ses conditions de validation. Noter le texte comme l'occasionnel (comme le mot, dit Iouri Lotman) le désigne à la fois moyen de méta-communication — l'hétérogène est le moyen de l'objectivation de tous les identités et déterminants considérés — et cela dont rien ne peut être déduit — il exclut que les identités qu'il recueille soient considérées comme des organisations à partir desquelles peuvent se déduire des œuvres et s'intégrer d'autres identités. Cela se reformule : le texte est un événement et un monde.

Il faut comprendre d'une part : le texte produit sa propre forme ; il est une manière de substantialité accomplie, surgie par calcul et comme par impossible. L'action rhétorique fait du texte le passage des identités et leur famille improbable — la leçon que Barthes tire de la peinture d'Arcimboldo. Il faut comprendre d'autre part : le texte produit son monde de référence, celui qui s'identifie au champ commun du rhétorique. L'action rhétorique fait doublement leçon : aucun discours ne peut se tenir pour non composable à un autre discours ; aucun discours ne peut se tenir pour affranchi d'une relation d'exclusion à d'autres discours. L'hypothèse du texte général peut se réinterpréter : hypothèse du tableau sur lequel sont prélevées les identités ; hypothèse du tableau, qu'appelle la constitution du texte singulier qui suppose un nouveau jeu de composition. L'hypothèse d'une commune mesure reste obligée. C'est entrer dans les ultimes équivoques de la notion de texte. La notation de l'action rhétorique enseigne que l'*effet de texte* est toujours un effet de synthèse, qu'il soit considéré du point de vue de l'écriture ou du point de vue de la lecture. Ecriture : l'hétérogène qui fait forme ; la forme singulière qui appelle le rapport à d'autres formes et à d'autres discours. L'analyse de cet effet, inévitable, peut prendre trois voies : considérer l'événement-texte pour lui-même ; marquer en quoi les moyens de synthèse du texte sont, *ipso facto*, les moyens identifiables et appréhendables par le lecteur ; indiquer la pertinence de l'effet de synthèse au regard du lecteur.

Considérer l'événement-texte en lui-même revient à l'hypothèse d'une constante lisibilité, et à définir l'effet de synthèse comme la conséquence du fait que le texte ne se rattache qu'à son propre reflet qui ne se rattache qu'à lui. Le texte est la condition de l'expérience qu'il suscite et il est cette expérience. Il se donne donc comme un moment et un moyen de libération face à la détermination en dehors. Reconnaître le texte, c'est ici reconnaître qu'on ne peut occulter son altérité et identifier doublement l'hétérogène : il touche à l'inimaginable ; dans le moment de la lecture, il fait du dehors sa propre dépendance. L'interprétation extrême de ce texte-événement est celle de la fiction qui se soutient elle-même, et qui exclut que persiste la domination du monde objectif. Le texte est ici retournement de la puissance du dehors, puisqu'il peut faire relire, grâce à cette fiction, tout ce qui est donné pour discours du réel. La généralisation de la notion de fictif, dans la critique contemporaine, a sans doute partie liée à la notion d'écriture et aux équivoques de l'identification de l'autonomie du littéraire; elle marque plus essentiellement que le texte, en lui-même, est ce monde irrécusable parce qu'il échappe, par la décontextualisation, à tout procédé de véridiction. C'est, au fond, souligner l'unicité du texte et l'impossibilité de rapporter son univers à un autre univers, conclure qu'il peut y avoir intention, sens, mais que cela n'engage ni la relation référentielle, ni une systématique de la signification. Et finalement définir le texte-événement comme un univers de croyance, directement déchiffrable. Ces conclusions supposent d'ignorer les rapports qui sont usuellement établis entre marques formelles du texte et statut du texte, pour généraliser quelques conclusions que propose K. Hamburger[62] à propos du récit fictif, et reviendraient à dire que le littéraire ne disposerait jamais de sujet d'énonciation réel. En d'autres termes, il est exclu de remonter de l'énoncé au sujet, et également de dire le rapport du sujet à ce qu'il énonce. La littérature n'est que l'actualité de ses fictions, et une série de discours hétérogènes, puisqu'ils sont tous discours finis. Dire une telle fiction n'est d'abord que constater la fiction, l'effet de fiction. Celui-ci appelle le constat de la production de l'effet de fiction, en un retour sur les conditions rhétoriques du fictif, et fait conclure sur une double équivoque : tantôt prétendre que la référence du texte est *interne*, mais cela ne peut récuser que la fiction se donne pour *existante*, — ce que marquent les thèses de N. Goodman et de K. Hamburger sur la fiction —, tantôt noter que la prise en charge de ce qui est dit est feinte, et placer la lecture du texte sous le signe de l'ironie, où il faudrait reconnaître l'indice de l'émancipation de la fiction, et la réduction du rhétorique à un procédé de singularisation du texte suivant un jeu indécidable de pertinence.

Inversement, les hypothèses relatives à un effet de texte, identifiable par le lecteur, et qui impliquent que le texte soit une objectivité maîtrisable, viennent directement ou indirectement à une pragmatique. La question est, de fait, double : celle de l'identification, celle de la maîtrise. En termes de pragmatique, elle suppose toujours la généralité du concept de fiction, lui-même indissociable des transgressions pragmatiques et sémantiques identifiables, et acceptables dès lors qu'elles n'entraînent aucune sanction. L'effet de texte se confond avec la récusation de l'effet pratique. Suiant les genres, on peut ainsi distinguer comme l'a fait Harold Fricke dans une reprise de la théorie des pseudo-assertions et de la sémantique des mondes possibles, texte poétique, texte dramatique, texte narratif. Il peut être dit la déviation poétique comme une rupture pragmatique — limitée en ce qu'elle rompt la contrainte pragmatique, sans cependant aller jusqu'à susciter la non-réception; l'indication même de cette rupture et de ce défaut de sanction ne se distinguent pas d'une fonction positive de la *déviation* : elle établit un rapport sémantique qui ne pourrait pas l'être autrement, par les jeux de similarité, d'opposition, etc., que présente le texte[63]. C'est redire celui-ci comme un système d'équivalences, et marquer que le texte acquiert une fonction externe par là-même — à savoir, reconnaître ici le pouvoir rhétorique, construire une forme de reconnaissance avec du descriptif. Dans le théâtre, la déviation pragmatique ne porte pas sur les conventions locutoires et illocutoires, mais sur l'ensemble même des rapports entre les mots et les situations dans lesquelles ils sont proférés : le discours est présenté sans médiation et sans référence à une situation actuelle. C'est de fait dire la privation de dénotatif, et assimiler la rupture pragmatique du théâtre à la répétition rhétorique et à l'autocontextualisation qu'elle suscite. Le mode du récit est le mode assertif, celui du langage ordinaire. Mais le récit ne peut attribuer de référence explicite — faute qu'il dispose des moyens de sa légitimation en termes de vérité. Soit la définition d'une représentation qui ne représente rien dans la réalité. Il reste remarquable que l'accomplissement de la déviation devienne notable lorsque les moyens rhétoriques utilisés ont une portée globale sur le texte : la déviation poétique est une détermination de l'ensemble du texte ; la déviation narrative n'exclut pas la cohésion du tout narratif, même si la fin en est par ailleurs inconséquente.

Il se conclut constamment à un jeu de décontextualisation qui a pour moyen une disposition rhétorique et pour condition une dissimulation initiale — celle de ce qui serait le sens disponible, de l'auteur, de l'agent dramatique —, qui ne se distingue pas d'un jeu distance. L'identification du texte est donc une identification suivant une pertinence du rhétorique : celui-ci exclut d'identifier texte et *persuasio*, ainsi qu'il récuse toute maîtrise du texte sur sa situation. L'identifiable du texte est par une adresse paradoxale — celle que définit la déviance sémantique ou pragmatique : elle suppose que le langage s'interpose entre ce qu'il entend dire ou nommer. Cette interposition — celui qui écrit se trouve captif du moyen même, de la médiation — caractérise l'adresse textuelle par une manière de mime : celui de toute interaction et, par là, de toute composition. La distance du narratif : celle même qui rappelle et appelle l'initiative de parole par laquelle le discours dit sa dénotation ou son absence de dénotation. Le défaut de situation et l'imitation-répétition du drame :

cela qui appelle et rappelle l'écoute du / le regard sur le signifiant et qui, par là, suppose la constitution du sujet regardant, écoutant, et qui doit avoir peur, prendre plaisir, rire...[64]. La rupture sémantique de la poésie : cela qui fait regarder le signifiant suivant le jeu des équivalences et qui constitue le sujet qui doit construire le cadre qui assurera la perception de ces équivalences. Par sa déviance, par la rhétoricité, le texte est toujours relatif — il commande la formalisation de la situation d'énonciation, d'écriture, que peut supposer son énoncé. Par là sont l'identification et l'adresse. Et celui qui lit, regarde, écoute, est toujours composable au texte, parce que la distance du dire et du dit est celle de tout discours et de toute interlocution, cela même dont se saisissent le texte et sa déviance. C'est souligner que la fiction n'est pas nécessairement auto-engendrement pour elle-même, mais que la définir dans sa généralité et la tenir pour une constante du littéraire invitent à y lire à la fois l'identité et l'efficace du texte, non sous le signe de l'illusion, de la croyance, ou de la feinte, mais sous celui du dessin du partage même du discours — du dire au dit, du locuteur au destinataire. Soit l'évidence qu'impose la rhétoricité : le dit est un dire puisqu'il est ici, dans le littéraire, la prise en charge explicite de la distance de l'interlocution — de la condition de la déviance de tout discours et, en conséquence, de tout *agon*.

Sur ces points, reste exemplaire telle opposition entre le récit fictif défini comme une représentation qui s'engendre elle-même, et qui devient quasi-machine à lire, c'est-à-dire à voir, et le même récit considéré relativement au modèle communicationnel. C'est toucher directement au rapport de la fable et du sujet, conclure à la vanité ou à l'utilité du sujet, souligner l'inévitable de l'hypothèse du narrateur et assimiler le récit à une feinte d'acte de langage, ou noter des imitations d'assertions référentielles. Outre sa pertinence pour une typologie littéraire, cette rencontre critique enseigne que l'*effet de texte* est double : le sujet lecteur est deux fois passé par le texte — par la fiction, par le jeu communicationnel impliqué —, et que toute lecture est effort pour maîtriser ce débord de l'effet de texte. La narratologie clôt l'effet en montrant quelle est la logique qui commande la déviance pragmatique du récit. Reconnaître le fictif, c'est définir le récit comme une manière de site et d'actualité, un *hic* et *nunc*, qui, par le constat de sa présence, ne suppose pas explicitement celui de la rupture pragmatique. Et suggérer que le texte peut être dit accessible par son système narratif ou par son univers de fiction. Caractériser l'*effet de texte* équivaut à mesurer la pertinence de ce monde auquel il donne accès[65]. Dans l'hypothèse du tableau de la fiction, l'accès à l'univers donné est immédiat, et la pertinence de cet univers celle de sa propre présentation. Ecrire et lire sont à la fois la constitution et la reconnaissance du site de la fiction, sans que la question de la pertinence se pose explicitement puisque l'univers de la fiction est donné pour suffisant par le jeu même de son auto-engendrement et par la rupture pragmatique. C'est finalement rapporter la pertinence de l'effet de texte à un acte donateur de sens — la prégnance du récit résulte de la fonction «objective» du langage, liée à cet acte même, écrire, lire qui réalise du sens. L'hypothèse narratologique et communicationnelle, par le modèle même qu'elle présuppose, établit, d'une part, la distance du texte et, d'autre part, son accessibilité. La pertinence de l'effet de texte est entièrement définie par ce jeu ambivalent. Dans les deux cas, est exclue l'indication des fins référentielles du texte; l'effet n'est définissable que par la captation que réalisent l'acte d'écrire ou la feinte d'un acte de langage. Les deux thèses ont pour condition un présupposé commun : le texte singulier est à lui-même son propre événement et son jeu de captation; il n'appelle ni la comparaison des captations de divers textes, ni celle des univers de ces textes, ni celle du résultat de cette captation aux autres résultats de captation ou aux univers imaginaires du lecteur. L'effet de texte reste assimilé à un strict effet de décontextualisation. Les études de réception mesurent ultimement cet effet en termes de décodage et de recodage de textes singuliers, sans considérer la recontextualisation que suppose la pertinence de l'*effet de texte*.

Lire, dans le texte, la question du texte ou l'articulation du répertoire du texte aux répertoires des lecteurs revient à rapporter l'*effet de texte* à une logique spécifique d'appropriation. C'est permettre d'examiner le problème que définissent le constat de l'*effet de texte* et l'examen du statut et de l'appropriation du seul texte singulier. L'effet de texte est également relatif aux autres effets de texte et aux mondes imaginaires du lecteur, qui peuvent être des mondes d'origine textuelle. On revient ainsi à la notation de l'hétérogénéité des textes, de leurs effets, et de la communauté qu'ils constituent cependant par la rupture pragmatique même. La définition de l'accès au monde du texte — hypothèse du sens donné, hypothèse de la feinte communicationnelle — et de son appropriation n'exclut pas l'examen des rapports entre les *effets* de texte. La mesure de ces rapports peut être établie par renvoi au monde réel et à la logique du sens : les mondes des textes sont tous reconnus et lus par des individus réels et sont référés à une même base — il se marque un écart plus ou moins grand à cette base. Elle peut être considérée suivant les ajouts à cette base[66]. L'effet de texte apparaît triple : suivant la singularité du texte, suivant le rapport à une base donnée pour réelle, suivant l'intertextualité que construisent les rapports des ajouts. Le texte singulier peut alors apparaître comme l'abrégé de ce réseau des effets de texte et des mondes qu'ils constituent. Il a été dit, à partir de ces notations, des théories de la fiction — dans une double perspective : rapports de la fiction et du discours de la fiction au monde réel et au discours ordinaire, rapports des fictions entre elles. Ces problématiques, telles qu'elles sont issues de la logique modale, de la théorie des mondes possibles, de l'ontologie de la fiction, reviennent à tenter de déterminer ce que peut être le lieu commun des fictions qui résultent des *effets* des textes[67]. La conclusion est double : ce lieu commun est le réel même ; il est l'univers, les univers, les fictions mêmes, qui ne peuvent être dissociés cependant de reports intertextuels. On vient ainsi à quelques équivoques : *effet de texte* fait entendre que les textes ont pour ultime enveloppe le réel même, ou les mondes de ces textes corrélés, soit dire que le texte est toujours, à quelque degré, contextuel, par son effet. L'interprétation de cette contextualité par la logique modale, par la théorie des mondes possibles, équivaut à noter la distance du texte, et à dire sa pertinence. C'est indiquer finalement soit le pouvoir du réel, soit celui du symbolique, pouvoirs unificateurs.

Marquer de tels pouvoirs revient à ignorer qu'il y a *effet de texte* parce que le texte indique moins l'espace dans lequel jouerait l'écriture, et reportable sur le réel ou le symbolique, que la disparité qu'impose l'entreprise de parler de quelque chose et de quelque autre, et les voisinages que suscite tout acte de nommer. La fiction est un exercice de dénomination ; elle suppose que le nom n'a jamais été dit. Le texte, dans son effet, est une actualité qui suppose un ici, un maintenant, celui de l'écriture, celui de la lecture. Il faut relire l'opposition entre l'identification du fictif à un acte de langage feint et son assimilation à une feinte d'acte de langage : la première marque un geste de dé-nomination qui n'exclut pas la reconnaissance ; la seconde souligne que la rupture pragmatique est toujours reconnaissance d'un modèle d'acte de langage. Soit à dire qu'il y a toujours identifications de la dénomination et de la rupture pragmatique, par un jeu de mise en situation, celui que permet la reconnaissance. L'effet de texte : cette reconnaissance même ; la corrélation des effets de texte : celle de ces reconnaissances. Le texte est hors de la notation d'une compétence de réceptivité et de son identification à un pseudo-référentiel. L'expérience du langage même, dans le texte et par le texte, va au-delà de la notation de la différence entre les propositions du texte et un état de faits donné. L'effet de texte, par la reconnaissance qu'il suscite, ne doit pas faire conclure à une concrétion du texte, de sa fiction et de son horizon, ni à un retour au constat de la structure comme détermination de cet effet. La pertinence du texte et de sa fiction est celle-même des textes et des fictions les unes par rapport aux autres. S'il peut être dit un horizon des textes, c'est celui de leur communauté par leurs rapports[68].

Le texte, l'hétérogène, vient à son ultime paradoxe. Indiquer l'effet de texte souligne la distance du texte écrit et celle du texte oral. Celui-ci était représentation, participation et en conséquence mimesis, puisqu'il pouvait se donner énonciation continuée. Celui-là, par sa déviance pragmatique, qui est aussi un moyen de son effet, note l'impuissance à construire simultanément la mimesis et la participation. L'ironie doit être lue moins dans l'éventuelle contradiction du texte que dans cette recherche de l'effet qui sait d'abord la rupture pragmatique. Il se conclut : les textes n'ont en commun que d'être différents — il y a autant de textes qu'il y a de pratiques de cette rupture pragmatique et, en conséquence, autant de mondes des textes. Les textes restent donc partagés — ce qui est aussi un enseignement de la rhétoricité —, et, en conséquence, finis, ainsi que le sont les mondes des textes. Dans le cas du texte artistique, le rapport du sujet à ce qu'il énonce et du lecteur à ce qu'il lit, ne serait que rapport à la singularité de l'hétérogène. La question du texte général peut cependant être reformulée : il ne suffit pas de dire la disparate des textes et des univers qu'ils constituent singulièrement ; il ne s'impose pas de conclure à la définition d'une enveloppe de ces textes — ce qui se dirait par une manière de surfiction, ou par son inverse, le référent commun de tous les textes, le monde même et ceux-là qui entreprennent d'écrire et de lire les textes. Dans cette dernière hypothèse, les textes sont encore identifiés, ainsi que l'a suggéré Paul Ricœur, au résultat d'une action et trouvent la propriété ou la pertinence de l'action, spécifiée suivant le jeu du déplacement temporel et selon la décontextualisation du texte. La rupture pragmatique du littéraire doit faire conclure : «De la même manière que le texte libère sa significaton de la tutelle de l'intention mentale, il libère sa référence des limites de sa référence ostentive. Ainsi parlons-nous du ‹monde› de la grâce, non pour désigner ce qu'étaient les situations pour ceux qui les vivaient, mais pour désigner les références non situationnelles qui survivent à l'effacement des précédentes et qui, désormais, s'offrent comme des mondes possibles d'être, comme des dimensions symboliques d'être au monde»[69]. L'action scripturaire est le dessin de ce *possible*, qui fait du symbolique la représentation de la possibilité de toute action, et qui identifie l'écriture à une quasi-utopie. Effacement de l'ironie de l'écrit; unité du littéraire et des textes sous le signe du possible, cette mimesis différée. C'est, de fait, prêter une fonction pragmatique à la rupture pragmatique du littéraire, et prendre la disparité et l'hétérogène des textes dans le liant de la fiction, du possible, du projet humain. Soit identifier le texte singulier, l'ensemble des textes, à un processus.

Le constat de la rupture pragmatique qui caractérise le littéraire dit, de fait, autre chose : il est donné des textes, qui peuvent être considérés comme des versions du monde, mais qui sont aussi le medium des identités des autres textes et de ceux qui reconnaissent les textes. Au regard des notations de l'effacement de la mimesis et de l'inévitable de l'ironie, relativement à la communauté des textes et à la communauté des lecteurs, il se marque alors deux choses : le texte est dans le monde comme une de ces parties[70] — il ne se définit ni par un acte de possession ni par un acte de dépossession, à quoi reviennent les indications de la mimesis et de l'anti-mimesis. Soit à marquer les différences des textes, de ceux qui reconnaissent les textes et à noter également leurs proximités et leurs coexistences. C'est retrouver une indication de la rhétoricité sans aller jusqu'à la conclusion qu'elle commande : il y a les divisions des discours et le champ commun qu'elles impliquent. S'il n'y a pas de sens à parler d'un texte qui serait la totalisation des textes, s'il n'y a pas de sens à simplement relever la pluralité des textes, il peut être dit que les textes ont des rapports et qu'ils ont en commun ces rapports — qu'ils sont, par conséquence, relatifs les uns aux autres. S'il n'y a pas de sens à considérer une communauté des locuteurs, ainsi que la marque la pragmatisation du littéraire, il peut être dit que la communauté est celle des divers rapports à l'objet dépragmatisé, qui, rapports à un même objet, sont rapports entre eux. S'il n'y a pas de sens à parler d'une fiction unique des fictions, ni d'un référent continu des fictions, il peut être noté que les fictions des textes sont, dans le moment de la lettre, du spectacle théâtral, rapports aux fictions des récepteurs, et rapports entre elles. C'est ici reformuler l'interprétance de Peirce, et ajouter finalement deux conclusions possibles : dire ces rapports, qu'on serait obligé de dire à l'infini, revient à rapporter le détail qu'est le texte singulier — et sa fiction singulière — à un bruit de fond, et le rapport devient, tout au plus, un jeu d'écho[71]; dire ces rapports équivaut à reprendre la question de la décontextualisation et de la recontextualisation du littéraire.

Avec *Les Villes invisibles*[72], Italo Calvino a donné la fable de cette contextualisation-recontextualisation. Porter à leur terme les notations de cette fable, invite, d'une part, à faire le constat des différences — ainsi de ces villes qui sont nommées — et, d'autre part, à marquer que le discours sur les villes est son propre jeu de substitutions — c'est-à-dire un mentalisme. N'importent pas ici l'indication de la pertinence ou du défaut de pertinence de ce jeu, ni la conclusion que ce qui s'écrit sur les villes est une falsification et que les villes sont données pour une telle falsification, mais qu'il y a une prégnance spécifique de ce qui se dit des villes. L'indication de la pertinence ou du défaut de pertinence n'importe pas parce que le texte fait du lieu évoqué un lieu par lequel celui, qui écrit et qui lit, est. Le paradoxe de l'hypothèse du constructivisme contextuel reste qu'il pose les identités — les différences — et leurs échanges — ce qui fait dire que tous les lieux sont mélangés et reports sur un *lieu commun*. La rupture pragmatique du littéraire se réinterprète : il y a toujours de la littérature à faire, du texte (récit, poésie) à donner parce que l'idée de système, de définition — ce à quoi équivaut la notation du mentalisme — est insuffisante. *Les Villes invisibles* le disent : le système des villes n'est que celui de leurs échanges et de leur épaisseur, et, dans sa forme, le seul relevé de leurs noms, c'est-à-dire celui des différences. Identifier l'invisibilité, ce n'est qu'identifier qu'il n'y a plus l'objet en face de celui qui parle en sachant le système de ce qu'il dit, parce que cette parole ne porte aucune unité de mesure efficace. Reconnaître les villes, c'est reconnaître le nom qui fait épaisseur et qui appelle son propre développement. Dire devient prédication sur des variables, celles que dessinent les noms parce qu'ils sont pronoms les uns pour les autres. Le texte est en lui-même un tel jeu, et les textes relativement les uns aux autres encore un tel jeu. Celui qui compose le texte, celui qui reconnaît le texte, les textes, sait ce jeu et vient à la corrélation des noms, qu'il compose et qu'il lit sous le signe de la continuité et dans le constat que chaque texte en lui-même et les textes les uns par rapport aux autres sont des compositions de perspective. Une ville peut être dite doublement, ainsi que les villes peuvent être dites doublement les unes par rapports aux autres. Soit le texte dans sa singularité et sa proximité aux autres textes : les textes sont pleinement eux-mêmes, et les divers textes un seul texte suivant le point de vue d'un texte singulier — cela qui commande la situation de celui qui écrit, qui lit, qui écoute.

Dire le texte des textes, le monde des mondes des textes, ce n'est que dire ces diverses situations et ces diverses perspectives de ceux qui écrivent, qui lisent, qui écoutent. Le texte général ne peut être pensé qu'à partir de la limite des textes singuliers : il est la communauté de leurs limites, sans qu'il dessine l'au-delà d'aucune d'entre elles. L'hétérogène se définit par rapport à l'hétérogène ; le littéraire par sa déviance pragmatique qui n'est que la figure choisie de cette limite, et le moyen de rendre composables et pronominaux les divers témoins littéraires. Cette notation commande de conclure que le texte est aussi la donnée du texte : la succession dans le temps des textes différents, et par conséquent, la composition de tous les textes dans le temps — champ commun des différences. Par quoi les textes font monde et ne s'identifient pas tant suivant leur report sur la généralité de l'écriture ou sur l'horizon de l'interprétant que selon cette aptitude à toujours prendre contact avec l'autre texte. C'est indiquer ce qui commande le mouvement de l'écriture et de la lecture, dès lors que celles-ci se savent différentes d'autres écritures et d'autres lectures, et souligner que le résiduel est le composable même.

NOTES

[1] Iouri LOTMAN, *La Structure du texte artistique, op. cit.*, p. 36.
[2] Voir notre article «Deux figurations contemporaines de la lecture, Sartre, Butor», *La Lecture littéraire*, éd. par Michel Picard, Paris, Clancier-Guénaud, 1987.
[3] Voir notre article «Les Synchronies littéraires», *Œuvres et Critiques*, XII, 2, 1987.
[4] Arthur DANTO, *article cité*.
[5] Iouri LOTMAN, *op. cit.*, p. 62.
[6] *Ibid.*, p. 90.

[7] Gilles DELEUZE et Félix GUATTARI, *Kafka, pour une littérature mineure*, Paris, Editions de Minuit, 1975.
[8] Gilles DELEUZE, *Logique du sens, op. cit.*, p. 17.
[9] Iouri LOTMAN, *op. cit.*, p. 366.
[10] Il faut rappeler le chapitre «Parergon», dans Jacques DERRIDA, *La Vérité en peinture, op. cit.*
[11] Les théories intentionnalistes ne peuvent récuser la spécificité de l'objet littéraire.
[12] Per Aage BRANDT, «Remarque à P. Maranda sur la futurologie», dans *Sémiotique en jeu, op. cit.*, p. 138.
[13] Roland BARTHES, *Le Plaisir du texte*, Paris, Editions du Seuil, 1973, p. 59.
[14] Michel MEYER, *La Problématologie, op. cit.*, p. 239.
[15] Philippe SOLLERS, «Ecriture et Révolution», *Théorie d'ensemble*, Paris, Editions du Seuil, 1968, p. 751.
[16] Kenneth BURKE, *The Rhetoric of Religion : Studies in logology*, Boston, Beacon Press, 1961.
Voir notre article, «Kenneth Burke : critique, lecture», *Œuvres et Critiques*, XI, 2, 1986.
[17] Gilles DELEUZE, *Logique du sens, op. cit.*, pp. 21 et *sq.*
[18] Charles GRIVEL, «Les Universaux du texte», *Littérature*, n° 30, mai 1976, pp. 25-50.
[19] Roland BARTHES, *S/Z, op. cit.*
[20] Jacques LEENHARDT, «Modèles littéraires et idéologie dominante», *Littérature*, n° 12, décembre 1973.
[21] E. BALIBAR et P. MACHEREY, «Sur la littérature comme forme idéologique», *Littérature*, n° 13, février 1974.
[22] C'est là une manière de reprendre et de corriger les indications de Iouri Lotman, voir note 9.
[23] C'est retrouver ici le jeu d'auto-contextualisation.
[24] Fiction heuristique; ou fiction symbolique pour l'écrivain.
[25] Charles GRIVEL, «Sémiotique des représentations», dans *Sémiotique en jeu, op. cit.*, p. 197.
[26] Indication de *S/Z, op. cit.*
[27] Fredric JAMESON, *The Political Unconscious, op. cit.*
[28] Jean-François LYOTARD, *L'Inhumain, op. cit.*, pp. 89 et *sq.*
[29] Paul DE MAN, *The Rhetoric of Romanticism, op. cit.*, pp. 239 et *sq.*
[30] Cela est très explicite dans l'article de H.R. JAUSS, «Esthétique de la réception et communication littéraire», *article cité*.
[31] C'est l'hypothèse que porte la notion de *texte général*, lorsque n'est pas considérée la rhétoricité.
[32] Fredric JAMESON, *op. cit.*, p. 48.
[33] Nous détournons quelque peu la démonstration de Jean-François Lyotard dans *Le Différend, op. cit.*
[34] Charles GRIVEL, *article cité*, p. 195.
[35] E. BALIBAR et P. MACHEREY, *article cité*.
[36] Nelson GOODMAN, «Realism, Relativism and Reality», *New Literary History*, XV, 2, hiver 1983, et *Ways of Worldmaking*, Indianapolis, Hackett Publishing Company, 1978.
[37] A.J. GREIMAS, «Les actants, les acteurs et les figures», dans *Sémiotique narrative et textuelle, op. cit.*, p. 173.
[38] E. BALIBAR et P. MACHEREY, *article cité*.
[39] Voir Jean BESSIÈRE, «Deux figurations contemporaines de la lecture : Sartre, Butor», *article cité*.
[40] Theodor ADORNO, *Notes sur la littérature, op. cit.*, pp. 306 et *sq.*
[41] Gérard GENETTE, *Palimpsestes*, Paris, Editions du Seuil, 1982.
[42] Michael RIFFATERRE, *Semiotics of Poetry, op. cit.*

[43] Wolfgang ISER, *L'Acte de lecture*, op. cit., pp. 99 et *sq.*
[44] Iouri LOTMAN, «Culture as Collective Intellect and the problem of Artificial Intelligence», *Russian Poetics in Translation*, vol. 6, 1979, pp. 91 et *sq.*
[45] Hayden WHITE, «La Méthode de l'interprétation», *Littérature*, n° 71, octobre 1988.
[46] Paul DE MAN, *Allegories of Reading*, pp. 298 et *sq.*
[47] Hayden WHITE, *Tropics of Discourse*, op. cit.
[48] Gilles DELEUZE, *L'Image-temps*, op. cit., p. 210.
[49] Iouri LOTMAN, op. cit., p. 366.
[50] Concept que nous ne développons pas — ignoré de la critique française, présent dans la critique anglophone à cause de ses antécédents littéraires.
[51] Roland BARTHES, *L'Obvie et l'obtus*, op. cit., p. 199.
[52] Jonathan CULLER, *On Deconstruction : Theory and Criticism after Structuralism*, Ithaca, Cornell University Press, 1981.
[53] Harold BLOOM, *The Anxiety of Influence*, op. cit.
[54] H.R. JAUSS, «The Alterity and Modernity of Medieval literature», *New Literary History*, vol. X, n° 2, hiver 1979, p. 189.
[55] Manfred FRANK, «Qu'est-ce qu'un texte littéraire et que signifie sa compréhension?», *Revue internationale de Philosophie*, n°[s] 162-163, 1987, p. 392.
[56] Voir notre article, «Ecriture et lecture, idéologies contemporaines du littéraire et hypertélie», *Revue des Sciences humaines*, n° 196, 1984-4.
[57] C'est déplacer très largment l'usage de la référence à l'*événement*, telle qu'elle est proposée de Deleuze à Lyotard, et parfois reprise en théorie de la littérature : voir David E. WELLBERY, «Theory of Event : Foucault and Literary Criticism», *Revue internationale de Philosophie*, n°[s] 162-163, 1987, pp. 420-432.
[58] Roland BARTHES, *L'Obvie et l'obtus*, op. cit., pp. 130 et *sq.*
[59] Kenneth BURKE, *A Grammar of Motives*, op. cit., p. 30.
[60] H.R. JAUSS, *Pour une herméneutique littéraire*, Paris, Gallimard, 1988, voir le chapitre «Adam interrogateur».
Michel DE CERTEAU, *L'Invention du quotidien*, T. I, *Arts de faire*, op. cit., pp. 75 et *sq.*
[61] Michel MEYER, *De la Problématologie*, op. cit., p. 254.
[62] Käte HAMBURGER, *Die Logik der Dichtung*, Stuttgart, Ernst Klagg Verlag, 2e éd., 1957.
[63] Harold FRICKE, «Semantics or Pragmatics of Fictionality : Modest Proposal», *Poetics*, 11 (1982), pp. 439-452.
[64] Ce problème vu sous l'aspect de la perspective, Roger FOWLER, «How to see through language : perspective in fiction», *Poetics*, 11 (1982), pp. 213-235.
[65] Sur ces questions en général, voir Thomas PAVEL, *Univers de la fiction*, Paris, Editions du Seuil, 1988. Cela ouvre à la théorie des mondes possibles.
[66] Voir Arthur DANTO, *The Transfiguration of the Commonplace : a Philosophy of Art*, Cambridge, Harvard University Press, 1981.
[67] Il faut renvoyer ici aux reprises, en théorie littéraire, des thèses de Meinong, par exemple Peter VAN INGAWEN, «Creatures of fiction», *American Philosophical Quarterly*, XIV, 1977, pp. 299-308.
[68] Les textes constituent en eux-mêmes un milieu d'interprétation — il faut reformuler ici à la fois l'esthétique et la phénoménologie de la réception et le constat de l'appel à la communauté que porterait le texte singulier.
[69] Paul RICŒUR, *Du texte à l'action*, op. cit., pp. 188-189.
[70] Voir pour ce thème Aldo GARGANI, «Les passages de la raison humaine», *Critique*, n°[s] 452-453, janvier-février 1985, pp. 79 et *sq.*
[71] C'est là une façon de relire une des indications de critique littéraire de la *pensée faible* italienne.
[72] Italo CALVINO, *Le Citta invisibili*, Turin, Einaudi, 1972.

Chapitre V
Raisons du littéraire

I. OBJET LITTERAIRE, RAISONS DE LA LECTURE LITTERAIRE

Lire le littéraire suivant la réversibilité et la dualité, suivant la chronologie qu'indiquent écriture, métaphore, récit, suivant l'échappée à l'opposition d'un fondationnalisme et d'un anti-fondationnalisme, que donne à reconnaître la notion de texte, revient à le dire hors du désenchantement de la raison comme hors de l'antirationalisme. Fixer ainsi les caractéristiques et les pouvoirs de l'écrit résiduel équivaut à marquer la vanité de certaines façons d'interroger le littéraire et à indiquer en quoi il est explicite interrogation. Puisque son autonomie et sa caractérisation ne peuvent être que relatives, son constat est aussi questionnement de ce qui se dit de lui, des principes et des présupposés de ce discours. Retenir l'objet littéraire donne à voir l'impasse de points de vue critiques majeurs, et le définit comme un objet *minimal* : il échappe à tout jeu de l'idée, que celle-ci vienne au négatif de la déconstruction ou au dessin des déterminations que proposent les thèses marxistes, au pouvoir du lecteur, auquel conclut le pragmatisme, ou à celui de l'œuvre et de l'auteur, qu'identifie l'intentionnalisme. Le littéraire est désarmant — il n'est pas rapportable : le définir en lui-même revient à constater un défaut de rapports ; le définir, par son extériorité, par le sens qu'il serait pour son dehors, équivaut à noter l'inconsistance du rapport ainsi suggéré. Le littéraire, approché dans sa différence, laisse vide le lieu du littéraire : noter l'identité du littéraire équivaut à en supposer l'unité et à en constater les divisions, les espaces, les moments, ainsi que les déploiements simultanés d'autres espaces, culturels, économiques. La reconnaissance et l'affirmation de l'objet littéraire tiennent de l'universalisme et ne se distinguent pas de la question du statut de cet objet, qui n'est autre que celui que confèrent la diaspora et l'égalité des œuvres, les lectures, incontestables dès qu'est considéré le régime de l'écriture et la lecture caractérisée suivant une jurisprudence libre. L'objet littéraire est historiquement donné. Il est encore ce que le littéraire ne cesse de se donner à lui-même à l'occasion de la création et de la réception : il est bien évidemment construit — il s'agit ici d'art —, il est aussi quelque chose qui s'ouvre toujours sans que cette ouverture puisse être explicitement et complètement rapportée à la qualité d'objet donné ou à celle d'objet construit. C'est là un symbolique qui possède une aptitude constante à la déhiscence : il peut être à tout moment et en chacun de ses objets excès par rapport à lui-même et relativement à ce qu'il inscrit dans le monde. L'analyse littéraire reste une tentative pour désigner le lieu où le littéraire peut procéder à sa propre saisie. La double voie d'une critique externe et d'une critique immanente identifie ici le littéraire au corps de son propre objet, là à un dehors, assigné tantôt à l'histoire, tantôt au sacré, tantôt à des référents sociologiques, idéologiques... Dans tous les cas, subsiste l'évidence d'une communauté du littéraire — cela-même que suggère la notion de *texte* — qui présente l'articulation de l'universel et de l'historique sur le mode de l'acceptation de la contingence : les œuvres et les lectures sont libres. Ce réel qu'est le littéraire — la série de singularités qui n'offrent pas même leurs doubles bien que des ressemblances puissent être discernées — livre bien évidemment la façon dont il s'institue, mais il ne valide aucune des raisons qui peuvent rendre compte de cette institution qui est auto-institution. Sont alors récusées trois approches : celle qui rapporte l'excès du littéraire à son dehors; celle qui en présuppose la cohérence et l'identifie à un système — celui de l'œuvre, celui des œuvres — et à un jeu d'équilibration; celle qui le traite comme un effet d'autres lieux et d'autres pouvoirs. On vient à une manière de contradiction : le littéraire est certain et il n'est pas représentable. Serait-il représentable ? Il faudrait lui prêter une mémoire explicite qui irait contre son aptitude à l'ouverture. Il faut constater : les objets dits littéraires — ce *dit* reste lui-même variable et proprement une anomalie — concourrent au littéraire.

C'est là marquer un droit paradoxal du littéraire : celui-ci s'énonce et ne relève d'aucune règle ultime. Les règles de l'œuvre, celle des œuvres passées et des œuvres actuelles, celles des lectures, n'ont aucune règle qui leur soit commune. Le littéraire est espace de conflits[1]. Les hypothèses de la théorie de la réception, dans sa perspective phénoménologique comme dans sa perspective herméneutique, sont explicitement celles de ce conflit. Points de vue de l'œuvre, point de vue de l'auteur sont autant de points de vue hétérogènes. L'horizon sur lequel se constitue l'interprétation et qu'elle reconstitue, définit, *de facto*, un déplacement du littéraire. L'hypothèse herméneutique, considérée dans le jeu de l'actualisation phénoménologique du texte ou dans celui de la réduction de la distance historico-temporelle, reste une façon métaphorique de définir la proximité et la disponibilité de l'altérité. Cela peut être dit de tout objet esthétique et de tout objet reconnu comme esthétique : «Transformé en objet esthétique, il rejoint la structure double d'une altérité qui révèle d'une part son être autre (son ‹étrangeté›) et qui se réfère, d'autre part, par sa forme, à autrui, à une conscience disposée à le comprendre»[2]. On indique un pouvoir de réciprocité constant de l'œuvre, encore dicible en termes de *texte* et de *contexte* : «La relation du texte et du contexte a donc le caractère de la réciprocité dans la mesure où les textes intégrés deviennent toujours aussi des signes indiquant comment on doit intervenir par le texte dans son environnement»[3], qui est éventuellement un environnement *déplacé*. Il y a, dans ces hypothèses, d'une part, la notation d'une résistance de l'œuvre au concept — par laquelle l'objet ne cesse d'arriver et peut toujours être tenu pour *in situ*, et, d'autre part, la notation que le littéraire ne reste pensable qu'en termes de continuité. L'hypothèse commune de la phénoménologie de la lecture et de l'esthétique de la réception revient à marquer qu'il n'y a pas de mots de la tribu ou que, s'il y a de tels mots, ils sont, à coup sûr, intercomposables et que le signe dans l'histoire est encore un signe dans le temps. Cette dualité associe l'hypothèse du champ de la communication, rapporté au littéraire, à l'hypothèse d'une autonomie temporelle de ce champ. L'irréductible de l'œuvre au concept, d'où il faut conclure à l'indéfini du discours sur l'œuvre, dit l'imaginaire, synonyme d'une «conceptualité métaphorique»[4], ou saisissable par la seule métaphorisation de ces concepts en jeu dans l'interprétation et dans le code d'interprétation. On désigne une continuité et une singularisatin conceptuelles qui ne peuvent être résumées dans aucun concept unique. Phénoménologie temporelle de la lecture et notation de la continuité temporelle du littéraire soulignent les deux extrêmes auxquelles viennent phénoménologie et esthétique de la réception. Elles apparentent conscience du littéraire et acte de lecture, dessin global du littéraire et permanence de l'acte de lecture et de la conscience du littéraire. Elles défont le constat initial qui commande leurs analyses — la distance des œuvres et des lectures dans l'histoire et de toute actualité face au passé artistique, littéraire —, et disent la continuité que suppose le champ communicationnel, dans la continuité du littéraire et dans celle de l'imaginaire. Sont effacés l'espace de conflit et la dérégulation qu'impliquent la reconnaissance et l'interprétation du littéraire. Le rapport établi par H.R. Jauss entre *épistémê* et champ de la communication, entre changement du statut de la communication et continuité de la communication, permet de qualifier des processus de transformation dans la chaîne de la lecture et de la création, mais il ne rend pas compte de l'assertion de la continuité, ni de la reconnaissance d'une possibilité universelle et transtemporelle de lecture[5]. Le retour explicite au témoin, au résidu scripturaire, que suppose cette thèse de la continuité, commande la notation du paradoxe : la fiction de la continuité du littéraire permet de lire la continuité du temps dans le temps.

L'autonomie du témoin et du signe scripturaire noue les paradoxes de la lecture et de l'usage de la lecture : ce qui appartient à l'histoire — la littérature — est le moyen, temporel, d'analyser l'histoire ; ce qui appartient au passé est à la fois un passé antérieur et un passé au présent ; ce qui permet de lire l'histoire est privé de toute autorité première ; le jeu entre le passé, le passé antérieur et le présent, montre que le constat, *cela a été*, ne contraint pas à l'hypothèse d'une mémoire cohérente — les souvenirs seraient seulement souvenirs d'une genèse. Par ces paradoxes, plusieurs points de la théorie littéraire contemporaine peuvent être reformulés : l'intertextualité est sans doute la parenté interlinguistique et interhistorique des textes, telle qu'elle peut être définie suivant les identifications linguistiques ; elle renvoie plus encore à la transtemporalité inséparable du constat du témoin et de l'acte de lecture. La question de l'autorité ou de la non-autorité du texte, qui redit l'opposition entre l'interprétation littérale et l'interprétation libre, devient vaine, puisque le texte est d'abord échangeur temporel. Plus largement, l'œuvre littéraire et l'ensemble des œuvres littéraires ne tirent leur légitimité ou leur autorité ni du dispositif qu'elles dessinent en elles-mêmes et par leurs corrélations, ni de la contrainte d'interprétation que ce dispositif porterait. Le témoin littéraire ne retrouve pas ici le pouvoir du dispositif narratif du mythe ou du texte tenu pour sacré. Il en résulte que la continuité du littéraire ne suggère aucune continuité syntagmatique qui puisse dire une loi de la lecture ou de la chaîne des œuvres. Tout procède du constat du témoin et de la notation : *cela a été*. L'hypothèse d'un champ de communication universel se confond avec la certitude que la littérature, dans ses témoins, est à la fois un langage entièrement circonscrit à un lieu, un moment, et entièrement traductible parce que le témoin ne parle pas de lui-même et n'expose pas ses règles de traduction, mais qu'il se trouve toujours dans une relation de proximité dès lors qu'il entre dans le jeu temporel de la lecture.

Dire ainsi le pouvoir de la lecture, que porte tout constat de la phénoménologie temporelle de l'œuvre, commande de tenir pour secondaire la question d'un sens du texte — ou de sa capacité de signifier en lui-même, par lui-même, ou relativement à un cadre d'interprétation. Les présupposés de la phénoménologie et de l'esthétique de la réception sont, de fait, ceux de la fixité de l'écart de l'œuvre et de sa mutabilité temporelle. Il faut comprendre : la lettre, sauf accident, est inaltérable — la possibilité-même de sa lisibilité; elle est, dans le temps, ce qui échappe à toute conjoncture et à toute intrigue — elle est, dans sa lisibilité, une manière de matériau. Elle défie toute déduction — c'est pourquoi elle suscite la réinterprétation. Elle est qualifiée, dans la phénoménologie et l'esthétique de la réception, par une esthétique implicite et antécédente : celle de la puissance matérielle du littéraire, qui est un impondérable, et qui invite à identifier les œuvres, les textes, comme autant d'états simultanés et réformables du littéraire. L'hypothèse, que fait H.R. Jauss, de la constance de la reconnaissance du beau pour justifier la notation de la continuité du littéraire, reste équivoque : elle dit la certitude d'une identité esthétique, elle marque encore l'effet de la décontextualisation, du jeu du déplacement temporel. De cette équivoque peut se conclure une proposition : le beau résulte de la disparition de l'effet pragmatique initial, et reste cependant riche d'un pouvoir communicationnel puisque ce texte dépragmatisé est, en lui-même, par son altérité, adresse à autrui. Une remarque reste inévitable : la notation de l'effacement de l'effet pragmatique initial n'exclut pas le maintien de la référence au schéma communicationnel — à l'inscription du texte dans ce qui ne peut être qu'un jeu conceptuel. Par quoi, le littéraire est toujours démontrable. Il convient inversement de tirer des conséquences de la proximité des textes dès lors qu'ils entrent dans le jeu temporel de la lecture. Ce jeu est reconnaissance de la fixité de l'œuvre; il fait de cette fixité la seule identité de l'œuvre. L'identité n'est pas identité conceptualisable, mais définissable suivant l'aptitude à recevoir plusieurs éclairages dans le temps, à être une mutabilité qui désarme toute idée de l'œuvre comme toute idée de lecture. Le littéraire : ce qui fait défaut à toute capacité d'intrigue, et récuse, en conséquence, l'hypothèse de la constance du schéma communicationnel. Il ne faut pas tant dire une continuité du littéraire pour interpréter sa transtemporalité que noter que rien ne s'achève dans le temps — le littéraire : matériau qui ne cesse d'advenir.

Matériau spécifique : il témoigne d'un *faire* plutôt que d'un *agir* : il est objet produit. Phénoménologie et esthétique de la réception supposent la notation du *résiduel* et de son effet; elles ignorent certaines des conséquences de ces suppositions. Indiquer la dépragmatisation revient à marquer l'effacement des horizons *privé* et *public* originels de l'œuvre; les contradictions que formule la phénoménologie de la réception, disposent que le texte échappe à tout jeu intersubjectif, bien qu'il puisse être repris dans un tel jeu. Il y a là une autre manière de dépragmatisation. Il doit se conclure : le littéraire est cette expérience des textes qui donne accès, à travers une double dépragmatisation, au domaine du discours fabriqué[6]. Le jeu temporel de la lecture n'est que le retour constant au constat de l'*ouvré*, c'est-à-dire de l'objectivité de la production discursive humaine, comme il y a l'objectivité des autres productions de la main humaine. La dépragmatisation : le moyen d'entraîner la prévalence du faire sur l'agir, et de déplacer le texte de la logique communicationnelle à celle de la réalisation — qui suscite une objectivité humaine toujours constatable.

Phénoménologie et esthétique de la réception entendent proposer un traitement communicationnel du *différer*. La notation du *différer* est chose banale dans la critique contemporaine. Elle appelle des ontologies négatives de l'écriture, qui récusent l'*agir* et font du constat de la dépragmatisation le moyen d'identifier l'œuvre à un deuil de la présence. On sait la «grammatologie» de Derrida. Deleuze enseigne qu'il n'y a de différence qui ne suppose la répétition. Le paradoxe reste ici que le constat du *différer* et du résiduel a pour condition, dès lors qu'il s'agit d'écriture, que celle-ci soit constatée dans sa matérialité et comme le résultat d'un *faire*. Ce constat de l'écriture est d'abord celui d'une *matérialité passive*, simple objet offert à la perception et occasion de lecture. Ce privilège accordé à la perception est indissociable de la dénonciation d'une technologie de l'écriture — celle-ci conserve, mémorise[7]. Soit à dire que le littéraire ne peut être que son propre événement, et la lecture parmi ces événements — parmi ces états que sont ces événements. Le littéraire, dans ses objets présents et passés, est son propre paysage; il ne cesse d'être opposable au discours ordinaire puisqu'il est une manière de milieu en lui-même. On reformule ici l'intransitivité du poétique; on ne la dissocie pas d'un point de vue implicitement muséal — l'histoire comme musée de la matérialité du littéraire. La pertinence de ces thèses tient à ce que les œuvres sont des objets disponibles et intercomposables, toujours aptes à susciter le déssaisissement conceptuel, et à induire l'obéissance au constat de leur matérialité. Il y a là, de fait, une recaractérisation de l'identité esthétique de l'œuvre — définissable comme le *reste* du *faire*. Cette notation du *reste* ne peut exclure la conscience du *faire* dans la réception de l'œuvre, sauf à ce que la lecture de l'écrit littéraire soit définie comme immédiatement immanente à l'œuvre dans le jeu du constat et de l'obéissance à la matérialité. Hors de cet immanentisme qui commande de noter que l'œuvre et le lecteur sont, dans l'histoire, passibilité réciproque, et de retrouver, lors même que les pouvoirs du sujet sont récusés, l'usuelle définition de l'attitude esthétique par la *contemplatio*, l'inévitable indication de la réalisation d'un *faire* entraîne que lecture et réception se caractérisent comme un jeu subjectif, intersubjectif, et *objectif* dans la mesure où il a pour condition l'objectivité d'un *faire* et la reconnaissance, suivant le terme de Sartre, de l'*ouvré*[8]. Dans son artifice, le littéraire est toujours découvert comme *déjà là, totalisation interne* qui échappe à l'artiste sans se livrer au public. Il faut réinterpréter la rupture pragmatique. Elle peut se lire, ainsi que le suggère Sartre à propos de Flaubert, comme un acte de déréalisation et comme le moyen de défaire l'intersubjectivité et le système de la lecture. Elle peut encore être dite, à partir de la déréalisation et de la défection de l'intersubjectivité, moyen de disposer les mots dans le monde — le faire produit une *facticité*, car le texte se distingue à la fois de la totalité du discours social et de la dénégation de cette totalité. Ce qui se dit encore : la littérature relève du constat, par le lecteur, de l'écrit. Ce constat est notation de l'*ouvré* : celui-ci exclut que le littéraire réponde diachroniquement à aucun concept ; il marque que le littéraire est ainsi toujours objet limité, fini, geste de conversion du sens et dessin circonscrit du processus de fabrication du sens d'un homme — l'écrivain — et d'un moment donnés. Ce constat est aussi notation de la *facticité* : hors d'une idéologie du littéraire, qui fait de l'écriture le négatif du discours commun et hors d'une définition apodictique de la littérature, le littéraire est donnée commune, et elle continue parce qu'elle est, dans sa facticité, objet de lecture arbitraire de chacun et de tous. Par l'*ouvré* et par la *facticité*, le témoin scripturaire fait entendre qu'il n'y a pas d'identité de l'écriture à elle-même alors qu'il y a de l'écrit. Toute écriture est écriture au dehors ; elle n'est donc que de lecture — ce geste qui reconnaît l'*ouvré* et qui sait l'ambivalence de l'écriture qu'atteste la *facticité*. L'écriture est l'aliénation même de la communication sociale et une manière d'interdépendance puisqu'elle est le *pratico-inerte*, donné tel quel, hors de l'agir.

Ouvré et *facticité* : soit une minorité de l'écriture, à la fois idéologique et temporelle. Dans sa minorité, la lettre apparaît affranchie de toute relation transitive avec le réel ; elle est une manière de réel par elle-même, capable de médier toutes les autres lettres et, par là, tous les gestes libres dont elles témoignent. La minorité de la lettre et de l'écriture semble une sorte de résistance et relever d'une idéologie faible. L'ambivalence est notable, ainsi que reste manifeste l'écart entre cette minorité de l'écriture et la pertinence idéologique de l'imaginaire — la lecture que Sartre fait de Flaubert. Il y a un paradoxe de la minorité. Face à la réalité, face aux activités et aux discours des hommes, l'écriture est une sorte de résidu; elle offre cependant le moyen de la construction du jeu négatif de l'imaginaire et du retour de l'œuvre à l'idéologie forte. Par son seul caractère résiduel, elle se définit comme un isolat perceptible; elle ne se place pas hors du champ du discours social — même s'il s'agit d'écriture passée —, mais elle se dit inessentielle, sans fonction propre dans le discours social.

La minorité désigne à la fois l'autarcie de la lettre et le regard que celle-ci appelle : elle fait reconnaître dans l'autarcie l'avenir du regard, puisque cette lettre minoritaire est la médiation la moins falsifiante. Toute réalisation de l'écriture traduit un déclassement et une promesse de l'écriture : celle-ci acquiert une efficace parce qu'elle se situe en marge de la hiérarchie et des mouvements sociaux de l'Histoire; elle reste, grâce à la transparence qui caractérise le résiduel, apte à tout montrer sans rompre son autarcie. La fable de la minorité de l'écriture fixe et une évaluation et une utopie. Elle mesure l'inessentiel de l'écriture face au discours social; elle établit que c'est là le seul moyen qu'ait l'écriture de durer — d'être constamment écrite dans le temps, suivant l'actualité de ce temps. L'écriture est, en elle-même, un futur, elle suppose la critique de tout art qui ne serait pas de cette minorité.

Face à cette minorité de l'écriture, la décision de lire est arbitraire et singulière. Dans le retour du lecteur à lui-même, la lecture devient mime du lecteur par lui-même, hors de toute certitude et de toute vérité et dans la reconnaissance de l'orthopédie du livre, comme le rôle est l'orthopédie de l'expression de l'acteur. La lecture reste toujours *synthèse commune*, sans quoi elle dessinerait la prison du langage et des signes sociaux, sous le pouvoir du lecteur. Dans le constat de l'ouvré et de la facticité, elle est suivant la continuité du témoin du littéraire et la constante synchronie du lecteur et du livre. Elle se confond avec une manière de recommencement — celui de l'apprentissage que commandent l'ouvré et la facticité. Il ne faut plus tant dire la différence herméneutique et la falsification qu'opère la lecture, que l'usage de l'objectivité de l'*ouvré* et du *factice*. Lire fait de la disponibilité des témoins scripturaires l'histoire et la présentation de l'œuvre et de la réalisation de l'homme, fût-ce dans la reconnaissance du mensonge du littéraire et dans la disponibilité du lecteur à lui-même. Synthèse commune veut dire : cela va selon la doxa du lecteur et selon les possibilités de compositions des témoins; l'écrit — *ouvré* et *facticité* — est un réel parmi les réels, un avec les *realia* — la décision de lire présuppose cette unité; la lecture est un nominalisme et, par là, restitution de l'unicité et de la pertinence des mots, hors même de la validation du littéral et dans l'évidence d'un insondable des témoins littéraires. Contre ces constats, phénoménologie et esthétique de la réception supposent des lois décelables du rapport du tout et des parties — cela qu'entend Iser par le jeu des répertoires, déterminations de l'écriture comme de la lecture, cela que suggère H.R. Jauss dans l'articulation du jeu de l'horizon et des «jeux de l'autre», ceux de l'horizon *primaire* et de l'horizon *secondaire*, médiés par une œuvre et par un lecteur singuliers. Elles font encore inévitablement l'hypothèse d'une *totalisation* historique réalisée par l'œuvre, par la lecture. C'est aller contre la limite, la ponctualité de l'ouvré, et contre la finitude de toute séquence historique — doublement comprise : il y a une discontinuité des séquences historiques totalisées ; il y a une finitude relative des séries historiques, qui n'est pas dissociable de la finitude des agents historiques — des lecteurs. Tout dessin macroscopique du littéraire, par le biais de la lecture, est un dessin également fini. Hors de ces lois du rapport du tout et des parties, la lecture est l'occasion de dire la récusation de toute anaclastique — de toute disposition des images du monde à l'initiative du sujet — et de noter l'énigme des témoins littéraires, de cela qui, par l'ouvré et le factice, ne cesse d'être identifiable et de venir à sa singularité. Il convient de réinterpréter la référence pragmatique et sa récusation. La récusation n'est que façon de marquer la disponibilité constante du littéraire, qui ouvre à la possibilité de la systématique de la lecture et de l'exercice de la différence herméneutique. La rupture pragmatique peut être cependant reformulée. La lecture est réorientation parmi les livres et les mots, dans cette objectivité du résiduel et du pratico-inerte, identifiés à l'ouvré et au factice.

L'arbitraire de la décision de lire se donne comme un point de vue qui trouve son homologue dans le témoin scripturaire. De manière similaire, si le livre parmi les livres est œuvre du pratico-inerte, manière de milieu stable et de totalité faite, que constituent les livres, la lecture le désigne comme une totalité périmée. L'impératif que recueille le pratico-inerte, se trouve limité. La prolifération de l'écrit apparaît alors relative au perspectivisme de la lecture, et la lecture cela seul qui définit l'absolu du littéraire. Le lecteur individuel est voisin d'autres lecteurs — il sait sa lecture contemporaine d'autres lectures. En cette multiplicité, deviennent manifestes l'insoluble du témoin scripturaire et l'universalité et la liberté que porte la série des lectures. Indissociable de la série des œuvres, la lecture est ici exactement paradoxale : dans l'élection du lire et de l'objet du lire, je rejoins l'ensemble fixé du discours social, et cependant je le défais puisque les témoins scripturaires apparaissent à la fois comme insondables et comme irréductiblement disparates. Le procès d'aliénation de la communication est inversé : dans la mesure où la lecture marque l'inachèvement de toute totalité, dans la mesure où elle est rapport implicite avec l'autre lecteur, elle défait par ce défaut de totalité achevée la prison du langage, expose le langage dans son intransitivité, et reste exercice de communication libre. Aussi le témoin scripturaire reste-t-il toujours éligible, et la lecture transaction qui ne répète pas les limites de l'échange social. Tel est le pouvoir du résiduel — le témoin, l'*ouvré*, suivant la notation de Sartre, qu'il est l'occasion de ce jeu. Tel est le pouvoir de la lecture qu'elle rend synchrones l'œuvre et le lecteur, sans qu'il puisse être conclu à une identité idéologique de l'un et de l'autre et sans que l'idéologie primaire — l'œuvre — et l'idéologie secondaire — la lecture comme telle — puissent être récusées. L'idéologie secondaire n'est rien, en sa pratique, que le moyen de lever l'aliénation de la communication que porte l'idéologie primaire — la lecture est bien républicaine.

Reformuler, dans ces conditions, la référence pragmatique, revient à d'abord marquer : l'interprétation de la récusation pragmatique est, dans son intention, paradoxale. Elle dit la disponibilité de l'œuvre, mais préserve ce que suppose la référence pragmatique — l'œuvre comme totalité, comme organisation des parties et du tout, et partie reportable sur un horizon premier ainsi que la lecture est reportable sur un horizon second. A l'inverse, noter une pragmatique de la lecture à partir du résiduel dispose que la lecture, en elle-même radicalement insuffisante, reconnaît à la fois la constitution de l'*artefact* — alliance de l'ouvré et de la facticité — et les règles de constitution de l'artefact comme les moyens de croire à l'œuvre comme à un tout. La totalisation de la lecture fait ainsi de n'importe quelle partie un tout, et du lecteur une telle totalité. La lecture définit un effet de lecture — reprise du lecteur par lui-même dans le tout qu'offre le scripturaire —, et identifie l'entrée dans le livre à l'exercice libre du partiel et du total. Il peut être dit une pragmatique[9] dans la mesure où l'interaction de l'œuvre et du lecteur est suivant la liberté du premier et la facticité de la seconde, et où la synthèse commune de la lecture est ultimement désignation de deux singularités — le lecteur et l'œuvre, et où il n'y a de loi ni de l'objet de la lecture, ni de la lecture qui est à elle-même sa propre preuve, et la seule preuve du littéraire, et le témoignage que, contre toutes les limites de la communication pragmatique et dans le constat de l'autonomie du littéraire, inséparable de la décision de lire, il y a une circulation libre et globale du discours dans l'ensemble social. Ou le double usage des témoins du scripturaire : objets de la décision de lire et signes par leur innombrable que l'échange discursif non aliéné passe partout.

Supposer l'indétermination de l'œuvre (Iser), identifier tradition littéraire et reconnaissance de la partialité du point de vue et du choix continu du lecteur comme conditions de toute communication littéraire (H.R. Jauss)[10], c'est sans doute récuser l'hypothèse de la totalité historique, du musée imaginaire, du pouvoir de l'œuvre en ce qu'elle confondrait organisation achevée, totalité et contrainte de lecture, mais c'est ne pas venir au terme de cette notation du perspectivisme, et la situer dans un jeu de renversement du négatif : celui-ci est préservation d'une manière de réel — celui de l'œuvre dans son indétermination, celui de l'horizon du monde sur lequel se dresse le constat de la fiction. Cette formulation ultime du pouvoir communicationnel du littéraire et de la lecture ignore le jeu même de la lecture et que le témoin littéraire est à lui-même son propre horizon parce qu'il est ouvré et facticité, et proximité aux autres témoins littéraires et aux lecteurs. Aucun livre ne clôture les livres et rien ne se clôture. Cela peut se définir, ainsi que le fait Sartre, comme le poids de la littérature faite, témoin de l'aliénation de la communication sociale. Mais il peut encore se dire : le témoin littéraire est le lieu de ce qui a été, de ce qui a été dit, mais hors de toute validité et alors qu'il reste incontestable comme témoin. Lire le témoin revient à lire une manière de futur antérieur : non pas ce qui a été mais ce qui aura été. La continuation du littéraire n'est donc pas continuation de l'identité des signes scripturaires et de l'écriture, mais de la lecture en ce que tout à la fois, dans la distribution temporelle et dans le passage entre les deux bornes du communicable et de l'incommunicable, de la réussite et de l'échec de la communication, elle joue du défaut de validation et de l'évidence du signe, pour faire de la multiplicité des témoins ce qui corrige l'échec des hommes à s'accorder dans le langage et de la littérature, à quoi s'identifient les témoins, un passé qui ne cesse de parler au futur — l'universalité de ce qui fait reste et de ce qui est inaliénable par son défaut d'identité.

Universalité et transhistorique entraînent que le témoin ne se donne pas d'abord ni ne se lit singulièrement : il dit l'inévitable de la lecture non par quelque appel du sens, mais suivant une fonction anthropologique et culturelle. L'homme occidental vit dans la médiation générale : aucun objet ne lui fait signe, il n'est aucun signe immédiat pour lui; l'élection de la lecture et du témoin est le choix de la pratique du signe artificiel par lequel l'homme dessine la médiation générale. Dire la lecture littéraire revient à noter la permanence et la mobilité des témoins et à identifier le littéraire — les témoins pris dans la lecture — à tous les spectacles du monde lisibles — c'est-à-dire marqués de l'artifice du signe. Ou la pertinence de tous les témoins. Et la continuité de la lecture qui, dans son arbitraire, est expérience de l'évidence du monde — et de la république du monde — république des objets et des hommes où l'accord se fait au moyen des témoins. «Rendre accessible l'art et la littérature d'un passé qui nous est devenu étranger, note H.R. Jauss, et l'approprier à travers la reconnaissance de son altérité même, à notre expérience présente : voilà la besogne de l'herméneutique historique»[11]. Placer l'écrit littéraire sous l'hypostase de l'altérité, c'est faussement dire son actualité qui est proprement historique : celle de la facticité — et manquer le paradoxe ainsi indiqué : la dépragmatisation de l'objet littéraire peut se lire suivant l'intention esthétique, mais aussi selon le retournement que porte l'excès du pouvoir du discours social — la commande même de tous les discours est déjà leur dépragmatisation et leur irréalisation.

La différence herméneutique se qualifie nouvellement. La distance du sens de l'œuvre passée n'est pas interrogée pour elle-même. Elle ne l'est que relativement et suivant tous les sens qui font reste dans le présent. Il s'agit moins de questionner la tradition et la continuité supposée du littéraire que de noter l'inadéquation des discours à l'actualité même — l'échec idéologique des discours qui est échec pragmatique. Dire l'horizon de la réception revient à identifier la lecture à la reconstruction synthétique du monde de la *doxa*. C'est, sans doute, souligner la détermination de la lecture, mais plus encore marquer que ce monde doit être reconstruit, parce qu'aucune croyance ne peut se faire prendre de l'intérieur pour une certitude. En d'autres termes, si le discours singulier ne peut mettre en doute le tout qui le produit, il n'en résulte pas qu'il ait la possibilité d'affirmer la réalité de ce tout. Dans l'ordre de l'imaginaire — l'idéologique et le littéraire —, où tout *agir* est exclu même si n'est pas exclue la chaîne communicationnelle, le singulier, qui n'a pas plus de réalité que le tout, ne peut ni affirmer celui-ci, ni le nier. La différence herméneutique est dans l'usage même qui est fait du discours social — discours de l'action, discours de la représentation qui n'a pas les moyens de sa propre homogénéité ni de sa propre hiérarchie. Placer le littéraire sous le signe de la fiction — geste constant de la phénoménologie et de l'esthétique de la réception — est moyen de marquer la transtemporalité du littéraire et sa transversalité au discours social. Mais cela ne marque ni la *nécessité* de constater la fiction ni son *pouvoir de questionnement*. Il n'importe pas de jouer du fictif et du réel pour dire la dissociation de l'un et de l'autre ou la voie du fictif au réel, en des notations qui hésitent entre une identification phénoménologique de la fiction et un retour de la fiction sur la *doxa*, mais de marquer que le fictif — le littéraire — est issu de l'inaptitude du discours social à clôre tout questionnement, et qu'il reste toujours à interpréter parce qu'il est le témoin de ce défaut de clôture. Les textes passés ne sont pas tant l'*altérité* donnée dans le présent, que le redoublement, grâce à la distance historique, de cette perte pragmatique du discours social. C'est donc le renouvellement obligé de l'interprétation qu'il faut interroger. Il traduit moins le constat du polysémantisme textuel que la liberté de la lecture.

Dans l'approche du résiduel, toute démarche est récessive : elle constate le résiduel et y revient, et, par là, ne participe jamais des contraintes génétiques du témoin — ce qui a été le progrès interne du témoin est, *de facto*, étranger à la récession que reste toute lecture. La lecture n'apparaît ainsi ni comme un choix du négatif — ce qui, par l'élection du littéraire, s'attacherait à rompre les prescriptions discursives passées et actuelles —, ni comme quelque déploiement et interprétation de codes — le littéraire dans la continuité de ses témoins apparaît comme un code sans règle. La communauté de lecture se définit par une double liberté : au regard de toute prescription discursive actuelle ou passée ; au regard du littéraire même qui, dans l'évidence de son code, laisse l'initiative au choix de lecture. Cette liberté a pour corrélats l'égalité des témoins scripturaires et l'égalité des lecteurs qui ont les mêmes droits d'élection du littéraire. Il s'agit toujours d'une aptitude à la lecture et d'une communauté de lecteurs constituée — lecture et communauté portent des contraintes génétiques, mais l'existence de l'une et l'exercice de l'autre sont *de fait* et ne relèvent que de l'élection du littéraire et de la reconnaissance du témoin scripturaire. Il subsiste un paradoxe attaché à l'arbitraire de l'élection du littéraire, à l'égalité des témoins et des lecteurs et à la liberté des lecteurs. Le choix du littéraire est un arbitraire ; tout témoin scripturaire peut être l'objet de ce choix ; cet arbitraire et ce choix sont opposition implicite à ce qui les nie. La lecture littéraire, dans sa définition la plus simple, est le déchiffrement du littéraire ; dans le rappel de ses conditions — constat de la continuité des témoins résiduels, égalité et liberté de ces témoins et de ceux-là qui décident de lire —, et par cette opposition à ce qui la nie, la lecture est une idéologie de second degré.

La pertinence de cette lecture, à la fois libre et reconnaissance de l'aporétique, ne s'interprète pas nécessairement comme un jeu de concordance partielle entre un code primaire et un code secondaire. L'hypothèse de cette concordance, qui est celle de la phénoménologie et de l'esthétique de la réception, caractérise la lecture comme une démarche métaphorique — contextualisation réciproque de deux ensembles sémantiques. Le texte à lire se définit alors comme texte manipulable, ainsi qu'il est le moyen de la manipulation de certains éléments constitutifs du répertoire ou de l'horizon de réception. Il faut répéter, en termes de lecture et de réception, ce qui a été dit de la métaphore textuelle : le texte a le pouvoir de déplacer ses propres termes, de se déporter lui-même hors de toute classification et cependant dans le lisible. L'insoluble de la métaphore invite à noter qu'il y a une limite à l'ajointement et à toute approche herméneutique que puisse commander la métaphore. Mais construire la proximité revient à construire la relation et la continuité, parce que cela équivaut à jouer de ce partage que les mots ont entre eux. Lire, ce n'est que retrouver, d'œuvre en œuvre, l'état exact des mots qui font phrase, et la cohérence de la déformation. La pertinence de la lecture n'est ni dans l'identification d'une concrétisation du fictif qui assurerait la prise du texte disponible, ni dans la seule notation d'un jeu explicite et continu, parce qu'il est tenu pour explicitement écrit dans l'œuvre, de la question et de la réponse [12]. La liberté de la lecture est celle de toute comparaison ; la justification de toute comparaison est l'égalité des témoins aporétiques qui constituent le littéraire. La motivation de la comparaison est dans le défaut de rapport achevé des parties au tout, que puisse dessiner une idéologie — cela qui se dit encore par le répertoire et par l'horizon. L'effet de la comparaison est proprement textuel : faire texte des textes éventuellement incomparables, et de ces textes et de l'ensemble discursif que constituent répertoire et horizon. Il n'y a de problème du littéral que dans la mesure où celui-ci est insuffisant pour justifier la comparaison qu'est la lecture. Dans le déplacement qui fait de l'œuvre singulière et de tels éléments du répertoire et de l'horizon de réception des *fictifs réciproques* et, en conséquence, des singularités corrélées, le littéral n'est pas tant ignoré que constaté : il est le support, l'occasion de ce déplacement, il permet d'induire la métaphore. Il ne faut pas tant dire l'exactitude ou l'inexactitude de son interprétation que son inaltérable, comme l'objet littéraire est inaltérable, et la présence matérielle du sens est passible de manipulation. Celle-ci peut être la déformation du sens disponible ; elle est encore l'exercice par lequel le lecteur fait passer ce sens en lui. Plus exactement : il y a un minimalisme de l'œuvre — grâce auquel celle-ci est toujours occurence pour la lecture ; cet être maintenant de l'œuvre est pris dans la trame d'une rhétorique — celle que suppose le jeu de la comparaison.

Toute interprétation est, de fait, analogique [13] — elle cartographie des correspondances, internes à l'œuvre considérée, mais plus essentiellement du texte au lecteur. Elle est une dérivation des sens du texte, à partir de l'examen de ce texte comme problème qui appelle l'exercice de l'analogie. Le problème : soit le rapport à établir entre le texte source et la cible — le lecteur. Le lecteur a l'initiative de l'induction. L'interprétation consiste ultimement en un *framing* et dans le dessin d'une compatibilité entre la lettre du texte et le système d'interrogation du lecteur. Toute lecture relève d'une épistémologie constructiviste — on connaît la thèse de Vico, un homme ne peut connaître que ce qu'un homme peut construire — et de l'hypothèse d'un champ *consensuel*. C'est revenir à la notation du *faire* dont témoigne l'œuvre, et marquer que, dans la distance temporelle et historique du texte, le consensuel ne se distingue pas de la démarche questionnante — il est supposé par le jeu de l'induction. L'achevé de l'interprétation ne doit pas se dire comme l'interprétation du littéral, qui supposerait que l'exercice analogique se résolve dans la définition d'identités comparables et complètes, mais comme le résultat d'une pratique spécifique de l'obéissance. La soumission n'est pas tant soumission au littéral — qui entraînerait la fin de la lecture puisqu'elle supposerait la possibilité d'une caractérisation de ces identités comparables et complètes — que cela par quoi le lecteur reconnaît qu'il existe en tant que lecteur parce qu'il y a cette œuvre, occasion de l'anamnèse de toute interprétation et, par là, possibilité de lecture. C'est encore dire que les mots touchent avant la pensée, et que le littéral est ce dont on ne se débarasse pas parce qu'il est la matière de l'œuvre et, en conséquence, la justification de la liberté de la lecture. L'œuvre ne s'offre d'elle-même ni au dialogue, ni à la dialectique. Elle est question qui appelle le jeu du questionnement et de la réponse, inscrit dans la démarche analogique, parce qu'elle est soustraite, dans sa facticité, à l'emprise de l'esprit, et identifiable comme objet de lecture par son ouvré. La liberté de la lecture : le déssaisissement du sujet qui entreprend de constater : il y a quelque chose à lire. La communicabilité du littéraire est dans cette décision même.

La question du sens, telle qu'elle est formulée depuis quarante ans, par la théorie littéraire, tombe. Il est encore commun de débattre de cette question dans les perspectives d'un humanisme ou d'un antihumanisme[14] — où il faut reconnaître les suites de quelques mots d'ordre prêtés au structuralisme et au freudo-marxisme français des années soixante. Il est encore usuel de se déclarer pour ou contre le sens. Ces choix et ces contre-choix portent quelques confusions élémentaires. Une lecture plurielle des textes n'appelle pas la conclusion d'une absence de sens — elle présuppose même une communauté qui sait que l'identification du sens est toujours commune et analogique. L'impossibilité ou la difficulté qu'il y a déterminer un sens littéral ne justifie pas un argument qui nie la réalité de l'œuvre, ou qui prête au lecteur des pouvoirs ultimes et arbitraires. Le constat de l'équivoque du littéraire, que supposent ces choix et ces contre-choix, ne commande ni de conclure à l'autarcie du littéraire qui serait sa propre répétition, ni de revenir explicitement, dans un mouvement strict de dénonciation de ces thèses, à la double interrogation d'une vérité et d'une justesse/justice du texte. En d'autres termes, décider du sens d'un texte ne revient pas à l'interroger *négativement* ou *positivement*, ni à conclure *négativement* ou *positivement*. De telles interrogations et de telles conclusions traduisent moins les conséquences du constat du littéraire qu'elles ne le lisent suivant une logique du *tout ou rien*. Le littéraire n'est que du figuré et exclut toute valeur propositionnelle. Le littéraire est ultimement assertif : la reconnaissance des moyens de ce pouvoir assertif, qui ne sont pas explicitement définis, supposent le report de la signification textuelle sur un sens littéral fixé par le monde tel qu'il est référé dans le langage quotidien ou scientifique[15]. Il se dit encore : le figuré est un écart par rapport au littéral; le littéral est un écart par rapport au figuré. L'opposition du négatif et du positif se formule dans celle du pragmatisme qui conclut à un strict conventionnalisme — le littéraire n'est que par l'interprétation — et d'un Réalisme qui déclare accessible de façon certaine le sens de l'œuvre puisqu'elle est la réalisation d'un intention signifiante.

Il y a là moins un questionnement du littéraire que la reconnaissance ou le désaveu des métalangages qui traitent du littéraire, et l'assimilation du littéraire à un tel métalangage relativement à toute donnée tenue pour réelle. L'hypothèse initiale de l'indétermination du littéraire est constante — il est impossible de relever un sens objectif (point de vue logique), de préciser un sens déterminé (point de vue thématique), un sens commun qui résulterait d'une expérience partagée de l'œuvre (point de vue psychologique). Cette hypothèse fonde directement les notations déconstructionnistes et pragmatistes; elle est la condition des notations du réalisme et du référentialisme — la désignation du sens et de la propriété mondaine du texte suppose une reconstruction herméneutique du texte. Entre ces thèses, se lit une nouvelle opposition : aucun métalangage ne peut saturer le texte — déconstructionnisme; un métalangage peut assurer une telle saturation — dans l'aveu de son arbitraire (pragmatisme), dans l'évidence que l'œuvre est une altérité réductible (Réalisme, perspective référentielle). Ces thèses procèdent d'une commune conviction : la critique est capable de tels regards sur le littéraire parce qu'elle tient le medium scripturaire pour une donnée transparente — elle porte le manifeste de son indétermination, elle est la possibilité des métalangages. Le paradoxe reste que ces théories supposent que la littérature, comme tout art, appelle le regard sur elle-même, et qu'elles ne définissent pas même l'objet littéraire comme cet objet minimal sans doute passible d'une interprétation mais aussi capable d'absorber toute interprétation — l'objet est constant. Dans le partage du négatif et du positif n'est pas en jeu le littéraire, mais la disparité ou la clôture de l'interprétation. Soit se placer, ainsi que le suggèrent Derrida et le déconstructionnisme, hors du rapport du mot et de la chose et définir le texte comme ce qui empêche la fermeture philosophique — dire le littéraire, revient à se situer dans le non-réflexif. Le pragmatisme fait de la communauté interprétative le lieu du non-réflexif. Soit supposer le rapport ineffaçable du sujet et de son discours et se placer dans la norme de ce rapport, qui caractérise l'œuvre comme l'expression identifiable d'un sujet. Le même mouvement d'évasion face à l'objet littéraire reste décelable dans le structuralisme : micro-structurations du texte qui défont toute hypothèse d'une structure globale; jeu sur le phéno-texte et le géno-texte, qui invite à lire l'objet littéraire sur un fond d'imprescriptible. Où il faut reconnaître la notation de l'impossibilité de clôre l'hypothèse structuraliste. Sens, interprétation, lecture : l'objet littéraire est l'occasion de mesurer le pouvoir d'un métalangage et l'intervention du sujet qui choisit telles ou telles procédures; est toujours supposée, pour caractériser ce que fait entendre le littéraire, et l'appropriation de l'œuvre, une situation imitée de l'épistémologie scientifique — le sujet face à l'objet. Il se dit tantôt la vanité de l'intervention du sujet — déconstructionnisme —, tantôt la pertinence de cette intervention au regard du sujet — pragmatisme —, au regard du sens de l'objet — Réalisme.

Ces notations sont reformulables en une question qui est un geste de déplacement : que convient-il de dire d'un objet — le littéraire, le texte — ainsi apte à être décrit par un métalangage à venir ? Seule interrogation recevable dès que l'approche de l'objet se sait approche possible par un métalangage. Le constat que le texte est plurivoque, polysémique, et qu'il exclut toute intégration achevée dans des structures reste un constat sans conséquence : il marque la seule certitude de la réinterprétation du texte sans venir aux façons dont peut être identifié le rapport du texte au sujet qu'il suppose. Les indications relatives à l'interprétation reviennent à trois thèses. Deux thèses extrêmes et opposées : il peut y avoir une saturation de l'objet littéraire par un métalangage; cette saturation est exclue. Une thèse qui apparaît médiane : celle d'une saturation inachevée doublement — le texte se donne pour partiellement inadéquat à ce qui serait sa propre détermination et au métalangage que celle-ci induit, et à la détermination et au métalangage qui relèvent de l'opération de la lecture. La thèse de la saturation, à laquelle équivalent à la fois les hypothèses conventionnaliste et réaliste, définissent le texte comme ces signes non encore intégrés à un métalangage et qui apparaissent comme une manière de réel avant le discours de l'interprétation. L'affirmation de la présence du sujet-lecteur est ici obligée : l'objet littéraire est passible de discours qui sont remontée à ses conditions de sens ou témoignage et attestation de la convention qui fait ultimement de ce réel — le littéraire — un objet. Chaque fois, c'est dans la mesure où le discours interprétatif double ce réel qu'est le texte que celui-ci devient un objet compris dans ce discours. Le littéraire ne parle jamais par lui-même et n'obtient sa propre image que dans la distance du réel au discours qui est constatée par le métalangage et dans l'appropriation que celui-ci permet. La possibilité de la lecture est dès lors infinie — lecture d'amont ainsi qu'on le sait des propositions de Hirsch, lecture d'aval ainsi qu'on le sait des notations de Stanley Fish. La conclusion est ici et là explicite : le littéraire, cela qui, comme tout réel, vient au discours, et qui est ainsi passible d'interprétations historiques et d'interprétations qui sont autant de croisements temporels parce que le métalangage est appropriation de signes de divers moments, et parce qu'il est possible d'intervenir de manière identique dans n'importe quel texte. Le discours supposé de l'origine, dans l'hypothèse de la fidélité à l'objet littéraire, est, en amont, même mouvement et capture de l'objet dans divers métalangages historiques rapportés au métalangage actuel qui traite de ces métalangages comme autant de réels. Il ne s'agit jamais de marquer un accès au texte ni de noter l'étrangeté d'un réel puisque l'œuvre est ainsi assimilable de façons diverses et opposables.

Il faut mener à leurs termes les constats du déconstructionnisme. Ils portent une double conclusion : aucun discours ne peut saturer l'œuvre; aucun discours de l'œuvre ne sature l'œuvre. Il peut être répété ce que dit le déconstructionnisme — vanité de la signification, impossibilité de la compréhension puisqu'aucun discours n'est exempt de contradictions, distance ineffaçable du monde et du langage. Dans l'objet littéraire, il n'y a rien à lire comme il n'y a rien à écrire, si ce n'est l'écriture même. L'indication de l'aporie du littéraire est ici, à quelque degré, inutile parce qu'elle ne tire aucune conséquence de son constat. Le déconstructionnisme porte cependant et implicitement la notation de cette conséquence : si rien n'a été écrit dans le littéraire et s'il n'y a rien à y lire, il est cependant lu et occasion de discours qui instruisent qu'il est impossible de définir l'objet littéraire par aucun métalangage. De manière similaire, la distance du langage au langage dit à la fois l'impossibilité du conventionnalisme et du Réalisme, celle de tout discours qui marquerait explicitement sa propriété et le rapport qu'il construit ou qu'il ne construit pas à son objet. Il se conclut : aucun objet, aucun réel ne parle par lui-même — le paradoxe dernier de la littérature; il n'est de constat d'un réel que dans une situation de refus des discours interprétatifs ou de corrélation de l'œuvre. Les notations du déconstructionnisme sont notations de lecture, à la charge du lecteur ; elles traduisent moins la situation du langage face au réel que le choix qui définit la situation de lecture — un refus de la pertinence de tout discours par lequel le texte disponible est posé non pas comme riche de ses propres discours ou passible des discours du lecteur, mais comme *autre*. Le refus du discours se confond avec la décision d'accéder au texte comme *autre* — jeu extrême de la décontextualisation. Il ne suffit pas de marquer que le réel, que constitue le littéraire, est *hors discours* ; il faut ajouter qu'il n'est lisible que dans la mesure où il est perçu comme autre, c'est-à-dire étranger à tout métalangage en lui-même et à tout métalangage qui l'approprie. C'est répéter le constat de l'arbitraire des signes — signe du texte, signe du discours interprétatif, et exclure que le texte et le discours interprétatif fonctionnent comme un miroir narcissique — ici, pour le lecteur, là pour le producteur, l'écrivain — et comme une totalité. Le texte est irrécusable parce qu'il ne se discute pas. Il ne se discute pas parce qu'il n'expose aucune recherche d'unification et qu'il récuse l'interprétation unificatrice. Il contraint toujours, plus ou moins, à la parataxe. Il ne peut pas se confondre inévitablement avec la transmission des universaux — le constat même auquel se résume le déconstructionnisme : dire que le texte est, dans son idéologie toujours contradictoire, c'est souligner qu'idées, concepts, nominations ne vont pas par eux-mêmes, mais selon le complexe du signal, de son enchevêtrement. Dans la contradiction, le texte et les mots du texte ne sont qu'événements — toujours en marge d'un univers complet de significations. L'événement exclut toute fonction d'identification que le texte puisse jouer par rapport à la communauté des destinataires, comme par rapport à ses antécédents — le constat de la distance du langage au réel n'est que l'interprétation *négative* de l'événement. Le texte *autre* : le texte événement et qui, en conséquence, questionne. Doublement : par la situation de refus des discours, par l'impossibilité de décider une réponse à l'événement — la contradiction — qu'il est en lui-même. Le déconstructionnisme dit que tout langage est perdu ; il convient d'ajouter : cette perte même oblige à considérer le langage comme langage de la question, langage qui se constitue en autre.

C'est marquer qu'aucune interprétation ne peut recouper une doctrine — pas même celle de la contradiction — ni aucune typologie des interprétations, qui revient à évaluer et à situer le pouvoir de l'interprétation. Il faut retourner la notation — le texte est apte à être décrit par un métalangage à venir : le métalangage est passible de l'événement, de la récusation de son propre pouvoir de discours. On sait la thèse d'Umberto

Eco : il est une sémantique conversationnelle qui affaiblit la distinction entre langue naturelle et langue modèle, entre métalangage et langage-objet. Il est ainsi une définition de l'avenir du texte et de la possibilité de l'interprétation : le texte opère comme une assertion métasémiotique sur la nature des codes à venir [16]. Il n'est pas tant ce qui est à interpréter que ce qui est la raison de son interprétation. Cela se dit encore : la lecture ne trouve pas sa preuve dans l'œuvre ; l'œuvre ne trouve pas sa preuve dans la lecture ; toute proposition relative à l'œuvre n'est qu'un démarquage et un écart du propositionnel lui-même. On vient ici à une ambivalence. Caractériser l'œuvre : noter ses identités substitutives — identités sans doute fictives qui sont jeu d'identifications changeantes. La série des substituts reste indissociable de l'étude de l'objet parce que celui-ci est le moyen de penser le report des substituts les uns sur les autres. Désigner le sentiment esthétique comme origine et moyen de la continuité de cette chaîne interprétative équivaut à désigner l'inévitable écart du propositionnel à lui-même et, en conséquence, l'obligation de poursuivre l'interprétation [17]. Le déconstructionnisme, en notant que tout dire est manière de ne pas dire ce que l'on dit et que toute lecture est façon de ne pas lire ce que l'on lit, suggère un affranchissement de ce démarquage constant du propositionnel, sans pouvoir dépasser cependant le constat de la discursivité. Inversement, puisque le texte n'est pas tant à interpréter que la raison de son interprétation, toute lecture est jeu, comme le texte, du littéral et du figuré, constat de l'hypothèse vaine du littéral, reconnaissance et pratique du figuré — de la contextualisation constante que suscite le constat de l'événement et de sa question. Cette mise en question est l'orientation de la lecture comme elle est la définition du texte et de son procès ; le figuré n'est que la disposition de signes continus et graduels — transformation constante des qualités et des valeurs de ce qui fait le texte. Il faut moins noter tantôt un pouvoir asertorique, tantôt la contradiction, tantôt la fuite sémiotique de l'œuvre, que cet inerte qu'elle constitue par son continuum même, et l'identifier aux questions que désigne toute transformation de pertinence dans le texte. L'inerte devient événement dès lors que ces questions sont questions pour un lecteur qui se reconnaîtrait répondant et qui sait que toute lecture est à l'image du continuum de l'œuvre. Le rapport de l'interprétation à l'œuvre et des interprétations aux interprétations ne se caractérise pas par une référence à la tradition ni par une continuité des interprétations par réenchaînement — il y a là l'identification d'une norme et ici l'ambiguïté de cela qui affirme une continuité et simultanément note une radicalité par laquelle est assurée la permanence de l'entreprise interprétative. On répète là une autorité constitutive ; on marque ici en quoi l'effet du sentiment esthétique est toujours confondu avec un jeu propositionnel. Si l'on tient que texte et lecture procèdent d'une même logique du *continuum* — il en est inévitablement ainsi puisque la lecture est situation de refus des discours et identification du texte comme autre —, s'effacent l'anhistorique que suppose ultimement la tradition et le relativisme qui dit la continuité du littéraire par la succession des contextes qu'il lui prête. Dans la reconnaissance du *continuum*, il n'y a pas la reconnaissance de la continuité, mais celle de la constance qu'est le texte et de l'autre qu'il est en lui-même, c'est-à-dire de l'ambivalence de cette constance — soit la transformation incessante de la pertinence des qualités et des valeurs de la matière du texte. Comme l'écriture, la lecture est une réeffectuation — la possibilité de la représentation des discours les uns auprès des autres par la mise en situation du lecteur qu'assure le medium. Le continuum : la continuité que l'on sait construite par le partage que les mots, les discours — ceux du texte, ceux du lecteur — ont entre eux. Cela suppose de reconnaître le résiduel, la décontextualisation et le geste initial de l'interprétation — mettre le discours à distance.

II. LE LITTERAIRE : OBJET INSOLITE

Les équivoques et les oppositions relatives à l'interprétation peuvent encore se dire : l'œuvre est une manière de nature en ce qu'elle livre sa propre nécessité ; elle est déclarée inaccessible parce que ne lui est relative que l'artifice — la construction arbitraire de l'interprétation ; elle ne peut produire une interprétation nécessaire — noter que l'œuvre dure, revient à supposer que cette durée est à fabriquer par l'interprétation qui reconnaît l'artifice de l'œuvre et son propre artifice. Cette dernière hypothèse, qui se confond avec celle d'une facticité de l'œuvre et de la lecture, permet de définir la mise à distance du discours comme la récusation de toute pensée interprétative qui équivaudrait à une lecture de l'œuvre suivant la finalité d'une activité ou suivant l'indication d'une perte de l'objet littéraire en tant qu'il serait objet essentiel — les conventionnalismes font lire cette perte et sont, de fait, la nostalgie même de cet objet.

La désignation de l'aporie du littéraire — celui-ci est hors de l'ordre — et la mythologie de l'écriture portent ainsi une ambivalence remarquable. Hors de l'ordre, le littéraire se lit comme la dénonciation de toute construction humaine qui, arbitrairement inventée, relève d'un pouvoir, et, dans son arbitraire — l'œuvre est bien un faire —, il apparaît comme cela qui est hors pouvoir — c'est-à-dire hors de l'arbitraire de la construction, comme une manière de nature. L'écriture se dit ainsi explicitement artifice — c'est pourquoi on fait de la notation de l'arbitraire du signe une précise idéologie. Il se conclut ainsi d'abord que l'écrivain qui n'occulte pas la pratique de l'artifice est écrivain doublement et pleinement innocent : il échappe, par sa propre pratique de l'artifice, à l'artifice de tout pouvoir; en exposant le degré d'intervention de l'homme, il marque l'intelligibilité même de l'écriture. Si l'écriture est cette construction arbitrairement inventée, elle est une manière d'absolu et l'autre de tout pouvoir absolu précisément né de l'exercice de l'artifice — par une autre manière de paradoxe, la langue *naturelle*, confondue avec sa réalisation discursive, est ainsi définie comme un artifice et comme un pouvoir (Barthes, *Sade Fourier Loyola*). Comme le marque cette identification de la langue *naturelle* et de sa réalisation discursive, la notation de l'artifice est indissolublement notation de la nature. C'est pourquoi l'écriture est transgression : elle peut jouer sur les ressources de l'artifice, mais ce jeu est exactement relatif à un ordre. Dire l'arbitraire de l'écriture et l'invention d'une langue à l'occasion de la lecture de Sade revient, d'une part, à constater que la langue naturelle existante est mauvaise et qu'il faut donc la détruire, et, d'autre part, à reconnaître que recommander le crime et la perversion n'attente à rien, mais varie simplement les formes. La nature est sans issue; elle peut être, au mieux, dénoncée comme son propre artifice. Ainsi l'arbitraire de l'écriture et de la langue peut-il se lire dans l'artifice d'un ordre qui est obéissance à la nature-finalité (lecture de Fourier par Barthes). La mythologie de l'écriture devient ainsi symbolique du corps et, en conséquence, négation de l'artificialisme — le corps dit la nécessité même de la nature puisqu'il est toujours corps formé qui exclut de présenter le naturel comme le cas imprévisible d'un artifice. L'alliance, dans la critique contemporaine, de la mythologie de l'écriture et de la référence au désir, associée le plus souvent au rappel des thèses de Jacques Lacan, confirme cette ambivalence et cette assimilation de l'écriture à un contre-artifice. Il y a d'abord concordance théorique entre la notation d'une écriture qui échapperait à tout cadre et qui ne pourrait être pensée en elle-même, et celle du désir. Celui-ci apparaît sans doute comme une donnée naturelle ou naturaliste, mais il est aussi exactement immotivé, sans raison — toute justification du désir est justification hors du moment du désir qui ne peut donc être confondu avec le désirable. Comme le désir, l'écriture serait alors une actualité qui ne se laisse saisir par aucune représentation, et, en conséquence, une manière d'irrationnel. Il y a équivoque dans cet apparentement du désir et de l'écriture, parce qu'il reste inséparable d'une pensée de la langue comme donnée naturelle et donnée artificielle. L'hypothèse artificialiste permet de lire en termes linguistiques, en termes de «signifiants», les comportements humains. Le désir n'est identifiable, interprétable que par référence à ce contexte des comportements, et donc réductible à l'analyse suivant les signifiants et dans le dessin d'une possible transparence de l'inconscient. Dire le texte, ce n'est alors que dire la nature du langage, et définir celui-ci comme une manière de nature à laquelle le désir est référable. Identifier désir et écriture revient à effacer l'artifice de celle-ci et à marquer implicitement l'ambivalence du renvoi au langage, qu'elle suscite.

Faire du littéraire un contre-ordre et une contre-nature est le lire suivant l'ordre, suivant la négation de l'artifice, et le définir comme le définissent le réalisme et le conventionnalisme, suivant des *normes*. Soit à dire que la *gratuité* du littéraire resterait inconcevable. Or si l'œuvre est pleinement déterminée pour la raison qu'elle est construction, artifice, elle ne peut être lue suivant aucune nécessité puisque, par cette détermination, elle est pleinement son identité et sa seule identité. Déterminée et non nécessaire, elle est exactement *insolite*[18]. Marquer la gratuité du littéraire — ce à quoi équivaut la notation de l'autonomie — et sa nécessité — ce à quoi revient tout jeu interprétatif, même celui qui entend se tenir à la reconnaissance de la gratuité —, c'est caractériser l'*objet quelconque* et identifier la création scripturaire à ce qui rend un *réel disponible*. Entreprendre de dire le sens de ce réel, c'est ne rien dire, ou seulement dire la croyance qui soutient le discours interprétatif. Et, par là, constater l'*insolite*, cela qui fait question dans sa singularité, parce qu'il ne peut y avoir quelque chose qui ne passerait pas par la pensée implicite de l'autre. Noter le sentiment esthétique comme antécédent de tout jeu de la réception, indiquer que l'interprétant est *affecté* (Gadamer), marquer que la lecture est plus que proposition et contrôle, affirmation et négation, adhésion et refus, goût et dégoût, ne traduit pas tant le rapport du sujet à l'objet suivant une passion ou suivant la certitude d'une identité esthétique, que la reconnaissance de l'insolite — il est perçu à ce moment, dans cette offre et sans arrière-pensée, sans pensée de l'autre, dans sa propre suffisance. Où il faut lire la reformulation de la condition de toute interprétation du littéraire — la situation de refus des discours — et une autre façon de dire le questionnement que porte l'œuvre — il y a question parce que le savoir, qui peut être celui de l'œuvre, consiste en une interminable exploration de sa propre singularité. Et conclure que, puisque le texte est posé par la lecture comme *autre*, il désigne les discours interprétatifs hors de tout jeu d'intelligence ou de garantie effective, qui soit reportable sur lui-même. Etre affecté par l'objet littéraire se confond ici avec le constat que le singulier est point de vue sur tous les discours parce qu'il leur est irréductible et parce qu'ils ne sont pensables que par la limite de l'objet *insolite* qui est inévitablement objet quelconque. Son rapport aux discours qui norment l'interprétation est semblable à celui du texte général au texte singulier : le texte général ne peut être pensé qu'à partir de la limite des textes singuliers; il est la communauté de leurs limites sans qu'il dessine aucune d'entre elles. Il faut commenter encore le titre d'Italo Calvino, *Villes invisibles* : invisibles parce qu'elles sont ces objets qui ne sont l'objet d'aucun savoir, et qui disent la fable de l'écriture et de la lecture : écrire — rendre manifeste le fait que les discours cachent et exigent des invisibles; lire — le constat de cet invisible et de son insolite.

L'indication de la minorité du littéraire se trouve ainsi complétée. On a marqué la décontextualisation et l'auto-contextualisation qu'elle suppose, et le jeu d'intériorité infinie et d'extériorité infinie alors prêté à l'écriture. Le singulier et l'insolite commandent de préciser que si l'objet littéraire possède une existence péremptoire, il n'expose pas explicitement d'identité, si ce n'est par sa résistance à toute représentation. La minorité est celle même de cette inadéquation à tout discours et du détail que constitue cet objet au sein des discours. Le jeu d'extériorité et d'intériorité ne se dissocie pas du constat de cet objet qui, dans son insolite, est étranger à tout ici, à tout mouvement — ajout d'un réel à la réalité, qui ne cesse d'être lui-même et qui trouve dans toutes les figures de l'autre sa propre confirmation. Un discours sur le littéraire n'est que ce discours de confirmation. Dire le pouvoir de représentation de la littérature revient à marquer que son objet est confirmé par un discours qui est discours de la représentation. Ainsi, noter la signification historique du même objet, c'est le confirmer en usant d'une référence chronologique et en tirant de l'étrangeté à tout ici et à tout maintenant l'évidence du caractère passé de cet objet. Indiquer que le littéraire est toujours signifiant et, en conséquence, faire l'hypothèse de l'avenir de son sens, le définit moins comme un objet passible en lui-même d'une interprétation que comme cela qui peut toujours être situé dans les normes de l'intersubjectivité — il est irréductible à ces normes, mais il est leur interrogation et donc le moyen de leur propre traduction à l'occasion du constat qu'il suscite. L'œuvre est recevable au titre d'une communauté symbolique et interprétative — herméneutique et normes de l'intersubjectivité —, à celui d'une raison historique, moins parce qu'elle porterait quelque exigence d'assentiment et de communauté, que parce que l'insolite et la minorité sont cette demande de sens indissociable de tout constat d'un réel. Il faut reprendre la notation des fresques égyptiennes que donne Proust et que commente Paul de Man : elles sont invraisemblables — elles n'appartiennent aujourd'hui à aucune communauté qui puisse les identifier — puisqu'elles ne disent rien; elles sont vraisemblables parce qu'elles apportent ailleurs la signification — la signification est par la certitude de l'insolite même. L'objet littéraire expose un exact paradoxe temporel : il conserve le sens parce qu'il le montre invisible et parce qu'il ne cesse de placer son site ailleurs. Il y a là la récusation de l'hypothèse continuiste que fait l'herméneutique à propos du littéraire. Celle de l'interaction que fait l'esthétique de la réception : l'objet n'est pas tant un vide ou ce blanc qui suppose que l'interaction soit précédée d'une réaction du lecteur et que celui-ci se constitue comme sujet intervenant et partiellement maître de l'œuvre, que ce qui désigne l'antécédent de toute hypothèse de la communication : il y a un ici et un maintenant de la lecture qui sont ceux de l'objet et réunis par cet objet puisque l'insolite n'est d'aucun site — un réel qui ne se donne aucune corrélation. Il se conclut sur une ultime évidence : l'hétérogène qui fait le texte et qui le définit comme occasionnel au regard de ses déterminants, est cet insolite par lequel tous les codes sont désignés. Noter la série des textes et l'intertextualité revient à marquer l'invraisemblable de chaque texte et leur vraisemblable commun qui est d'apporter ailleurs la signification.

La pertinence des notations de l'intransitivité, de la dépragmatisation, du fictif identifié à un acte feint de langage, se lisent à l'inverse de ce qu'elles entendent faire comprendre. Il n'y a pas ici rupture de la transitivité, effacement de la visée pragmatique du discours pour établir le littéraire et montrer qu'il a lieu. Si le littéraire est ce résiduel qui ne cesse d'être lisible parce qu'il a été lu, parce qu'il est facticité et témoignage d'un faire, et s'il peut être dit comme le double parfait de tout discours — hypothèse de Searle — et comme la réalisation maximale des possibilités du langage et non comme un système d'écarts par rapport au discours ordinaire, il atteste qu'il est par l'insolite son propre événement, que dans l'ordre du langage rien n'a un lieu. Ainsi dire que le littéraire se caractérise par un peu de spécificité invite à noter qu'il se désigne comme autre — dans sa facticité et dans son témoignage de lecture —, qu'il évoque ainsi le même — le langage ordinaire —, qu'il signale la singularité de celui-ci — le langage — dans la mesure où il en suggère une duplication — cela auquel reviennent intransitivité et dépragmatisation — et l'altération — cette facticité qui *désitue* le langage. Offrir une perception totalement exacte du langage, la caractériser comme un réel, et la donner pour étrangère à un ici et à un maintenant.

Il ne faut pas dire la seule intransitivité, la seule dépragmatisation du littéraire, mais celle de tous les discours — le littéraire, en sa réalité, en son supplément, vient contredire le monopole de ces réels que sont les autres discours. On sait *la situation de refus des discours* qui inaugure la lecture, et l'initiale de ce contexte que forment le texte, les textes, et que la métaphore illustre exemplairement. Il y a là une double lecture des théories contemporaines. Dans l'effort pour définir spécifiquement et différentiellement le littéraire, elles sont une tentative de le caractériser rationnellement dans des perspectives à la fois référentielle et analytique. La composition de l'une et l'autre perspectives identifie le littéraire à ce qui expose les rapports du référentiel et de l'analytique et dessine ainsi leur ordre commun [19]. Il faut entendre l'analyse comme celle de l'ordre du monde et comme celle du langage. Il faut comprendre la composition de l'analytique et du référentiel comme l'articulation d'une théorie du savoir et de sa correspondance référentielle. La notation de l'auto-suffisance et de l'autonomie des formes littéraires ne contredit pas essentiellement ce constat : elle marque le savoir que le littéraire entendrait être en lui-même du langage — l'intransitivité n'est pensable que par l'hypothèse, qu'elle porte, d'une transparence du langage qui serait ici sa propre médiation. Inversement, il peut être tenu que l'exposé de cet ordre ne vaut pas par lui-même : il n'est jamais que le moyen de constituer un objet insolite, cet autre qui est du langage même et dans le langage. La minorité du littéraire se dit nouvellement. Elle marque que le résiduel passe à la fois le nomothétique et l'expérientiel : indiquer que ce résiduel est toujours lisible revient à souligner qu'il supporte immanquablement la recherche d'un sens. Celle-ci n'est jamais conclusive. Cela ne commande pas de décider d'un défaut de sens ou d'un sens constamment différentiel : le sens est l'hypothèse qui se fait dès lors que l'on peut suivre les textes — en une suite précisément sans fin. L'absence de conclusion est moins à considérer en elle-même que comme l'indice que le nomothétique et l'expérientiel sont ici les supports de cela qui ne cesse de faire question — cette question ne se confond ni avec quelque question explicitement inscrite dans le texte, ni avec la question qu'adresse le lecteur au texte, elle n'est pas littérale, elle est celle du défaut même de situation des textes, doublement comprise : le texte n'est pas sa propre somme littérale — il n'est pas sa propre situation —, il est les réponses, lisibles diversement, à ce défaut de situation. La contrepartie de toute interprétation du texte est ce jeu de détermination et d'affranchissement qui le caractérise et qui le place hors de l'opposition entre autonomie et référentialité du sens. Il ne convient pas d'aller de la certitude du sens à l'incertitude du sens, qui se dit encore par la pluralité des sens : tout sens reconnu est un sens tardif au regard du défaut de situation constant du texte, et toute reconstitution du sens est reconstitution suivant les perspectives analytique et référentielle — suivant cela qui a déterminé et doublé le texte. Il se déduit : l'objet littéraire ne cesse d'accompagner les discours dans le temps, parce qu'il est cette existence originale qui fait dire de lui, c'est cela, ce n'est pas cela. L'objet de langage est à la fois présent au et absent du langage qui le qualifie. Le littéraire comme expérience ultimement intraitable et, en conséquence, comme expérience certaine. L'hypothèse d'un objet littéraire minimal, qui est celle de l'esthétique de la citation — l'écriture n'est plus même petite variation, mais négation de la variation et geste d'isolement de cela qui est réitéré — équivaut à faire lire le jeu de redoublement engagé suivant un «je suis ce dont je suis le signe»[20], et à identifier l'objet littéraire comme ce qui fait entièrement corps avec un signifié — celui-ci ne peut être dit absent, mais il n'est pas repérable de façon distincte. Le sens n'est pas le double de l'objet littéraire; il est la question de la singularité qui résulte de l'exercice de la minorité — faire que l'écrit soit reportable de manière minimale ou indistincte sur une situation, sur cela qui peut se déduire de l'ordre que porte le langage comme de sa propriété référentielle. La singularité ne se dissocie pas de l'exercice du *détachement*.

Les hypothèses contemporaines, relatives à la raison d'être du littéraire, ne sont rien que des hypothèses sur le pouvoir du littéraire — le pouvoir dont il participe, le pouvoir qu'il aurait de défaire tout pouvoir, le pouvoir qui serait le sien de passer les partages des pouvoirs et des rationalités à l'œuvre aujourd'hui. Tout se joue dans son identification ou son opposition à l'analytique ou au référentiel. Cela se sait de l'interprétation du réalisme qui est toujours le réalisme du mot juste — mot qui entend dire la nécessité, mot dernier et équivalent d'un *tout est dit*. Le littéraire est ici assertorique; l'œuvre est cette forme qui tient par sa définition et qui donne son adéquation à toute réalité par le réseau de relations qui est défini comme le substitut de la réalité. C'est supposer une désarticulation préalable à toute création, et faire de l'écriture une suite de savoirs. L'écriture ne livre une singularité que par sa construction et par l'hypothèse qu'elle fait de la singularité des choses. Ecrire est ici la fable de la raison dans l'aveu même de la perspective esthétique — l'idéalité de l'art est par la disposition correcte des événements qu'il donne et qui est indissociable de l'organisation de l'œuvre. La dénonciation contemporaine du réalisme est celle de ce savoir et de sa raison. Le paradoxe du littéraire reste ici que la reconnaissance de cette rationalité suppose un jeu de dénégation du réel : il faut que le mot vienne pour que le monde soit. C'est dire le pouvoir extrême du littéraire et de la rationalité qu'il suppose, et marquer que l'écriture est cet arbitraire même. La conclusion est inévitable : constater le littéraire, ce n'est pas nous retrouver dans ce que nous faisons du langage, mais identifier un ordre. La critique de ce littéraire ne se distingue pas d'une critique totalisante, qui préserve cependant la notation de l'autonomie du littéraire pour faire d'une manière d'esthétisme l'occasion d'une dénonciation de la raison et de son pouvoir et pour marquer que le pouvoir du littéraire, pouvoir selon la rationalité, s'inverse dans celui de passer toute rationalité. On sait que, dans ce mouvement, le littéraire se perd puisqu'il est conçu comme antilangage ou comme transgression — comme hors de ce qui le constitue, les discours mêmes. Il y aurait bien un lieu pour la littérature, mais il resterait insituable. Soit la notation de Derrida : l'ordre du discours n'est que virtuel; tout discours effectif est création et transformation perpétuelle du sens. Soit la négation implicite du littéraire confondu avec la récusation de son propre pouvoir : Foucault exclut «l'alternative esthétique d'un rapport non pas dominateur mais mimétique à la nature extérieure et intérieure»[21].

Ces constats préservent deux hypothèses. Le langage est conçu comme le rapport de tous les rapports — ce que fait entendre la critique du réalisme assimilé aux droits d'un conventionnalisme; ce que suppose encore la notation du manque d'objet, chez Bataille, chez Lacan; ce qu'est la notation d'un ordre systématique du discours; ce qu'est enfin la conclusion implicite de la philosophie de la différence lorsqu'elle identifie la différence «à la structure différentielle qui caractérise le symbolique; dans son ensemble, le symbolique est mis à nu comme un système de purs simulacres, de traces sans originaux...»[22]. S'il est exclu «l'alternative esthétique d'un rapport non pas dominateur mais mimétique à la nature extérieure et intérieure», le littéraire est défini, dans un jeu antireprésentatif, comme une manière de champ isomorphe. Il faudrait lire ce pouvoir de l'anti-référentiel dans les analyses que propose Foucault des œuvres littéraires — bien que ce ne soit pas un tel pouvoir qui soit visé par l'analyse. Ainsi, dans le *Raymond Roussel*, la notation de l'anarchie de l'auto-référentiel ne se sépare pas de l'indication d'une manière de réalité transcendante à cette anarchie — la vie à laquelle revient le désordre de l'auto-référentiel. Il faudrait marquer que, chez Derrida, la notation du texte et de la trace ne se distingue pas ultimement de la notation d'une architstructure[23]. Il faudrait enfin souligner que la notation d'une involution du littéraire, de Bataille à Blanchot, suppose la proximité même de l'objet. Ainsi de l'expérience limite que décrit Blanchot à propos de Bataille : «L'expérience limite est celle qui attend cet homme ultime, capable une dernière fois de ne pas s'arrêter à cette suffisance qu'il atteint; elle est le désir de l'homme sans désir, l'insatisfaction de celui qui est satisfait ‹en tout›, le pur défaut, là où il y a cependant accomplissement d'être»[24]. Il y a une négation qui n'a plus rien à nier, et qui suppose une assertion continue antécédente. C'est dire que la différence du littéraire, dans sa dénonciation de l'analytique et du référentiel, est une différence pleine. L'idéologie du texte retrouve ses ambivalences, puisqu'elle est à la fois affirmation de la disparité des écritures et l'indication de leur somme, de leur système. Le littéraire est ici décrit comme venant à un rapport ethnologique avec lui-même : il est objet en lui-même dont la qualification par l'auto-référentiel est suffisante et qui, par cette qualification, donne à voir et regarde toute expression. Il faudrait dire la fable de l'écriture comme une fable impériale — l'empire des signes doit se lire comme le pouvoir de l'écriture.

Cette hypothèse du pouvoir du littéraire est ambivalente. Elle se définit comme la récusation de ce qu'elle se donne d'abord pour condition — récusation de la rationalité technique et du pouvoir du discours ; elle lit dans l'exercice du littéraire, qui est initialement rapporté au constat que le littéraire, à l'image de tout art aujourd'hui, ne va plus de soi, suivant la notation d'Adorno dans *La Théorie Esthétique*, une institutionnalisation indissociable de la pratique théorique et critique. Par ailleurs, elle entend présenter le littéraire comme une donnée immédiate — c'est pourquoi le retour à la notation phénoménologique implicite ou explicite est inévitable — et indissociable de la reconnaissance d'une «subjectivité décentrée, débarrassée des contraintes de la connaissance et de l'action»[25]. Il est une lecture optimale de cette ambivalence — celle que propose H.J. Habermas dans ses commentaires sur l'art contemporain : en devenant son propre exercice de connaissance, l'art se donne à la fois pour autonome et pour construction authentique, réponse à la rationalité technologique. Il y a une lecture critique de cette même ambivalence : l'indication de toute relation de réciprocité avec le littéraire disparaît puisque celui-ci est sa propre identité capable de capter le regard — il est hors de toute dénivellation. Cette identification du littéraire assimile la réduction linguistique, dont fait l'hypothèse toute poiésis de l'écriture, à la réduction phénoménologique pratiquée par la peinture contemporaine et seul moyen reconnu de l'affirmation esthétique[26]. Les interprétations de cette réduction sont contradictoires : la récusation du modèle extérieur et de la notation référentielle peut se lire à la fois comme le retour à une relation première et directe avec le monde dans la mesure où le langage n'est pas détourné de lui-même, ou comme l'involution ultime dans le langage qui expose ainsi son propre système et sa propre expansion. Il y a, chaque fois, la notation qu'une manière d'absolu est atteint. Prévaut le narcissisme du littéraire — ce qui se construit sur le deuil de la différence de l'objet. L'effacement de la différence — indifférenciation qu'opère le privilège accordé au langage — identifie le littéraire à une manière de non-réciprocité, et l'absolu qu'il désigne à cela qui reprend toute chose par soi-même et pour soi-même. L'accomplissement du littéraire suivant la loi et la propriété phénoménologique de son artefact, que les reprises contemporaines de l'esthétique kantienne donnent pour une réponse à l'inachèvement de la modernité et pour l'exemple de la réalisation de la rationalité esthétique, est encore identifiable à une manière de totalitarisme du littéraire : en un tel dessin, il n'y a plus de place du littéraire puisque toute place est dans le littéraire. Il n'y a même plus rien de disponible de façon véritablement libre au littéraire puisque tout peut appartenir au jeu de la réduction phénoménologique. Se trouve effacée la disposition à toute invention symbolique, telle qu'elle résulte du constat anthropologique : l'homme dispose dès son origine d'une intégralité de signifiant dont il est embarrassé pour faire l'allocation à un signifié donné pour tel sans être connu[27].

Cette double lecture de l'identification de la rationalité du littéraire se comprend ultimement par l'implicite que porte la notation de l'objet absent, appelée par l'indication de la plénitude même du littéraire, et par le privilège accordé au déchiffrement que suscite ce littéraire qui ne serait que son plein exercice. Lorsque le littéraire n'est pas manifestement référé à son propre dehors, il s'offre comme la fiction même d'une vision de l'absence de l'objet autre — cela que font entendre Barthes, Blanchot, Bataille. Dans l'hypothèse de la réduction à laquelle il procède, il marque qu'il ne peut se représenter comme entièrement adéquat à ses propres signes. Il renvoie à une manière d'*être sauvage* — notation de Foucault ici détournée —, cela qui n'est pas dans la totalité du littéraire. Par quoi, le rêve ultime d'un pouvoir du littéraire qui tirerait sa rationalité de la seule différence esthétique, commande que le littéraire se dise suivant le non-lieu du langage et suivant l'espace impensable que ce non-lieu désignerait. Le non-lieu du langage, à quoi reviendrait la littérature, ne se comprend, de fait, que par référence à un espace où seraient données toutes les présences et toutes les absences — il est l'utopie même de la rencontre entre la dicibilité des mots et l'indicibilité des choses, l'utopie qui ferait de tout dire et de tout regard, un dire et un regard pertinents et cependant libres de toute contrainte de référence. Soient Blanchot, Foucault : la différence esthétique, lorsqu'elle vient à une expérience du langage qui entend être par son arbitraire, par son artifice, par son autonomie, le dessin de cet espace impensable, c'est-à-dire la représentation d'un langage pur et cependant en possession d'une étendue, suggère un ordre des mots qui serait immédiatement un ordre des choses et où les choses seraient cernées par lui. Le littéraire se confondrait avec la fin de la spécialisation de tout savoir et avec une dicibilité universelle. Cette utopie suppose la connaissance de la finitude et de la limite de la lettre, du littéraire : celui-ci est bordé d'un dehors qui ne le légitime pas et qui le contraint soit à l'aveu de sa limite, soit à celle de sa propre figuration sous l'aspect de l'écriture blessée, mortifère, mortelle. Par quoi, l'aveu de la limite est encore un jeu avec la limite et la désignation optimale de l'univers. Car le littéraire est alors ce qui comprend l'univers même.

Ces identifications du littéraire sont des identifications atemporelles : elles peuvent être dites d'un moment, rapportées à un sujet localisé qui dresse un tel constat. Elles excluent de considérer le littéraire sous le signe du résiduel de l'écriture, dans l'évidence qu'écrire revient à marquer le reste et ce qui est une anticipation de l'érosion du temps. La réduction phénoménologique donne tout exercice du littéraire comme inaugural et constant en lui-même, mais elle ne peut récuser sa destinée dans le temps ni le temps comme occasion et moyen même de l'œuvre. La prévalence de la nouveauté est sans doute preuve du *faire* constant que suppose le littéraire, et témoignage de son aptitude à rejeter tout conditionnement, mais elle traduit aussi qu'il apparaît comme une dépendance du futur, comme une anticipation. Dans l'hypothèse d'un affaiblissement de la valeur du futur et dans celle d'une communauté illimitée de communication, indissociable de la définition du langage comme rapport de tous les rapports, le présent d'une telle communauté peut sans doute faire identifier le littéraire à un effacement de l'historique. Subsistent cependant le déplacement temporel de l'objet littéraire et la fonction de ce déplacement. Le privilège du déchiffrement auquel fait conclure le privilège accordé au linguistique, commande de lire le jeu interprétatif suivant le schéma communicationnel et fait du déchiffrement l'équivalent, chez le lecteur, du geste constructeur de l'écrivain. Il est exclu la reconnaissance d'un sens donné et transféré dans le temps, mais aussi la reconnaissance du signe scripturaire comme signe résiduel. Celle-ci ne peut se confondre avec simple déchiffrement puisque, hors de la continuité certaine du sens comme hors d'une identification de l'écrit à une détemporalisation et, en conséquence, à une stricte actualité, interpréter revient à savoir la transformation indéfinie de l'équivalent général[28] — ce qui se dit encore : le monde est devenu fable, toute écriture et toute lecture sont lectures du racontable, de cela qui peut être formulé à partir de cet équivalent général et qui est le moyen de sa transformation. Le déchiffrement ne doit pas se définir, ainsi que l'a fait Habermas, comme l'opposé de l'interprétation suivant la tradition — critique de Gadamer par Habermas. Il doit être rapporté à la notation du résiduel : dans le résiduel, où vient se prendre le langage commun même et ses déformations au long de la chaîne communicationnelle, il n'y a pas seulement le signe qui soit d'excès, mais tout le passé, et, par là, tout ce qui vient au résiduel. L'écriture livre tout signe, fût-ce du présent, à cet excès et en fait un objet de lecture, c'est-à-dire d'exposition. L'écriture et le texte ne sont que l'allégorisation des ordres symboliques. Il faudrait poursuivre le dessin de cette fable de l'écriture, confondue avec une sur-lecture, chez Sartre — l'écriture, objet ouvré, résiduel fabriqué —, chez Walter Benjamin — l'écriture allégorie, du théâtre baroque allemand à la modernité. L'écriture, toujours produit fini, n'est passible d'aucune résolution complète — permanence du résiduel. Elle se donne comme ruine, et fige la disparité et l'accumulation continue des ruines — ruine de l'écriture, ruine des signes. Doublet de l'écriture et de la lecture dans l'écriture même, ici renouvelé. Toute écriture est donc un à-présent, qui ne peut cependant se réclamer d'aucune pérennité. Contre toute immanence de la lecture à l'écriture, l'écriture a pouvoir de faire lire et appelle à la lisibilité dans l'exacte mesure où elle affiche une dissimultanéité. L'actualité, hors de l'autarcie du visible, est distance de ses propres temps. Et la continuité du littéraire et de l'écriture, celle-là même qu'implique l'écriture aporétique, dit tout à la fois la permanence du résiduel, de l'écriture chose — chose dès l'avènement de l'écriture —, et la métamorphose du résiduel et de ce qu'il prend — le langage commun — : la modification.

Il faut revenir à la notation de la singularité et de l'insolite de l'objet littéraire. Celui-ci serait donc sans double et ne doublerait rien. Il peut exposer un ordre, figurer la pertinence de cet ordre; il n'est pas, pour autant, identifiable à l'analytico-référentiel. Il doit en être dit, au plus, le simulacre. C'est aussi marquer une issue au pouvoir du littéraire. Dans l'hypothèse de ce pouvoir, celui-ci est exercice panoptique sur le discours et les objets littéraires, sur les *imagines* que recueille le littéraire. Il n'exclut pas un exercice et une logique de la représentation : il est même un moyen de porter un regard sur cette représentation. Le paradoxe est ici net : la différence esthétique donne la transparence de l'œuvre, en même temps qu'elle fait de cette œuvre ce qui ne cesse d'indiquer le pouvoir du littéraire — celui de reprendre discours et *imagines*. On touche ici à la normativité de la poétique et de l'esthétique modernes : d'une part, identifier l'œuvre à l'affranchissement de toute détermination, d'autre part, donner cette œuvre comme ce qui affiche l'exercice de la dépendance. L'hypothèse de l'insolite et de la singularité de l'objet littéraire fait inversement conclure : bien que la construction de l'œuvre invite à reconnaître une nécessité de l'œuvre, l'objet littéraire reste aussi hasardeux que toute réalité. Il est un réel parmi les réels; il doit renoncer à se connaître, à tirer de sa spécificité sa lumière et sa rationalité. Par une réversion de l'indication de l'empire du littéraire, cet objet, comme il est manière de regard ethnologique dans les jours du présent, relève lui-même d'un regard ethnologique dès lors qu'il est soumis à la série des réels. Le défaut de référent, que revendique l'avant-garde littéraire, se lit sans doute suivant l'exigence d'autonomie, mais encore suivant l'indication d'un effacement de la distance entre le réel et sa représentation. Il est mis fin au réel comme référentiel; l'œuvre même est un réel. Tout réel apparaît comme un arbitraire d'ordre esthétique; l'œuvre comme un réel. Il y a une défaite de l'objet en tant qu'il est représenté comme il y a une défaite de la représentation, dans ce qui paraît tantôt comme une assertion de l'objet et de l'objectivité, et tantôt comme celle de l'écriture et de son déploiement. Le littéraire est à lui-même son propre simulacre, c'est-à-dire objet. C'est ici retrouver doublement la *rhétoricité*. La notation du simulacre peut être celle de la série des masques sans objets. Elle fait conclure à une manière de fictif généralisé. L'indication de l'insolite définit la réalisation singulière du fictif comme une manière d'irrécusable, image qui ne redoublerait rien. L'énigme même de la ressemblance. Et la pertinence de la création du masque. Par cette création, il n'y a pas seulement à dire le deuil de l'objet et éventuellement l'objet manquant pour identifier le simulacre à une sorte de désignation de la vision de l'absence. L'objet littéraire est à la fois un *réel* parmi les *réels*, un objet parmi les objets du monde, et une apparence, précisément la fiction qu'il est et qu'il se donne. Fiction actuelle, fiction inactuelle, objet constamment présent. Il faut comprendre : fiction inaltérable et, sans doute, diversement interprétable. L'essentiel n'est cependant plus dans la notation de la subjectivité de l'interprétation mais dans cela que supposent l'inaltérable et la singularité : si cet objet peut être doublé, s'il appelle d'abord une manière de constat, il faut conclure que lire n'est qu'une manière de modelage de cet objet donné.

Il faut comprendre : dès lors que le rapport à l'objet littéraire et à l'œuvre cesse d'être défini suivant le jeu de ressemblance qui se déduit de l'identification du littéraire à l'analytico-référentiel, selon l'hypothèse d'une structure d'appel de l'œuvre — ce qui fait entendre que la demande de sens de l'œuvre serait ce que le lecteur entreprend d'observer et de satisfaire —, le rapport à l'objet littéraire devient positionnement du lecteur parmi ces objets et, indissociablement, constat, par la notation de l'inaltérable du singulier et du déjà-lu, de ce qui unit les individus les uns aux autres sans qu'ils cessent d'être ces singularités qui constatent des singularités. L'énigme de la ressemblance n'est que la récusation de l'apparence comme telle et l'énigme de ce champ commun où les hétérogènes font ensemble parce que tout constat de la singularité par l'individu est situation des singularités les unes par rapport aux autres, des individus par rapport à ces singularités. Il n'y a plus lieu de dire un objet absent de la littérature, ni à opposer une lecture phénoménologique-réaliste à une lecture pragmatiste. Redire ici la situation de refus des discours que suppose la reconnaissance du littéraire, revient à marquer que l'identification de l'objet littéraire comme autre — à savoir comme radicalement singulier — et la définition de la lecture comme jeu d'individu à singularité font de la lecture l'homologue de l'écriture. Dans la lecture, œuvre et lecteur ne se questionnent et ne se répondent pas suivant un rapport strict de la question et de la réponse[29]. Si l'identification de l'œuvre comme *autre* suppose qu'elle fasse question en elle-même — relativement aux déterminations qu'elle expose —, l'œuvre reste question pour le lecteur dans la mesure où elle n'est pas modélisable, mais seulement modelable suivant le rapport de la singularité et de l'individu, et où toute réponse du lecteur est hors du mensonge de la modélisation — du double — et dans le temps — l'apparence de l'œuvre produit ici, à la lecture, de l'être grâce à une singularité qui transmet du temps. Celle-ci est, par définition, du passé et sans site temporel; elle atteint les significations les plus complexes parce qu'elle est, dans l'usage de la lecture, objet déjà usé et cependant inusable, objet du présent et objet du futur — d'un futur déjà vécu. Cet objet vieillit sans vieillir, double le temps et semble l'arrêter pour lui-même — artifice qui est garantie contre la corruption de l'*être*. On souligne là la vanité des hypothèses de l'herméneutique — tradition, réception rapportée à la seule réalisation lectorale du texte — et l'inévitable d'une ontologie de l'œuvre : le signe constitue de nouvelles espèces d'êtres, ainsi que l'œuvre, à l'occasion du déplacement temporel de la lecture, est cette apparence qui produit de l'être par dénaturation du rapport chronologique au temps. Il y a là la propriété de réciprocité du littéraire : son artifice n'est pas identifiable à la seule réduction linguistique; l'autorité de cet artifice n'est pas défaite — tout ordre symbolique, fût-il singulier comme celui de l'œuvre, fait loi dans le moment de son déchiffrement, mais, en cette loi, tout est alors présent à tout et chacun peut se reconnaître dans cette certitude.

La constitution et le constat de l'objet singulier sont ainsi exercices exactement rhétoriques. Cet objet n'est que lui-même; il est aussi ce qui peut circuler — de plusieurs lectures et de plusieurs temps. Dans sa constitution — cela se sait par la métaphore, par le récit, par l'écriture, il est ensemble qui ne cesse d'avouer ses propres parties. La singularité veut dire que l'objet est pleinement lui-même, et que, dans son composite, il est un intégrateur suivant le jeu de la rhétoricité. Il totalise parce qu'il est en lui-même d'essence relationnelle. Le constat, qu'il suscite, est encore façon de le constituer, non plus en lui-même, mais relativement à ceux qui le constatent, aux lecteurs : ainsi constitué, il fait exister, désigne un collectif humain qui se fixe et qui est relation par cet objet.

Ainsi qu'on le sait de la rhétoricité, l'achevé des relations n'est pas donné; elles ne font ensemble que par le rapport à la même singularité diversement reportable — par la caractérisation de chaque lecteur comme celui qui devient une part de cette singularité et qui est une part de l'ensemble de ceux qui détiennent une part de la singularité. Le pouvoir du métonymique est constant : la compréhension que suppose la lecture, la reconnaissance de la contemporaineté paradoxale de l'objet littéraire qu'elle suscite, la communauté qu'elle dessine — suivant l'hypothèse de la phénoménologie et de l'esthétique de la réception —, seraient pures fictions sans ce jeu de partages, qui fait de la singularité une manière de *lieu commun*, celui des divisions et du remembrement qu'elle implique. Le singulier se constitue dans et par les relations du milieu symbolique, du milieu discursif, qu'il désigne en retour; il se constate et devient objet pour un sujet dans et par les relations que définit, par rapport à lui, la série des lecteurs qui devient ainsi groupe. S'il faut dire, à l'occasion du littéraire et de l'accord de reconnaissance qu'il commande, une communauté, il faut moins la dire suivant l'effet esthétique et le *sens commun* qu'il supposerait, suivant la preuve de l'intersubjectivité que porterait la concordance des lectures, que selon cette division de l'objet de la connaissance — objet singulier : aucune de ses parties ne peut être la figure de sa totalité; chacune de ses parties, dans le moment de la division, entre dans un jeu de complément. Toute lecture est rhétorique; toute multiplicité de lecture est interprétable par le jeu rhétorique, constitutif de l'horizon de la réception.

Comme l'écriture, la lecture est un présent. Celui d'un faire. Celui du paradoxe temporel de ce présent : celui-ci est son actualité et le présent des témoins du passé — ces singularités que sont les œuvres —, ce moment où se constate la guerre du temps, mais aussi rassemblement selon la division même du temps. Champ commun du rhétorique et sollicitation d'une ontologie par la rhétorique — qui suppose ces singularités qu'aucune chronologie ne double plus : le littéraire est réciprocité de ce qu'il dit, de ce dans quoi il s'inscrit, de sa fiction à toute fiction et à ce qu'elle présente. Le langage, qu'il soit celui de l'échange quotidien, qu'il soit celui de l'œuvre, n'est jamais *seul*; il n'y a pas de réduction possible du littéraire à partir de l'indication linguistique. Le littéraire même est multiple, sans unité de mesure, et, en conséquence, renouvellement constant de lui-même, expérience globale par sa multiplicité. Celle-ci défait sans doute tout objet assuré du littéraire, elle le caractérise aussi comme un bruit de fond, comme cela qui détaille insensiblement la perception commune, fût-ce dans l'évidence d'un défaut d'objet. Le littéraire est dans le monde comme une de ses parties, et donc, dans sa constance, dans sa pérennité, toujours circonstanciel. C'est, de fait, retrouver la leçon du texte, et considérer la différence esthétique comme le moyen de l'inscription continue du littéraire dans l'échange discursif, et lire le littéraire comme l'analyseur de cet échange et, partant, comme le savoir même de ce qui se dit à la fois par le choix esthétique et par les discours de la connaissance et des fins pratiques.

Le littéraire ne signifie pas : il fait comprendre qu'il donne les témoins du temps pour les signes de la communauté des temps et l'œuvre même pour l'interprète de cette communauté. Il est par là relatif à l'Histoire. La différence esthétique n'équivaut pas à une extériorité radicale par rapport à l'Histoire; elle livre une énonciation déplacée tout à la fois du passé et du présent. La vanité de l'indication de la spécificité du littéraire se lit nouvellement : il ne s'agit pas seulement de marquer que le littéraire ne porte pas son propre savoir, mais encore que, hétérologique dès qu'il réfléchit cette distance entre son inscription et ce qui le soutient — le milieu linguistique, la matière des mots et du temps, il procède explicitement de la mémoire de l'altérité, qui est donc inclusivement mémoire de l'Histoire. Il n'est pas assuré que l'involution littéraire soit la finalité du littéraire. Elle peut être un moyen de reprise du littéraire par lui-même et invention actuelle du modèle qui commande la production de l'œuvre; elle est le dessin du possible de l'œuvre qui, par là, devient productrice de ses propres différences, indication de son propre temps et, en conséquence, de l'hétérologie et de l'échange qu'elle porte. La vanité du savoir, qui se conclurait de la reprise de l'œuvre par elle-même, est, de fait, indissociable de l'inaptitude à construire l'œuvre comme la machine qui interprète ses propres différences. Hors de la notation qui fait du littéraire une fin en soi — il devient la *norme* selon laquelle s'estiment, se jugent les usages linguistiques, le discours social, la rationalité culturelle, la rationalité cognitive, et, livré à l'*incommensurable*, à l'*auto-représentation* et au *non-lieu*, il est attribution de sens à ce qui ne relève plus d'aucun territoire —, l'aporie du littéraire se lit comme le constat de la *minorité* du littéraire : l'inévitable de l'*ordinaire* indique que le littéraire est sans doute proche d'une manière d'indéfinissable, mais qu'il est, par là même, à l'occasion de cet *ordinaire*, rapporté, reportable sur toute la symbolique, et sur tout l'espace culturel, soit la dualité d'un écart aux dispositifs culturels ou discursifs, et d'une inscription implicite dans ces dispositifs. Par cette ambivalence, le littéraire, comme une *différence* au sein même du discours intersubjectif, est à la fois ce qui a pour hypothèse que ce discours intersubjectif est *rompu* — il y a une pluralité irréductible des jeux du langage — et ce qui maintient, préserve une idée faible de l'universalité. Il permet, par cette idée, le constat et la mise en fiction pluraliste des jeux du langage. Il faut donc dire le passage d'une interprétation du littéraire comme dépassement de la rationalité pratique et de la rationalité cognitive — incommensurable, auto-représentation, non-lieu — à la définition et à la pratique du littéraire comme fiction paradoxale de la communauté.

L'hypothèse du texte est qu'il y a «accomodement» des mots entre eux, et qu'il convient, en conséquence, d'identifier le *milieu* linguistique comme le support même de l'écriture. *Milieu* fait entendre que la langue n'est pas un *moyen*, mais cela qui donne *lieu* au texte; le texte donne lieu au fictif. Il faut comprendre : rapporter strictement le texte à la langue serait ne reconnaître le texte que par sa condition et ainsi oblitérer le fait que le texte est la somme même de ce qui fait texte — c'est-à-dire du textuel, du textualisable, de cela qui, parce qu'il est fixé par l'écrit, ne change pas et est cependant donné dans ce qui change — le textuel, le textualisable. Le texte est le milieu du fictif parce qu'il ne peut exposer sa propre loi et que, par l'hypothèse de l'accomodement des mots entre eux, il donne toute série de mots, toute phrase pour un univers. Dès lors, il apparaît moins comme la preuve de l'empire du littéraire que comme l'évidence que le littéraire est apte à saisir toutes les différences et qu'il est, en lui-même, une manière de traduction d'une phrase à l'autre, d'une phrase dans l'autre : la mémoire du littéraire — le texte — se réalise par la chaîne des différences du littéraire, et, partant, par l'appel à l'interprétation — à la lecture des variables du fictif. Le divers est la certitude de l'universel. Le texte *est* essentiellement par les interprétations, explicites, implicites, représentées, non représentées dans l'œuvre, qui renvoient au mobile du texte : exercice d'ubiquité, manière d'impertinence qui suscite dans le texte l'accord même du divers sur ce texte, la rencontre des interprétations. Une telle hypothèse du texte contredit à la fois l'identification du texte à un empire du littéraire et le constat suivant lequel le régime des discours serait celui du différend[30] : il n'y a pas d'accord possible des discours qui vont par leur autorité, leur finalité propres, et suivant leur rationalité. Le communicable, c'est donc ici l'ubiquité dans l'épaisseur et l'étendue du texte, opaque non parce qu'il serait énigme mais parce qu'il ne donne pas sa propre transparence — donner sa transparence équivaudrait à le placer sous le signe d'une définition achevée de chacun de ses mots et de chacun de ses moments, et à défaire ce changement que la constante du texte porte en elle. Le texte renouvelle ici la figure du résiduel. Il est la continuité des textes morts, inachevés. Mais l'écrivain est, par le texte, quelqu'un d'autre qu'un mourant qui cherche et qui réussit à parler : l'attention même à cela qui ne cesse d'altérer le texte et, par conséquent, de noter le pouvoir différentiel du texte.

La différence esthétique cesse de faire du littéraire un objet radicalement distinct, autonome et, en conséquence, lisible seulement suivant son aptitude à marquer la rupture de l'œuvre avec le moment de son actualité. Cette rupture se donne tantôt pour le moyen de passer la continuité historique, tantôt pour une critique de l'Histoire. Dans l'un et l'autre cas, le littéraire apparaît comme ce qui acquiert quasiment les qualités de Dieu : il est auto-suffisant, regard sur l'Histoire, et injustifiable face à la rationalité cognitive et à la rationalité pratique. Il faudrait lire dans les antécédents surréalistes, dans l'obsession de l'écriture blessée chez Maurice Blanchot, dans les paradoxes du *Degré zéro de l'écriture*, dans le croisement du marxisme et des aveux des discontinuités choisies que portent les théories littéraires de l'avant-garde (*Change, Tel Quel*), à la fois la notation que la culture contemporaine se voue à l'historicisme — cette société se dit, se reflète dans une obsession et un discours de l'Histoire qui marquent l'absence du futur et livrent une manière d'image narcissique de la culture —, et l'indication que l'œuvre littéraire entreprend, dans le vide de l'Histoire, d'être comme le contrepoint de cette image narcissique — autre image narcissique, celle des pouvoirs du littéraire considéré en lui-même. Mais, hors d'une lecture radicale de la différence esthétique, l'œuvre même se trouve relativisée. Bien que la lettre de l'œuvre soit fixée, l'œuvre apparaît toujours conjoncturelle. Elle n'est ni l'Histoire même, ni la lecture privilégiée de l'Histoire, ni la critique ou la négation de l'Histoire. Il suffit de dire le texte, la variable du fictif, pour marquer que hors de la lecture des fins de l'Histoire, hors du savoir de l'Histoire, le littéraire, parce qu'il est un témoin constant, parce qu'il définit toute mémoire comme contextuelle ou contextualisable — et telle est la mémoire même de l'œuvre, telle qu'elle se figure dans le développement du fictif —, est une manière d'interface entre les écrits, entre les époques, entre toute mémoire et l'actualité. Le littéraire est la réalisation même des règles indicibles de la mémoire. Il n'actualise rien, il ne dit l'Histoire de rien. Interface de cela qui s'est dit et qui se dit, s'écrit, s'est écrit, il prend acte que ces continuités irréductibles les unes aux autres sont sa matière et qu'écrire est la notation du pouvoir différentiel de cette matière. Il cesse ici d'être sa propre récitation, comme il cesse d'être la récitation de l'Histoire. Il est le récit des différences idiomatiques que porte le temps, et, par là, des histoires de ces temps. Pour le littéraire, rien n'est perdu, et l'altérité est présente dans cela qu'il prend pour matière. L'arbitraire du littéraire est ici intact. Il n'est plus cependant cet artifice qui fait de l'œuvre une manière d'étendue où celle-ci recueille tout signe — non-lieu du langage —, ou ce qui expose ou maîtrise les *imagines*. Le littéraire n'est pas non plus, par la traduction qu'il opère de sa matière (la mémoire), une machine à éliminer l'extériorité en la transférant dans l'œuvre. Il prend exactement pour objet cette altérité qui l'informe, sans qu'elle puisse lui imposer une détermination stricte.

III. LITTERAIRE, INTERPRETATION, PREFIGURATION

Le littéraire, dans son archéologie, dans ses témoins, continue d'être lisible, ainsi que l'écriture continue d'aller. De fait, la théorie contemporaine définit implicitement la réalisation textuelle du littéraire comme une fiction. Le texte n'est passible d'aucune règle de circonscription : c'est un univers lacunaire, où tout ce qui n'y est pas ou qu'on n'y met pas reste en blanc. L'univers de la fiction contient et contient seulement tout ce qu'elle implique qu'il contient, mais cette implication n'empêche pas que soient posées des questions sans objet relativement à cette implication. Le texte, ainsi ramené dans la fiction, est à la fois passible d'interprétation stricte et libre d'interprétation. Le texte est constant parce qu'il n'est pas une chose en soi et parce qu'il relève toujours de pratiques localisées. Dans son effort pour établir les droits de l'écriture contre la prescription idéologique, la théorie contemporaine du littéraire vient à un relativisme certain, qui oppose l'échange des textes à l'échange du sens. Il faut dire : l'échange des textes n'est que l'échange des histoires, de cela qui va suivant les implications de l'univers de la fiction et qui, tout à la fois, remplit les blancs. La semblance qu'expose la version du monde est en elle-même un échange. L'universalité du texte indique l'immensité du traduisible et traverse le partage des lieux, des discours ; elle apparaît comme une manière de méconnaissance qui ne cesse de faire percevoir des signes égaux — ceux-là qui viennent et de l'univers de la fiction et de ses blancs.

Tel est le fictif : qu'aucune vérité de l'écriture ne se lit dans le savoir de l'écriture et que les mondes que propose le fictif outrepassent ce savoir pour suggérer que, dans le rapport, j'écris, tu me lis, se résout tout pouvoir d'écrire et se trouve exclu tout accomplissement téléologique du littéraire. La fiction se redit encore : recouvrir le lieu de dispersion des signes et s'inscrire là où il apparaît qu'aucun savoir de l'écriture ne se dit dans le rappel des règles de ce savoir. Le récit ne fait preuve ni à l'égard de quelque objet, ni à l'égard de lui-même. Le primat de la fiction apparaît inévitable. Le littéraire se confond avec une dilution de tous ses contenus et avec la sérialité de sa propre inscription. Recyclage indéfini des textes, il devient manipulation de la semblance, à la fois récusation de l'oculaire et indication qu'il se résout dans son jeu de variation. Par cette réversion du littéraire dans le fictif, la théorie contemporaine l'identifie, à travers le texte, à ce qui ne cesse de changer ses contours, dans une manière de démultiplication. La démultiplication suppose la contrainte discursive, dès lors qu'il y a accroissement par répétition même partielle. La contrainte porte sa propre transgression : le texte est aussi le n'importe quoi de la semblance. Il n'y a plus de juridiction du texte, bien qu'il y ait encore une loi du texte. Le texte peut donc encore continuer : aucun de ses témoins n'est jamais premier — preuve même de la loi du texte, mais aussi évidence que les textes s'enchaînent contre l'autorité du texte antécédent. Le texte va inévitablement avec la fiction parce que la fiction est le régime de l'échange des semblances ; la semblance renvoie à l'ambivalence de l'illocutoire, à la fois référentiel et sui-référentiel, à la fois destiné à l'autre et autonome, et, en conséquence, articulation égale de ce qui n'appartient pas nécessairement au même régime narratif et discursif. Dans cette dualité, le texte est donc toujours sa propre actualité et la reprise de l'ambivalence première de l'écriture dans l'idéologie contemporaine du littéraire. Le fictif recèle ainsi une ultime fable qui, à l'occasion d'un impouvoir du texte, marque que ce texte est proximité et relations des mots de la tribu, alors que la loi même du texte oblige à une manière d'inaptitude à lire. Dans l'apparentement du littéraire et du fictif, il n'est de langage localisé et de métalangage que par les incertitudes que note le fictif. Elles ont affaire avec l'entre-deux des divers régimes de discours et définissent le texte comme une sorte de *go-between*. Cet échange et cette raison de l'échange vont encore contre la rationalité de l'échange économique : ils appellent le détour, celui de toutes les fables. Fiction et littéraire ne cessent d'aller ensemble : des signes sont toujours à attendre ; le suspens même de la fiction et l'obligé du texte.

Dire ainsi le littéraire se confond ici avec la notation de la communauté qui disposerait également de ses mots en chacun de ses membres, et qui, par là, serait apte au dialogue égal et libre de toute règle qui traiterait des différences. L'écart du littéraire identifié au fictif ne caractérise pas tant la négation de l'ordinaire, du réel sous l'aspect du simulacre que la possibilité d'user de la lettre comme du non-lieu de représentations singulières qui, par la liberté de lecture qu'elles laissent, sont possibilité d'un accord des sujets engagés dans la reconnaissance du fictif. C'est une fable dans les fables déjà dites que les témoins du littéraire et de l'écrit sont témoins d'une communication passée et, en conséquence, indices de ce qui est encore communicable. Le littéraire, inscrit dans l'ordinaire, dans le réel singulier, est, par le fictif, attestation de l'échange et, par cette attestation, encore échange. La justification de la différence esthétique est dans la certitude que porte l'exposé de l'ordinaire et du fictif : celle du démocratique. Les variations mêmes du fictif, qui empêchent qu'il soit donné pour un ensemble achevé, désignent la variable comme ce qui porte la raison de l'universel. Admettre la pluralité des jeux du fictif, c'est ici représenter la modification du sens et la motiver suivant la libre interprétation par des sujets. Le littéraire suppose une herméneutique de l'individualité : la possibilité de la variable du fictif atteste qu'il n'y a pas seulement vain jeu subjectif, mais que quelque chose est communicable; ce communicable n'est pas assignable, mais il suppose que les sujets sont engagés dans sa connaissance. Le fictif s'identifie à une manière d'hypotypose de la communauté de la communication.

Cette fiction de la communauté est donc fiction de la levée de ce qui interdit la communauté. Le littéraire porte l'inversion explicite du cognitif et du pratique. Ils sont expressément inversés parce qu'ils ne sont plus fins en eux-mêmes, mais moyens, inscrits dans la finalité de la fiction : donner les images égales de la continuité des signes et de leurs correspondances; marquer que le savoir comme la décision morale relèvent de la notation de cette égalité des images. La différence esthétique apparaît comme la relativisation de la raison cognitive et de la raison pratique : elles ne disposent ou n'indiquent aucun ordre, elles commandent seulement des modes d'enchaînement des représentations — le cognitif et le pratique deviennent des *composantes* du communicable et ne sont pas (ou plus) ses déterminations. L'œuvre n'est pas l'autre du savoir et de la règle éthique; elle en est la reprise, le dépassement, parce qu'elle inscrit dans l'objet le fictif — qui dispose que tout va par correspondances, figures mêmes de la communication égale.

Supposer cette égalité du fictif et, en conséquence, du communicable équivaut à noter que l'écrit est à la fois ce qui est toujours présent, ce qui est toujours à quelque degré lisible, ce qui s'offre comme une manière d'*esprit objectif* — cela qui présente constamment la culture — et cela qui réclame toujours le déchiffrement. Cette dualité peut s'interpréter comme la misère de toute symbolique et, partant, de toute œuvre. Celle-ci ne peut être sa propre spectatrice — seule hypothèse qui la définirait comme un être complet, ainsi que le remarque Paul Veyne. C'est encore souligner que, parce qu'il est *esprit objectif*, le littéraire est occasion d'une demi-croyance — ou d'une demi-adhésion. Une croyance complète appellerait une identification au littéraire et, en conséquence, l'exercice constant de l'illusion. C'est pourquoi toute approche de l'œuvre peut être dite *préfiguration* de l'œuvre en un mouvement qui exclut la refiguration. C'est ici réinterpréter ce qui se dit du rôle du lecteur. Celui-ci est par l'incomplétude même de l'œuvre. Il ne lit que suivant l'incomplétude que commande la demi-croyance. Il peut être dit le jeu transférentiel, le caractère tropologique, l'aspect empathique de la lecture, et chaque fois marqué la transaction de la lecture [31]. Il reste cependant une évidence : l'hypothèse transférentielle est celle-même du caractère provisoire de la construction à laquelle procède la lecture; l'hypothèse tropologique porte explicitement la notation de l'ambivalence de l'interprétation — à la fois «jeu de figurations possibles de ses objets et (...) allégorisation de l'acte d'interprétation lui-même» [32], donc pratique de méconnaissance partielle et d'auto-réflexion; l'hypothèse empathique lit une nouvelle dualité — d'une part la récusation d'un pouvoir de captation par l'œuvre, au sens où l'entend la rhétorique de la fiction, et, d'autre part, une relation de réciprocité définie par Sartre : «... tant qu'une part de l'objet se révèle tel qu'il est, en nous révélant ce que nous sommes (c'est-à-dire notre relation à lui et notre ancrage), on peut espérer, au terme d'un long effort, parvenir à cette réciprocité de position (l'objet nous définissant dans la mesure même où nous définissons l'objet) qui est la vérité humaine» [33]. On retrouve, dans ces notations relatives au face à face du lecteur et de l'œuvre, dans cette indication de la constance du fictif, les équivoques du pragmatisme, corrigées partiellement par la référence rhétorique, définie comme le moyen de préciser un échange — dialogisme explicite de l'hypothèse transférentielle et de l'hypothèse empathique — et de caractériser une représentation de l'œuvre, qui permette de définir la situation et le statut du discours du lecteur. Dialogisme, caractérisation de la représentation de l'œuvre sont autant de moyens d'identifier et de mesurer la demi-croyance dans le littéraire, et d'expliquer l'inachèvement de la lecture; la méconnaissance est positive en ce qu'elle a pour conséquence une reconnaissance du sujet par lui-même et qu'elle fait de l'expérience de la distance à l'esprit objectif une expérience heureuse.

Ces hypothèses sont, par ailleurs, des hypothèses relatives à l'*interprétation* et non à l'*analyse* des textes [34]. Elles supposent deux choses : des individus peuvent entretenir avec les œuvres une relation directe et la penser; le littéraire supporte une interprétation. Ces deux suppositions sont ici des choix manifestes — la relation directe avec la littérature est une relation que certains disent vaine et, en tout cas, distincte de la lecture commune ou de la reconnaissance de n'importe quel art, qui sont lecture et reconnaissance inévitablement accidentelles. L'indication de l'interprétation, comprise comme distincte de l'analyse, et définissable à partir de la notation de la préfiguration, traduit que l'œuvre ne peut être appréhendée comme objet de l'expérience sensible, ni comme objet de l'expérience purement rationnelle, mais que l'œuvre par là même est exprimée comme une existence. Ce qui se formule encore : l'œuvre est cette différence qui peut être interprétée à partir d'elle-même ; interpréter, c'est rendre compte de cette différence. La distance de l'interprétation à l'œuvre et son effacement partiel font ultimement entendre qu'il n'y a d'interprétation de la vérité de l'œuvre que métaphorique, et que toute interprétation métaphorique ne peut être donnée que pour relative à la vérité de l'œuvre. Il ne faut pas marquer ici tant une ontologie de l'œuvre que ce qu'implique l'hypothèse de l'interprétation : il y a un lieu commun, celui de l'existence, entre œuvre et lecteur ; la lecture, ainsi conçue, enseigne que toute relation à un texte est relation à un texte qui doit être compris intrinsèquement — le texte est souverain —, et que cette souveraineté dit aussi des lecteurs souverains qui doivent être interprétés à partir de leurs seuls critères — cela qu'indiquent l'interprétation tropique, la référence transférentielle et la notation de l'empathie. Tropique, transférentiel, empathique formulent ultimement la reconnaissance mutuelle de l'autre — certitude même de la liberté d'interprétation et moyen de désigner une communauté, non plus la communauté interprétative, mais celle-là qui est unie dans la même égalité et dans la même liberté dans la référence à un texte à interpréter intrinsèquement et qui cependant ne livre aucune certitude. Substituer la notation de l'interprétation à celle de l'analyse, c'est encore dire que cette absence de certitude n'est pas un défaut puisqu'elle commande l'approche rhétorique et que la notation de deux autorités égales, celle de l'œuvre, celle du lecteur, est une notation métaphorique — la vérité de chacune des autorités se lit dans la contradiction et l'échange de ces autorités.

C'est ultimement dire la raison du littéraire — l'œuvre, le lecteur — par l'exercice de la communauté, et marquer que cela qui est aporétique, résiduel, est occasion d'un exercice d'acceptation des différences, dans ce qui est le discours — l'interprétation — de la ressemblance partielle, et dans la reconnaissance inachevée d'un symbolique qui se donnerait pleinement pour lui-même. Il faut constater les versions *faibles* qui sont proposées de cette raison du littéraire. Soit la raison de l'écriture. L'autorité de l'écriture commanderait, dans une définition qui identifierait le littéraire au représentatif, des énoncés dénotatifs qui supposeraient des métadescriptions affranchies de l'aporie que porte précisément le choix de l'écriture. Le littéraire est alors exactement descriptif ou explicatif, toujours littéral. Dans son identification à la seule *techné* de l'œuvre, il se résoudrait dans le savoir des contraintes, de l'œuvre, confondues avec celles de la langue, des sémantismes, et des structures typologiques de son propre art. Il faut revenir à l'autorité inachevée de l'œuvre — celle-ci ne peut être son propre spectacle : écrire est un désir de maîtrise de la langue qui ne mène à rien et qui appelle la seule contrainte locale où se notent à la fois la possibilité infinie de doubler la langue et la défaillance à satisfaire la maîtrise. L'arbitraire de l'œuvre ne peut aller ni contre la langue, ni contre le signe, pas plus que l'œuvre ne peut venir à une possession du signe. Dans la contrainte choisie, l'écriture s'écrit comme si elle détenait le secret de la langue, sans reste ; mais l'invention même que porte la contrainte laisse toujours apparaître un résidu à deviner. Toute règle d'écriture est le moyen de générer le texte, et ne peut être le savoir de ce texte. Il y a toujours dispense de souveraineté absolue et pari sur l'usage de l'innombrable des signes. L'écriture est ici du fictif même : aucune vérité de l'écriture ne se dit dans la contrainte ; dans le rapport, j'écris/tu me lis, se résout tout pouvoir d'écrire et se trouve exclue la reconnaissance de l'effet de l'accomplissement formel — qui reviendrait à dire une manière de réalisation de la contrainte. L'inachevé impose encore, dans l'identification du littéraire à l'explicatif ou au descriptif, de conclure : la fiction naît de la légitimité d'un jeu interrogatif — que dire de ce qu'il y a à expliquer ou à décrire, de l'explication et de la description ? — alors même que l'impropriété de l'écriture est manifeste. Ecrire devient exercice de notation des singularités et dessin de leur communauté provisoire. Il y a une pertinence de la méconnaissance que porte le fictif : il est cette composition possible de dénotations opposées et indication que tout fait reste face à cette communauté des signes qu'il livre. Marquer l'autorité du littéraire, c'est reconnaître qu'il laisse à leur hétérogénéité ses phrases mêmes et qu'il n'y a aucune économie qui prodigue les signes et les compositions des discours. Et lire dans cette autorité la fable de la différence acceptée, qui est déjà fable de la lecture et de la constitution de toute connaissance intersubjective — «les individus peuvent s'aborder directement, par l'acceptation de leurs différences. En reconnaissant que les autres sont différents d'eux-mêmes, plutôt que de vouloir les contraindre à un idéal universel, les êtres peuvent communiquer entre eux sur la base d'une connaissance intersubjectivement constituée»[35].

Dire l'autorité du lecteur, que supposerait, dans un jeu de réciprocité, celle de l'œuvre, ne doit pas seulement équivaloir à la notation d'une commune existence de l'œuvre et de son lecteur. L'indication de l'*esprit objectif*, à laquelle Paul Veyne identifie, à la suite de Georg Simmel mais aussi, faut-il le rappeler, de Sartre[36], la littérature réalisée — la littérature disponible hors du report sur la volonté d'expression de l'écrivain et de l'usage symbolique que les contemporains ont pu faire de telle ou telle œuvre —, marque l'inaltérable, la visibilité et la non-quotidienneté du littéraire. Celui-ci est un témoin présent, attestation sans doute de l'ordre symbolique de l'art, mais étranger par là à toute réalisation continue de la lecture. Le littéraire, l'esprit objectif, est cela-même qui peut être interrogé à partir de son exclusion du quotidien et de sa clôture symbolique. Il n'importe pas de savoir dans quelle mesure ce témoin du littéraire est accordable à l'idéologie de tel moment, car le propre du symbolique et du littéraire, qui est ce résiduel, est précisément d'être hors de leurs propres contradictions et des contradictions qui peuvent les définir par rapport à telles pratiques et à telles idéologies. Tenter de marquer une concordance reviendrait à dire l'inévitable de la continuité de l'idéologique dans le symbolique, alors que la seule constance qui puisse être notée du littéraire est celle-même de la demi-croyance. L'autorité du lecteur est celle de celui qui entreprend une écologie du symbolique. Constater ainsi le littéraire, esprit objectif, c'est le constater public hors de tout acte et de ses limites. Sartre le note : ce savoir de l'ouvré écrit, c'est pour le lecteur, face à l'œuvre, s'engendrer *ex nihilo*, sans se défaire de ses propres contraintes d'interprétation, mais sans y reconnaître la loi de l'entreprise de la lecture — la lecture, dans son autorité et dans son arbitraire, est reconnaissance des signes publics. Il peut être dit l'art, et son refus du signifié, et son choix de la déréalisation. Rien n'efface la visibilité du témoin scripturaire, ni, en conséquence, la possibilité de la lecture et l'autorité du lecteur. Il y a donc l'innombrable des témoins scripturaires — toute lecture est, au regard de cet innombrable, un occasionnalisme et une totalisation, et la maîtrise inachevée de cet innombrable. L'écrivain est inévitablement ce lecteur et, pour tout lecteur, un tel objet symbolique qui participe de l'innombrable et qui fait lire exemplairement le jeu de l'occasionnalisme, de la totalisation et de la maîtrise inachevée.

L'objet de la lecture, identifié au témoin scripturaire, est parmi les autres témoins mais hors de toute concaténation certaine. La lecture et son arbitraire sont donc interminables — réseaux d'universalité entrelacés à l'infini qui ne relèvent d'aucun idiome absolu et qui participent toujours à la singularité du témoin. Lire se donne alors en une double figure : épigénèse, manière de développement qui n'existe en germe nulle part; généalogie générale, puisque, dans le parcours des témoins, elle ne retient aucune filiation univoque des témoins. Se redéfinit ainsi le paradoxe de la communication-incommunication, de l'autonomie et de l'évidence du littéraire : la lecture littéraire est ce qui naît par soi-même contre les signes génétiques du témoin et dit toutes les genèses. L'arbitraire de la lecture est encore motivé : la plus grande correspondance des témoins scripturaires n'est atteinte que dans les éléments les plus différents des témoins et dans la diversité même de l'organisation des ressources des lecteurs.

Il se lit là une manière de paradoxe. L'autorité du lecteur face aux œuvres est le résultat même de la discordance entre œuvre et lecteur, et de l'inaptitude de celui-ci à unifier ses lectures ou à assimiler les créations objectives — les témoins littéraires. Dire, dans ces conditions, la communauté de l'œuvre et du lecteur, des œuvres, des lecteurs, c'est dire le rapport libre à l'œuvre dans la demi-croyance au littéraire, qu'assure le constat de l'esprit objectif. Il faut moins considérer l'interprétation comme l'indice d'un dialogisme bénéfique, que comme celui de la limite même du geste de la lecture. Notations du jeu transférentiel, du jeu empathique, de la phénoménologie de la lecture reviennent à suggérer qu'œuvre et lecteur peuvent être de même niveau et selon une appropriation de l'œuvre. Il faut entendre, de fait, l'interprétation, suivant le terme d'Hayden White, comme une *préfiguration* de l'objet littéraire, exclusive de l'analyse de la connaissance[37]. C'est ici rejeter un rappel du rhétorique identifié à la refiguration (P. Ricœur) qui conclut ultimement, à partir de l'hypothèse de la commune existence de l'œuvre et du lecteur et dans la série des trois *mimésis*[38], au passage explicite de l'œuvre au lecteur. Et identifier la systématique tropologique de la préfiguration à un processus de contextualisation, d'apparentement, de totalisation et d'indication ultime de l'arbitraire de cette préfiguration — prévalence dernière de l'ironie. Il ne convient pas de reconnaître là l'inconclusif que note la déconstruction, mais l'indication, par la préfiguration, de la division dont elle procède, et de la fonction qu'elle avoue : donner le champ commun de la disparité. C'est encore marquer le défaut d'appropriation. Celui-ci n'importe pas en tant que tel puisque la lecture est ici exercice explicite de demi-croyance — de préfiguration et de constat de la dénivellation entre le sujet et l'objet ouvré — réalisation objective de l'homme. C'est dire nouvellement l'aporie du littéraire, le résiduel de l'écriture : la disponibilité de l'œuvre est explicitement hors de l'individu sans que cette extériorité porte une loi de l'interprétation. Il y a là la possibilité de la reprise et de l'égalité des lectures, ainsi que celle des objets littéraires. Il y a là la raison du questionnement qui s'adresse au littéraire. La décontextualisation de l'écriture donne à constater l'irrécusable du texte et le savoir du questionnement que toute lecture a d'elle-même. Ce questionnement ne se dissocie pas de l'égalité des lectures, de l'égalité des œuvres, de l'autorité du sujet, de l'autorité de l'œuvre, d'une rationalité interprétative qui ne fait pas confondre interprétation et proposition.

C'est marquer, s'agissant du littéraire, une issue à deux débats contemporains. Il ne s'impose pas de dire, contrairement à ce que suggère

H.J. Habermas[39], un défaut de rationalité du littéraire contemporain et son inaptitude à dessiner l'intersubjectivité. La question du littéraire n'est que question à une donnée résiduelle qui donne à lire son autorité paradoxale et qui est l'objet d'une interprétation qui est en elle-même exercice égal des sujets interprétants. Il ne se conclut pas, contrairement à ce qu'a suggééré J.-F. Lyotard, à une autorité généalogique du littéraire et des récits. Une telle hypothèse ne se justifierait que dans le domaine de la croyance complète en ces récits. Elle est exclue du littéraire artistique qui relève d'une demi-croyance parce qu'il est à la fois reconnu et défini comme étranger symboliquement au quotidien même. C'est encore souligner que les différences du littéraire ne peuvent appeler la notation du différend (juridique) des discours littéraires, puisque l'interprétation n'est arbitraire que suivant l'inévitable d'un questionnement et d'une tropologie, qui sont supposition d'une communauté des œuvres, des lecteurs, et du champ commun de l'œuvre et du lecteur, hors de toute notation de l'appropriation. L'hypothèse d'une autorité du destinateur du récit ou de tout texte — distincte de l'hypothèse de l'intention — est explicitement et de façon choisie extrême : elle barre l'autorité du destinataire, et a pour corrélat la croyance complète dans le dit. C'est ramener, sous la référence à un incomposable de tel genre de discours — dans ce cas le récit —, ce qui se dit et ce qui s'écoute éventuellement à une réalisation monologique qui fait de la réeffectuation, sous la forme de la récitation ou de la compréhension, une stricte répétition, sans que soit notée que la seule obéissance de l'autorité absolue qui entreprend de se dire, n'est pas la réponse serve, mais le mutisme. Hors de l'hypothèse de la croyance absolue, il résulte, de ce raisonnement, que l'objet littéraire ne peut être connu de tous, alors même qu'il est objet *public*. On le sait : cette publicité est hors de l'achevé de la croyance, et l'objet irréductible à un discours de la certitude qui en ferait un savoir vérifié et actuel. Il ne se conclut pas, de la publicité, qu'il est objet de familiarité et de proximité, mais qu'il est possible de le soumettre à une préfiguration. La tropologie de l'interprétation définit une procédure, et un jeu de restauration de l'objet, de réduction par totalisation et ultimement de mise à distance de cet objet. Où il faut reconnaître un exercice de contextualisation et de décontextualisation — c'est-à-dire de réeffectuation du témoin scripturaire. La lecture est jeu de représentation de l'objet littéraire auprès du lecteur et des objets littéraires les uns auprès des autres, par cette médiation du lecteur, ainsi que la notion de texte dit les rapports des hétérogènes que sont les témoins scripturaires.

La liberté du lecteur ne doit pas se caractériser ici en termes de fausseté ou de vérité — la notation de la paralogie identifie la lecture à l'exercice choisi et constant de l'illusion —, mais en termes d'une reconnaissance doublement ambivalente du littéraire. La reconnaissance des témoins scripturaires fait de l'approche une définition même de l'objet approché et de l'objet approché une définition de l'approche. La désignation du code du littéraire — code sans règle explicite — n'est rien d'autre que la conscience et l'usage de cette ambivalence qui fait du littéraire à la fois le champ démocratique — cela où la lecture est libre et chaque objet disposé également à la lecture —, et celui de la clôture : dans le temps même, les témoins scripturaires, suivant leur coexistence et leur accumulation, — il appartient à des témoins de toujours subsister —, sont choses autonomes et, par là, disponibles à l'arbitraire de l'élection du lire. La nature de l'expérience de la lecture dispense de s'interroger sur l'objet qu'elle pose et qu'elle reconnaît à la fois puisque l'objet, en tant que témoin, est inaliénable. La lecture reste exemplairement idéologie de second degré — idéologie qui passe toute inscription idéologique dans l'œuvre et l'idéologie même du lecteur — dans la mesure où l'arbitraire de la décision de lire et l'indissociable de l'élection de l'objet de lecture et de l'inaliénable font de la lecture une manière d'axiomatique qui expose sa raison et refuse la confusion avec toute autre raison. La raison de la lecture est, dans sa différence, cela qui permet de rendre compte actuellement et provisoirement de cet objet littéraire, de cette réalisation objective; elle est encore — et la décision même de lire est la preuve de cette efficace — ce qui fait reconnaître le littéraire à la fois comme spécifique et comme proprement présent. Tout ce qui se dit, dans la phénoménologie et l'esthétique de la réception, sur l'appropriation, la notation de l'empathie traduisent, de fait, que la lecture peut être définie comme ce geste par lequel l'œuvre — l'*esprit objectif* — peut devenir l'individu et l'individu peut devenir cet esprit. L'inachevé de la transaction lectorale doit faire conclure à l'impossibilité d'une telle assimilation de l'*esprit objectif* à l'individu. La supposition de l'appropriation est probablement non pertinente, en ce qu'elle marque une dualité stricte — œuvre, sujet — qu'elle envisage comme réductible, au moins partiellement. Elle traduit ultimement l'effort pour retenir la différence de l'esthétique et pour la définir cependant comme composable dans le quotidien. Il est possible de dire cette différence et ce composable hors de l'appropriation. Celle-ci fait l'hypothèse d'un jeu de conversion de l'œuvre au lecteur, qui identifie la lecture à un double de l'œuvre dans les termes du lecteur. Il peut être noté, à l'inverse : l'œuvre n'est que l'œuvre, cet objet singulier. La lire, dans la demi-croyance du littéraire, c'est la lire dans l'actualité, dans le quotidien, suivant son irrécusable, hors d'un retour à son ordre symbolique achevé — cela réclamerait la pleine croyance — comme hors d'une identification de l'œuvre au champ de la réception. La lecture : cet exercice intermédiaire qui se situe, quelque part, dans son résultat, entre le sujet et l'œuvre. Soit la propriété même de la réeffectuation de l'écriture qu'est la lecture, suivant la dualité de la contextualisation métaphorique et du constat de la division que préserve l'ironie. Il se conclut : la lecture désigne l'œuvre comme ce qui n'a d'autre garant qu'elle-même; elle la définit comme un réel parmi les réels — cet objet qui peut être du quotidien même puisqu'il n'est ici que lui-même. La rhétoricité définit à la fois le dispositif de l'écriture et celui de la lecture. Là, elle désigne une double prédication : celle du texte (celle de la forme) par lui-même — l'ensemble se différencie et se répète, hors de la stricte ressemblance, dans les parties; celle de cela qui désigne le texte (la forme). Ici, elle marque que celui qui lit se caractérise, dans l'acte de lecture, suivant un tel jeu de différenciation et de répétition, se construit suivant un tel jeu, et que, s'il doit être noté une interaction, celle-ci ne peut être dite que comme le mime de toute composition, comme exercice même de rhétoricité. La lecture ne cesse de se construire en même temps qu'elle désigne l'œuvre comme une telle construction. Le mime commun de l'*esprit objectif* et de l'individu.

La *structure interrogative* de l'œuvre, que caractérise Adorno[40], ne doit pas être définie, à partir de l'indication d'une connaissance de la question du sens et d'une ignorance du sens, comme l'indice de l'identité oppositionnelle de l'art, qui commanderait à la fois l'expérience de l'écriture et celle de la lecture. Le rapport établi entre rationalité et énigme fixe, selon Adorno, la certitude de la différence esthétique : «La condition du caractère énigmatique des œuvres d'art est moins leur irrationalité que leur rationalité. Plus les œuvres sont maîtrisées méthodiquement, plus le caractère énigmatique gagne en relief. Par la forme, elles deviennent semblables au langage, semblent ne faire qu'un en chacun de leurs moments, révéler celui-ci, lequel ensuite disparaît»[41]. Dans les termes mêmes d'Adorno, cette différence n'est pas, *ab initio*, oppositionnelle : elle est de perception provisoire; elle est réalisation même du langage. L'énigme n'est pas tant celle de l'œuvre que celle qui a déjà été dite à propos de la lecture — l'œuvre se construit dans le quotidien. Elle est question par ce rapport même au quotidien. La *structure interrogative* de l'œuvre doit être caractérisée doublement : structure d'interrogation pour le lecteur, structure d'interrogation de l'œuvre parce que l'hypothèse d'une réalisation du langage, qui n'abandonne pas l'œuvre à l'indifférenciation dans le langage, commande de considérer que l'œuvre est bien ce qui participe d'un *agon* dans le langage et qui, par là, traite du partage qui instaure la création dans le discours. C'est revenir à la rhétoricité, et faire de l'œuvre un jeu de *préfiguration* du langage et de la symbolique disponible, suivant la contextualisation de la métaphore et la mise à distance qu'assure l'ironie. Cela se formule encore : l'œuvre est strictement différenciée et entièrement de sens commun. Il y a là la question inaugurale de Sartre : *Qu'est-ce que la littérature?*, interrogation sur la validité du discours littéraire. Sartre ne veut pas tant donner une définition du littéraire qu'analyser les conditions de validité du discours littéraire — ce discours sera expression authentique dans la mesure où il relèvera d'un propos démocratique. Il faut comprendre : la différence esthétique fonde une expression destinée à tous les sujets — elle exclut toute forme d'obstacle à la communication, et marque, plus spécifiquement, qu'il n'y a aucun obstacle à l'expression et à la quête du sujet, à la communauté de communication. Par cette communauté de communication, l'œuvre relève explicitement de la rationalité pratique — notation du démocratique —, de la rationalité cognitive — cette communauté de communication transparente à elle-même est la médiation du savoir. Cette hypothèse démocratique de *Qu'est-ce que la littérature?* permet de lire avec d'autant plus de netteté l'équivoque de la *différence esthétique* — rapportée à cette question de la validité du discours. Cette différence, d'une part, suscite le constat qu'il n'y a pas d'expression authentique et que le sujet est toujours dans l'invalidité du discours, et, d'autre part, qu'il peut exister une expression qui soit la négation de cet inauthentique. Avec *L'Idiot de la famille*, Sartre indique que la différence esthétique ne peut être seulement le moyen d'une expression supposée authentique, mais qu'elle a toujours affaire à son dehors. Dans l'œuvre de Flaubert, elle tire de ce dehors l'image de l'écriture blessée et donne le dessin d'un survol imaginaire — où il faut reconnaître une validation illusoire, falsifiée, du discours. La validité parfaite du discours serait dans un *universel singulier* : cela qui est à la fois strictement différencié et entièrement du sens commun, cela qui relève de l'expression et du discours de la communauté. Il y a là une utopie, ainsi que *Le Degré zéro de l'écriture* portera celle de la validité du mot affranchi de toutes les falsifications idéologiques.

Hors de cette utopie, il convient de noter l'actualité constante de l'écriture, qui est acte suivant les accidents du quotidien et du passé. Aussi l'œuvre avoue-t-elle toujours son arbitraire, en même temps qu'elle interprète la matière qui lui est offerte. La validité du littéraire est par la série de ses phrases qui sont des univers spécifiques et autant de notations de la différence idiomatique. La question d'une expression littéraire authentique et sa converse, celle de l'inévitable de l'expression aliénée, tombent. Le discours littéraire n'est ni un discours de rachat, ni un discours qui serait l'autre de toutes les raisons et pratiques aliénantes.

Il est l'interprétant de tout discours suivant la pluralité des langages. Il n'éclaire pas mais il dispose les lieux de la parole. Il est inévitablement un fictif parce qu'il est cette reprise interprétative qui, au moyen de la «textualité», préfigure de façon variable les témoins, les moments, les espaces de la parole. Le littéraire importe ici par ce qu'il suppose d'une *intelligibilité commune*.

Marquer ainsi l'intelligibilité commune revient à noter que le littéraire ne se donne comme la lecture experte d'aucun discours et qu'aucun discours ne peut se donner ultimement par le moyen de la lecture experte du littéraire. C'est encore souligner que les partages du discours qui ont cours, sont sans doute partages de domination et d'*agon*, mais que le constat même du littéraire — cela qui offre ses propres lettres — doit moins être défini comme la répétition de ces partages ou la construction d'un nouveau partage — ainsi que le fait Michel de Certeau en généralisant de l'écrit à l'écrit artistique [42] — que comme un jeu sur l'indivision que supposent ces partages mêmes — le littéraire engage le discours commun dans la réciprocité des figures que celui-ci présente. Dire ici la décontextualisation, le *detached meaning*, revient à indiquer l'engagement de cette réciprocité — et l'inévitable hypothèse constructive du littéraire, qui est une hypothèse rhétorique : donner lieu au langage, exactement le localiser, et indiquer de quel *agon* il relève. L'écriture est ici interprétation, suivant la *préfiguration* de son propre matériau, hors de la hiérarchisation du local et du global. Par la décontextualisation et la rhétoricité, le littéraire expose qu'il est sans ailleurs et en conséquence cette actualisation du local et du global. Où il y a la reconnaissance de la liberté du symbolique et de l'inévitable du relationnel. Il ne convient plus de dire la différence esthétique comme une différence critique. La perspective critique même est suivant l'engagement de la réciprocité — cela seul qui rend plausible la parole des hommes.

Cet engagement de réciprocité peut se dire même dans le constat du négatif de l'Histoire. Soient trois lectures : Bakhtine, Sartre, Ricœur. *Bakhtine* : Dans le roman, jouent ensemble, sans qu'il puisse être dessiné un principe hiérarchique, une vision — le réalisme ne se distingue pas du perceptible —, une représentation, l'autonomie de l'œuvre, l'initiative de l'auteur. Les uns et les autres sont seulement articulés, sans qu'aucun ne prévale. L'œuvre constitue bien un tout, une manière d'enveloppe, mais elle donne à voir, dans leurs spécificités, la représentation, l'auteur, et l'objet qu'elle constitue. L'histoire du roman — cela qui vient toujours au contemporain et l'expose — fait lire l'élaboration d'un tel objet. Dans le rapport du roman à l'Histoire, au temps, du roman à ses propres données constitutives, apparaît toujours le rapport de l'œuvre à son autre, alors même que celle-ci reste une altérité face à l'Histoire, au temps, au réel, à l'auteur, au lecteur. Il y a là la condition de l'ouverture du langage — donc celle de l'interdiscursivité — et la preuve que l'œuvre est à la fois autonomie et médiation : elle reste irréductible par son altérité ; par là-même, elle suppose la constante reconnaissance de l'autre. *Sartre* : Le paradoxe constitutif de *L'Idiot de la famille* se lit : alors que la rupture de l'intersubjectivité est acquise, l'œuvre désigne, dans l'actualité, une communauté transtemporelle qui ne suppose aucune tradition ni aucune reconnaissance d'une loi de l'Histoire mais identifie le temps et l'Histoire à un jeu de fondation et de défondation. L'œuvre de G. Flaubert institue le littéraire dans l'Histoire et fait lire que l'Histoire ne constitue rien, qu'elle est en elle-même déréalisation. Bien qu'il dise la maladie de l'Histoire, l'écrit reste l'interprétant de l'Histoire parce qu'il est à la fois témoin constant et évidence de la ruine de l'art, autrement dit, en lui-même, ce qui fait fond à toute l'Histoire et indique, par le dessin de la genèse et du devenir de la littérature, qu'il est toujours rapport à l'autre écrit et à l'autre temps. L'arbitraire de l'écrit artistique est bien médiation dans le temps sans qu'il donne une figure originaire ou téléologique de l'Histoire, et ainsi dessin et moyen d'une communauté de communication qui a pour seules identifications l'écriture, la lecture, indices mêmes d'une totalité herméneutique qui ne suppose aucun *a priori* et qui est toujours anticipation du néant. *Ricœur* : «Rendre justice à la signifiance de la trace», suivant une formule de P. Ricœur, ce n'est rien que venir à cette communauté scripturaire, hors de la tentation de la reconnaissance d'une médiation générale — qu'elle se dise tradition, Histoire... Dans une telle perspective, le fictif apparaît comme le moyen de figurer la rencontre du présent et de son altérité — le passé — sans que celui-ci puisse jamais être attesté par quelque vérité ; et le romanesque comme ce qui fait de tout dessin de l'action un texte —, et de tout texte une action — ce qui s'expose suivant la loi d'un faire. L'Histoire comme expérience de la communauté constituée reste impensable. L'écrit, parce qu'il est lui-même du temps et parce que, dans ses témoins, il appartient au passé, radicale aporie face au présent, ne peut être la médiation de la communauté des hommes dans le temps. Cependant, par le romanesque et par le fictif, l'autre du présent est toujours actuel, hors de l'évidence d'un pouvoir de détermination. De manière stricte, le fictif n'est que composition de présents : le présent de référence, le présent qui a été, et qui ne cesse d'être par son témoin. Et par cette composition, communauté des temps, désignation de l'autre temps hors de la mémoire. L'Histoire est malade — la discordance —; le romanesque qui exclut le dessin de la continuité des temps ou toute forme de représentation nomologique du passé, thématise, de fait, la différence temporelle et l'articule à l'intérieur de l'organisation de l'action, et suggère, que le temps, dans sa discordance, est toujours ouverture. Il se lit, dans ces indications de Bakthine, de Sartre, de Ricœur, que le littéraire est au regard de l'histoire et de sa maladie, *préfiguration* suivant l'alliance paradoxale de la métaphore et de l'ironie, et, en conséquence, le dessin de l'œuvre comme ce qui fait fond au temps même et comme ce qui distancie toute identification à l'Histoire négative.

NOTES

[1] Conflit lisible dans l'hypothèse de la rhétoricité ou dans celle de la discordance des textes de divers moments.
[2] H.R. JAUSS, «Esthétique de la réception et communication littéraire», *article cité*, p. 1129.
[3] *Ibid.*
[4] Wolfgang ISER, *article cité*, p. 1115.
[5] H.R. JAUSS, «Jean Starobinski et l'archéologie de la modernité», dans *Jean Starobinski*, Cahiers pour un temps présent, Paris, 1985.
[6] Pour les notations du discours *fabriqué* et d'*ouvré*, voir Jean-Paul SARTRE, *L'Idiot de la famille, op. cit.*
[7] Thèse relative à l'écriture qui est aujourd'hui réactualisée par la référence aux machines informatiques.
[8] Voir notre article, «Deux figurations contemporaines de la lecture, Sartre, Butor», *article cité*.
[9] Nous indiquons ici un dépassement qu'appellent les thèses mêmes de Wolfgang Iser.
[10] Soit le *subjectivisme* dont traite l'esthétique de la réception.

[11] H.R. JAUSS, «Esthétique de la réception et communication littéraire», *article cité*, p. 1129.
[12] Soit une récusation des thèses de Wolfgang Iser et de H.R. Jauss.
[13] Voir Keith J. HOLYOAK, «An analogical framework for literary interpretation», *Poetics*, 11 (1982), pp. 105-126.
[14] Un exemple : Tzvetan TODOROV, «Voyage en critique américaine», *Lettre internationale*, n° 19, hiver 1988-1989, pp. 73-75.
[15] Michel MEYER, *De la Problématologie, op. cit.*, p. 237.
[16] Umberto ECO, *Trattato di semiotica generale*, Milano, Bompiani, 1975, chapitres 3 et 7.
[17] En d'autres termes, il faudrait reconsidérer la primauté accordée au sentiment esthétique par l'esthétique de la réception, par le postmodernisme.
[18] Pour l'analyse de l'insolite, Clément ROSSET, *L'Objet singulier*, Paris, Editions de Minuit, 1979.
[19] Voir Timothy J. REISS, «Société, discours, littérature : de l'histoire discursive», *Texte*, n°s 5-6, 1986-1987, pp. 151-179.
[20] Définition du signe iconique selon Morris.
[21] Rainer ROCHLITZ, «Des philosophes allemands face à la pensée française», *Critique*, n°s 464-465, 1986, p. 18.
[22] Gianni VATTIMO, *Les Aventures de la différence*, Paris, Editions de Minuit, 1985, p. 157.
[23] *Ibid.*, p. 159.
[24] Maurice BLANCHOT, *L'Entretien infini*, Paris, Gallimard, 1969, p. 320.
[25] H.J. HABERMAS, «La Modernité : un projet inachevé», *Critique*, n° 413, octobre 1981, p. 960.
[26] Pour cette démonstration dans le domaine de la peinture, Robert KLEIN, *La Forme et l'intelligible*, Paris, Gallimard, Coll. Tel, 1983, pp. 403 et *sq.*
[27] Ce constat est la thèse de Lévi-Strauss.
[28] Gianni VATTIMO, *Fin de la modernité, Nihilisme et herméneutique dans la culture postmoderne*, Paris, Editions du Seuil, 1987, p. 25.
[29] En d'autres termes, il n'est pas nécessaire de lire dans l'œuvre l'*explicite* de la question et de la réponse qu'elle induit.
[30] Pour ces développements, voir notre article, «Le texte : idéologie du littéraire, idéologie faible», *Text and Ideology/Texte et idéologie*, A.W. HALSALL éd., Centre TADAC, *Cahiers 1*, Carleton University, 1988.
[31] Ce à quoi viennent ces diverses théories. Pour P. Veyne, voir note 36. Pour la théorie de l'empathie, voir Volker ROLOFF, «Der Begriff der Lektüre in Kommunikations-theoretischer und literaturwittenschaftlicher Sicht», *Romanistiche Jahrbuch* 29 (1979), pp. 45-50.
[32] Hayden WHITE, *article cité*, *Littérature*, p. 6.
[33] Jean-Paul SARTRE, *L'Idiot de la famille, op. cit.*, T. 3, p. 12.
[34] Pour cette distinction, voir Hayden WHITE, *article cité*.
[35] John W. MURPHY, «Incidence du Postmodernisme sur l'avenir des sciences sociales», *Diogène*, n° 143, juillet-septembre 1988, p. 109.
[36] Paul VEYNE, «Conduites sans croyance et œuvres d'art sans spectateurs», *Diogène*, n° 143, juillet-septembre 1988, pp. 21 et *sq.*
[37] Hayden WHITE, *article cité*.
[38] Voir *Temps et Récit, op. cit.*
[39] H.J. HABERMAS, «La Modernité : un projet inachevé», *article cité*, p. 950.
[40] Walter BENJAMIN, cité par Ralph HEYNDELS, *La Pensée fragmentée*, Bruxelles, Pierre Mardaga, 1985, p. 89.
[41] *Ibid.*, p. 88.
[42] Michel DE CERTEAU, *op. cit.*, pp. 231 et *sq.*

Le déclin de l'écriture

Les paradoxes des théories du littéraire se reformulent. Le point aveugle est constamment celui de la préfiguration. Il entraîne un jeu de réversion des approches critiques et des justifications du littéraire. Il marque que le littéraire reste considéré comme une manière de tout, rapportable à un modèle externe.

Il y a donc le littéraire de l'irréconciliation, qui s'identifie à une perte du littéraire. Il y a le littéraire de la conciliation, celui qui se déduit des thèses de la communauté communicationnelle; il intervient — notation de l'interaction ou du jeu de langage — «dans les démarches cognitives et dans les attentes narratives» et refaçonne les renvois et les rapports de ces démarches et de ces attentes. La version esthétique de la première thèse est celle du doute et du refus de la *bonne règle* : le littéraire ne peut rien illustrer; il est le constat de la *part maudite* doublement comprise : celle de la cruauté inéluctable que retient l'ordre des choses, celle de cette vanité à laquelle équivaut tout discours. La seconde thèse fait du littéraire une sorte d'interactivité, d'interface permanente — l'idée d'une part maudite disparaît. C'est ultimement rétablir la littérature dans son état moral en omettant de marquer que le concept d'interaction suppose des agents présents les uns aux autres et qui partagent une déontique, et que tout pouvoir de synthèse prêté aux arts et à la littérature appelle l'examen des conditions de cette *synthèse effective*. Les deux thèses portent une contradiction. Elles supposent, de fait, une souveraineté du littéraire. Celle-ci se défait toujours dans la renonciation à la dimension de l'illusion, et tantôt dans le constat de l'indivision du sens, tantôt dans une utopie du consensus qui exclut toute pathologie litigieuse — on le sait, le littéraire est le lieu des valeurs.

Il y a donc le littéraire qui est identifié à un acte de communication. Sous l'influence de la sémiologie de Saussure et dans la reprise des propositions des formalistes russes, on voit l'œuvre comme un système d'encodage. La question reste de définir un encodage qui distingue le littéraire : on vient aux équivoques de l'*intransitivité*. De ces équivoques mêmes, il se conclut que nous n'avons, dans le littéraire, que du sens *absent*. Par quoi on peut revenir à la notation de l'irréconciliation, ou tenir l'œuvre pour un système *interprétatif ouvert* qui organise de l'information. Jan Mukařovský a souligné qu'il faut dire, dans ces conditions, la porosité de la valeur esthétique au monde extérieur. L'ambiguïté du littéraire est ici celle d'une *forme*, qui, en tant que telle, se définit par opposition à une matière qui lui est étrangère, et d'une structure qui est la propriété même du réel.

La critique contemporaine a dit cette contradiction et sa solution dans l'écrit qui n'est plus du *lisible* mais du *visible*. Subsiste l'aveu ultime de Barthes : il n'y a rien à dire, il n'y a rien à lire. Donc, négation du mot et du lisible dans une exaltation de l'écrit défiguré et devenu uniquement visible : «Voilà ce que nous dit le travail de Masson : *pour que l'écriture soit manifeste dans sa vérité* (et non dans son instrumentalité), *il faut qu'elle soit illisible* : le sémiographe (Masson) produit sciemment une élaboration souveraine de l'illisible : il détache la pulsion d'écriture de l'imaginaire de la communication (de la lisibilité). C'est ce que veut aussi le Texte. Mais alors que le texte écrit doit se débattre encore et sans cesse avec une substance apparemment significative (les mots), la sémiographie de Masson, issue directement d'une pratique in-signifiante (la peinture) accomplit d'emblée l'utopie du Texte»[1]. En cette défiguration, la référence à l'écriture devient référence *aporétique*, et l'indication de l'illisibilité indication d'une lisibilité impériale. Ce qui n'appelle pas la lecture explicite est le signe qui va par lui-même et qui recouvre le monde. Ce qui commande la seule visibilité, contre tout déchiffrement, s'en remet à l'irréductible du visible — qui est, de fait, autre chose que l'insignifiant. La récusation de la communication place cette écriture aporétique du côté de l'authentique immédiatement perceptible, ainsi que la visibilité atteste l'authentique et situe l'écriture illisible du côté du recueil maternel — de cela qui ne cesse, dans la générosité de son expansion, de recevoir tout tracé et d'enclore le monde dans sa visibilité.

L'écriture aporétique nie l'écrit en ce que celui-ci, dans sa lisibilité, ne touche jamais au fictif parfait qui n'est autre, par un retournement paradoxal, que la spécularité générale du signe et du monde. Cette spécularité ne porte plus aucun mimétisme, mais le constat que la réalité du monde et l'artifice des signes sont une seule et même chose : observer les effets du signe, c'est observer le monde dans un exact impérialisme du signe. L'irréductibilité de l'écriture à l'écrit et au lisible commande, par la notation même du visible, l'omniprésence du réel comme du signe. Le réel est cela dont il se dit : il est ce dont il est le signe. Le visible ne contredit pas la certitude de l'irreprésentable : ce qui se voit est ce qui est seul comparable à soi. De la réalité au signe, il y a donc congruence parce que la réalité est aussi incomparable que le signe. Ou la tautologie même de la photographie selon Roland Barthes : cela est photo et cela a été.

Ces thèses sont des assertions du *déclin* de l'écriture. La reconnaissance du littéraire reste le moyen de privilégier la perversion de tout jeu de communication ou sa transparence. L'identification ultime de l'écrit au visible tente de préserver à la fois le principe d'ironie et la valeur d'échange de l'écriture — celle-ci devient simplement l'indice d'un milieu saturé par ses propres signes et caractérisé par la contiguïté des réseaux scripturaires. Le paradoxe reste que l'identification de l'écriture à un dysfonctionnement du discours conduit ultimement à noter le bon fonctionnement de tout écrit — celui-ci est toujours ultimement visible et, en conséquence, égal à toute réalité et à tout autre signe donnés à percevoir. Une ambivalence subsiste : on ne sait plus si l'écriture est cela qui s'écrit d'abord ou cela qui est caractérisable par le seul investissement d'un regard qui s'investit ici continûment comme il s'investit dans n'importe quel spectacle du monde. La prévalence de la notation de l'effet esthétique reste également équivoque. Il y a sans doute là une manière de dire la reconnaissance de l'écriture, mais aussi une façon de l'identifier à un medium de faible définition — au sens où l'entend McLuhan. Le lecteur alimente l'écriture, comble le vide entre la lettre transcrite et le message, s'investit de manière inévitablement croissante dans le décodage ; l'écriture se définit, en conséquence, par une indéfinition également croissante. La lecture, caractérisée par l'interaction, fait l'hypothèse d'une interactivité permanente. Lire, ce n'est finalement que ressasser l'idéologique, le social, de manière faible. L'écriture est l'occasion et le moyen de ce ressassement. La notation de l'interaction ne renvoie pas à une qualification de l'écriture, mais à la certitude d'une transparence du livre et de la lecture. Dire le blanc de l'œuvre, c'est dire le contraire de son opacité ou de l'énigme de l'écriture, et marquer à la fois l'évidence des jeux idéologiques et l'indétermination du social à lui-même — la symbolique sociale est un jeu dans l'œuvre et dans la lecture, mais de manière déréglée. Ce défaut de règle ne traduit ni le privilège ni l'autonomie de l'écriture ou du lecteur, mais la contiguïté et la coalescence des donnés de la symbolique sociale. La perversion de tout jeu de communication équivaut encore à marquer une manière d'illisible, de défaut de lisibilité assurée, puisqu'il n'y aurait jamais d'authenticité achevée de l'expression et que prévaudraient, dans le régime du discours, antagonisme, ambiguïté. Cette thèse entend se donner pour la converse des thèses de l'interaction, de la visibilité de l'écriture. Elle ne se distingue pas de la dévalorisation des *valeurs* littéraires exemplaires — œuvre, auteur, style. Une contradiction subsiste : s'il n'y a pas d'expression authentique, il n'y a pas de témoignage authentique de l'écriture à reconnaître, sauf à considérer l'écriture comme le témoignage de la perversion du discours, du social, à l'identifer à cette activité de perversion. Si l'écriture est d'abord cette *activité*, la lecture est alors sans objet et sans signification, sauf à la définir, ainsi que l'a bien remarqué François Laruelle, comme une intervention et un investissement, comme un usage de l'écriture. L'ambiguïté, l'ironie n'ont ici, de fait, aucune fonction. Elles marquent simplement une expression occasionnelle.

Ces thèses ont pour présupposé constant qu'il y a une transparence de l'écriture, du signe. En ce sens, le littéraire est de l'image, toujours de l'image. Noter, comme le fait Habermas, que l'art et la littérature seraient la réalisation même de la communication revient à les caractériser exemplairement par cette transparence et par leur aptitude à donner à lire une transparence du social. L'écriture ne fait jamais reste. Même lorsqu'elle est rapportée à la *séparation* et à l'*arbitraire* du signe, elle se résout dans un jeu de circulation. Le modèle communicationnel traverse, de part en part, les théories littéraires. La disponibilité de l'écriture à la lecture se dit de deux façons : par le constat du littéral, par celui de l'inachèvement de l'écriture. Celui-ci est identifié à ce qui est le supposé même de la communication explicite. Le supposé renvoie à la généralité de la communication et à l'inaptitude de toute pratique à se saisir totalement et concrètement — l'écriture ne peut se percevoir elle-même comme exercice achevé de contact. La thèse même de la déconstruction, celle de la phénoménologie et de l'esthétique de la réception, celle de l'écriture-événement.

Il y a là une double proposition idéologique. Le littéraire est sans autorité — il faut dire un déclin de l'écriture. Le littéraire est dans les discours communs. Le paradoxe constitutif de la notion de texte peut être reformulé : le texte, étranger à la culture en ce qu'elle est rectrice, la recueille cependant ; hétérogène à ce qu'il retient, il en est la recomposition sous le signe et l'accord du singulier et de l'universel. Il ramène ainsi l'expérience esthétique, qu'elle soit celle de la création ou celle de la réception, à une stricte immanence ; il ne la rapporte pas explicitement à un enjeu cognitif ou moral, et cependant il ne l'identifie pas à la seule sphère privée. Le texte est la langue commune, hors des partages et des identités des discours communs. L'idéologie du littéraire tente ici de composer l'autonomie du littéraire et l'apparentement du littéraire à la *res publica*. Car, à interpréter exactement cette incongruité que choisit d'être le texte, le jeu de transmission, que sont les discours sociaux, peut être traversé : lire, écrire, se tenir au texte, revient à entrer et à sortir de ce jeu de transmission des messages. Plus précisément : ce jeu de transmission apparaît sans fin, mais il est segmenté, discontinu suivant la loi-même de l'idéologie qui ne cesse d'aller selon le différend des discours. Par son hégémonie, l'idéologie reste sans *auctoritas*. Le texte se donne pour la co-action des langages au sein de ce défaut d'*auctoritas*, et pour l'approche d'une universalité problématique. L'originalité contemporaine de l'idéologie du littéraire réside dans le constat que le littéraire est à la fois un impouvoir et un pouvoir. Impouvoir car il n'appartient au littéraire aucune action ni aucune décision effectives. La notion de texte s'impose parce qu'il y a une crise de la praxis : le rapport aux discours sociaux est pensé à l'intérieur même de l'autonomie de l'écriture. L'empire du texte dit néanmoins une manière de pouvoir. Outre ses présupposés linguistiques et esthétiques, cette rupture indique qu'il n'y a plus de légifération des représentations, et que tout ce qui se dit et tout ce à quoi peut renvoyer ce qui se dit se retrouvent dans l'actualité de la parole. Le pouvoir du texte — le pouvoir que se reconnaît le texte et ce à quoi reviennent son empire et sa spécularité — est celui d'exposer une continue *version du monde*, qui exclut toute vision du monde. Que le texte avoue une parenté avec la peinture non figurative dit son pouvoir de lier contre tous les constats des partages cognitifs et des différends.

Il faut marquer : la continuité du littéraire atteste un fait de communication ; est communicable ce qui a déjà été communiqué, est traductible ce qui a déjà été traduit. L'écriture et la lecture sont constantes parce qu'elles sont toujours témoignages de l'échange des hommes au moyen de l'écriture et de la lecture, et dans ce témoignage encore échange. Toute littérature peut être morte et aucune littérature n'est morte. La continuité n'est pas ici la pérennité de l'écriture aporétique, ni celle de l'herméneutique qui suppose le privilège d'un texte premier, mais celle du communicable linguistique dont le primat du visible n'est que l'occultation. Cette continuité du communicable n'abolit pas la disparité des ordres symboliques, caducs et actuels; elle n'efface pas le sentiment de perdition que suscite cette disparité. Elle commande de considérer que la communauté de communication subsiste dans la pluralité historique et présente des ordres symboliques. La continuité n'a d'autre justification que la série des témoignages de la communication, dans l'évidence de la mort et des ruptures temporelles. Le constat de la différence et de la rupture équivaut à la conscience de la continuité. La boîte de lecture est donc une boîte blanche : ce qui recueille et montre le communicable dans sa constance et sa relativité. L'écriture et la lecture, en leur actualité, enregistrent les ruptures et simultanément disent que tout écrit est reconnaissable dans le littéraire. Si tous les témoins littéraires forment contexte parce qu'ils sont témoignages du littéraire, il y a là une symbiose communicationnelle. Elle ne privilégie aucun texte, ni aucun destinateur ou destinataire. Elle enseigne que l'écriture et la lecture, dans leurs moments spécifiques et dans leurs résidus temporels, sont réalité commune : cette réalité commune est la continuité même du littéraire, et suppose à la fois la *collocation* des écritures et, dans le jeu de la lecture, la reconnaissance commune des lecteurs. Il n'y a plus d'écriture aporétique — même dans les témoignages résiduels. Il n'y a plus de spécularité impériale puisque aucune écriture ne peut être ramenée à elle-même, ni tenue pour la maîtrise choisie du symbolique à travers le jeu de l'intertextualité. Il faut donc interpréter nouvellement l'identification de l'écrivain et du lecteur à l'écriture : dire cette identification n'est pas essentiellement marquer l'artifice de l'écriture, même si cet artifice doit être noté, mais, contre la conséquence de cette notation — conventionnalisme sans règle —, conclure qu'en se faisant découvrir réalité communicationnelle, dans ses témoins mêmes et fût-ce dans l'hypothèse de la fonction poétique, l'écriture efface toute prétention impériale et toute spécularité en exposant sa réussite, hors de tout jeu d'instrumentalité, dans cette forme particulière de pratique quotidienne de la communication qu'est la lecture. La lecture n'interprète donc pas essentiellement; elle défait remarquablement l'obsession du visible. L'évidence est ce par quoi l'écriture impériale se justifie. L'évidence défaite, il n'y a plus de justification; il y a seulement les témoins, toujours justifiables, puisque, dans la continuité des lectures, ce qui est écrit et scriptible est d'égale valeur par rapport à toute autre chose écrite ou scriptible — et toute chose reste écrite ou scriptible.

Ni l'écriture, ni la lecture n'excluent les discordances. Celles-ci sont la condition des représentations de représentations et du questionnement de représentation à représentation que portent l'écriture et la lecture. Il ne faut plus dire encodage et décodage, système d'interprétation ouvert mais, pour l'écrivain comme pour le lecteur, jeu de *making* et de *matching*, suivant les termes d'Ernest Gombrich. Ce jeu peut être considéré en lui-même. Il peut être défini par référence à la *collocation*. Celle-ci suppose toujours un *keying*. Elle est le moyen de la *préfiguration*, de la construction suivant la comparaison, l'équivalence de la partie, la distance, selon la notation explicite que toute lecture et toute écriture sont déviation par rapport à l'objet et au cadre qu'elles se donnent et, par là, rhétoricité en un double sens : composition de discordances, dessin de l'image discordante qui fait cependant représentation puisque celle-ci suppose la *préfiguration* et le *keying*. Soit le contraire de la transparence, l'inévitable du questionnement, l'effacement du modèle communicationnel dans la caractérisation du littéraire.

NOTE

[1] R. BARTHES, «Sémiographie d'André Masson», *Critique*, n° 408, mai 1981, pp. 527-528.

Bibliographie

ADORNO T.W., *Notes sur la littérature*, Paris, Flammarion, 1984.
ADORNO T.W., *Théorie esthétique*, Paris, Klincksieck, 1974.
ALTIERI C., *Act and Quality : A Theory of Literary Meaning and Literary Understanding*, Amherst, University of Massachusetts Press, 1981.
ANGENOT M., BESSIÈRE J., FOKKEMA D. et KUSHNER E., éd., *Théorie littéraire. Problèmes et perspectives*, Paris, P.U.F., 1989.
ARRIVÉ M. et COQUET J.-C., *Sémiotique en jeu. A partir et autour de l'œuvre de A.J. Greimas*, Paris, Amsterdam, Philadelphia, Hadès-Benjamins, 1987.
AUERBACH E., *Mimesis. La représentation de la réalité dans la littérature occidentale*, Paris, Gallimard, 1969.
BAKHTINE M.M., *Esthétique de la création verbale*, Paris, Gallimard, 1984.
BAKHTINE M.M., *Esthétique et théorie du roman*, Paris, Gallimard, 1978.
BAKHTINE M.M., *L'Œuvre de François Rabelais et la culture populaire au Moyen Age et sous la Renaissance*, Paris, Gallimard, 1970.
BALIBAR E. et MACHEREY P., «Sur la littérature comme forme idéologique», *Littérature*, n° 13, février 1974.
BANFIELD A., *Unspeakable Sentences : Narration and representation in the Language of Fiction*, Boston, London, Routledge and Kegan Paul, 1982.
BARTHES R., «Analyse textuelle d'un conte d'Edgar Poe», dans Greimas A.J., *Sémiotique narrative et textuelle*, Paris, Larousse, 1973.
BARTHES R., *Le Bruissement de la langue*, Paris, Editions du Seuil, 1984.
BARTHES R., *La Chambre claire*, Paris, Editions du Seuil, 1981.
BARTHES R., «L'Effet de réel», *Communications*, n° 11, 1968.
BARTHES R., *Le Degré zéro de l'écriture*, Paris, Editions du Seuil, 1953.
BARTHES R., *Essais critiques*, Paris, Editions du Seuil, 1964.
BARTHES R., «Introduction à l'analyse structurale du récit», *Communications*, n° 8, 1966.
BARTHES R., *L'Obvie et l'obtus*, Paris, Editions du Seuil, 1982.
BARTHES R., *Le Plaisir du texte*, Paris, Editions du Seuil, 1973.
BARTHES R., *Roland Barthes*, Paris, Editions du Seuil, 1975.
BARTHES R., *S/Z*, Paris, Editions du Seuil, 1970.

BARTHES R., *Sade Fourier Loyola*, Paris, Editions du Seuil, 1971.
BARTHES R., BOOTH W., HAMON P. et KAYSER W., *Poétique du récit*, Paris, Editions du Seuil, 1977.
BEARDSLEY M. *Aesthetics : Problems in the Philosophy of Criticism*, Indianapolis, Cambridge, Hackett Publishing Co, 1981.
BEARDSLEY M., «The Metaphorical Twist», *Philosophy and Phenomenological Research*, 22, mars 1962.
BEARDSLEY M., *The Possibility of Criticism*, Wayne State University Press, 1970.
BEAUGRANDE R.A. DE et DRESSLER W.V., *Introduction to Text Linguistics*, London, New York, Longman, 1981.
BENJAMIN W., *Essais*, I : *1922-1934*; II : *1935-1940*, Paris, Denoël-Gonthier, 1983.
BENJAMIN W., *Sens unique*, Paris, Les Lettres Nouvelles, 1978.
BERSANI L., «Le Réalisme et la peur du désir», *Poétique*, n° 22, avril, 1975.
BESSIÈRE J., «Constriccion, paralogia y Ficcion, Queneau, Perec, Calvino», *Sobre Literatura potencial*, Universidad del Pais Vasco, 1987.
BESSIÈRE J., «Description, effet de visibilité et temps; H. James, G. Stein, Proust, Calvino», dans BESSIÈRE J., éd., *L'Ordre du descriptif*, Paris, P.U.F., 1988.
BESSIÈRE J., «Deux figurations contemporaines de la lecture : Sartre, Butor», dans PICARD M., éd., *La Lecture littéraire*, Paris, Clancier-Guénaud, 1987.
BESSIÈRE J., «Ecriture et lecture, idéologies contemporaines du littéraire et hypertélie», *Revue des Sciences humaines*, n° 196, 1984.
BESSIÈRE J., «Kenneth Burke : critique, lecture», *Œuvres et Critiques*, XI, 2, 1986.
BESSIÈRE J., «Rhétoricité et littérature : figures de la discordance, figures du partage, de Roland Barthes à Paul de Man», *Langue Française*, n° 79, septembre 1988.
BESSIÈRE J., «Les Synchronies littéraires», *Œuvres et Critiques*, XII, 2, 1987.
BESSIÈRE J., «Le Texte : idéologie du littéraire, idéologie faible», dans HALSALL A.W., éd., *Text and Ideology/Texte et idéologie*, Centre TADAC, *Cahiers 1*, Carleton University, 1988.
BLACK M., *Models and Metaphors*, Ithaca, Cornell University Press, 1962.
BLANCHOT M., *L'Ecriture du désastre*, Paris, Gallimard, 1980.
BLANCHOT M., *L'Entretien infini*, Paris, Gallimard, 1969.
BLEICH D., *Subjective Criticism*, Baltimore, The Johns Hopkins University Press, 1978.
BLOOM H., *The Anxiety of Influence : A Theory of Poetry*, London, New York, Oxford University Press, 1973.
BLOOM H., MAN P. DE, HARTMAN G., DERRIDA J. et MILLER J.H., *Deconstruction and Criticism*, New York, Seabury, 1979.
BLUMENBERG H., *Arbeit am Mythos*, Frankfurt, Suhrkamp, 1979.
BOOTH W., *The Rhetoric of Fiction*, Chicago, The University of Chicago Press, 1961.
BOUVERESSE J., *Raison et cynisme*, Paris, Editions de Minuit, 1984.
BRANDT P.A., «Remarque à P. Maranda sur la futurologie», dans ARRIVÉ M. et COQUET J.-C., *Sémiotique en jeu. A partir et autour de l'œuvre de A.J. Greimas*, Paris, Amsterdam, Philadelphia, Hadès-Benjamins, 1987.
BREMOND C., *Logique du Récit*, Paris, Editions du Seuil, 1973.
BROOKS P., «Pour une poétique psychanalytique», *Littérature*, n° 71, octobre 1988.
BROOKS P., *Reading for the Plot : Design and Intention in Narrative*, New York, Alfred A. Knopf, 1984.
BURKE K., «Four Master Tropes», dans *A Grammar of Motives*, Berkeley, University of California Press, 1969.
BURKE K., *A Rhetoric of Motives*, Cleveland, New York, Meridian Books, 1962.
BURKE K., *The Rhetoric of Religion : Studies in logology*, Boston, Beacon Press, 1961.
BROOKE-ROSE C., *A Grammar of Metaphor*, London, Secker and Warburg, 1958.
BROOKE-ROSE C., *A Rhetoric of the Unreal : Studies in Narrative and Structure, Especially of the Fantastic*, Cambridge, Cambridge University Press, 1981.
CAGE J.T., «Paradoxes of Objectivity and Argument in Imagist Theory», *Philosophy and Rhetoric*, vol. 12, n° 3, été 1979.
CARROLL D., «L'invasion française dans la critique américaine des lettres», *Critique*, n° 491, avril 1988.

CARROLL D., *The Subject in Question : The Languages of Theory and the Strategies of Fiction*, Chicago, The University of Chicago Press, 1982.
CERTEAU M. DE, *L'Invention du quotidien*, I : *Arts de faire*, Paris, U.G.E., 10-18, 1980.
CHABROL C., éd., *Sémiotique narrative et textuelle*, Paris, Larousse, 1973.
CHAMBERS R., *Story and Situation : Narrative Seduction and the Power of Fiction*, Minneapolis, University of Minnesota Press, 1984.
CHANGE DE FORME, I : *Biologies et prosodies*, II : *Folie, histoire, récit*, Paris, U.G.E., 10-18, 1975.
CHARLES D., «Présence et post-modernité», *Hors Cadre*, n° 3, printemps 1985.
CHATMAN S., *Story and Discourse : Narrative Structure in Fiction and Film*, Ithaca, Cornell University Press, 1978.
COHEN R., «History and Genre», *Neohelicon*, XIII, 2, 1986.
COHN D.C., *La Transparence intérieure. Modes de représentation de la vie psychique dans le roman*, Paris, Editions du Seuil, 1981.
CORNULIER B. DE, *Meaning Detachment*, Amsterdam, John Benjamins, 1980.
CRYLE P., «Réflexions thématiques sur la théorie littéraire, Hans-George Gadamer ‹contre› Wolfgang Iser», *Texte*, n° 3, 1984.
CULLER J., *On Deconstruction : Theory and Criticism after Structuralism*, Ithaca, Cornell University Press, 1981.
DAMISCH H., *L'Origine de la perspective*, Paris, Flammarion, 1987.
DANTO A., «The Art World», *The Journal of Philosophy*, LXI, 1964.
DANTO A., *The Transfiguration of the Commonplace : A Philosophy of Art*, Cambridge, Harvard University Press, 1981.
DEGUY M., *Figurations*, Paris, Gallimard, 1969.
DEGUY M., *La Poésie n'est pas seule. Court traité de poétique*, Paris, Editions du Seuil, 1988.
DELEUZE G., *L'Image-temps*, Paris, Editions de Minuit, 1985.
DELEUZE G., *Logique du sens*, Paris, Editions de Minuit, 1969.
DELEUZE G. et GUATTARI F., *Kafka. Pour une littérature mineure*, Paris, Editions de Minuit, 1975.
DELEUZE G. et GUATTARI F., *Mille plateaux*, Paris, Editions de Minuit, 1980.
DERRIDA J., *La Carte postale*, Paris, Flammarion, 1980.
DERRIDA J., *L'Ecriture et la différence*, Paris, Editions du Seuil, 1967.
DERRIDA J., *Glas*, Paris, Editions Galilée, 1974.
DERRIDA J., *Marges de la philosophie*, Paris, Editions de Minuit, 1972.
DERRIDA J., *Parages*, Paris, Editions Galilée, 1986.
DERRIDA J., *Positions*, Paris, Editions de Minuit, 1972.
DERRIDA J., *Signéponge*, Paris, Editions du Seuil, 1988.
DERRIDA J., *La Vérité en peinture*, Paris, Flammarion, 1978.
DERRIDA J., *La Voix et le phénomène*, Paris, P.U.F., 1967.
DIJK T.A. VAN, «Action, Action Description, and Narrative», *New Literary History*, vol. 6, hiver 1975.
DIJK T.A. VAN, *Text and Context : Explorations in the Semantics and Pragmatics of Discourse*, London, New York, Longman, 1977.
DOCHERY T., *Reading/Absent/Character : Towards a Theory of Characterization in Fiction*, Oxford, Clarendon Press, 1983.
DUBOIS J., EDELINE F., KLINKENBERG J.-M. et MINGUET P., *Rhétorique de la poésie. Lecture linéaire, lecture tabulaire*, Bruxelles, Editions Complex, 1977.
DUPUY J.-P., «Cybernétique et sciences de l'homme», *Le Débat*, n° 49, mars-avril 1988.
EAGLETON T., *Literary Theory : An Introduction*, Oxford, Basil Blackwell, 1983.
ECO U., *Lector in Fabula*, Paris, Grasset, 1985.
ECO U., *L'Œuvre ouverte*, Paris, Editions du Seuil, 1965.
ECO U., *Sémiotique et philosophie du langage*, Paris, P.U.F., 1988.
ECO U., *Trattato di semiotica generale*, Milano, Bompiani, 1975.
ELLIS J.M., *The Theory of Literary Criticism : A Logical Analysis*, Berkeley, University of California Press, 1974.
ELSTER J., *Sour Grapes : Studies in the Subversion of Rationality*, Cambridge, Paris, Cambridge University Press, Editions de la Maison des Sciences de l'homme, 1985.

FAYE J.-P., *Le Récit hunique*, Paris, Editions du Seuil, 1967.
FAYE J.-P., *Théorie du récit. Langages totalitaires*, Paris, Hermann, 1972.
FELMAN S., *Literature and Psychoanalysis. The Question of Reading : Otherwise*, Baltimore, Johns Hopkins University Press, 1982.
FERRARIS M., «Ecriture et sécularisation», dans VATTIMO G., éd., *La Sécularisation de la pensée. Recherches réunies sous la direction de Gianni Vattimo*, Paris, Editions du Seuil, 1988.
FINKE P., *Konstruktiver Funktionalismus. Die wissenschaftstheoretische Basis einer empirischen Theorie der Literatur*, Braunschweig, Wiesbaden, Vieweg, 1982.
FISH S., «How Ordinary is Ordinary Language», *New Literary History*, IV, 1, automne 1972.
FISH S., *Is There a Text in this Class?*, Cambridge, Harvard University Press, 1980.
FOKKEMA D.W. et IBSCH E., *Theories of Literature in the Twentieth Century : Structuralism, Marxism, Aesthetics of Reception, Semiotics*, London, C. Hurst, 1977.
FONAGY I., *La Vive-voix*, Paris, Payot, 1983.
FOUCAULT M., *Raymond Roussel*, Paris, Gallimard, 1963.
FOWLER A., *Kinds of Literature : An Introduction to the Theory of Genres and Modes*, Cambridge, Harvard University Press, 1982.
FOWLER R., «How to see through Language : Perspective in Fiction», *Poetics*, 11, 1982.
FRANK M., «Qu'est-ce qu'un texte littéraire et que signifie sa compréhension?», *Revue internationale de Philosophie*, n°s 162-163, 1987.
FRICKE H., «Semantics or Pragmatics of Fictionality : Modest Proposal», *Poetics*, 11, 1982.
FRYE N., *Anatomie de la critique*, Paris, Gallimard, 1968.
FRYE N., *Le Grand code. La Bible et la littérature*, Paris, Editions du Seuil, 1984.
FUHRMANN M., JAUSS H.R. et PANNENBERG W., éd., *Text und Application. Theologie, Jurisprudenz und Literaturwissenschaft im hermeneutischen Gespräch*, München, Fink, 1981.
GADAMER H.G., *Vérité et méthode. Les grandes lignes d'une herméneutique philosophique*, Paris, Editions du Seuil, 1976.
GADET F. et PECHEUX M., *La Langue introuvable*, Paris, François Maspero, 1981.
GARGANI A., «Les Passages de la raison humaine», *Critique*, n°s 452-453, janvier-février 1985.
GELLEY A., «Premises for a Theory of Description», dans BESSIÈRE J., éd., *Fiction, Texte, Narratologie, Genre*, Bern, Peter Lang, 1989.
GELLEY A., «The Represented World : Toward a Phenomenological Theory of Description in the Novel», *Journal of Aesthetics and Art Criticism*, vol. 37, 1979.
GENETTE G., *Figures*, Paris, Editions du Seuil, 1966.
GENETTE G., *Figures III*, Paris, Editions du Seuil, 1972.
GENETTE G., *Introduction à l'architexte*, Paris, Editions du Seuil, 1979.
GENETTE G., *Nouveau discours du récit*, Paris, Editions du Seuil, 1983.
GENETTE G., *Palimpsestes*, Paris, Editions du Seuil, 1982.
GIRARD R., *Mensonge romantique et vérité romanesque*, Paris, Grasset, 1961.
GOLDMANN L., *Le Dieu caché*, Paris, Gallimard, 1956.
GOLDMANN L., *Pour une sociologie du roman*, Paris, Gallimard, 1964.
GOLDMANN L., *Recherches dialectiques*, Paris, Gallimard, 1959.
GOODMAN N., *Languages of Art : An Approach to a Theory of Symbols*, Indianapolis, Bobbs Merrill, 1968.
GOODMAN N., «Realism, Relativism and Reality», *New Literary History*, XV, 2, hiver 1983.
GOODMAN N., *Ways of Worldmaking*, Indianapolis, Hackett Publishing Co, 1978.
GREIMAS A.J., «Les Actants, les acteurs et les figures», dans GREIMAS A.J., *Sémiotique narrative et textuelle*, Paris, Larousse, 1973.
GREIMAS A.J., *Du sens. Essais sémiotiques*, I-II, Paris, Editions du Seuil, 1970-1983.
GREIMAS A.J., *Maupassant, la sémiotique du texte. Exercices pratiques*, Paris, Editions du Seuil, 1976.
GREIMAS A.J., «Postulats, méthodes et enjeux», dans ARRIVÉ M. et COQUET J.-C., *Sémiotique en jeu. A partir et autour de l'œuvre de A.J. Greimas*, Paris, Amsterdam, Philadelphia, Hadès-Benjamins, 1987.

GREIMAS A.J., «Pour une sémiotique du récit. Rencontre entre A.J. Greimas et Paul Ricœur», dans ARRIVÉ M. et COQUET J.-C., *Sémiotique en jeu. A partir et autour de l'œuvre de A.J. Greimas*, Paris, Amsterdam, Philadelphia, Hadès-Benjamins, 1987.
GREIMAS A.J., *Sémantique structurale. Recherche de méthode*, Paris, Larousse, 1966.
GRIVEL C., «Sémiotique des représentations», dans ARRIVÉ M. et COQUET J.-C., *Sémiotique en jeu. A partir et autour de l'œuvre de A.J. Greimas*, Paris, Amsterdam, Philadelphia, Hadès-Benjamins, 1987.
GRIVEL C., «Les Universaux du texte», *Littérature*, n° 30, mai 1976.
GROEBEN N., *Leserpsychologie : Textverständnis - Texteverständlichkeit*, Münster, Aschendorff, 1982.
GROUPE MU, *Rhétorique générale*, Paris, Larousse, 1970.
GUMBRECHT H.U., «History of Literature, Fragment of a Totality», *New Literary History*, XVI, 3, printemps 1985.
HABERMAS J., «La Modernité : un projet inachevé», *Critique*, n° 413, octobre 1981.
HABERMAS J., *Le Discours philosophique de la modernité*, Paris, Gallimard, 1988.
HALL E.T., *Au-delà de la culture*, Paris, Editions du Seuil, «Points», 1987.
HAMBURGER K., *La Logique des genres littéraires*, Paris, Editions du Seuil, 1986.
HAMON P., *Texte et idéologie. Valeurs, hiérarchies et évaluations dans l'œuvre littéraire*, Paris, P.U.F., 1984.
HARSHAW (HRUSHOVSKI) B., «Fictionality and Fields of Reference : Remarks on a Theoretical Framework», *Poetics Today*, 5, 1984.
HARTMAN G., *Criticism in the Wilderness*, New Haven, Yale University Press, 1980.
HERNADI P., *Beyond Genre : New Directions in Literary Classification*, Ithaca, London, Cornell University Press, 1972.
HEYNDELS R., *La Pensée fragmentée*, Bruxelles, Pierre Mardaga, 1985.
HIRSCH E.D., *The Aims of Interpretation*, Chicago, University of Chicago Press, 1976.
HIRSCH E.D., *Validity in Interpretation*, New Haven, London, Yale University Press, 1967.
HOLUB R.C., *Reception Theory : A Critical Introduction*, London, New York, Methuen, 1984.
HOLLAND N., «The New Paradigm Subjective or Transactive», *New Literary History*, VII, 2, hiver 1976.
HOLLAND N., *Poems in Persons : An Introduction to the Psychoanalysis of Literature*, New York, Norton, 1973.
HOLYOAK K.J., «An Analogical Framework for Literary Interpretation», *Poetics*, 11, 1982.
HUTCHEON L., «Metafictional Implications for Novelistic Reference», dans WHITESIDE A. et ISSACHAROFF M., *On Referring in literature*, Bloomington, Indiana University Press, 1987.
INGARDEN R., *The Cognition of the Literary Work of Art : An Investigation on the Borderlines of Ontology, Logic and Theory of Literature*, Evanston, Northwestern University Press, 1973.
INGAWEN P. VAN, «Creatures of Fiction», *American Philosophical Quarterly*, XIV, 1977.
ISER W., *L'Acte de lecture. Théorie de l'effet esthétique*, Bruxelles, Pierre Mardaga, 1985.
ISER W., *The Implied Reader : Patterns of Communication in Prose Fiction from Bunyan to Beckett*, Baltimore, Johns Hopkins University Press, 1974.
ISER W., «Ist der Identitätsbegriff ein Paradigma für die Funktion der Fiktion», dans MARQUAND O. et STIERLE K., éd., *Identität*, München, Fink, 1979.
ISER W., «Les Problèmes de la théorie contemporaine de la littérature. L'imaginaire et les concepts-clefs de l'époque», *Critique*, n° 413, octobre 1981.
ISER W., «The Reality of Fiction : A Functionalist Approach to Literature», *New Literary History*, VII, 1, 1975.
JAKOBSON R., *Essais de linguistique générale*, I : *Les Fondations du langage*, Paris, Editions de Minuit, 1963.
JAMESON F., «From Criticism to History», *New Literary History*, XII, 2, hiver 1984.
JAMESON F., *The Political Unconscious : Narrative as a Socially Symbolic Act*, Ithaca, Cornell University Press, 1980.
JAUSS H.R., «The Alterity and Medieval Literature», *New Literary History*, X, 2, hiver 1979.

JAUSS H.R., «Esthétique de la réception et communication littéraire», *Critique*, n° 413, octobre 1981.
JAUSS H.R., «Der leser als Instanz einer neuen Geschichte der literatur», *Poetica*, 7, 3-4, 1975.
JAUSS H.R., «Littérature médiévale et théorie des genres», *Poétique*, I, 1970.
JAUSS H.R., *Literaturgeschichte als Provokation*, Frankfurt, Suhrkamp, 1970.
JAUSS H.R., «Literary History as a Challenge to Literary Theory», *New Literary History*, II, 1, 1970.
JAUSS H.R., *Pour une esthétique de la réception*, Paris, Gallimard, 1978.
JAUSS H.R., *Pour une herméneutique littéraire*, Paris, Gallimard, 1988.
JAUSS H.R., «Zur Abgrenzung und Bestimmung einer literarischen Hermeneutik», dans FUHRMANN M., JAUSS H.R. et PANNENBERG, éd., 1981.
JOHNSON B., *The Critical Difference : Essays in the Contemporary Rhetoric of Reading*, Baltimore, John Hopkins University Press, 1980.
JOHNSON B., «Rigorous Unreliability», *Critical Inquiry*, II, 1984.
JOLLES A., *Les Formes simples*, Paris, Editions du Seuil, 1972.
KANYO Z., «Narrative and Communication», *Neohelicon*, XIII, 2, 1986.
KERMODE F., *The Sense of an Ending : Studies in the Theory of Fiction*, New York, Oxford University Press, 1967.
KLEIN R., *La Forme et l'intelligible*, Paris, Gallimard, Coll. Tell, 1983.
KIBEDI VARGA A., éd., *Théorie de la littérature*, Paris, Picard, 1981.
KNAPP S. et MICHAELS W.B., «Against Theory», *Critical Inquiry*, vol. 8, 4.
KOSELLECK R. et STEMPEL W.D., éd., *Geschichte. Ereignis und Erzählung*, München, Fink, 1973.
KOSELLECK R., MOMMSEN W.J., RÜSEN J. et LUTZ H., éd., *Theorie der Geschichte*, IV : *Formen der Geschichtsschreibung*, München, DTV, 1981.
KRISTEVA J., *Polylogue*, Paris, Editions du Seuil, 1977.
KRISTEVA J., *Sémiotiké. Recherches pour une sémanalyse*, Paris, Editions du Seuil, 1969.
KURODA S.Y., *Aux Quatre coins de la linguistique*, Paris, Editions du Seuil, 1979.
LACAN J., *Ecrits*, Paris, Editions du Seuil, 1966.
LANGER S.S., *The Narrative Act : Point of View in Prose Fiction*, Princeton, Princeton University Press, 1981.
LARDREAU G., *Fictions philosophiques et Science-Fiction*, Arles, Actes Sud, 1988.
LARUELLE F., *Le Déclin de l'écriture*, Paris, Aubier-Flammarion, 1977.
LATTRE A. DE, *La Bêtise d'Emma Bovary*, Paris, José Corti, 1980.
LEITCH V.B., *Deconstructive Criticism : An Advanced Introduction*, New York, Columbia University Press, 1983.
LEENHARDT J., «Modèles littéraires et idéologie dominante», *Littérature*, n° 12, décembre 1973.
LEENHARDT J. et JOZSA P., *Lire la lecture. Essai de sociologie de la lecture*, Paris, Le Sycomore, 1983.
LOTMAN I., «Culture as Collective Intellect and the problem of Artificial Intelligence», *Russian Poetics in Translation*, vol. 6, 1979.
LOTMAN I., «The Origin of Plot in the Light of Typology», *Poetics Today*, I, n°s 1-2, 1979.
LOTMAN I., *La Structure du texte artistique*, Paris, Gallimard, 1973.
LUKÀCS G., «Le Particulier comme catégorie centrale de l'esthétique», *Les Lettres nouvelles*, septembre-octobre 1964.
LUKÀCS G., *La Théorie du roman*, Paris, Denoël-Gonthier, 1963.
LYOTARD J.-F., *La Condition post-moderne*, Paris, Editions de Minuit, 1979.
LYOTARD J.-F., *Le Différend*, Paris, Editions de Minuit, 1984.
LYOTARD J.-F., «Histoire universelle et cultures», *Critique*, n° 456, mai 1985.
LYOTARD J.-F., *L'Inhumain. Causeries sur le temps*, Paris, Editions Galilée, 1988.
MACHEREY P., *Pour une théorie de la production littéraire*, Paris, François Maspero, 1966.
MAN P. DE, *Allegories of Reading : Figural Language in Rousseau, Nietzsche, Rilke and Proust*, New Haven, Yale University Press, 1979.
MAN P. DE, *Blindness and Insight*, London, Methuen, 1983.
MAN P. DE, «Conclusions : Walter Benjamin's ‹The Task of the Translator›», *Yale French Studies*, n° 69, 1985.

MAN P. DE, *The Rhetoric of Romanticism*, New York, Columbia University Press, 1984.
MARGOLIS J., «The Ontological Peculiarity of Works of Art», *Art and Philosophy*, Atlantic Highlands, Humanities Press Inc., 1980.
MARIN L., *Le Récit est un piège*, Paris, Editions de Minuit, 1978.
MARINO A., *La Critique des idées littéraires*, Bruxelles, Complexe, 1977.
MARQUARD O. et STIERLE K., éd., *Identität*, München, Fink, 1979.
MARTIN R., *Pour une logique du sens*, Paris, P.U.F., 1988.
MARTINEZ-BONATI E., *La Estructura de la obra literaria*, Barcelona, 1972.
MARTINEZ-BONATI E., *Fictive Discourse and the Structures of Literature : A Phenomenological Approach*, Ithaca, Cornell University Press, 1981.
MATEJKA L. et POMORSKA K., éd., *Readings in Russian Poetics : Formalist and Structuralist Views*, Cambridge, London, MIT Press, 1971.
MATEJKA L. et TITUNIK I.R., éd., *Semiotics of Art : Prague School Contributions*, Cambridge, MIT Press, 1976.
MELETINSKI E., «L'Etude structurale et typologique du conte», dans PROPP V., *Morphologie du conte*, Paris, Editions du Seuil, 1970.
MESCHONNIC H., éd., *Critique de la théorie critique. Langage et histoire*, Saint-Denis, Presses universitaires de Vincennes, 1985.
MESCHONNIC H., *Les Etats de la poétique*, Paris, P.U.F., 1985.
MESCHONNIC H., *Modernité, modernité*, Lagrasse, Verdier, 1988.
METZ C., *Le Signifiant imaginaire*, Paris, U.G.E., 10-18, 1977.
MEYER M., *De la problématologie. Philosophie, science et langage*, Bruxelles, Pierre Mardaga, 1986.
MEYER M., *Meaning and Reading*, Amsterdam, Philadelphia, John Benjamins Publishing Co, 1983.
MILLER J.H., *Fiction and Repetition : Seven English Novels*, Cambridge, Harvard University Press, 1982.
MILNER J.-C., *L'Amour de la langue*, Paris, Editions du Seuil, 1978.
MITCHELL W.J.T., éd., *On Narrative*, Chicago, University of Chicago Press, 1981.
MOREL M., «De la dualité», *Autrement Dire*, 2/1985.
MUKAŘOVSKÝ J., *Studien zur Structuralistischen Ästhetik und Poetik*, München, Hanser, 1974.
MUKAŘOVSKÝ J., *The World and Verbal Art : Selected Essays*, New Haven, Yale University Press, 1977.
MURPHY J.W., «Incidence du Postmodernisme sur l'avenir des sciences sociales», *Diogène*, n° 143, juillet-septembre 1988.
NAUMANN M., éd., *Gesellschaft, Literatur, Lesen. Literaturrezeption in thoretischer Sicht*, Berlin, Weimar, Aufbau-Verlag, 1973.
NORRIS C., *Deconstruction, Theory and Practice*, London, Methuen, 1982.
OHMANN R., «Speech Acts and the Definition of Literature», *Philosophy and Rhetoric*, 4, 1971.
PAVEL T., *Univers de la fiction*, Paris, Editions du Seuil, 1988.
PERELMAN C., *L'Empire rhétorique. Rhétorique et argumentation*, Paris, Vrin, 1977.
PETOFI J.S. et RIESER H., «Overview», dans PETOFI J.S. et REISER H., éd., *Studies in Text Grammar*, Dordrecht, Boston, D. Reidel, 1973.
POMIAN K., *L'Ordre du temps*, Paris, Gallimard, 1984.
PICARD M., *La Lecture comme jeu. Essais sur la littérature*, Paris, Editions de Minuit, 1986.
PICHE C., «Expérience, esthétique et herméneutique philosophique», *Texte*, n° 3, 1984.
PRATT M.L., *Toward a Speech Act Theory of Literary Discourse*, Bloomington, Indiana University Press, 1977.
PRINCE G., «Introduction à l'étude du narrataire», *Poétique*, 14, 1973.
PRINCE G., «Narrative Pragmatics, Message, and Point», *Poetics*, 12, 1983.
PROPP V., *Morphologie du conte*, Paris, Gallimard, 1969.
REISS T.J., *The Discourse of Modernism*, Ithaca, Cornell University Press, 1985.
REISS T.J., «Société, discours, littérature. De l'histoire discursive», *Texte*, n°s 5-6, 1986-1987.
RICHARDS I.A., *The Philosophy of Rhetoric*, London, Oxford University Press, 1936.

RICHARDS I.A., *Practical Criticism : A Study of Literary Judgement*, 1929.
RICHARDS I.A., *Principles of Literary Criticism*, London, 1924.
RICŒUR P., *Du texte à l'action. Essais d'herméneutique* II, Paris, Editions du Seuil, 1986.
RICŒUR P., «L'Identité narrative», *Esprit*, n°s 7-8, juille-août 1988.
RICŒUR P., *La Métaphore vive*, Paris, Editions du Seuil, 1977.
RICŒUR P., *Temps et récit*, I-III, Paris, Editions du Seuil, 1983, 1985.
RIFFATERRE M., *La Production du texte*, Paris, Editions du Seuil, 1979.
RIFFATERRE M., *Semiotics of Poetry*, London, Bloomington, Indiana University Press, 1978.
ROCHLITZ R., «Des philosophes allemands face à la pensée française», *Critique*, n°s 464-465, 1986.
ROLOFF V., «Der Begriff der Lektüre in Kommunikations-theoritischer und literaturwittenschaftlicher Sicht», *Romanistische Jahrbuch*, 29, 1979.
ROPARS-WUILLEUMIER M.-C., *Le Texte divisé*, Paris, P.U.F., 1981.
RORTY R., «Freud, Morality, Hermeneutics», *New Literary History*, 12, 1980.
RORTY R., «Philosophy as a Kind of Writing : An Essay on Derrida», *New Literary History*, 10, 1978.
ROSSET C., *L'Objet singulier*, Paris, Editions de Minuit, 1979.
ROSSET C., *Le Philosophe et les sortilèges*, Paris, Editions de Minuit, 1985.
RIMMON-KENAN S., *Narrative Fiction : Contemporary Poetics*, London, New York, Methuen, 1983.
SARTRE J.-P., *L'Idiot de la famille*, Paris, Gallimard, I-III, 1971, 1972.
SARTRE J.-P., *Qu'est-ce que la littérature?*, Paris, Gallimard, 1948.
SCHENDEL M. VAN, «L'Idéologème est un quasi-argument», *Texte*, 5/6, 1986/1987.
SCHOBER R., *Abbild, Sinnbild, Wertung. Aufsätze zur Theorie und Praxis literarischer Kommunikation*, Berlin, Weimar, Aufbau-Verlag, 1982.
SCHOLES R.E., «Les Modes de la fiction», dans GENETTE G. et al., *Théorie des genres*, Paris, Editions du Seuil, 1986.
SCHOLES R. et KELLOGG R., *The Nature of Narrative*, New York, London, Oxford University Press, 1966.
SCHÜRMANN R., «Se constituer soi-même comme sujet anarchique», *Les Etudes Philosophiques*, octobre-décembre 1986.
SEARLE J.R., *Speech Acts : An Essay in the Philosophy of Language*, Cambridge, Cambridge University Press, 1969.
SEARLE J.R., «Reiterating the Difference : A Reply to Derrida», *Glyph*, 1, 1977.
SEARLE J.R., *Expression and Meaning : Studies in the Theory of Speech Acts*, Cambridge, Cambridge University Press, 1979.
SEARLE J.R., «Le Statut logique du discours de la fiction», dans SEARLE J.R., *Sens et expression. Etude des théories des actes du langage*, Paris, Editions de Minuit, 1982.
SERRES M., *Jouvences sur Jules Verne*, Paris, Editions de Minuit, 1974.
SMITH B.H., «Narrative Versions, Narrative Theories», *Critical Inquiry*, 7, 1980.
SMITH B.H., *On the Margins of Discourse : The Relation of Literature to Language*, Chicago, University of Chicago Press, 1978.
SMITH B.H., «Poetry as Fiction», *New Literary History*, II, 2, 1971.
SOLLERS P., «Ecriture et révolution», dans *Théorie d'ensemble*, Paris, Editions du Seuil, 1968.
SPARSHOTT F.E., *The Theory of the Arts*, Princeton, Princeton University Press, 1982.
STANZEL F.K., *Theorie des Erzählens*, Göttingen, Vandenhock und Ruprecht, 1979.
STIERLE K., «The Reading of Fictional Texts», dans SULEIMAN S. et CROSMAN I., éd., *The Reader in the Text : Essays on Audience and Interpretation*, Princeton, Princeton University Press, 1980.
STRELKA J.P., *Theory of Literary Genres. Yearbook of Comparative and General Literature*, 8, 1978.
SULEIMAN S.R. et CROSMAN I., éd., *The Reader in the Text : Essays on Audience and Interpretation*, Princeton, Princeton University Press, 1980.
TODOROV T., «Les Deux principes du récit», dans TODOROV T., *La Notion de Littérature et autres essais*, Paris, Editions du Seuil, 1987.
TODOROV T., *Les Genres du discours*, Paris, Editions du Seuil, 1978.

TODOROV T., éd., *Mikhaïl Bakhtine. Le principe dialogique*, suivi de *Ecrits du Cercle de Bakhtine*, Paris, Editions du Seuil, 1981.
TODOROV T., *La Notion de littérature et autres essais*, Paris, Editions du Seuil, 1987.
TODOROV T., *Poétique de la prose*, Paris, Editions du Seuil, 1971.
TODOROV T., *Théorie de la littérature. Textes des formalistes russes*, Paris, Editions du Seuil, 1965.
TODOROV T., *Théories du Symbole*, Paris, Editions du Seuil, 1977.
TODOROV T., «Voyage en critique américaine», *Lettre internationale*, n° 19, hiver 1988-1989.
USPENSKY B.A., *A Poetics of Composition : The Structure of the Artistic Text and Typology of a Compositional Form*, Berkeley, University of California Press, 1973.
VALDÉS M.J., *Phenomenological Hermeneutics and the Study of Literature*, Toronto, Toronto University Press, 1987.
VALDÉS M.J. et MILLER O.J., *Identity of the Literary Text*, Toronto, Toronto University Press, 1985.
VATTIMO G., *Les Aventures de la différence*, Paris, Editions de Minuit, 1985.
VATTIMO G., *Fin de la modernité. Nihilisme et herméneutique dans la culture postmoderne*, Paris, Editions du Seuil, 1987.
VATTIMO G., éd., *La Sécularisation de la pensée. Recherches réunies sous la direction de Gianni Vattimo*, Paris, Editions du Seuil, 1988.
VEYNE P., *Comment on écrit l'histoire*, Paris, Editions du Seuil, 1971.
VEYNE P., «Conduites sans croyance et œuvres d'art sans spectateurs», *Diogène*, n° 143, juillet-septembre 1988.
VEYNE P., *Les Grecs ont-ils cru à leurs propres mythes ?*, Paris, Editions du Seuil, 1983.
VODICKA F., *Die Struktur der literarischen Entwicklung*, München, Fink, 1976.
WARNING R., «Pour une pragmatique du discours fictionnel», *Poétique*, 39, 1979.
WARNING R, éd., *Rezeptionsästhetic, Theorie und Praxis*, München, Fink, 1975.
WELLBURY D.E., «Theory of Event : Foucault and Literary Criticism», *Revue internationale de Philosophie*, n°s 162-163, 1987.
WELLEK R. et WARREN A., *Theory of Literature*, New York, Harcourt Brace, 1958.
WHITE H., «La Méthode de l'interprétation», *Littérature*, n° 71, octobre 1988.
WHITE H., *Tropics of Discourse : Essays in Cultural Criticism*, Baltimore, Johns Hopkins University Press, 1978.
WHITESIDE A. et ISSACHAROFF M., *On Referring in literature*, Bloomington, Indiana University Press, 1987.
WILLIAMS R., *Marxism and Literature*, Oxford, Oxford University Press, 1977.
WIMSATT W.K., *The Verbal Icon*, Lexington, University of Kentucky Press, 1954.

Index

Adorno, 22-23, 29, 62, 136-139, 231, 289, 309
Arcimboldo, 245, 247-248
Aristote, 38, 79, 85-86, 171, 174
Artaud, 60
Auerbach, 84-86
Austin, 94, 97, 100, 238

Bakhtine, 7, 20-21, 27-29, 65-66, 85-86, 166, 193-194, 205, 224, 241, 245, 311, 313
Balibar, 216
Barthes, 7, 11, 18, 60, 64, 112, 116-117, 121, 133, 148, 182, 205-206, 210-211, 215, 217, 222, 235, 240, 244-245, 248, 282, 290, 316-317
Bataille, 113, 288
Baudelaire, 87, 225
Baudrillard, 230
Beardsley, 169
Benjamin, 26, 80, 136-137, 292
Bersani, 150
Black, 178, 184
Blanchot, 60, 101, 121, 137, 165, 203, 225, 288, 290, 298
Bloom, 25, 241
Blumenberg, 175
Booth, 164
Bremond, 135, 147, 159
Brook-Rose, 172

Brooks, 167
Burke, 76, 102, 183, 210, 236, 246-247

Calvino, 64, 223, 255, 284
Chambers, 72
Chatman, 157
Cohen, 144
Conrad, 37
Culler, 241
Curtius, 74

Danto, 117
de Certeau, 147, 157, 246, 311
de Man, 20, 21, 27, 77, 87, 119, 122-123, 186-187, 189, 236, 284
Deguy, 13, 185
Deleuze, 10, 12, 30, 150, 166, 201-202, 213-214, 237, 266
Derrida, 11-12, 20, 27, 36, 42, 60, 62, 81, 83, 86, 93, 95, 97-98, 100, 118-119, 121, 124, 127, 128, 146, 153-154, 171, 173-176, 183-184, 188, 194, 202, 230, 238, 241, 266, 277, 288
Dostoïevski, 194

Eco, 25, 60, 177, 183, 280
Ellis, 62

Faye, 133
Fish, 59, 92, 94, 183, 278

Flaubert, 67, 114, 267-268, 311
Foucault, 21-22, 26, 29-30, 36, 114-115, 245, 288, 290
Fourier, 117, 185, 224, 282
Freud, 160
Fricke, 249
Frye, 25, 37, 74-75, 160, 176-178
Fuentes, 223

Gadamer, 69, 211, 283, 291
Gelley, 74
Genette, 34-35, 86, 91, 136, 139, 141, 158, 232, 240
Girard, 154-155
Gœthe, 38
Goldmann, 160, 218
Gombrich, 321
Goodman, 228, 249
Greimas, 76, 83, 147, 153, 159
Grice, 92
Grivel, 222
Guattari, 201
Gumbrecht, 65, 67

Habermas, 23, 289, 291, 307, 318
Hamburger, 249
Hartman, 26, 114
Hegel, 160
Heidegger, 171
Hirsch, 59, 278
Husserl, 127

Iser, 72, 88, 166, 210, 233, 241, 269, 271

Jakobson, 16, 20, 25, 30, 74, 76, 88, 90-91, 94-95, 100, 145, 180, 214
James, 9, 72-73
Jameson, 12, 26, 37, 67, 222, 226, 227
Jauss, 34, 65-66, 69, 73, 211, 241, 243, 247, 264-265, 269, 271-272

Kafka, 202
Kermode, 150
Koselleck, 65
Kristeva, 25, 147, 205, 240, 245
Kundera, 65
Kuroda, 102

Lacan, 18, 127, 153-154, 180, 282, 288
Larbaud, 64
Laruelle, 184, 318
Leenhardt, 215
Lévi-Strauss, 157-158, 213
Lotman, 9, 28, 60, 151-153, 157, 195-197, 200-202, 205, 212, 214, 240, 245, 248
Loyola, 117, 184, 224, 282
Lukàcs, 26, 36, 65-66, 68, 84, 86, 136, 160, 165

Lyotard, 146, 223, 307

Macherey, 72, 216
Marcuse, 68
Marin, 149, 164
Martinez-Bonati, 143
Marx, 68, 77-78
Masson, 316
McLuhan, 317
Meletinski, 148
Milner, 16
Mukařovský, 316
Musil, 13

Paulhan, 55, 83, 169-170, 174
Peirce, 138, 210, 246, 257
Platon, 79
Poe, 153
Pomian, 64
Pound, 11
Pratt, 91, 95
Prince, 149
Propp, 147-148
Proust, 71, 129, 188, 205, 284

Queneau, 179

Rabelais, 194
Rauschenberg, 117
Richards, 61, 169, 177, 181, 184
Ricœur, 122-123, 138-140, 144, 147, 150, 160, 165-166, 173-174, 178, 184, 254, 306, 311-313
Riffaterre, 10, 93, 232-233, 241
Rorty, 7
Roussel, 288

Sade, 112, 117, 185, 224, 282
Sartre, 9, 26, 66-67, 87, 181, 267-268, 270-271, 292, 304, 305, 311-313
Saussure, 128, 316
Schelling, 35, 82
Schiller, 82
Scholes, 37
Searle, 88-90, 93-95, 97, 100, 177, 285
Serres, 155
Simmel, 304
Sollers, 208
Stanzel, 162
Stein, 223

Todorov, 82-83, 91, 145, 147
Tomachevski, 136

Valéry, 60
van Dijk, 159
van Gogh, 119
Verne, 155

Veyne, 66, 301
Vico, 275, 304

White, 140, 236, 306
Wimsatt, 68
Winnicott, 62
Wittgenstein, 17, 62, 172

Yeats, 11

Table des Matières

Littéraire, inexplicite et théories littéraires 5

Chapître I
Apories des théories, aporie du littéraire 15

I. Théories du littéraire et aporie du littéraire 17
II. Typologies du littéraire, histoire et singularité 33
III. Aporie, fiction, questionnement 43

Chapître II
Résiduel, autonomie et spécificité du littéraire 55

I. Littéraire, autonomie, minorité 57
II. Littérature, autonomie, temps, appropriation 63
III. Discours ordinaire et spécificité du littéraire 79
IV. Aporie et réversibilité 95

Chapître III
Chronologie, écriture muette. Ecriture, récit, métaphore 109

I. Ecriture 111
II. Récit 133
III. Métaphore 168

Chapitre IV
Littéraire, hétérogène, occasionnel, le texte 193

I. Texte, mot, hétérogène 195
II. Texte, écriture, réception 207
III. Texte, rhétoricité, préfiguration 225
IV. Texte, hétérogène, effet de texte 238

Chapitre V
Raisons du littéraire 261

I. Objet littéraire, raisons de la lecture littéraire 261
II. Le littéraire : objet insolite 281
III. Littéraire, interprétation, préfiguration 299

Le déclin de l'écriture 315

Bibliographie 323

Index 333

CHEZ LE MEME EDITEUR

PSYCHOLOGIE ET SCIENCES HUMAINES
collection publiée sous la direction de MARC RICHELLE

1 Dr Paul Chauchard: LA MAITRISE DE SOI, 9e éd.
5 François Duyckaerts: LA FORMATION DU LIEN SEXUEL, 9e éd.
7 Paul-A. Osterrieth: FAIRE DES ADULTES, 16e éd.
9 Daniel Widlöcher: L'INTERPRETATION DES DESSINS D'ENFANTS, 9e éd.
11 Berthe Reymond-Rivier: LE DEVELOPPEMENT SOCIAL
   DE L'ENFANT ET DE L'ADOLESCENT, 9e éd.
12 Maurice Dongier: NEVROSES ET TROUBLES PSYCHOSOMATIQUES, 7e éd.
15 Roger Mucchielli: INTRODUCTION A LA PSYCHOLOGIE STRUCTURALE,
   3e éd.
16 Claude Köhler: JEUNES DEFICIENTS MENTAUX, 4e éd.
21 Dr P. Geissmann et Dr R. Durand: LES METHODES DE RELAXATION, 4e éd.
22 H. T. Klinkhamer-Steketée: PSYCHOTHERAPIE PAR LE JEU, 3e éd.
23 Louis Corman: L'EXAMEN PSYCHOLOGIQUE D'UN ENFANT, 3e éd.
24 Marc Richelle: POURQUOI LES PSYCHOLOGUES?, 6e éd.
25 Lucien Israel: LE MEDECIN FACE AU MALADE, 5e éd.
26 Francine Robaye-Geelen: L'ENFANT AU CERVEAU BLESSE, 2e éd.
27 B.F. Skinner: LA REVOLUTION SCIENTIFIQUE DE L'ENSEIGNEMENT,
   3e éd.
28 Colette Durieu: LA REEDUCATION DES APHASIQUES
29 J.C. Ruwet: ETHOLOGIE: BIOLOGIE DU COMPORTEMENT, 3e éd.
30 Eugénie De Keyser: ART ET MESURE DE L'ESPACE
32 Ernest Natalis: CARREFOURS PSYCHOPEDAGOGIQUES
33 E. Hartmann: BIOLOGIE DU REVE
34 Georges Bastin: DICTIONNAIRE DE LA PSYCHOLOGIE SEXUELLE
35 Louis Corman: PSYCHO-PATHOLOGIE DE LA RIVALITE FRATERNELLE
36 Dr G. Varenne: L'ABUS DES DROGUES
37 Christian Debuyst, Julienne Joos: L'ENFANT ET L'ADOLESCENT VOLEURS
38 B.-F. Skinner: L'ANALYSE EXPERIMENTALE DU COMPORTEMENT, 2e éd.
39 D.J. West: HOMOSEXUALITE
40 R. Droz et M. Rahmy: LIRE PIAGET, 3e éd.
41 José M.R. Delgado: LE CONDITIONNEMENT DU CERVEAU
   ET LA LIBERTE DE L'ESPRIT
42 Denis Szabo, Denis Gagné, Alice Parizeau: L'ADOLESCENT ET LA SOCIETE,
   2e éd.
43 Pierre Oléron: LANGAGE ET DEVELOPPEMENT MENTAL, 2e éd.
44 Roger Mucchielli: ANALYSE EXISTENTIELLE
   ET PSYCHOTHERAPIE PHENOMENO-STRUCTURALE
45 Gertrud L. Wyatt: LA RELATION MERE-ENFANT
   ET L'ACQUISITION DU LANGAGE, 2e éd.
46 Dr Etienne De Greeff: AMOUR ET CRIMES D'AMOUR
47 Louis Corman: L'EDUCATION ECLAIREE PAR LA PSYCHANALYSE
48 Jean-Claude Benoit et Mario Berta: L'ACTIVATION PSYCHOTHERAPIQUE
49 T. Ayllon et N. Azrin: TRAITEMENT COMPORTEMENTAL
   EN INSTITUTION PSYCHIATRIQUE
50 G. Rucquoy: LA CONSULTATION CONJUGALE
51 R. Titone: LE BILINGUISME PRECOCE
52 G. Kellens: BANQUEROUTE ET BANQUEROUTIERS
53 François Duyckaerts: CONSCIENCE ET PRISE DE CONSCIENCE
54 Jacques Launay, Jacques Levine et Gilbert Maurey:
   LE REVE EVEILLE-DIRIGE ET L'INCONSCIENT
55 Alain Lieury: LA MEMOIRE
56 Louis Corman: NARCISSISME ET FRUSTRATION D'AMOUR
57 E. Hartmann: LES FONCTIONS DU SOMMEIL

58 Jean-Marie Paisse: L'UNIVERS SYMBOLIQUE DE L'ENFANT ARRIERE MENTAL
59 Jacques Van Rillaer: L'AGRESSIVITE HUMAINE
60 Georges Mounin: LINGUISTIQUE ET TRADUCTION
61 Jérôme Kagan: COMPRENDRE L'ENFANT
62 Michael S. Gazzaniga: LE CERVEAU DEDOUBLE
63 Paul Cazayus: L'APHASIE
64 X. Seron, J.L. Lambert, M. Van der Linden:
   LA MODIFICATION DU COMPORTEMENT
65 W. Huber: INTRODUCTION A LA PSYCHOLOGIE DE LA PERSONNALITE, 2e éd.
66 Emile Meurice: PSYCHIATRIE ET VIE SOCIALE
67 J. Château, H. Gratiot-Alphandéry, R. Doron et P. Cazayus:
   LES GRANDES PSYCHOLOGIES MODERNES
68 P. Sifnéos: PSYCHOTHERAPIE BREVE ET CRISE EMOTIONNELLE
69 Marc Richelle: B.F. SKINNER OU LE PERIL BEHAVIORISTE
70 J.P. Bronckart: THEORIES DU LANGAGE
71 Anika Lemaire: JACQUES LACAN, 2e éd. revue et augmentée
72 J.L. Lambert: INTRODUCTION A L'ARRIERATION MENTALE
73 T.G.R. Bower: DEVELOPPEMENT PSYCHOLOGIQUE
   DE LA PREMIERE ENFANCE
74 J. Rondal: LANGAGE ET EDUCATION
75 Sheila Kitzinger: PREPARER A L'ACCOUCHEMENT
76 Ovide Fontaine: INTRODUCTION AUX THERAPIES COMPORTEMENTALES
77 Jacques-Philippe Leyens: PSYCHOLOGIE SOCIALE, 2e éd.
78 Jean Rondal: VOTRE ENFANT APPREND A PARLER
79 Michel Legrand: LE TEST DE SZONDI
80 H.J. Eysenck: LA NEVROSE ET VOUS
81 Albert Demaret: ETHOLOGIE ET PSYCHIATRIE
82 Jean-Luc Lambert et Jean A. Rondal: LE MONGOLISME
83 Albert Bandura: L'APPRENTISSAGE SOCIAL
84 Xavier Seron: APHASIE ET NEUROPSYCHOLOGIE
85 Roger Rondeau: LES GROUPES EN CRISE?
86 J. Danset-Léger: L'ENFANT ET LES IMAGES
   DE LA LITTERATURE ENFANTINE
87 Herbert S. Terrace: NIM, UN CHIMPANZE QUI A APPRIS
   LE LANGAGE GESTUEL
88 Roger Gilbert: BON POUR ENSEIGNER?
89 Wing, Cooper et Sartorius: GUIDE POUR UN EXAMEN PSYCHIATRIQUE
90 Jean Costermans: PSYCHOLOGIE DU LANGAGE
91 Françoise Macar: LE TEMPS, PERSPECTIVES PSYCHOPHYSIOLOGIQUES
92 Jacques Van Rillaer: LES ILLUSIONS DE LA PSYCHANALYSE, 2e éd.
93 Alain Lieury: LES PROCEDES MNEMOTECHNIQUES
94 Georges Thinès: PHENOMENOLOGIE ET SCIENCE DU COMPORTEMENT
95 Rudolph Schaffer: COMPORTEMENT MATERNEL
96 Daniel Stern: MERE ET ENFANT, LES PREMIERES RELATIONS
97 R. Kempe & C. Kempe: L'ENFANCE TORTUREE
98 Jean-Luc Lambert: ENSEIGNEMENT SPECIAL ET HANDICAP MENTAL
99 Jean Morval: INTRODUCTION A LA PSYCHOLOGIE DE L'ENVIRONNEMENT
100 Pierre Oleron et al.: SAVOIRS ET SAVOIR-FAIRE PSYCHOLOGIQUES
    CHEZ L'ENFANT
101 Bernard I. Murstein: STYLES DE VIE INTIME
102 Rondal/Lambert/Chipman: PSYCHOLINGUISTIQUE ET HANDICAP MENTAL
103 Brédart/Rondal: L'ANALYSE DU LANGAGE CHEZ L'ENFANT
104 David Malan: PSYCHODYNAMIQUE ET PSYCHOTHERAPIE INDIVIDUELLE
105 Philippe Muller: WAGNER PAR SES REVES
106 John Eccles: LE MYSTERE HUMAIN
107 Xavier Seron: REEDUQUER LE CERVEAU
108 Moreau/Richelle: L'ACQUISITION DU LANGAGE
109 Georges Nizard: ANALYSE TRANSACTIONNELLE ET SOIN INFIRMIER

110 Howard Gardner: GRIBOUILLAGES ET DESSINS D'ENFANTS, LEUR SIGNIFICATION
111 Wilson/Otto: LA FEMME MODERNE ET L'ALCOOL
112 Edwards: DESSINER GRACE AU CERVEAU DROIT
113 Rondal: L'INTERACTION ADULTE-ENFANT
114 Blancheteau: L'APPRENTISSAGE CHEZ L'ANIMAL
115 Boutin: FORMATION ET DEVELOPPEMENTS
116 Húsen: L'ECOLE EN QUESTION
117 Ferrero/Besse: L'ENFANT ET SES COMPLEXES
118 R. Bruyer: LE VISAGE ET L'EXPRESSION FACIALE
119 J.P. Leyens: SOMMES-NOUS TOUS DES PSYCHOLOGUES?
120 J. Château: L'INTELLIGENCE OU LES INTELLIGENCES?
121 M. Claes: L'EXPERIENCE ADOLESCENTE
122 J. Hayes et P. Nutman: COMPRENDRE LES CHOMEURS
123 S. Sturdivant: LES FEMMES ET LA PSYCHOTHERAPIE
124 A. Pomerleau et G. Malcuit: L'ENFANT ET SON ENVIRONNEMENT
125 A. Van Hout et X. Seron: L'APHASIE DE L'ENFANT
126 A. Vergote: RELIGION, FOI, INCROYANCE
127 Sivadon/Fernandez-Zoïla: TEMPS DE TRAVAIL, TEMPS DE VIVRE
128 Born: JEUNES DEVIANTS OU DELINQUANTS JUVENILES?
129 Hamers/Blanc: BILINGUALITE ET BILINGUISME
130 Legrand: PSYCHANALYSE, SCIENCE, SOCIETE
131 Le Camus: PRATIQUES PSYCHOMOTRICES
132 Lars Fredén: ASPECTS PSYCHOSOCIAUX DE LA DEPRESSION
133 Mount: LA FAMILLE SUBVERSIVE
134 Magerotte: MANUEL D'EDUCATION COMPORTEMENTALE CLINIQUE
135 Dailly/Moscato: LATERALISATION ET LATERALITE CHEZ L'ENFANT
136 Bonnet/Tamine-Gardes: QUAND L'ENFANT PARLE DU LANGAGE
137 Bruyer: LES SCIENCES HUMAINES ET LES DROITS DE L'HOMME
138 Taulelle: L'ENFANT A LA RENCONTRE DU LANGAGE
139 de Boucaud: PSYCHOLOGIE DE L'ENFANT ASTHMATIQUE
140 Duruz: NARCISSE EN QUETE DE SOI
141 Feyereisen/de Lannoy: PSYCHOLOGIE DU GESTE
142 Florin et al.: LE LANGAGE A L'ECOLE MATERNELLE
143 Debuyst: MODELE ETHOLOGIQUE ET CRIMINOLOGIE
144 Ashton/Stepney: FUMER
145 Winkel et al.: L'IMAGE DE LA FEMME DANS LES LIVRES SCOLAIRES
146 Bideaud/Richelle: PSYCHOLOGIE DEVELOPPEMENTALE
147 Schmid-Kitsikis: THEORIE CLINIQUE ET FONCTIONNEMENT MENTAL
148 Guggenbühl/Craig: POUVOIR ET RELATION D'AIDE
149 Rondal: LANGAGE ET COMMUNICATION CHEZ LES HANDICAPES MENTAUX
150 Moscato et al.: FONCTIONNEMENT COGNITIF ET INDIVIDUALITE
151 Château: L'HUMANISATION OU LES PREMIERS PAS DES VALEURS HUMAINES
152 Avery/Litwack: NEE TROP TOT
153 Rondal: LE DEVELOPPEMENT DU LANGAGE CHEZ L'ENFANT TRISOMIQUE 21
154 Kellens: QU'AS-TU FAIT DE TON FRERE?
155 Rondal/Henrot: LE LANGAGE DES SIGNES
156 Lafontaine: LE PARTI PRIS DES MOTS
157 Bonnet/Hoc/Tiberghien: AUTOMATIQUE, INTELLIGENCE ARTIFICIELLE ET PSYCHOLOGIE
158 Giovannini et al.: PSYCHOLOGIE ET SANTE
159 Wilmotte et al.: LE SUICIDE
160 Giurgea: L'HERITAGE DE PAVLOV
161 Ionescu: MANUEL D'INTERVENTION EN DEFICIENCE MENTALE
163 Pieraut-Le Bonniec: CONNAITRE ET LE DIRE

164 Huber: PSYCHOLOGIE CLINIQUE AUJOURD'HUI
165 Rondal et al.: PROBLEMES DE PSYCHOLINGUISTIQUE
166 Slukin: LE LIEN MATERNEL
167 Baudour: L'AMOUR CONDAMNE
168 Wilwerth: VISAGES DE LA LITTERATURE FEMININE
169 Edwards: VISION, DESSIN, CREATIVITE
170 Lutte: LIBERER L'ADOLESCENCE
171 Defays: L'ESPRIT EN FRICHE
172 Broome Walace: PSYCHOLOGIE ET PROBLEMES GYNECOLOGIQUES
173 Aimard: LES BEBES DE L'HUMOUR
174 Perruchet: LES AUTOMATISMES COGNITIFS
175 Bawin-Legros: FAMILLES, MARIAGE, DIVORCE
176 Pourtois/Desmet: EPISTEMOLOGIE ET INSTRUMENTATION EN SCIENCES HUMAINES
177 Sloboda: L'ESPRIT MUSICIEN
178 Fraisse: POUR LA PSYCHOLOGIE SCIENTIFIQUE
179 Ruffiot: PSYCHOLOGIE DU SIDA
180 McAdams/Deliège : LA MUSIQUE ET LES SCIENCES COGNITIVES
181 Argentin: QUAND FAIRE C'EST DIRE...
182 Van der Linden: LES TROUBLES DE LA MEMOIRE
183 Lecuyer: BEBES ASTRONOMES, BEBES PSYCHOLOGIQUES : L'INTELLIGENCE DE LA 1re ANNEE
184 Immelmann: DICTIONNAIRE DE L'ETHOLOGIE

Hors collection

    Paisse: PSYCHOPEDAGOGIE DE LA LUCIDITE
    Paisse: ESSENCE DU PLATONISME
    Collectif: SYSTEME AMDP
    Boulangé/Lambert: LES AUTRES, L'EXPRESSION ARTISTIQUE CHEZ LES HANDICAPES MENTAUX

Manuels et Traités

  2 Thinès: PSYCHOLOGIE DES ANIMAUX
  3 Paulus: LA FONCTION SYMBOLIQUE ET LE LANGAGE
  4 Richelle: L'ACQUISITION DU LANGAGE
  5 Paulus: REFLEXES-EMOTIONS-INSTINCTS
    Droz-Richelle: MANUEL DE PSYCHOLOGIE
    Hurtig-Rondal: MANUEL DE PSYCHOLOGIE DE L'ENFANT (Tome 1)
    Hurtig-Rondal: MANUEL DE PSYCHOLOGIE DE L'ENFANT (Tome 2)
    Hurtig-Rondal: MANUEL DE PSYCHOLOGIE DE L'ENFANT (Tome 3)
    Rondal-Seron: LES TROUBLES DU LANGAGE (DIAGNOSTIC ET REEDUCATION)
    Fontaine/Cottraux/Ladouceur: CLINIQUES DE THERAPIE COMPORTEMENTALE
    Godefroid : LES CHEMINS DE LA PSYCHOLOGIE